いざ子ども狂業なせそ天地の固めし国そ大倭島根は
iza kodomo tawawaza na se so ametsuchi no
Well, kids, crazy doings not-do+emph heaven-earth's
katameshi kuni zo yamato shimane wa
solidified country! yamato isle-root-as-for
藤原朝臣奏之 万葉集 ♯4487

From a Minister to his men
speaking for the Empress
who expected big things

*Get with it, Kiddos,
Stop thy craziness, start work!
Is this not Yamato,
the Isle where land and sky
out of murk solidified?*

本当はここに岩舟の写真あります。心の中には。
改造版ができるまで、検索や許可依頼の面倒くさい
事をやって下さるお手伝いか編集者おられば、これを
消します。その代わりに「固めし」は「動きない」系譜に
入れてもいいが、この万葉集の和歌は拙著 Mad In Translation
の前置きの数々の変な捧げ物？の中にあった。「狂業」という
我が当て字は少々勝手すぎる。原文は「多波和射」で「虚業」と
いう当て字が普通でしょう。しかも当の歌が詠まれた状況について
わが理解はきわめてうぶだった。いや、孝謙天皇（718-770）がそれ
から（ロシアのカタリナ大女王本物の馬のように）弓削道鏡に狂い
等の話は川柳の（事実ではなく、伝説の）研究で判ったが、内閣に
等し「子」は蹴鞠に夢中か、酔いながら替え歌を唄うか、余計に
長いバカンスで「虚業なせそ」の警告？命令出ただけという
甘い理解だった。後に「大和」という号を創ったとも
いう藤原朝臣奏之は、なんだかのイクサに参加
しないように頼んだ歌らしい。敬愚の
頭には芭蕉がいざ子供の雪兎を
創りましょう励みのみ…

踏み知らばめくらも蛇におちつべし
知らねば易き和歌の道かな　盲人私可多咄 17c
Ignorance is bliss, as we blind fear not snakes we cannot see,
knowing nothing about it, the Way of Waka is easy for me!

卑下自慢宣伝として、『古狂歌 ご笑納ください』の最初にも上記を起きましたが、ここは意味が少々異なる。古狂歌 気の薬のシリーズの最初の三冊の中で、本書こそ和歌だらけ。小生は、古文に弱いから、自分の無知は、ばれる心配が一番甚だしい本だ。上記は、冗談ながら本当は、怖いだ。君が代と国体を取り上げる本書こそだ。我が無知を許せない読者もおられるかもしれない。そこで断っておく。大人になってから学んだ日本語だ。日本人の清書・校正こそ要るが、原稿を見てくれる人は一人もいない。知人がみな稼ぎに追われし、和書を書く殆どの外国人には、お世話になる日本人の妻（或いは夫）こそいるが、それもないし、手伝いを雇う金銀も無いから、お目を汚す滅茶苦茶のてにをはも、ご笑納下さい、と言うしかない。狂歌の本になぜ自分の解読能力を上回る和歌を？それは、しかたがない。三十一音節の文学の裏表はそう簡単に分けていられない。

百首御歌　賀　　あま雲に岩船うけしそのかみを
思へば尽きじやまとしま人　常盤井入道太政大臣詠
（天＝雨又船と島縁語の海人も神⇒上の転掛詞も不可英訳）
Boulder ships that floated in upon the clouds is all we know;
who can trace us back before, the island race of Yamato!

上記は、本書第三章の頭の歌。八、九年前に 1310 頃の『夫木抄』で見つけた時の喜びを今も覚えている。読み繰り返すごとに、面白い！とおもうが、なぜ名歌にならなかったか。それこそ知りません。読者諸君と相談したい。歌の解読というよりも、そういう歌を見逃す日本人の解読は、一人ではできません。

古狂歌 気の薬 あくまでも不完全大集
近出版予定・未定の別冊とその決定・仮定の書名

万葉集まで首狩に行ってきました
『古狂歌 ご笑納ください』

託せば思ひも軽くなります
『古狂歌 物に寄する恋』

鮑の貝も戸ざさぬ国を祝ふ
『古狂歌 滑稽の蒸すまで』

神祇と釈教こそ屁理屈の穴場
『古狂歌　神と仏を弄ぶ』

老化も病気もあらゆる歎きも笑ひ送れ
『古狂歌 貧乏神にブルース』

にゃんでバチ当たる吾が輩
『古狂歌 猫は恋に限らない』

天象から始まる物の世界を
『古狂歌 森羅万笑』

栗の本こそ柿と梨に目がない社交
『古狂歌 人と人の興あれば』

乱髪の女より面白う黒田月洞軒は
『古狂歌 色好むさし男』

酒の是非を四季と飲みながら
『古狂歌 来る世虫に成ても』

三十一字は画に勝る事もある
『古狂歌　画賛の画廊』

天人に羽衣あれば舟と橋と鵲は
『古狂歌 七夕の絵空言』

菓子は可笑しいがスキ焼きは好き
『古狂歌　笑化によい食べ物』

大工・学者・座頭・カピタン等
『古狂歌　妙に所えた職人』

屁や涎をたれ鼻毛も詠んだり
『古狂歌 珍題集』

鉄砲・鞠・水遊・碁・硝子・等など
『古狂歌　別冊ハまだない雑題集』

上記ほかの別冊の更なる情報は後書の後になる。自分で全執筆したい本と共著にしたい本も、帰日しなければ完成できない本もあります〆

前奏曲

蟻が塔を組みて祝いをするやらん
蚊ハ寄り合って餅ぞつきける　信安 1679 年
Take the ants, they assemble towers to celebrate, right?
And mosquitos, don't they gather to pound their sweet rice?

人の世より広きこの祝の祝は初期狂歌。『銀葉夷歌集 T37』の「夏」部の虫の首の中で「題しらず」となる。可愛い首だから、名歌にして教科書に入れたい。「詩経」に因む『古今和歌集』序に出る様々の生き物が心より歌う話と寄せてもいい。よくある同音などではなく、生態と慣用語に因む、この概念狂歌も祝いたくなる。思えば、自然に満ちこぼれるエネルギーないし元気も祝いにある。山車ではないが、天地に盛り上げる命こそ、「有難う」からはじまる掛けに気付きましたか。

寿は千代に八千代にそりゃ偽りじゃ
有様無事で百五十年　鈍永　K13-3　1776
A thousand reigns, eight thousand reigns – what a fatuous toast!
If nothing happens, one can last a hundred & fifty years at most.

儒教の合理主義か、禅理屈の自由自在か、愚に返えて大王の裸を見た老の子の素直の観測か。ユーモアと無縁の人が詠んだら、つまらないが、中期上方狂歌の大御所の鈍永は、繊細に暖かい人と知っては、微笑ましい。君と御代に結ぶ慣用だから、大胆になる。その緊張も少々あってこそ可笑しい。はい、これなどの英訳は、全て robin d gill、aka 敬愚。

鮑の貝も戸ざさぬ国を祝ふ

古狂歌 滑稽の蒸すまで

robin d gill
敬愚

又

初心洞 の
Flying Tofu

道可道
非常道
paraverse press

古狂歌 気の薬は
拙出版社 paraverse press の
初和書のシーリーズになります。
author-publisher の美しくない日本語の僕は
只今、ふるさとの小島 Key Biscayne フロリダに
住みながら、一早く日本へ戻るように頑張っておる。
ソフトの問題で、当分サイトの paraverse.org にメイル無用
so please find him me at Facebook か Twitter か hotmail.com にて
uncoolwabin（甥のために作った格好悪い小父）と云う宛へどうぞ

©2017　robin d gill, paraverse press, all rights reserved
but so long as you cite my name & book title, you need not ask
to quote whatever you wish. 要するに、著者＋書名をきちんと
触れたら。引用の許可を取る必要はない。誤謬と誤訳と追加も
あるから当の有無をオンラインで調べて下されば、感謝します。
But please check for errata and glosses at paraverse.org, or
elsewhere if I have not yet remade and updated that site.
司書諸君 Librarians, love you all, sorry to be so difficult!

The main title: Furu Kyouka Kokkei no Musu Made
sub-title: awabi no kai mo tozasanu kuni o iwau
書名の本題：『古狂歌 滑稽の蒸すまで』
副題は「鮑の貝も戸ざさぬ国を祝ふ」
ロビン・D・ギル 1951 生
author: robin d gill
selection, translations,
mistranslations & explanation
all by the same. 狂号は、敬愚
ISBN# 978-0-9979463-2-1 (pbk)

1. Kyouka (also, kyōka, or kyoka) – from Heian to Bakumatsu
2. Waka (Shoutetsu, Shunzei no Musume, etc – from Heian to Meiji
3. Poems of celebration and toasting as well as roasting (parody)
4. Metaphorical lines of celebration of rulers and the nation
5. Anthology of pre-modern Japanese poems
6. Translations of about half of the poems

日本語だから、少々異なるが
1. 万葉集から幕末までの狂歌と和歌の撰集
2. 君が代と国体と国語と太平その他の祝歌とその風刺
3. 祝と賀歌の比喩の公的な系譜（細石が巌、塵積る、動かない、治る等）
4. 同じきの私的な系譜（寿、安産、治病祝い、新家祝い、囃し）
5. 凶悪を善吉に換えるか化かす歌、又悪口も気の薬なる
6. 歌を読むために約半分の英訳ないし狂訳のおまけ
7. 四方赤良、宿屋飯盛、正徹、俊成の娘など
8. 貧乏の著者の道草やら脱線等の涙頂戴

First edition, printed by Lightning Source 注文は Amazon, Google, Ingram 等
出版流通大手 INGRAM CONTENT Group の子会社であるライトニングソース社

前置
狂歌とは何か

狂歌とは何か。天明狂歌の聖の四方赤良（よものあから又蜀山人・大田 南畝）によれば「和歌より出でて和歌よりおかしく」ものである。又「狂歌におかしみ無きは、素麺に芥子なく」、つまり有るべき。1899 年の日本文学史の中で William J Aston は「その言葉と題の選択における絶対的な自由あり、狂歌は可笑しくないといけない。それだけ。There is an absolute freedom both of respect to language and choice of subject. The *kioka* must be funny, that is all.」と全く同じ趣旨を述べた。これは狂歌は、本歌取りの掛詞が甚だし風刺に限ると思う現代人よりうんと広い定義ながら、まだ狭いと敬愚（自称です）は考えている。曰く funny＝可笑しいで無くても、interesting＝面白ければ、充分だ。素麺に別な味（唐辛子＋塩とか）でも美味しく食えるように。面白さとは、新奇ないし意外性だ。G.K.Chesterton は我々が読む理由は、期待しない事を期待するからであるが、それならば狂歌は理想的な読み物だ。

以上です。読者は多くの古狂歌を読んだ上で、ご自分で定義すれば宜しかと思う。祝と賀と凶の吉化等に限る本書だけでは判らないから、題・歌体・年代・地域・詠人が多様なる本シリーズの第一巻なる『古狂歌 ご笑納ください』の数千首も召し上がりになって下さるまで、狂歌のご定義を固めないで open に預けて下さるようにお願いします。　敬愚 2017

目次

古狂歌 気の薬 あくまでも不完全大集　3　内題＝Title Page の前奏曲 5
無題奥付 Copyright 6　狂歌とは何か 9　この目次 10　なぜ狂歌を 12
祝いとは 12　本書の要略 13　綴　再生　翻刻

PART I　Celebrating our blessed Reign　世の中を祝ふ情景の小史 17
1 章　月も羨ましいかくばかりめでたき世の中 Even Luna envies us　17
2 章　赤良前後の戸ざさぬ御代はマジか Farcical celebration　25

PART II　Ancient foundations of nationhood　神代に古代の国造を 36
3 章　岩船の和歌を祝ふ　Those wonderful stone-boats　36
4 章　細石が岩に成り苔の蒸す Until pebbles turn into boulders　42
　　　小章　苔尽し。石の成長もない just moss not growth　60
　　　小章　鶴に亀に狸などの雑比喩の祝い cranes, turtles & tanuki　67
5 章　天の羽衣の撫で減らす劫の間 Calpa, a universe of time　72
6 章　塵積もれば山となる Dust building mountains & yamato　86

PART III　Stable, orderly, peaceful & prosperous　御代の安定と泰平 94
7 章　動かぬ御代（地震以外は）　Stability means sticking around　94
　　　　動き無きと動くこそ 111　動不動の滑稽傑作 113
　　　小章　その上に植物を植えけむ plants from the gods 113
8 章　治さめるが納まりなる All under control in good order 117
　　　　安全楽の愚かさ 124　治めば真っ直ぐ 129　武器の品々 131
9 章　天下泰平で安心の徳川 So peaceful it is boring 141
　　　　穏やか過ぎるか 145　平和を祝う珍歌三首 146
　　　　武術は無用 147　品々の武器無用の祝 149　弓矢 149
　　　　刀など刃物の類 150　鉄砲 151　柔らかさの無防備 153
　　　小章　内は泰平が外弁慶の自慢（主に韓信に唐人の耳塚）
　　　　peaceful inside – outside, a warrior's pride 154
10 章　豊かなる世を尽くせば面白い Plenty can be funny, too 159
　　　　時間まで豊か 164　落ちても拾わぬ 167
11 章　上下問わず貴賎の平等 Equality high & low, noble & base 174

PART IV   Sunlight and clear water 日光と清水 181

12 章　日の国とその光の君   Land of the sun & brilliant rulers 182
君の光 184　　日本の光る 189　　和らくる光 194　　光の裏の陰も白い 196

13 章　時間を越える岩清水 Crystaline water, a time machine 198
濁りも汚れもなき澄める 203

PART V   The new year & other four seasons 新年と四季を祝ふ 209

14 章　新年も季になるが New year enchantment 209
十二支尽くし 221　　立春・新年 235　　屠蘇酒 238
節分＋宝船祝 239　　小松引・子の日 242　　若菜抓 244

15 章　四季祝のほんの見本ですが Four seasons – a sample 247
春 247　　夏 234　　秋 255　　冬 260　　暮十二支 271　　節分 281

PART VI   Private toasts, sundry blessings 雑賀祝、主に私的生活

16 章　新年寿・年齢賀・誕生賀 From 1 to 100 and 50 years 283
七十歳、つまり古希賀は、とりわけ面白い！　294-8

17 章　案産、庵額、治病、ルポ、忌日 Safe birth, recovery etc 309
安産祝 309　　子沢山 310　　庵額 312　　治病 314　　像と俳優 319　　忌日 323

PART VII   My Three Favorite Chapters 最好の三章

18 章　めでたさを詠み尽くせば Happy, blessed & care-free   327
四方赤良の四季 331　　〜天象 343　　橘曙覧 354　　富士 354

19 章　凶悪の吉化と狂歌 Making bad good (kyouka does best)   357
彗星と空中塵 360　　怪我の勲章 361　　損が得なる枯松 364
弁才てんかんも福か 368　　鮨の砂や鼠の小便 370

20 章　悪口 Maledicta   怒りを解す有名と無名の罵りの傑作 373
狂歌師と女帝の庭 376　　恋の悪口 381　　来ない人名 382

小章　愛国主義の裏の悪口 patriotism & bad-mouthing poems 383
万葉集の苛め歌 390　　狂歌のお返しは 393

小章　天晴れ日本！悪口ならぬ邦人祝 national celebration 394

小章　大和言葉に寄する祝 celebrating the yamato language 397
寿ぐ賀歌を笑う和歌か 407　　狂歌に辿る敷島の道か 408

あと書 413　　「古狂歌 気の薬 あくまでも不完全大集」リスト 415
ロビン・ギルの和書、Robin D Gill の洋書 380　　豆自伝 420　　文献 421

前置

祝ふ歌の面白さ

賀の栄えた大和言葉、或いは祝う歌の面白さを判る為に、かの「君が代」の本歌と天明狂歌の赤良のめでたさ百歌を知る事が十分ではないと思います。ここに狩り集めた千首の和歌と、和歌のＢ面になる狂歌を、お読みになったら、読者諸君は、我が変な主張の意味を判り、納得してくれるかどうかを、楽しみにしておる。こちらは学者ではないからこれを試みと思えば、軽く書かれた。同じように軽く見て下さい。古典和歌を退屈と思う人も、逆に俗の歌をつまらないと思う人も、この「滑稽の蒸すまで」に微笑みと慰みも、見つけたら大成功です。更にもたいぶた事を言わせたら、本書を含む「古狂歌 気の薬あくまでも不完全大集」は、多義性と曖昧さを許す重層あってこそ豊かなる言葉遊びに満ちる日本語の本来の姿を守りながら、現在の日本人にも語学力を身につけて、国際化時代の言語的単純化に負けず、母国語のますます面白くなる将来を創りたいと思う人々の滋養剤になったら、と云う願望で書かれた。本書は、御代や君が代や国や民やおまけに私的祝いの題に限られているが、「古狂歌」全巻も大和言葉の面白さを祭り上げる可笑しな日本語の私の「国語礼賛」になります。

祝と賛美と笑ひ

赤ちゃんだって祝う。一度、非公式のお見合いにて、相手のまだオムツ穿いた二才以下の子は、食卓に近付いた別な母に抱かれた数ヶ月しかない赤ちゃんを見た瞬間、両手でぱちぱちぱちと喝采をした事を、二十年前ながら明白に覚えておる。母に抱かれて、自由自在でない自分と似通った他の赤ちゃんを見て喜んだら、本能から湧き出た祝う心を世に分かち合えなければならなかった。むろん、チビッ子は何をしても可愛い。大人は他人か国か何かを祝うと必ずしも面白いと限らない。気持ち悪くなるのもある。それが、祝われた方が敵、あるいは祝

いが諂いと感じた時。否や、諂いでなくて只云々と繰り返される賛美を聞く神も仮にませば、退屈になるに違いない。足が石に躓いて、人（日本人よりも欧米人でしょうが）の口から自然に出る神への悪罵か不敬は「罰」となるが、もしも神がそれを聞いたら、怒るどころか笑ってくれるに違いない。むしろ、お褒美を狙う人の善き言葉に疲れ果てて堪え袋が破るから悪い事も起こすではないかと敬愚は思う。神同様に、上様と言う人も、馬鹿で無ければ当然そうなる。代々の天皇や将軍や歌人など諸々「君」の霊も読者の数の中におられば、本書の狂歌の微笑ましい賀と笑うべき祝こそ、大に受けるはずです。古来、日本人は知っていた、それは。神社に奉納されている問いや志願の効果あった名和歌は、殆どが只ものではありません。掛詞か理屈の効いた可笑しさこそ伺える。そう言えば、太陽つまりアマテラス臣神も岩屋に篭ったら、諸神の嘆きも、賛美も聞き入れず、笑いに心を開いた。

本書の要略

章順は、三十一音字の祝賀歌の枕になる各々語句と発想の歴史ないし系譜を辿るように整理せんとしたが、小生は在日でもない、図書館は近くもない、貧乏で暇もない、性もだらしがない物語だから、不出来甚だしいかと思います。とは言え、章次も章内の歌次も、題・比喩など類別にご紹介しながら、年順もなるべく守った努力もしました。従って、古代和歌の多い章を最初の方にしたが、例外もある。江戸後期の狂歌が多い「かくばかりめでたき御世・代」を喜ぶという第一章と、泰平で安全な「戸ささぬ御代」を誇る第二章は、岩船の到来などを詠む古歌が大半の第三章の先になる。何故かと言えば、狂歌の祝賀歌を一冊の本にする甲斐あると悟った理由は先の小章にある四方赤良の月がこの世を羨ましく思う名首と、彼の親友の金鶏の戸ささぬも風邪こそ引かないと云う無名歌のおかげであった。祝う視座を考えさせるにもいいし、古歌が多い第三から六章より可笑しくて、読者を刺激するはずな狂歌の方から入り易いかと思った。続く「岩舟」「苔の蒸すまで」「撫で減らす劫石」「塵積もれば山」などの古歌の割合多い章は、

蛇足と解釈も時折くどくなる心配あるが、題が多様になる狂歌の祝歌を読む土台にもなるから、本の末まで預ける訳にもいかなかった。※断っておくが、各章の本題の歌例をなるべく年順に並ぶも、副題を追求すると一貫した年順をきれいに守るのが不可能。同じ歌に題か系譜か語句か、二つ以上あれば、どこに入れても不満だ。硬き学者はその首を棄ててすっきりした筋を守るが、小生は明白に分けない現実（絵にすればヴェン図のような部分的な重なり）までも読者と分かち合えたい。しかも、しばしば脱線して道草でも食べたい。研究書なら後書に控えたが、一般読者にも読み応えあるように本文中で期待しない話を本内容と寄せ合わせた方が、読み物になるかと思いました。※自分にとって、もっとも気に入た章は、凶悪を善吉に化する歌の章と、祝いの反面になる悪口の章。前者の大彗星という凶悪を君が代の祝いに転じた和歌は、名歌でない事は日本文学史の恥かと思う。一茶の悪口の狂歌も、ずっと前に名歌にならなかった事が、一茶学者の俳句にしか目がない偏見のためか判らないが、貴重な作品です。日本という言葉扱いが丁寧なる文化においてこそ、気を解す悪口を祝うべき。1984に出た『江戸狂歌』の著者なだいなだも狂歌の、そういう役割をみとめたが、あの世ながら、氏に一茶の首を紹介する方法さえあったら…。

とは言え、読者にお詫びする、少々ルーズになり過ぎたところも本書にある。一つは、和歌を平仮名オンリーの日文研ＤＢで読みやすくなってしまえば、これもこれもと和歌を拾ってしまった。中には、中世より初めて盛んになった系譜もある。光も清水も言葉も、追加っぽい小章にしたり、工夫せざるを得なかった。それに、愛国主義と外国蔑視の二面も、数小章になるが改造版に纏めてみたい。その縫い目は粗過ぎる。いや、いずれもめちゃくちゃかもしれない。既に健康保険のない四年目の借金暮らしで、早く出版しなければ、出しなくなる心配もあって仕方がない。拙著の洋書の殆どに索引はある。作るのも好きが、我が PC とそのソフトもよくない。洋書を作った 2003-2009 に比べて状況が段々下坂。改作版ができる状況に恵まれたら、索引も加える。再版までは Google Books の検索を索引の代わりに使ってみて下さい！

表記と綴り方

純正たる複元は理想でしかない。例えば時代の楽器で昔の曲を聞くとしよ。その楽器の雑音を気に留める。しかし雑音が常だった当時代の人は、それを意識しなかった。この認識の差異を考慮すれば、むしろ雑音しない現在の楽器の方が複元になる。が、音は違うなら純正ではない。綴りも同じです。昔は考えずに、すらすらと読まれた文を、今は送り仮名と濁点を読者に任せると多くの人は、読み難い。「昔の人のように読む」と思えば、点無きの方か点ある方のどれかが純正たる複元か、言えない。だから、古狂歌のシリーズは、常に妥協にします。

妥協と言えば、掛詞など言葉遊びを保存できる限り、原文の綴りを遠慮なく直す。誰でも読めるように、漢字と仮名を単語が判別しやすくように工夫し、歌の内容を味わう楽しみを読者に差し上げたい。「読むに苦労してこそ学ぶ」という常識も認めるが、古文の博士に成りたくなければ、綴りに苦労するよりも、多くの歌を読みこなし、その機知を掴みながら全貌を判るように努力を重ねた方が教養上に良いかと思う。そのうちに、原綴りに近い活字と挑戦しなさい。その時、自然に解ってくる。先ず、沢山読み、消化し脳みそを肥やして下さい。狂歌も含む歌を深く愛するようになったら、誰もまだ活字にしていない原綴の手書きを解読し得るように修業をなされればいい。学校で逆順番になりがち。その学び方ないし和歌の紹介が本末転倒だったから、広く読む暇不足の為に、面白い和歌を見つけたり、狂歌という疎かにされた文学も探検し、充分に鑑賞できるようになった学者は育まなかった。これは、敬愚の無責任の仮説に過ぎないが、一応。

勝手な綴りの弁護なる一般論はともかく、我が綴り法方に独特の面もある。例えば「迷う」と「舞う」よりも「迷ふ」と「舞ふ」の「ふ」に雰囲気（視覚的な擬態）あるかと感じて、古綴りのままにして置く。本書にあまりないが、「物に寄する恋」の古狂歌の本に「思い」には「火」の比喩が多いから「思ひ」のままにするが、どこに見ても「い」

を「ひ」にする一貫性は守らない。掛詞でなかったら、読み難い「くは」を「か」に直したり、漢字の多い中で「てふ」をそのまま残すが、漢字に直せない語と語の判別し難い平仮名の長い列行の中の「てふ」が全体を早く認識して読む邪魔になると「と云う」に直す。音字数次第に、読者は頭の中で二音字の「ちょう」か「ちゅう」に直せばいい。同じ古狂歌は古本に転載される度毎に綴りがよく変わるし、古本をよく読む人はご存知かと思うが、並ぶ首の足がぴったりと合う様にも字と字の間の空白のみならず、漢字と仮名の綴りも大胆に調整することが多い。一字一字をそのままに変えないよりも、この編集の過程を守ったことは、純粋の復元と考えております。

読む速度を更にアップするように、カタカナで掛詞を示したり、仮名の単語と単語を分けるように「こそ」を「社」と書いたり、「さて」を「扨」か「偖」と活かしたり、加えたりしたが、古文の研究家は、しない方がいいというご意見に甘えて、取り止めた。「程」の意味の「ばかり」は、「計」か「計り」ならば許したが、敬愚の好む「斗」という略は知る人は誰もなかったから止めた。「ハ」だけは、かなりの数まで加えた。なぜかと云えば、活字になった歌と手書きの原文を見比べたら、それが平仮名に直された事が多いと気づいた。原文では、半ば区切りのように機能したかと感じたから、江戸時代に頻繁だった「ハ」を救いたくなりました。

最後に、自分なりの綴りには、実利もあります。無断の盗作は難しくなる。時折、世界ウェブを検索すれば、特異の綴りで同定しやすくなる。又、言及された場合、出典ではなく本書を指すようにして欲しい。だから出典の名よりも、年付と三大狂歌シーリーズの頭文字にしました。そうすると真面目の研究者には十分の情報でしょう。

I

celebrating our blessings in the tenmei era.
◎世の中を祝ふ情景の小史◎

1

かくばかりめでたく世の中
a happy world – even the moon envies us

祝賀の狂歌への気持ちを云々と述べられるが、本にする決心の発意は、おそらく何年前だったか覚えていないが、天明狂歌の聖と云う四方赤良＝大田南畝の下記なる名歌に関する日本人の感賞を読んだ時だった。

> かくばかりめでたく見ゆる世の中を
> 羨ましくや覗く月影　四方赤良　1785
> *Upon a world that seems as truly blessed as this,*
> *the moon peeks down with envy to see such bliss.*

従来の狂歌の消極的（とされた）態度に対照的なる『萬載集』に出た赤良の「現実肯定的狂歌」を褒めた狂歌学者の浜田義一郎（1958）と「蜀山人（老赤良の号）は、世を嘆く和歌と異なって、必ず現世を鑑賞した always admires this real world」と述べた江戸学の田中優子（1993年の英訳記事「連」）の大田南畝像は、間違いない。「めでたさ」を百首も尽し、鶴と亀の如に長生きは無用で人間の五十年で十分と云う、若き内にも赤良の達観ぶり、まさしく聖同然。同時に、天明狂歌以外の狂歌は必ずしも落首のように消極的ではなかったし、なだいなだと

山本廣子が指摘したように「権威破壊の精神」も天明狂歌の特徴の一つだった。世の中の「褒めこけ」と称してもいい長い伝統を、赤良達が引き受け継いだのが、我が主張。しかも、天明時代に大飢饉あった。死者何十万人。たとえ田沼政権は階級際狂歌会の活動に寛容で狂歌師として都合が良かったも、江戸以外の世の中は…。要するに、時代の自画自賛の風潮を皮肉っている可能性もあるが、歌例証で話を進もう。

かくばかり経がたく見ゆる世の中を
羨ましくもすめる月かな　拾遺　藤原高光
Life in this world is hard and we get dirty ev'ry day;
how envious to see pure Luna high above the fray!

赤良の狂歌と逆様だった、天体を羨む藤原高光（994没）の本歌も、思えば結構狂趣ある内容だ。月は法の輪だったから、澄めるのを敬うか、鑑か鏡と見るべきを、羨ましがる事は、けしからん。1634年頃に徳元が十四歳なる若宮に裏読みを教えるために書いた物は尽しの『尤之双紙』に、数十首の狂歌の中に、やはり藤原高光の和歌も入ている。又、赤良の月に見られるという逆様の観点といえば、もう一首の更に狂（きょう）ったる本歌（片本歌とよぶか）もある。月こそ登場しないが、『古今集』の第一歌の主が詠んだ大胆無敵の壮大擬人法だ。

よの中はいかに苦しと思ふらむ
ここらの人に怨みらるれば　元方 905 頃
How it must pain this ole world of ours to know
there are many bitter people who hate it so!

世間を憂しとやさしと思へども飛び立ちかねつ鳥にしあらねば

参照の嘆き：*Though I find our world makes me blue, take my word*
one can hardly fly away – unless you are a bird.　山上憶良万葉 #893

万葉歌は 2017.7.21 の校正で追加。改造版により詳しく取り上げたいが、憶良の「世間」は、藤原高光と同じ「世の中」を嘆いた。恥しの意味

の「ヤサシ」という語だけは難しいが、元方の古今歌#1062 は憶良の世を厭う歌も念に置いたか、ただ直前の詠む人しらぬ歌#1061「世の中の憂き度ごとに身を投げば深き谷こそ浅く成りなめ」に応じたか。世を嘆く反省か、囃子か判らないが、紀貫之の旨い歌の次だと思います。因みに、この飛び込む自殺のもじりも江戸初期の狂歌集にある。顔が岩にぶつかると美しくないから、止めたよ、という歌。『古今集』の成立の約五十年後になる『後撰集』の雑二巻に、元方歌の貫之ご本人の「題しらす」変種もある：「世中は憂き物なれや人毎のとにもかくにも聞こえ苦しき」。元方の歌も貫之の変種も再載は少ないが、1970、80 年代の肯定的な日本人論に何回も拝見した聖徳太子の相対主義を勧める言葉を思わせる。大和の器の広い心を広く知られてもいいかと小生も思いましたが、聖徳の名言が偽作の疑いで、教科書から消えた。だと、少々異なった相対主義ながら元方の和歌を入ればいい。「古今集」時代の百、二百年後は、世がもっと悲しくなった。秋の空に向って源俊頼（1055-1129）は「何事のしのび難きに初雁の憂き世の中に又かえるらむ」と詠めば、外国は良い、日本は大変という事になる。徳川時代が楽園ではなかったが、良く成ったという意識がありました。

君が代に恋と云うもの無かりせば
何を涙のたねとなすべき　　有数 E5-4 1799
In this Reign of our Lord, if not for what we call love,
what possibly remains to sow the seeds of our tears?

赤良の羨ましがる月さまの十、廿年後になる、「伊勢物語」の名嘆き歌「世の中に花なかりせば～」をもじるこの「寄祝恋」か「寄恋祝」歌と称すべき時代肯定は、いかがでしょうか。物に寄する祝は、初期狂歌には珍しかった。賀歌が、歌集の導入か春巻の最初の新年か四季の後の雑巻の終わりにあったが、和歌のように別な歌部か巻には成らなかった。初期狂歌の天才未得の 1649 年成立の『吾吟我集』の巻第五の頭に九首の寄祝歌が最多の集であるが、同本の百三十首の寄〇〇恋歌の枕でしかない。1666 から 1679 年までの三冊の行風編集の多詠人の

大集には、本書で後に載せる泰平を祝う歌も随所にあるはあるが、「寄〇〇祝」として尽くされた事こそない。狂歌本に祝歌がさまに成るは、江戸中期の上方狂歌、そして天明以後の江戸狂歌を待つが、とりわけ御代と君の祝の歌の流行、それ自体が有り難いかないかと言えば、複雑な気持ちです。解釈と翻訳する者として、自分の気持ちをはっきりと申すべきかと思うが、その口切るに『狂歌大観』の参編で見つけた室町時代の笑話本『おちこち草』の狂歌をご紹介します。

遠近草　二段 1539 年頃
おとゝしも去年も今年もおとゝいも
昨日も今日も我こふる君　「柿本人麿」

Two years ago, last year and this year, too, the day before yesterday, yesterday and today – my Lord, whom I adore!

狂歌が抜粋で話の文脈もない晒し首の英訳です。柿本人麻呂の歌といえば、内容の筋よりも君と国をなんとなく褒めたり慕いたりしたが韻律が良過ぎて、ロングフェローの「ハイアワーサ伝」同様に読むうちに眠くなる。まだ幼児の君か、寝られない老婆君だったら、おねんね唄の換わりにも詠んだかと想像したりした。この「柿本人麿」の歌を、柿本人麻呂の長歌の要略なる反歌かつ風刺になる概念狂歌と敬愚は受けた。鎌倉・桃山時代の日本人は好き／＼の髭までも私流で極めて個性的。自然流という一様しかなかった、初来日した欧州人がカルチャーショック。そう云う凛々しい日本人は、君を崇める古歌を読めば「イヤですね」と気持ち悪くなったに違いない。フロリダ住まいの敬愚の勝手にそう読んだが、日本から、やっと『遠近草』の全文（ごく短い本だったが）取り寄せて見たら「柿本人まろ或女をとしころ恋とて詠みてつかわしける」という前詞だった。それしかなかった。すると、勘違いしましたか。My Lord を my dear と直さなければならないか。そうとは限らないぞ。詠んだ人、本の著者に自尊心あっても、将軍などの君を怒らしたくもなかった。敬うか諂う歌の類を無事に笑うためには、一応、恋人の「君」としておいた可能性もあるではあるまいか。

人麻呂が妻に対して敬愛あらわす歌も詠んだから、狂歌は不自然でもない、笑話として可愛いオチにもなるが、著者の心は知りません。

　　　　伏して思ひ起きて数ぞふるよろつ代は
　　　　神ぞ知るらむ我が君の為　素性集 古今集 905 年
　　　In bed I worry, while awake I count Thy countless Reigns
　　　and the Gods alone witness the pains I take for my Lord.

かの「君が代」名歌後四番目になる素性の賀歌は、本康親王の七十賀の屏風に書かれたが、万葉集の恋病歌の語句を見事に組み合わせている狂度の高い傑作かと思うが、密伝などに対して一欠けらの関心もない敬愚は是非知りたい事は、この歌を聴いた、或いはお読み遊ばした君の反応である。糞まじめの証言を一文字の口元にて当然と受け入れたか、「恋歌みたいぞ。可笑しう！」と、笑ってやったか。研究者諸君、ご意見は？当首には、素晴らしい発生歌も多い。新古今の無名の「伏して思ひ起きてながむる春雨に花の下紐いかにとくらん」も定家の「伏して思ひ起きてぞ祈る長閑なれよろづよ照らせ雲の上の月」も、ずいぶん後の良寛の「伏して思ひ起きて眺むる七夕のいかなることの契りをかする」も良いが、本書の和歌と狂歌の後になる、発生歌ながら詠む側の身分は逆になる「図らずも夜を更かしけり国のため命を捨てし人を数えて」と云う明治天皇の御製は、どれよりも心に響く。

　　　　新勅撰 1234　山は裂け海はあせなん世なりとも
　　　　君に二心われあらめやも　源実朝　1192-1219
　　　Though our seas become shoals and mountains split,
　　　my heart will ever remain one with my Lord, explicit.
　　　（さて、本書では十分の一の英訳は二通りになります）
　　　Though our seas become shoals and mountains tear apart,
　　　never of two minds, I'll stay e'er with my Lord one at heart.

源実朝の首だが、通称が鎌倉右大臣で主君は後鳥羽院。金槐和歌集に先ず出て、かの「愛国百人一首」にも出た名歌。上の英訳の最後の語

は「〆て」か「アメン」というか、中世の原稿の最後に書かれた語。諂いを嫌う敬愚も、古今東西の天皇や王は案外に好き。国体論で一家の父上になりがちを厳しい両親よりも祖父と祖母が子共を可愛がるように、他の支配者（将軍であろう法王であろう何であろう）の反力？として、いわゆる民草の為になりがち。天皇の心の良さを示す和歌数首を見よ。後醍醐天皇（1318-39）の「民の為ときある雨を祈るとも知らでや田子の早苗とるらん」も、後鳥羽院の「夜を寒み閨の衾のさゆるにも藁屋の風を思ひこそやれ」も、伏見天皇の「神や知る世の為とてぞ身を思ふ身の為にして世をば祈らず」も、北朝の光厳天皇の「照り曇り寒き暑きもときとして民に心の休む間もなし」も、明治天皇の「民草の上に心をそゝぐかな雨しづかなるよはの寝覚に」（同明治37に、例の「照るにつけ曇るにつけて思ふかな吾が民草の上はいかにと」と異例で有難い「民草の上やすかれと祈る世に思わぬ事のおこりけるかな」をご参照に）も、いずれ見ても和歌が「仁王」の証拠になりうるかどうかは別にして、心を暖める態度だ。後醍醐天皇の「雨を祈るとも知らで」と云う語はとりわけ面白かった。恋人に訴える「神のみ知る」発想と変わらない。君ながら民は求愛の相手の如くなる。「こんなに尽くしているよ」と云わんとしている心は哀れなる。ところで、北朝の光厳天皇と明治天皇の間に民が君を君が民を祝ったり、祈ったりする言動を詠んだ人も現れた。

祝言　諸人の心のままにいわばなん
千代万代は言ひ慣れてけり　正徹 1459 没
（祝⇒言わば何で千代万代は困る、いいじゃないか）
All the people should celebrate however they so please:
used to saying "1,000, 10,000 Reigns!," we feel at ease.

同　国民も安かれと祈ること草よ
君は千世ませ祈るなりけり　同　草根集より
A fine prayer "May life be easy!" for the rest of us here,
as we've long wished our Lord to stay a thousand years!

正徹の歌集を、本書の草稿を校正する中でやっと読めば、その大切さは即時に悟ったが、研究する暇もないから下手な蛇足は無理。ともかく、彼の歌を十数首ほど適当に草稿のあちこちに加えた。本筋へ戻るが、神の子かどうか知りませんが、天皇・公家一族の存在を文学上には、大変感謝します。見栄っ張り高徳になりやすい成金と余計なる規則を人に押し付ける支配者が文学から笑いを殺がんとする時代にも、新奇と笑を公家と宮廷の貴族等の間に守り切った。あれこれ「遊ばせた」人には、言葉と概念の遊びもあったおかげで、それとも御製は古典的でない、一風変わった首も捨たれず、私集などの形で大事に預けられたから、他の人が詠んだら詠み捨てたままか、死後に風呂を暖める燃料になった書類を、保存されたから、そういう印象を受けるが。ともかく、誰々「院」とか「親王」の和歌には狂趣ある首が多い。これは我々の楽しみだ。

君が顔ちよに一たび洗うらし
よごれ／\て 苔のむす迄　雄長老 1547-1602
(*Mad In Translation* で英訳三通りもあるが、改めて)
Thy face it seems is washed but once ev'ry thousand reigns
dirt upon dirt builds up until the moss thy Age proclaims!

徳川幕府の暁寸前に詠まれた君を囃す「君が代」もじりの解釈と英訳を第四章＝「苔の蒸すまで」に預けたいが、古き良き日本流の生意気が一休に限らないという事を早くもお見せしたかったから、ここにも雄長老の太閤を笑った首を置きました。先の「柿本人麿」の歌の参照になるし、敬愚も生意気が好きと自白する機会ともなる。御代と君を素直に祝うのが苦手です。キリスト賛美歌も若い頃からつまらないかと思った。賛美を聞きたい神なんか、要らぬ。我が出す餌を食べる小鳥たちが行儀よく互いに譲り合う時、大声で Good boy! とか Good Mama！いい子だ（はい、時々日本語で！）と褒めるが、その敬愚も、小鳥に崇拝されたいと思わない。とは言え、平安時代以来の長い泰平

を可能にした徳川幕府を、よそながらも祝いたい。母国語ながら、英語をすらすら読むには数百年しか遡らないが、千年以上も遡る大和言葉の言語としての寿も祝いたい。

君が齢千代に八千代にふる狸
化けそうなりと人の言う迄　天地根か k9-4-93 1822
May my Lord's Age stretch 1,000 by 8,000 reigns until folk say
"He looks like an old tanuki ready to spook if he looks a day!"

やはり、君が人でなしでなければ、上の上方狂歌の方が例の寿ぐ歌よりよっぽど有難い。聞けばお腹を叩いて笑ふ。別章に、この古狸の歌例へ戻る。ここで言いたい事は大げさになるが、賀祝と寿などは狂歌に限る。敬愚も笑えたから本書にある千首ほどの英訳も、苦労なくできました。そして相手にする狂歌の気の薬のためか、一首毎に一日も若くなった感じもします。などと述べながら、敬愚めの数に入らぬ遥遥なる世界のお尻（平田篤胤に世界大陸を人体に喩えれば日本は頭で、米国は「背後に相当する」から「愚鈍」）と称された国のちんぽなるフロリダの亀頭たるマイアミという岡目が祝と賀の歌を数多よんで、その陳腐に飽きたとしても、それを詠んだり聞いたりした昔の日本人もそうであったかどうか、それは知らぬ。繰り返すが、仮定です。その対象になった上様は元気で正気だったら、素直な賛美や寿ぎに疲れてしまうはずだ。キリスト教やイスラム教の神が人からべた褒めに退屈しなければ、全知能どころかまっとうの人間にも等しくない不出来の存在だ。神がそれほど酷くなかった日本では、昔から誇張と滑稽の比喩で君と御代を褒めたり寿きたりしてきたではありませんか。日記か歌か手紙で、この問題にふれる御製の文章おられば読みたい。とは言え、これから章ごとに蛇足が段々少なくなり、狂歌の割合は増す。駄弁にうんざりする方も読み続けて下さい。様々の概念的な系譜を尽くしてみるから、一般読者にも専門家にも発見はあるかと思います。

2

赤良前後の戸ざさぬ御代はマジか
unlocked doors & farcical celebration

参照　君が代は千代ともさゝじ天の戸や
出づる月日の限りなければ　俊成　1114-1204
My Lord's Rule? Heaven's Gate won't shut for a 1000 Reigns
so long as moons and suns keep coming and don't run out.

戸ざしせぬ世には月みぬ里もなし　宗祇 1420-1502
久かたの山いかばかり空の月　同じ千句より
In our world with no doors shut tight
no one but views the moon tonight.
How many moons must be in the air
over distant hills everywhere?

天明狂歌の唐衣橘洲著『狂歌初心抄』にも再載された。左の戸ざさじ祝いは、君が代万歳の類になる。同語ながら系譜が異なる。狂趣は今一つと思うが、後鳥羽以外に、俊成がお仕へした天皇の在位期間の平均年間は、片手の指で数える。この時代に「限れなければ」と聞くだけは、おかしい。宗祇の左の句は、まさしく戸ざさぬ世です。室町時代の長い人生も他界する前に戦国時代も知ったはずが、以上の詠まれた年はまだ突き止めていない。仏教徒には、月夜こそ泰平の本国だった。法の輪の光の下では、猪も良いっ子にすると読んだことすらあります。という訳で君が代の祝いというべきかどうか知らないが、そういう感じだ。そして雰囲気はメルヘン。右の句は、左を軽くふざけているようですが、実は完成する。静かの月見こそ、視座が様々。中国由来の「戸・閉ざさぬ」泰平の発想は、室町時代にもちらりと見えた

訳。孔子の『礼記』か「礼運」章の描く古の中国の善国像に由来する「戸ざさぬ」という語で御代を祝う後なる狂歌ほどはっきりしないが、本書にある祝賀歌の機知に戸を開くために上記の二例にもう一首ある。

参照　七七五七五の誹諧の連歌　身の榮こそ猶も待たるれ
この御代に戸ざし忘るる不破の關　新撰菟玖波集　1495 年
*And our prosperity? For that we still wait in this Reign of Yours
where the Unbustable Checkpoint is left with wide-open doors!*

上記の撰集も宗祇ですね。資料は手元にないが、この俳諧っぽいブルースは宗祇よりも弟子の宗長流。とは言え「菟玖波集」の種類が多くて、ネットで見れば、なんだかなんだかさっぱりだ。歌が次々と並ぶも、どれからなるか、明白にしない。例えば「鎌倉菟玖波集」という 1356 年の賀歌「茂き惠は御代にこそあれ皆人の君にぞ思ひつくば山」と思えば、ペイジのアドレスには inutukuba という語ある。宗祇のずっと前と思ったら、ずっと後になるか。「思ひつくば」では、伊勢物語まで遡るかの浮気する毎に被る鍋を重なる筑波（字が違うようが）を思わせる。とは言え、赤良に負けない早々と肯定百％の狂歌の原型だ。さて、自分が無知なる俳諧の連歌を捨てて狂歌へ。

寄関祝　有難や今は跡なし古の
戸ざゝぬ御代もせき世話のよや　貞徳 T20　1570-1653
（「関」世話を掛ける「咳」世話の世も代も不可英訳だが）
*We are blessed now, indeed, of ancient gates there is no trace
in Thy Reign unlocked, coughing is the way to enter a place.*

祝 1739 頃　寄鮑祝　よつの海蝦夷ヶ千島の鮑まで
戸ざさですめる君か代の春　柏木遊泉　1763 没　K7-1?
*Clear to abalones in our Ezo Isles, the Four Seas are free of war;
Spring in my Lord's Reign means living with an open door.*

やっと狂歌ならではの面白い祝いの顔がはっきりと見えてくる！左は、初期狂歌の仕掛人の貞徳の関＝咳は、百数十年後なる武玉川か川柳の類の咳世話の句「色々と用ある咳ばらい」まで通した。人の家か部屋に入る前にやはり、トントンできる戸がなければ、咳ですね。昔話でしか知らなかった安楽時代の再来ですね。四方赤良の現世肯定の種が初期狂歌の仕掛け人貞徳の心の中にあった。右は。本書の副題を提供した戸ざさぬ鮑は、貞徳の百年後、赤良と天明狂歌の数十年前になる上方狂歌の静かな大御所というよりも中御所遊泉の傑作だと思います。貞徳の首は時間を亘れば、遊泉の首は空間を渡る。鮑を片思いでナイ譬喩に使用されているだけでも新奇じゅぶんで、貞徳の少々判り難い歌に比べて、大変解り安い、「戸ざさぬ」発想に対する誰でも初なる大笑ともなるかも知れない。「ささぬ」を「開いた open」と意訳すれば精密でないが、鮑だって戸ざさぬも開くもなく、ただ無いで精密だったら無門の関でしょう。或いは、向きを思えばう海底ないし大地そのものが戸なる。

　　　江戸みせや戸ざさぬ御代の下涼み　　宗因　1605-86

宗祇は孔子の理想の里と法の輪という月を見る行為を戸ざさぬに結べば、宗因が戸ざさぬ江戸の店と御代と結ぶが、店は茶屋か。これも月も夏ならば同じ納涼。時代は時代。ウェブから盗作してご免の語句もあるが、1683 年に徳川綱吉は陰陽道の本家土御門の名の下で三河万歳師に、国を巡回して江戸城内や大名屋敷にも入る特権を与えて、正月は門外より「鍵いらず戸ざさる御代の明けの春」と唱え、門内より「思わず腰をのばす海老錠」と答えて、めでたく城門を開く」を伺っても判る。鍵ないと思ったが、もう少し複雑だったようです。

　　　地頭を誉て村に戸が無し　　武玉川 8-36 1755 年
　　　忍ぶ山戸ゝぬ御代て面白き　武玉川 15-3 1761 年

が、1735頃の歌舞伎や1771頃の浄瑠璃などに「戸ざさぬ御代」は次々と出てくる中で、上記の川柳よりやや古い武玉川の雑俳こそ有意義。戸そのものこそ無くしたら、棒と鍵の詳細は無用。しかし、戸を無くした地主は本当におられたか。そして五七五の『伊勢物語』十五段の「しのぶ山忍びて通ふ道もがな人の心の奥も見るべく」を時代に寄せて焼き直したも又、傑作。戸ざさぬ御世は夜這（又は覗き屋か）天国に違いない。箱入れ娘のご両親は異見ありそが。やっと赤良らの天明の御代賛美の肯定的狂歌の古典を見る。

雑下祝　戸をあけて寝れども更にいさゝかの
風邪さえ引かぬ御代ぞめでたき　金鶏　網雑魚
*How blessed is this, Thy Realm, when not only do we open
our doors to go to sleep but, doing so, do not catch cold!*

Mad In Translation に赤良作と間違った。蕪村の友人也有を俳諧師にした、若者の赤良を狂歌師にした本業は医者の金鶏が詠んだ狂歌集『網雑魚』はオンラインの『蜀山家集』即ち大田南畝集の中で情報が首尾になるを途中から読み始めたら、歌を次々と読み漁る首狩り魔の敬愚は、金鶏作と気付かなかった。何年も気付かず、本書の書名の初案の副題までも「「戸ざさぬも風引かない」はマジか、赤良？」だった。いずれにしても、赤良が己が家集に入れた親友の小集で、羨ましい月の名歌と寄せてみた方がいいと思います。御代は悪しからずも楽園じゃなかった。浮世は憂き世。誇張を欺く嘘ながら、御世と御代の祝い歌の真相、或いは見逃された一面を、後世の馬鹿（我々のこと）にも、明白にしてくれるではなかろうか。要するに、肯定の狂歌は恐らく肯定の歌句や過剰（？）の祝いの伝統あるいは流行（？）を弄んでいる。

あいた口とささぬ御代のめでたさを
お褒め申すもはばかりの関　四方赤良　天明中か
（四方の留粕が文政二＋蜀山百に再載　憚り＝歯ばかり）
*How blessed Thy Reign to let mouths stay open always
so teeth are the only barrier to letting out Thy praise!*

寄月祝　あきらけく戸さゝぬ御代と我々が
申すもおそれ有明の月　白川写布称　E2-3　1784
（明けもさすも月縁語で畏＝恐も有り⇒有明も英訳無用）

二首の年順に確信ないが、「はばかりの関」は『枕草子』にも『奥の細道』にもある、後者では蝦夷の異国への入口にもなるが、口と並ぶ縁語として歯まで考えた赤良の詠みが可笑しくも、英訳に充分尽くされていない意味には白川写布称の「畏れあり」という敬語と心が同じ。欧人も本来、王様が法王に同じ恐れ入れた身振りを示したが、日本人は大名や将軍や天皇の前に身も目も上がらなかったのみならず、畏敬ないし恐れ入れた心をしめす緊張を音までも出した。歯の間に空気を吸った。早くもカピタン Saris が先ず特筆したが、幕末見た英国領事の Alcock だけはその hiss を数回も詳細に至るまで描写をした。極右派の人はよく判らないが、現在人の多くは昔の日本人の上様へ現した畏敬の音の凄さを想像も付かないと思う。一方、その敬愛ぶり、尽くしたい心は今も通じるかと思う。時には、恋病を上回る激情が死に至る場合もあった。一所懸命に王政復古を唱えても幕府が聞き入らず、天明の後間も無く 1793 年に割腹で憤死を果たした高山彦九郎の辞世も「戸ささぬ」（或いは「閉ざさぬ」）という御代の枕を効果的に使うのが面白いと思いませんか。

さつま人如何にや如何にかろかやの
関もとざさぬ御代と知らずや　高山彦九郎
Who are these Satsuma men! How lightly you brush us off –
don't you know this is s'posed to be a Reign with open gates?

ご尤ながら、幕府の当局と話し合う事も許せなかった。天皇も志願した代表も実力ないし支配から鎖されている状況には我慢の堪え袋が切れて、腹はその次。もう一つ辞世「朽ちはてて身は土となりはかなくも心は国を守らむものを」も儚くに墓を掛ける佳歌だ。言うまでも無

く祝いではないが、又、云うまでも無く明治維新の後で、明治天皇御製も歌碑に追加されてたり、この哀れな天才の人生は肯定された。さて、本筋へ戻る。

寄障子祝　戸ざゝざる御代は障子の骨組を
猶も堅めて守るみの紙　足あき　K25-3　1806
（障子の額材は骨、紙は神も成らず不可英訳）

寄枕祝　戸ざしせぬ御代に安くも寝ぬる哉
やすみ堅めし是の木枕　夢見　K25-3　1806
In Thy Reign with our doors not locked, we sleep good;
and to affirm the hours we rest, I use a pillow of wood.

天明後もささぬ戸の歌は続くが、遊泉と赤良のが発生歌になったかどうか知らない。解ることは、足あきと夢見の両首も後の章にみる「動かぬ御世」にある「固める」という副題にも因む。複数の系譜ですね。左は、紙が神を呼び出してこそオチつく。右の意外性は、ただの新規を上回るちょっとした傑作だと思う。「固める」の意味になる firm を affirm（肯定する）に入れたが、建築を離れずしまいの地固めは英語にないから、説明無しにはどうせ通じなかろう。ああ、気付いたか。詠む人の名前は。

寄海祝か　四つの海治まりぬれば白波も
無くて戸ざゝぬ御代ぞ豊けき　朶雲　k16-3　1812
（白波＝泥坊・追剥の掛詞なければ英訳無用）

寄冬祝　盗人ハない御代なれど戸をさゝで
寝られう物か寒き冬の夜　闇丸　題林　後期江戸
Sure, my Lord's Reign is free of thieves but the cliché ain't right,
with the doors left open, who can sleep on a cold winter night!

俳句には原則として季語を一つしか出てこない方がいいとなるが、原則として原則もない狂歌には、祝い用語の重なってもいい。左は「治まり」に「戸ざさぬ」に「豊かさ」というも御代の祝の三つの記号も伺う。白波で繋ぐ前句の海と後句の陸の筋の面白さは、ままでしかないが、北の方でロシアあるいは、その悪党との争いが数年前にお目出度く終わって、蝦夷から貿易船が安い物を持って着たりして「豊けき」感じもあった。恐ろしい天保の旱と一揆もまだですね。右の首を読めば、金鶏の風邪引かない首と同様に戸をさす・ささぬを閉じると開けっ放しにする同類語に英訳した。どうしても un/locked か closed/open を択ばねば。金鶏の首と同様に open の方の意味をもって、戸ざさぬ自慢を笑う。「寝」の送り仮名は、我が書留違いで「られる」なるか知らないが、歌意は OK。

　　　　　寄花祝　桜見にいづこも宿を明らけき
　　花の戸さゝぬみよし野の国　佐気粕人　k16-3　1812
　Off we head to blossom-view, leaving behind our inn rooms
　empty but unlocked as is beautiful Yoshino's cherry bloom!

　「鳫」　寄雁祝　天の戸もさゝぬ御代のためしとて
　　明け暮れとなく通うかりがね　素句庵多麻呂　k16-3　1812
　As if to test Thy Reign of unbarred gates even Heaven's open stays
　so those geese keep commuting, oblivious of nights and days!

盗人なかったから、戸ざさなかったのが事実。強請りがあっても、盗みが殆どなかった。開国二十数年後の日本を歩いたモース（E. Morse）も日本人が盗まない事に驚いたあまり、わざとお金を少し「忘れたり」して試した！当局の目、共同責任、刑罰など怖い原因も忘れてはならないが、実験すれば恐れと恥というよりも、日本人の良心が丈夫だった。換言すれば、中国の『大学』で云う番人がおられば魚を盗まぬ猫ではなく、殆どの日本人は、米国人に比べて心から善かったのがその結論だった。右は。上方狂歌の本に出たが「出羽秋田」とも書かれた。

本来、戸ざさぬ和歌が天の戸か天の岩屋の戸だったから、夜明けが意識されたが、ここは夜もすがらという点が新奇。「ためし」にもなるし、敬愚は念の為に「寄雁祝」と上に加えたが、祝には新家とか快復とか何かなければ、御代も自動的に指す。いずれにしても、気に入た首だ。これこそ所得た俳風祝いの狂歌ではありませんか。

　　　寄勇者祝　朝比奈のひなも都も戸ざゝじの
　　御代の掟は破るもん無し　幽山　K7-3　1813
　　（朝比奈⇒鄙の転掛も門＝者（？）も諺も不可英訳）

伝説的な鎌倉時代の又狂言の乱暴者が写楽本に「朝比奈に路次の戸を叩かせる」とあるが、時場によると、鄙も都もより安全かより危なくなる。1950'sの米国の田舎のわが育った小家の戸も鍵無用だった。結局、窓を開けて、手で円頭釘に釣り針みたいのを入れたが、それはアライグマ達が中に入り冷蔵庫を開けて盗みながら台所を芥場に変えないように。盗人こそ無かった。因みに、1820年の数広詠の江戸狂歌「柴の戸はかけて置くのに人を見て外して逃げる猿のいたづら E11-2」を読めば、敬愚は「そうよ、そう云う事！」因みに同本にちゃんと閉ざさす人もいた。便豊舎種成の「四つ足の門のかんぬきしっかりとさし心得て守る飼犬」ですね。祝いでないが、念の為、文中に置きました。歴史家に一つだけ疑問をまだ聞きたい。安全だから戸ざさじのみか、戸ざすのが禁止にもなった時場もありましたか。

　　　時空際の祝　　戸ざしせぬ御代は千とせの奥までも
　　御無礼ながら見越すめでたさ　雪丸 K16-2 1811 E8-3 1812
How blessed we are to live in this Reign with its gates wide open
through which we see (please pardon!) a thousand years within.

めちゃくちゃに可笑しく、同時に奥深い大傑作です。歌の時空を一体化する抽象性を具体的な丁寧語の御無礼と結ぶ歌体そのものもめでたい。心の水が透明であれば、それがタイム・マシンにもなる魔法使い

の鏡だ。岩の清水などは前後の限りもない時間を見通すが、その透明さの小系譜は別章になる。

　　二度目御免　あいた口とささぬ御代のめでたさを
お誉め申すもはばかりの関　四方の留粕　1819 文政二
（関という概念も憚りに歯も立たない英語に二語で訳した）
Blessed thy Reign of mouths unbarred so naught stands between
my heart and singing out in praise but my reserve and teeth!

　　寄御代戯歌祝　笑え人顎の掛けがね外すまで
戸ざさぬ御代のたわれ歌には　鯉鮒 E11-2　1820
Laugh until the jaws of all who read come off their hinges
in a Reign of open doors all may join our mad-poem binges!
（この発想はあまり気に入れて、複数英訳を抑えかねた）
Let the doggerel of our Lord's good Reign unhinge your jaws:
Laugh, people, laugh! Doors left unlocked deserve applause.

左は、既に一度みた四方赤良の再載出版の年付順の二度目の登場。同じ事を二度としないように頑張る。右は一年後に出た中々いい『類題杓子栗集』の下巻の『後杓子栗』の最後の首になった！原題は、単に「戯歌」であった。上記の英訳の mad-poems を play-poems と直してもいい。あるいは一行を I mean at the droll poems of Thy Reign with open doors! と取替えば差し支えない。というと、少々伊那ぶりで上の歌の感覚は英語で droll と形容すればいいかと思う。日本語では「どうけた」という語感がいい。戦後より可笑しいポエムの形容が「滑稽」一辺倒になってしまったが、句にとって悪くないも、歌の場合、どういう訳かぴんとこない。書き過ぎた。左、赤良の首はいい肯定ながら、右、鯉鮒の首の比喩の可笑しさは傑作。読んで狂歌に惚れない読者おられば、その理由を本人の口から聞きたい。

　　寄不動祝　寄関祝　おどけにも戸ざゝぬ関の釘抜は
錆びて動かぬ御代ぞ久しき　道芸行就　E8-3　1812

At ye checkpoint, whose gate never shuts not even in jest,
the rusty nail-pull, like Thy Reign, doesn't budge but rests.

寄関祝　寄舌祝　舌二枚つかわぬ御代の印にハ
　　錆くさりたる関の釘抜　行就 E11-2　1820
Symbols of Thy Reign where forked tongues serve for naught,
those crowbars at our barriers, are so rusty that they rot.

寄関祝　　さすまたも御代に合うては朽ちながら
　　立ちし名こその関ぞめでたき　川なり K25-3　1806
（蛇を抑えるための forked stick 以外には刺股の英訳は？）

箱の中身も調べなくてもいいか、箱が釘などで閉じなくなって簡単に開けるようになったか。いずれにして、大和の国々やっと国内になっている。釘抜には二種あった。錆びで動かぬは、ピンチと氷を掴む道具の合いの子みたいの nail-puller。二枚舌の感じは棒っぽい crowbar だ。最後の敬愚は詠み直したくなったが「さすまたもさせぬ股又み代のせきれいの尾ならば話は別が」というノンセンスしか思いつかなかった。

寄江戸祝 E13-1　人心あけ放しなる大江戸は
　　霞ヶ関も戸ざゝざる御代　笑花堂春交　1856
（日本人が慣れてこそ文字通りの掛詞はいいが）

その直前にある「大江戸は人の溜池なるかとて清きもあれば濁れもあり　明福 E13-1」は狂歌として今一つが、春交の霞ヶ関と云う固有名詞中の関を活かした。本来題無しが、春交の首が寄江戸祝の感じがする。

おさまりて泰平楽を言う人の
　　其口さえも戸ざゝざる御代　春眠　1813　k17-2
Thy Reign well-ruled, our mouths like our doors never close
but stay ever open to praise the peace we enjoy in droves.
（上記は完全肯定。下記は馬鹿の一寸とか愚者の楽園かと）

*Thy well-ruled Reign a "paradise of peace" and what is more,
of fools, whose mouths saying it hang open like barn doors.*
（英語嫌い読者に申し訳ないが、更に狂ったる敬愚異訳）
*What bliss is this our Paradise of Fools under Thy good Rule
we praise with mouths hanging open like doors that drool!*

単なる真面目の祝いか自嘲っぽい祝いか。天地動くと困るから詠みが下手こそ良いとした宿屋飯盛の序もある本に出た。複数英訳は自信不足。泰平「楽」を言うのが、のん気で Fool's Paradise という気分かと感じた敬愚の方が間抜けかもしれないが、いかがでしょうか。

つつが虫すみしは昔、門口の
戸さえも嵌めぬ民の気楽さ　行就？1725-89？
*The time when mouse-ear-mites lived with us is long past,
with no doors blocking air-flow, our folk live easy, at last!*

失出典か。オンラインで見つけた芳賀矢一の 1907 年の著『詞藻類纂』に見つけたか可能性もある。「御代」という語こそないが、open という意味での「戸ざさぬ」祝いのようですね。英訳では、ダニの種類の同定と気流がよくなった情報の解説も詰め込んだ。同時に、これは二度目になるが、まさか幕府の戸を無くす規則もあったかと、あるいは、障子を閉じて、底上げで改良された開いた玄関は、ネズミを惹かなかったか。やはり研究したい読者を頼みたい、再版あるからご input 下さい！

II
神代に古代の国造り
ancient foundations of nationhood
3
岩船の和歌を祝ふ
those wonderful stone-boats

百首御歌　賀　　あま雲に岩船うけしそのかみを
思へば尽きじやまとしま人　常盤井入道太政大臣詠
（天＝雨又船と島縁語の海人も神⇒上の転掛詞も不可英訳）
Boulder ships that floated in upon the clouds is all we know;
who can trace us back before, the island race of Yamato!

本章は例外。狂歌は殆どないし、最もいかされた首がいずれも、上記の首のように手元にある『夫木和歌抄』という 1310 年頃に出た題別なる巨大の和歌の種本より拾った。天と大和島人をこんなに首尾よく結んでも重層に余韻のこる英訳仕切れまい傑作は。Wow!と思いませんか。「国見歌」ならば、かの煙立ち立ちす万葉歌は有名。「君が代」ならば、国歌になった古今歌は有名。が、こうして「国民」を祝う名歌は、知らない。よくも八百年後の今までも、この素晴らしい和歌は、名歌にならなかった！かと言っても,詠む人は馬の骨でもなかった。本名西園寺実氏（1194～1269 年）は、「蜻蛉羽（あきつは）の姿の国に跡たれし神の守りや我が君の為」（続後撰531神祇歌巻頭）を詠んだ同じ貴人。当の歌は **yamatoutasennin** サイトの水垣氏の補記によれば「山々の

緑が途切れなく連なる」国の「美しさを、交尾しながら飛ぶ蜻蛉」である。「神武天皇が大和で国見をした時、「蜻蛉の臀なめの如し」と国のありさまを誉め讃えた伝説（日本書紀）」に触れた「自然の豊饒を祝福した」歌主の西園寺実氏には「問わばやな心よいかにともすれば眺められぬる春雨の空」（宝治百首）又ある。空に関心が止まなかったようです。小生も霞みのような細かい雨が降れば、夢の中でよく飛んだ。夢の中で起きて、夢の中での飛行と違い細かい雨の中が合理に叶ったものだと自分に説得した夢も覚えているためか、心が通う想像であろう。初期狂歌の『後撰夷曲集 1672 年』に入た弘法大師（774-835）の「西東北よ南よそれハさう天地の外はもとの故郷」を上記の岩舟歌と日本の国歌を敢えてこき混じり、詠んでみれば「漕ぐもせぬ小石がいはほかけ船に成りて天地の外なる空海か」となります。無は「本の古里」と称すれば、心から慕う対象にもなりやすい。それと岩舟の本港か基地が同じ異次元にいるという感じもする。何故か、ほのぼのと島がくれて消える名歌と方向性が逆なる到着した内容ながらも、心が通じる哀愁も感じる。空海の歌より更に古いは、718-85 の人生が部分的に重なる大伴家持=万葉集の長歌もある。「越中から帰京途中に作った、宴で天皇の詔に答える歌」は、こうなる＝「あきづ島大和の国を天雲に磐船浮かべ　艫（とも）に舳（へ）にま櫂（かい）しじ貫きい漕ぎつつ国見しせして天降（あもりまし）払ひ平らげ千代重ねいや継ぎ継ぎに知らし来る　天の日継ぎと神（かむ）ながら我が大君の天の下　治めたまへばもののふの八十伴の男を撫でたまひ」

*Launching a stone-boat fit for oars bow to stern
the gods sculled o'er the clouds of heaven's sea
surveying the lay of the land below to learn
where to alight, then pacified what would be
our Dragonfly Island, the country of Big-Peace
and one on another, a thousand reigns passed
or, rather, linked to make a chain extending clear
back to the Sun and forward to our Queen Goddess
who, deigning to rule earth, treats her gallants here
representing eighty clans in court very well indeed!*

とは原歌の前の半分。その後は、大君（大王と同じく、おおきみ）は国をよく整え、恵みを皆と分かち合ったら、古よりなかった瑞しるし（例出ないが、家持本人の陸奥の金の発見でしょう）をも次々と出来て万代も「記し継がむ」我が大君は名王になると。そして秋の花も触れたら、大君は花ごとの色を鑑賞したという敏感ぶりの「貴さ」を記して終わる。家持の描写自体は貴いと敬愚は思う。前半の男（お）を撫でるという表現は学者の共訳で Loves her courtiers of eighty clans。脚韻と情報を詰めんとした拙訳に比し短いで、良かろう。因みに、自分の愛した人を撫子と見做し、二人も撫子を庭に植えた、その花を詠む名歌人で「撫でる」含蓄もよほど良かった。いずれにして、章頭に置いた夫木抄で見つけた岩舟の歌は、家持のと合わせて読み直せば、読者諸君はどう思いますか。

神山に天の岩舟こぎ寄せて

繋ぎ初めしもわが君のため　賀茂氏久

That ye Boulder Boat of Heaven was sculled to Godsmount
and tied up the first time – 'twas all for My Lord's sake!

同じ『夫木』だが、「賀」ではなく「神祇」中。賀茂氏久は「二条為世（1250-1338）の妻の父」だった。岩舟を漕ぐのが家持の歌に学んだかどうか知らないが、西園寺実氏の傑作と比べて、「わが君のため」雪に出でて菜を抓むと云う古歌をもじる微笑ましくも、狂趣ある凡作だ。とは言え、ウェブ検索では、この歌の方が人気みたい。名が一字しか異ならない賀茂遠久の反歌「久かたの天の岩舟漕ぎ寄せし神代の浦や今のみあれ野」もずっと後なる 1680 年成立の『賀茂（神社の）注進雑記』によると「天岩船を漕よせ神の現形ましましける其所を御生所といふ、其御生所のわたりをみあれのとも神代の浦とも云ひ」も、本来の問いとなる『新古今』巻十九にある神祇歌「大和かも海に嵐の西吹かばいづれの浦に御舟繋がむ」（加茂際に向う危機一髪の後祝の後に詠まれた）も。1705 年成立の『山城名勝志』巻第十一「野」に

「神代の浦ハ御生野の惣名也、天孫御舟にめされ降臨の地なり。御生所ノ左ノ方を舟着と云。」古くは海だったところが野にもなったかと思うが、敬愚にとて歴史文献を見るだけで眩暈するから無理に整理もせずに岩舟の歌へ戻る。二つだけは言って置きます。これらの歌のお陰で少し伺った古代豪族だった賀茂氏一族の存在は、凄い。もしも日本で育ったら、漢字も読めない若さから、その歴史か伝説を聞いたら、きっと自分を鴨の子孫と勘違いした。 もう一つは、歴史はどうであろう、わが想像する賀茂氏久の「君がために」歌が彼が山で見つけた船っぽい岩を、神社へ運んだ開式のための即興と考えたい。そうだったら、凡作も褒めたくなります。ああ、もう一首の後期江戸の賀茂が詠む「君の為」を昭和十七年付の『愛国百人一首』にある。「大御田の水泡も泥もかきたれてとるや早苗は我が君の為」は、国学者真淵が真面目の詠みながらも己が氏名が鴨とだぶる前句と思えば楽しい。さて、『狂歌大観』に出たれっきとした狂歌の岩舟を見よう。

　　　岩船明神　岩船にのり給ひしは神道の
　　　加持の力の徳かとぞ思う　野鹿　地誌所 T 参 44
　　　（加持と舵を結ばなければ英訳無用）
　　　諸国落首咄　岩船が浪のともえに砕かれて
　　　梶を取られて名を流しけり　露程 T 参 45
　　　（名といえば○○丸の事か？？？？？）

左が 1678 年頃の河内鑑名所記、つまり観光案内より。散文が省かれても一首一本で詠みうる上出来だ。仏教用語の法＝糊と加持＝梶の力に頼めば、神道の石船はうけるとか？参ったは、これ。Wiki の加持の説明も敬愚の理解のちからを超える。右の「落首」の解読にも自信は無い。戦国時代に加茂氏が陰陽頭の務めが断絶して又江戸初期地下家として続けたが中期より陰陽助に落ちた、という譬比か（半年ぶりに左の文章を見ても、自分が何を書いたか、さっぱりだ。いずれにしても、岩舟の写真を見たら、たしかに舵もなにも具もない。お地蔵さんに赤べべをやれば、誰か舵も帆もつけて上げれば良いと敬愚は思うが。

久方の天の探女（さぐめ）の石船の
泊（は）てし高津は浅せにけるかも　万葉集#292
（「にける」とは、なっちゃって残念で、それなりの異訳）
*From heaven afar, stone boats with damsel brides came to moor
at Takatsu, now rapids, no longer deep – alas, we lost that door!*
（あららっ！Wiki で読めば天の探女が一人で天邪鬼の原型）

敬愚は敬愚で万葉歌の原文の最後の二字は、万が一かの加茂だったら面白いかと思って調べたが、残念ながら「香裳」だ。天女の形見の裳の香かな。もっと古い石舟の歌を章頭に、つまり先に置きたかったが、上記は祝というよりも嘆きか旧懐かと思って、そう英訳してみた。しかし、さぐめは。その説明も読めば読むほど解らなくなる（一応複数に英訳したが、一人だったかも）。日本に着いたらルポーすべき消息なかった他の神と連絡取る様に出張されたら、もと悪い事になった。ところで『日本記』にある「磐」が岩の船ではなく「堅固な船」と『日本国語大辞典』がいうから、万葉歌がもともと誤伝かも知れない。それに、帰国したくなかった神も、その味方になった遣いの探女も、よく考えたら、葦なんとかの国、つまり日本好きで他所だった神に邪魔されたくなかったと思えば、知日として敬愚も探女の見方になりたくなるが、神話から現世へ話を戻せば、神が降りた船形の岩の実物が、空気より重い飛行機の発明家の一人でもある二宮中八（1866-1936）のお宮も含む大阪の岩舟神社にも置かれている。

夫木より　しめの内に雲かと見ゆる桜花
天くだりけん昔おもぼゆ　股富文院大輔
（注連は英訳しても満足できない敬愚こそ溜息するが）
*Within sacred space, cherry bloom looks like a cloud . . . I sigh,
recalling how once upon a time we came down from the sky!*

鎌倉時代の「賀茂神主重保におくりたる十首歌中」。岩舟を仄めかすだけでいいが、神が乗る岩舟も雲路を飛ぶ天つ乙女が古代より歌の中で伺える日本人の天との関係は羨ましい。基督教のそれがどうも性に

合わぬ。神の右手の上に座るイエスって気持ち悪い！回教の処女サービスは更に酷い。上記の花見くらいは、むしろ落ち着く。アニメの捉え方は悪いと思うが、和歌と狂歌のそれが、我が性にも合うみたい。

寄橋祝　御世／＼は続き／＼て御柱を
立ち換えもせぬ天の浮き橋　梅下梅雨　k16-3　1812
（を立ち換えを換えもせぬへと転じる芸は英訳無用が）
Our Lord's world goes on and on, sacred pillars replaced,
but the floating bridge to Heaven as ever stays in place.

岩舟何十隻も空に並ぶ浮き橋は、想像ゆたかな漫画家すら描かない。やはり神の通ったあるいは今も通う浮き橋は違う。かの木曽の谷渡るような物だという説もあるが上の方は何に懸けるか。或いは、武雄詠み「足のうら合わす世界へかけたるか半分斗り見する輪虹ハ　K8-1」か。はい、『古狂歌　ご笑納ください』の天象部に英訳もある1814年の上方狂歌の虹説も、一考に価あるかと思う。その発想を俗信の地下他界だろうが、もう少し宇宙的に考えてみれば、浮き橋は大地を回しながらも土に着く輪ないし環となる。という部分的でしか視化できない仮想の世界を捨てたくもないが、先述べた「天象」部の章頭歌にした1690年頃の月洞軒が詠んだ元禄の狂歌「月日星うやまひながらさらば又天へ登ろと云う人もなし　T40-241」は、残念ながら現実だ。

While we revere the Moon, Sun & Stars, when all is said and done,
has anybody tried to climb up to heaven? — No, not one!

初期狂歌の頃の笑話によく出た理屈を好む歌の通の恋人になる小式部の百人一首歌の後句「まだふみも見ず天の橋立」にも頷くしかない。ただし、「夢にも」とまで問わば、むろん違う。ある次元で敬愚も多くの読者も信じ続きます。念のため、「動かぬ代」の章に1809年の上方狂歌に、やはり動かぬ岩船を預けたが、その跡は…

4
細石が岩に成り苔の蒸すまで
until pebbles become stones with moss

祝　　わが君は千代に八千代にさざれ石の
巌となりて苔のむすまで　無名　古今集 905 以前
（英訳多いから掛け算にライオンの鬣も打ち込んだ）
*May my Lord a thousand times eight thousand-fold reign
until pebbles grown to boulders sport a mossy mane!*

　かの「君が代」は、世界の国歌の中で最も古いし、古い部分が国歌と同定すれば最も短い。敬愚みたいに非合理そうで気に入る者もおられば、強いられた天皇制の印として己が国歌ながら嫌らう者も、嫌う者を嫌う者もおられる。左右双派も、お互いに対する憎みを呑み込んで、本章に笑いながら初心に戻って元気になったらいい。何よりも、歌の魅力が本歌をめぐる研究と仮説の多さにある。段々可笑しくなる発生歌を見る前に、背後となる幾つかの仮説を取り上げる。

　その一．名歌は本来、賀歌どころか女の子の溺死後に詠まれた首の発生歌。「妹が名は千代に流れむ姫島の子松が末に苔むすまでに」。後に哀傷歌と称する万葉歌 #228 は、挽歌だった。「わが君」の名歌とこの歌の主旨が本来同じだと溝口貞彦（『和漢詩歌源流考　詩歌の起源をたずねて』2004 年）は、詳しい。さざれ石は、個々の霊石が集積され、巌という「霊石の集合体」ないし「墓所」を形成、「死者の霊に対する鎮魂の歌にほかならない」と論証したかどうか素人の敬愚は判別しかねるが、要するに、古今集編集者の貫之が「この歌を自分の都合のよいようにつまみ食いした」事となる。編集者の勝手だと思う敬愚は、貫之が「この歌の基本的性格を見誤った」かどうかは、疑問です。貫之は、撰歌の譬喩を細かく区別した上で二つの譬喩の中間に

なる譬喩を自ら創り歌に詠み挟んだ、参加度が高い編集者で初歩的な間違いはしなかったはずだし、「つまみ食い」の悪いニュアンスは頂けない。繊細で共感に長けて同情深い貫之は、無理と知りながらも生きた人に在り得ない寿の算賀を心の印として詠みたかった。古今集の「仮名序」にも、日本の歌詠みの実績を塵ひじて雲棚引く山に成すと譬え、細石の不特定の寿ぎを雑歌体の数に含み、当集の出来上げに

♪ 細石の巌となる喜び ♪
"the delight of pebbles becoming a boulder"

という比喩もつかった。『万葉集』の亡くなった子のため長生きすべき木が植えられ苔むすまで形見ながら千年を得んとする本歌は不吉とは言えないが、悪い縁を忌む日本を含む中国文化圏では、正式和歌集の初なる賀歌部の頭にその発生歌を置くのが、偉い勇気と決心が必要だった。貫之は、読者に文化の人工を考えさせるために、古今集の第一首に元方のちっとも美しくないが貴重なる昨年今年歌にしたのも、同じ勇気の現しだ。わざと、来る世を重視し、形見の松の永生を祈る表現体を、生きた友と主と君を寿ぐように、わざとかっぱらったかと思う。この新規の再用も不吉の吉化も、まさしく別章でご紹介する狂歌の世界になる。換言すれば国歌の本歌は、狂歌になる。断って置くが、『古今集』で部分的に同じ表現が見える寿ぐ歌も、何首もその次ぎに載された。中には千代鳥が八千代と鳴くのが狂歌よむ如く笑みせざるをえなかった。又、心の印となる千代を互いに譲ろうとする快さを詠んだ歌に拍手もおくりました。その一連の古今歌の心地良さは、関心の「君が代」のチェインバーリン訳にも感じるかと思います。

Thousands of years of happy reign be thine;
Rule on, my lord, until what are pebbles now
By ages united to mighty rocks shall grow
Whose venerable sides the moss doth line.　　　Basil Hall Chamberlain 訳

いや、この英訳は、原文にまして睦ましさまでも感じる賛美歌に相応しいお高い調子ですね！本来一つしかない動詞が、なんと六つ（！）

まで増えた悪しきスタイルかと思えば、まるで君が親友の如に読みうる大成功にもなった所が不思議。因みに、氏は明治・大正一の日本学者に和英訳者で、歌意を考えて「何千年の御代」と意訳した。一方、例の「一代に八千代」を one thousand, eight thousand と並ぶ凡訳に飽きて、章頭歌なる拙訳は by という一語で掛け算にした。今朝（2016.8.27）調べたら、奈良時代より貴族は掛け算できたはずで、いいではないか。

その二つ。名著 Things Japanese に日本人の非合理的かつアベコベ？逆様 topsy-turvy なる特性を並び尽くしたチェインバーリンながら、多くの人々が可笑しがってきた小石の大きくなる所を、細石が「合併して巨大な石に成長する」と親切に論理的な解釈を入れたのも偉い。その為か、説明こそ見当たらなかった Wiki にて、小石や砂利に石灰が付いた小石の塊の大石の写真もある。小生の正直の印象は、こんなに醜い物に注連縄を結んだことが他にはあるまい。各小石が魂かと思えば概念こそ美しいが、証明に地肌は要るも、早く苔の衣を着せなさい！！と叱りたくなります。清少納言でない外人ながら毒舌を挟むのがいけないが。古文を広く読んだチェインバーリンが紀貫之の集めて喜んだ小石の文章も参考になったかと思うが、小島に滞在体験もあった友人の八雲だったら、むしろ珊瑚説で理解したはずですね。小島に生まれ育った敬愚は本来あった珊瑚が五十年以上も、年々減てゆく悲しい証人として珊瑚説を読む度に目が潤む。今は、珊瑚が殆ど亡くなったよ。泪が海になし珊瑚を育つは、パラパラ絵本にしましょうか。とどのつまり、不可思議にも大きくなる石の存在は、かえって宜しではなかろうかと思う。三十数年前に我が初単行本の原稿を出版社へ紹介してくれた郡司外史の『迷解　笑辞苑』より、

> 「岩」砂が石を経て成長したもの。河口から水源地まで河川をたどって観察したことのある者には、海岸の砂が川を遡りながら岩に成長していく様子が手に取るように見てとれる。又、この自然界の法則は、つとにわが国の国歌に詠みこまれている。　―　さざれ石の巌となりて苔のむすまで。

狂歌に通じる大胆無敵の心もちなる米国の毒舌家 Ambrose Beirce の名著『悪魔の辞典』の翻訳者である筑波大学の図書館長だった郡司外史が、その『笑辞苑』にて、真面目くさい戦後の雰囲気を破ろとした。しかし糞真面目の人は左右にも依然としておられる。名賀歌が挽歌だったと云う溝口貞彦とその論の長い要約を述べた矢吹晋の言葉を見よ。

「「祝賀の儀式で一斉に挽歌を歌う国民は、祝宴の会場で弔辞を読む客と同じく、悲喜劇といわれなければならない（『源流考』31〜32,33 ページ）。ひとたび『万葉集』の本歌に触れて、それが挽歌である事実を知った者には、もはや慶祝の場で違和感なしには歌えないはずだ。」。（ペイジの尾部のみなるが /05-04/050418yabuki-kimigayo.htm）

ちっちょっと待てよ！正気（即ち、ほどほど）の人ならば、その位の矛盾か千年に渡る歌の意味づけの脱線、逆転などを知っても、必ずしも違和感を感じ続けるはずがない。むしろ、そういう過去あってこそ面白がって更に気に入る人もおられよ。左派には、もう少しゆっとりあって欲しい。とは言え、国歌を嫌う人を「反日」と非難する右派も惨めだ。チェインバーリンが 1912 年の論文 New Religion で日本が欧州の帝国主義と絶対的宗教を学び、目の前に出来上がりつつだった新神道と天皇神化という糞真面目の新宗教を描いたが、理屈で日本の国体をでちあげながら太古より守ってきた大和の宝物と言ってもいい初心を捨てて、かの歌の不思議さと暖かさを楽しむことなく、敬愛か毛嫌いかという一か八の時代になったら、大変だ。その赴きは、残念ながら戦後になっても、中々消えない。もともと、君が代の本歌にある挽歌の雰囲気は、耳あれば国歌の曲に誰でも聞こえるはずです。あの曲は、少々重苦しすぎるかと常に思ったが、万葉の本歌の形見と思えば少々聞き安くなりました。寿ぐ歌に哀れを足すのが悪くない。あの女の子というよりも、日本の文化を守るために戦って来た人々を偲ぶようにも、聞けばいい。

　　　　こけむさばひろひもかえむさざれ石の
　　　　かずをみなとるちよはいくつぞ　Lady こおおぎみ集
　　　　（千代は王子の存在とその齢の意味になるかと思うが）
　　　　Once they're mossy, though you had them who could budge these
　　　　pebbles you may now pick up to count your age with, if you please?

本歌とその発生歌の距離が代々広くなりがちを『古今集』出た百二年後の『拾遺集』♯112 歌は、既にここまで異なる！他の誕生の祝を別章に入れたが、これを例外にここに置いた理由は、この細石は珊瑚でも塊になる醜いジャレでもなく、個々と成長する通説の（想像すれば川の）小石の類になる。後に三条天皇（1011-16）になるが、976 年生まれの王子に、一石ずつ一字の書かれた紙に巻かれ包みを贈ったら、1007 年の三十一歳の賀になったかと思う。拾った日文研究の和歌大 DB が全仮名になるが、一字余った。「いし」を「石」にすれば完璧で、勝手に直した。「拾いもかえむ」とは、持ち上げるには先ず引くり返えさなければならぬから、重くなって尻を地に据えれば、岩根の動かなくなったという寿ぐ要素もある。英訳に詰め込まれなかった意味層を考慮しても、狂歌と変わらない朗らかな笑いを引き起こすべきだった傑作です。ご参照に、同じ中期平安の三十六歌仙の一人の家集より、

　　　　さざれ石のやまと成るまでなりつめば
　　　　君がよわひの数も知られず　大中臣能宣 1061 没
　　　　（山とに大和あるかどうか又君が代⇒齢も英訳無用が）
　　　　If we keep picking up pebbles until they form a mountain,
　　　　their number will make my Lord's age beyond all count!

平仮名は不透明から「形摘めば」か「積めば」かよく分からないが、歌の独特で新鮮に感じます。後章に塵か塵が山を成す系譜を尽くす。細石が岩と成るも、山と＝大和に成る歌例も珍しくないが、この組み合わせか融合は空前絶後になる可能性もある。さて本筋へ戻る。

その三つ。古田武彦の「君が代の源流」の研究に出てくる歌の語句と或る地方名の甚だしい一致ご存知でしょうか。「現在の福岡県である筑紫の「字地名である千代（博多湾は八千代）、糸島の細石神社、井原（いわら）遺跡、岩羅山、桜谷若宮神社の祭神である苔牟須売神が」そろりと。この仮説では『万葉集』の溺れ姫の挽歌が本歌ではない。弥生以後、九州王朝の歌で「代」より「世の中の「世」の方が良く、女性が統治する世の中」卑弥呼（ひみか）を祝う「可能性が高い」と述べている。資料を丹念に読む時間と裁く知識や判断力もない。古歌何万首を解読・英訳し続くと、歌の中に意外にも多くの情報がぎっしりと詰めている事に、何回も改めて驚いたことがあります。一語一語を辞典で引くも歌か句を読み切る保証もない。国歌になった古今歌の「一」と「八」にその数字の記号としての意味もある。「ち」も「よ」も意味一杯ある。例え地名と同音でなくても。しかし同音が可能とする意味層が重なるほど面白くなるし、歌の真性にもせまるという気もします。で、古語学も歴史も地理学も何も知らない小生は、古田仮説も却下できぬ。我より知っている第三者の意見も聞きたい。

さて、得意でない和歌と歴史とからむ国歌を少し離れて、気楽に読める育つ石とその苔を指す後なる歌を見よ。「君が代」と「我が君」をめぐる諸々の意見、お読みになって血圧の高くなった読者おられば、これからご覧になる歌は薬になるべき。

苔むして巌と成らむさざれ石は
我が独り見るこころ新らし　藤原仲文 992 頃

Pebbles that would become mossy boulders, how divine!
Looking at them by myself, I see it for the first time.

異同歌　苔むして巌と成らむさざれ石を
我が拾ひけむ心あるらし　仲文　992 頃

Pebbles that would grow moss and turn into huge stones?
I have half a mind to pick some up and take them home.

これは芭蕉の「よく見れば〜」の句と狂歌と幕末や明治の新和歌と短歌を思わせる私的観測と変らない。そのままで完璧だが、成る方法こそ残念ながら説明がない。とは言え、ペット・ロックないし小石を飼う現在人みたいの心は恋しといえば現在人の自惚れか。ああ、平安時代の可愛いというか、巨大でない繊細な感覚は好き。厳密に言えば「祝」ではないが、細石と人の想像力そのものを祝う気分になる。これは、我が趣味も関わっているでしょうが、先にいた薬は何の薬かといえば、借金に困る心配で朝早く起きている敬愚の厭な（生まれて最悪の）状況にいるも、慰めてくれる癒す類です。約二百十年後に、その反対な志向が伺える。

    歌#2104　細石の苔蒸す岩と成りてまた
雲かかるまで君ぞ見るべき　千五百番歌合 1202-3
After this pebble grows into a moss-lined boulder, then
may our Lord see it crowned with clouds, a mountain!
（成るは育つよりも小石の集まる説を受ける方なら）
After these pebbles fuse to make mossy boulders, then
may our Lord see them crowned with clouds, a mountain!
（原文は山と言わずからもう少し渋い英訳を作ってみよ）
My Lord, may you live to see when the moss on a boulder
that once was but a pebble has become a crown of clouds!
（又、複数の細石というか砂利の集まり説の支持者なら）
once but a handful of pebbles wears a crown of clouds!
（集合的に捉えば、さらにこのようにも意訳できる）
May my Lord live to see these pebbles soon proud to be
a mossy boulder grow up to also don a crown of clouds!

1061 年の細石が山となる歌を「空前絶後」と評したが、後にこれも見つけてしまった。「山」こそ登場しないが、山道で苔から情熱が上がるのを見た前詞が無ければ、在る或いは有る。その小石がどの類か定かではないから、英訳を沢山つくって見た。それで充分だろうが、ぱらぱら絵本の造花の世界に棲む敬愚は、更に星の埃か塵が集めた小石

で地球になるイメージまで空想してしまう。上と同じ 1202 年の『千五百番歌合』には、山こそないが、本章に合う系譜の歌、後二首もある。

<blockquote>
細石の巌と成らむ行く末を
千度みるべき君とこそ聞け　誰だか
Respecting pebbles becoming boulders and how that goes
ask my Lord who will see it a thousand times, he knows!
</blockquote>

<blockquote>
神風やみもすそ川の細石も
君が御代にぞ岩となるべき　誰だか
This Divine Wind! On ye August Hem-rinse River, tiny pebbles
will become boulders while my Lord Reigns to show his mettle!
</blockquote>

1274 と 1275 年の蒙古来襲のずっと以前から神（かむ）風が枕の伊勢の伊勢湾に注ぐ川の本名はともかく、倭姫命が御裳の裾の汚れを濯いだ御裳濯川を野分の間に訪ねた時に詠まれた和歌だったら面白い。じゃれ石は風に飛ぶし、川を昇れば同じ日に巌になる…。台風と言えば、上の二首の間に「神風や内殿宮戸？に祈りおきてかた／＼君が千代は頼まむ」もある。右の首の風と裾の組を、意外にも結び難い。或いは、古今の歌を馬鹿にしている落首みたいなものか。やはり、専門家の異見を伺いたい。でたらめと思えば、正解をもって敬愚を叱って下さい。さて、そろそろ和歌と別れて滑稽の苔むす狂歌の方へ進みましょう！

<blockquote>
君が代は千代に八代にさざれ石の
いわほと成りて苔の蒸すまめ　幽斎公 1534-1610
（むすまデがむすまメと変わる一字こそ不可英訳が）
Over eons, my Lord as a god rather than a human being
might see pebbles become mossy boulders like these beans.
</blockquote>

<blockquote>
君がかお千代に一たび洗うらし
よごれ／＼て 苔のむす迄　雄長老 1547-1602
Majesty's face washed once in a 1,000 reigns is no disgrace;
dirt upon dirt is age's gain, behold the verdant moss in place!
</blockquote>

二人とも関白秀吉のお馴染み。一人は桃山の和歌の一人者。もう一人は同時代の狂歌の一人者。左、古今蜜伝か伝授持ち初の武家なる細川幽斎の『拾玉集』にあるが、本歌と音字一つしか変わらない、いや、母音も同じ made=>mame で子音一音素の違いでしかない、最短もじりの好例だ。Being と bean の掛詞は悪くないが、英訳に本歌の姿すら全く解らなくんったから失敗作だ。豆も女陰で「いはほと」という古綴りに女の開（ほと）も気付いて笑歌の類を欺くが、狂歌数百もある安楽作伝の 1623 頃の笑話集『醒睡笑』では、太閤の御前に海苔巻の煎り豆のご馳走を差し上げた時の即興歌となる。苔も海苔の中なる点も英訳無用。壽を間接に祈る歌ながら好色の太閤もきっと敬愚同様に腰抜けまで笑った。右。雄長老の首は百集の雑部中で題が「苔」。勝通の評は「此君はいづれを指されたるにか尤憚あり」。で、研究家は皆も太閤を指すと云う。敬愚はニホンザルが温泉に入た写真を何回も見ているから驚いたが（酷い冗談ご免）秀吉は、信長が「ちょうど手と顔を洗い終え、手拭いで身体をふいている」折にで暗殺に来たかと知って将軍と成ったら、ずっと洗うのを怖がったとすれば、不思議もなかろう。事実はどうであれ、幼稚ながら語呂合わせのいい 野性的な力もあるもじりだね。古狂歌関連の二冊なる拙著にある四通りの英訳は活き活きしているが、研究者の意見を知らなかったから、全部も厚化粧の女の子の囃しかと勘違いしました！因みに同じ雄長老が「神楽」が題で神道の貌までも囃した歌もある。「神子たちの神楽にけわう唐の土さらにおもてハしろじろとして」T 参に狂歌五十。

Shrine maidens do a sacred dance wearing Chinese earth,
making whiteness whiter still, faces Japanese by birth.

この初英訳は、雄長老の人生と重なるイエス会のフロイスの日・欧州対極文化の例証 611 個目（拙著 *Topsy-Turvy 1585*）の中で、日本人の輸入まで甚だしくなった白粉の使い過ぎについて、一つではなく二つ個目までも設けてある。フロイスの覚書と雄長老の狂歌も同じ頃の作品だが、かの岩戸を開けるために日本の女神が踊る前に顔を面白く用意した時、中国からまず白粉を取り寄せざるをえなかった覚えがないよ。

源三位頼政集　　君が代は千尋の底のさざれ石の
鵜のゐる磯と顕わるゝまで　　源頼政　　1104-80
May my Lord reign until pebbles on the seabed a mile down
surface as a reef crowned by cormorants drying their wings.

珊瑚仮説側の弾薬に使ってもよい、新奇度も極めて高い和歌。歌徳の例には出てこないが、君がどれほど鑑賞したかといえば、頼政の「相当破格の」従三位昇進、即ち身分の急昇は驚かない。切腹の辞世「埋木の花咲く事もなかりしに身のなる果は哀れなりける」は、やはり哀れなる。その歌碑に日向ぼうこする鵜の絵も刻めたくなる。もう少し長生き出来たら、きっと狂歌みたいな和歌を沢山詠んだかと思えば、その早死を惜しむ。とは言え、この歌は忘れていない。明治時代、1881年の小学合唱版の「君が代」の第二段に千尋も鵜もいる。念のため、読人不知の『続後拾遺集』1326年のつまらない歌「真砂より岩根に成れる千年山こや君が代の試しなるらむ」真砂について一言。砂浜のそれで、岩根か塵泥よりできた山よりも、珊瑚島になったら面白い。

君が代は千代にやちよにさゞいにし
ころ／\／\と苔のむす迄　　惟中　1638-1711
（細石に「さざい螺」と千代にチヨ鳥の掛けは不可能が）
May my Lord's Reign of men drunk as plovers, coral-red and glossy,
tumble with turban shells a 1000 reigns until we all grow mossy!

俳諧師の惟中の狂歌の栄螺が turban shell かどうか知らないが、「さざいにし」はかの細石のみならず「栄え」にも掛けている。珊瑚に生える海草となる八千代も海岸の縁語中心の育つ石祝歌のもじりながら、千代鳥のよろよろに貝のころころに酔った歩みに相応しいノンセンスの雰囲気のみ、英訳できた。因みに、日本の南の島にて夕方毎に坂からころころと海へ転び帰る宿かり貝を目と耳で観測した体験もあるが、足もないサザエはどのようにころころと動くか想像もつかない。関係ないが、真上から *Turbo Cornutus* は自由の女神の冠みたい。

　　　　寄古庭祝　巖とはまだ成らねども古里は
　　　庭の真砂に苔ぞむしける　宗良親王　千首 1371 年
*Still far from becoming boulders, but back in my hometown
the fine sand in our gardens grows plenty of that damn moss!*
　　あるいは、少々違った観点を縮めば、これにもなる：
*Boulders? In my hometown, even the sand is fertile,
our old garden boasts moss sufficient for a turtle!*
　　しかし、庭の中で真砂は海岸のそれを敬愚流に、
*Not quite boulders, but in my hometown the sandy beach
in our garden has grown moss thick enough to shame a peach.*

　　　　寄無常祝　さゞれ石の巖と成れる苔の上に
　　　おひそふ松の果てしやはある　宗良親王　1371 年
*Upon the moss above the boulder that from a pebble grew,
a pine can grow together yet come to an end, too.*

題は敬愚の仮題に過ぎないが、後醍醐天皇の子なる宗良親王の歌は賀も祝の類の用語ないし枕を弄ぶ。左は、自慢か一茶顔負けの自嘲か。一茶のが庵で、これが「宮」だったが、同じ信濃のね。鄙出身の鄙流しだが、苔に目がなかった宗良も本来巖になるべきを、砂に留まったところの述懐か。右は。苔までを終点とせぬ、その上に又生える松はプラスアルファかと思えば、果やあるとマイナスに転じる。祝いの成語句に冷や水となる見解もありそうが、宗良親王の狂趣ある和歌を読むと色々と考える。例えば、千代に八千代は千年の松が常盤に近い八千年も残る巖に見るとか。因みに、他にどこに入れべきくも知らない、祝歌より優雅というか、優れている岩上の松の参照歌もあります。

　　　　参照　祝　だが為と岩根の松はいわねども
　　　景色は御代の印とぞ見る　　源俊頼　1055-1129
*For whom do they root in great boulders the pines do not tell;
but as the symbol of Thy Reign I think this scenery works well!*

（下記の英訳に松＝待つも掛けて、寿ぐ役割を前提した）
For whom does the pine on the boulder wait we are not told,
but to me such scenery means Thy young Reign will grow old.
（原歌は難しくないもののどう云う訳か英訳に自信ないで）
Pine on a boulder, though you cannot tell us for whom you grow,
you are picture perfect for our Lord's Reign – so much we know!

岩根＝言わねの掛詞は明白。源俊頼は又「神代より久かれとや動き無き岩根に松の種をまきけむ」とも詠んだから、岩根の松の意味は何となく判るが、松一本か広い風景になるかと知らなければ、英訳一通りには、決めないが、狂歌の割合が多い章になるから、敬愚もお役に立つ道案内できるかもしれない。文法音痴でも、誰よりも多くの狂歌を読んできたし、機知が特徴になる英国のポエムを読む経験が長いから、狂歌のユーモアを当てって見る自信も多少あるが、古典和歌は苦手だ。とは言え、狂歌を把握するには、和歌も探検しなければならない。

四生の歌合 1643 魚の合の俳諧の部　言の葉も変わらぬ川の底にゐて
　こひしき事のいわほとぞ成る　かな物かゞか T17 木下長嘯子か
　　（言葉の沈む所も変わ＝川の頭韻と小石⇒恋し抜けに英訳無用）

祝歌ではなくても、小石が巌に成る例です。又も本章数回でた関白と縁がある。玉の歌合の著者長嘯子（1569-1649）は、秀吉の妻、北の政所の甥だ。雄長老の荒っぽさと対極なる優雅な歌体で詠む人いや動物の名の掛詞も天明狂歌まで他に見当たらない、極めて独特の文学作品の『四生の歌合』は、どうして著名にならなかったか、さっぱりです。因みに、小石がきれいで多い所にしか棲めないカジカという川魚は、大石の下の表面に卵袋？を貼るから、生態学の観測も確実。江戸時代に事欠けなかった小石の掛詞の早めの歌例だ。海底で「こいしこいし」と見て巌ではなく海鼠に成ったのもありましたが『古狂歌 物に寄する恋』の「恋し＝小石」と「思い＝重い」歌をご参照に。『四生の歌合』全百八首は一応、恋の敷きを争う動物が見立てに過ぎないが、次々と美しく詠まれた歌の中で、四生を祝うという気も常にします。

寄巌祝　汲みてしる玉のみぎりのさゝれ石
いわほと成りて御手水鉢　未得 T24-262　1649
（砌という単語もないし、徳川家光の為の御手水鉢か）
The pebble ladled from the rain-gutter puddle under the eaves,
may it become a boulder and serve as your basin by thy leave.

新家賀　　雨おちの石の凹に泉湧て
汲みども尽かぬ御住居哉　一茶　文化 10/3　1813
From the rock below the run-off spout may your new home
see a spring well-up by and by . . . and may it never run dry!

「四生歌合せ」の五年後に出た左の天才未得の狂歌初の個人大全『吾吟我集』の苔がむす岩もあれば、雨垂で凹んでゆくのもあると、成長する細石を別な次元へ展開させた。やはり、これもじゃれ道の汚き細石の塊ではない。美しい小石が美しい岩となるが前提。右は。狂歌が貴族を出でて万人の物となった百七、八十年後に、一茶も又、一歩すゝみ、細石も捨てて、うんと先の方へと見抜く。友人の新家祝で当の大石の凹みがいずれ、大地の中の泉と結ぶ将来までも想像した。自嘲の道具に限らぬ一茶のよく磨かれた誇張法は、狂歌師のと変わらぬ。未得と一茶の二首は次章の劫という岩の減てゆく千代八千代とも繋ぐ発想に近寄る。本筋から少々迷うが、新家に岩と言えば、下記も見よ。

滝の額かけと有しに滝巌亭とかくに歌を
と仰ければト養が歌書きぬべしと云ければ、

T33-257 さゝれ石の岩ほど成て千世かけて
めでたき水は君がため池　ト養　1678没
（目出度き⇒滝も為⇒溜池なくて英訳無用）

寄巌祝　　巌なら是こそ祝え盤石は
水難火難盗難もなし　栗間戸　K11-3　1825
If you'd celebrate something, make boulders your first choice:
foundation stones are fire-, water- and thief-proof, so, rejoice!

卜養というお医者さんは初期狂歌最高の掛詞師。「いわほ」を「岩ほど」「かけて」は、庵の窓の上か柱などに掛けて額画か。読者にも敬愚同様に歌意は把握し難い方おられば、気にしなくてもいい。この歌を、初期と中期狂歌の橋渡り役の狂歌師信海の1688年に成立した書物に見付けた。次の首は信海詠のコメント：「奇妙なる歌をいわほさゝても／＼思ひよられじ滝の糸かな」。この信海も中々難解の歌も詠んだかと思えば、卜養を読むには皆も困る。追加：孝雄と云う名で信海の別冊には「ため池の景」という題で「此景はさても見事や溜息をついて詠むる溜池の景」ともある。

  聟入祝　聟殿は千代に八千代と祝うつ
 礫の石に苔のむす迄　及之 T30-612 1672年
May the groom, whose 1,000 and 8,000 reigns we now fete
until the stones aimed at him grow to grow moss, live yet!

  失出典　さゞれ石の岩見る問屋へ嫁入は
 こちのむすまで千代に八千代に　三津国
  （（苔）の蒸す⇒娘の掛詞は英訳無用）

左の婿入り祝うは、行風編の初期狂歌大集『後撰夷曲集』より。撰集らしいよく出来た首だ。美人か「ねよげ」の嫁を取り、男同士の妬み（ほら、漢字に石もちゃんと付けて有るが性別こそ間違っているみたい！）を買ってしまった婿にとって、石が当たれば可笑しくないはずが、賀にもなる軽くていい詠みですね。右は、かの醜い小石がごたごた成す巌を小富士代わりに庭の真ん中か、門の前かそばに置いた美しい岩か、それを庭商品として売った問屋か。どうでもいい。こちらの娘を「こちのむす」という口語だけで楽しい。

  七夕祝　千世の秋ちぎりにかけて星祭る
 庭のさゞれや巌とも見む　従二位藤原為綱　七夕七十 1722没
The Fall night we fete the Stars' 1000-reign vows with sighs,
the pebbles in our gardens become boulders in our eyes!

『七夕和歌集』にある六つ和歌集の一つに見つけた（七冊目が狂歌集）魅力あふれた和歌。この藤原為綱は、母が「十六夜日記」の著者阿仏尼、江戸中期の公卿で霊元院より「古今和歌集口伝」も受けた冷泉為綱（1664-1722）。その掛け物と銘物「酒饅頭」の話も出たから、きっと名墨屋で名菓子屋の名狂歌師の貞柳も馴染みだった。冷泉家は京都唯一のそのままに残る公家屋敷と千年以上も遡る国宝になる和歌の資料で知られている。もう少し俗なる狂歌の細石の大石化の変種を見よ。

或る人の方よりこけら鮓給わりしに

おぼしめしよりて下さるさゝれ石
おもしとなりてこけら鮓かも　可唫　K3-2　1759
（おぼしめしに飯も、重石その物も苔⇒こけらも不可英訳）

中期上方狂歌の祖師貞柳廿七忌の貞佐編『千代の架け橋』より。祝いではないが、物贈りや貰いに伴う社交歌は、祝い同様に狂歌の十八番になる。「こけら」は現在、なんだ噛んだ「柿」のことが、和歌山、和歌の浦などでは魚介に野菜も同じ押し寿司にもなる。西瓜ではないが、宴会用の大ブロックは重そう。運んでくださった者へ「重かったでしょう。ご苦労様でした」と云う感謝を可笑しく伝えた歌意か。

寄岩恋　抱き付いたまゝに八千代の岩となれ
二人が肌に苔は蒸すとも　仙露　k12-2　1777　K13-5 も
Embracing we'd stay though becoming an 8000 reign boulder
means our skins will grow moss while growing older together.
（行間には片翼の鳥という既成唐の概念と対照になるから）
Let Chinese lovers, one wing each, up to heaven fly away;
We'll become one boulder, grow mossy skin and stay!

精神上で伊勢物語で罰として分けられなかった不義の二人と反対に有頂天の一体化にも八千代と苔の蒸すまでというお馴染みに祝用語。二人に割目ないが、そこに八千代よいう蘭の生える岩根も掠るか。

　　　　春の歌　さゝれ石の岩となれる山川に
　　育ちの早き春の若鮎　栗花園 一万　1783年？
In sylvan streams where pebbles become boulders as we know
these young sweetfish of spring – how quickly they, too, grow!

拙訳で見えないが大和言葉独特の歌筋の好例です。全歌は一語（鮎）を形容する語句だ。脚韻に誘われた英訳ほど滑稽色でない原歌は、天明狂歌をして珍しくも優しい俳風の秀歌です。先の七夕の庭の和歌の秋の好「対」の春になる。これこそ政治に血が沸く左右双派に見せたら、誰も怒らずに微笑むはずです。それに解り安くて生物学の教科書にも入れてみたい！発生中の生物は、逆エントロピーの見本ともなるが、崩れるべき、つまりエントロピーするはずだがそうしない石と平行に考えるところには、food for thought 脳味噌の栄養がたっぷりある。

　　　　新年歯固祝　　歯固に小米の餅のさゝれいし
　　千代に八千代をいわほとて噛む　貞右　K27-1　1792
For tooth-hardening I'll think of sweet-rice as pebbles not grains –
and chew these boulders=toasting one and eight-thousand reigns.

新年祝の章まで預けるべきが、本章の細石＋千代八代の新規なる出し方しかも巌＝祝おうの好例として、ここ早目に入れてしまった。

　　　　寄酒盛祝　　酔心よい君が代の酒盛に
　　樽もころりと苔のむす迄　桃々舎南方 K16-2　1811
Until empty kegs roll about growing moss, may our drunken state
so happy in our good Lord's Reign of drinking bashes ne'er abate!

この樽は酒饅頭から育って自ずから動くか。ちゃんばらには見当たらないが、川柳だと、空樽を拾った男の子こそ危なかった。己が尻を守らねば酔った侍が…。英語では酔心と君が代を「よい」で結ぶ真似できなかった。内容を考えるほど見立てとしてノンセンスになるが随分おめでたい歌で、それなりに意訳ができたまで、敬愚もかなり呑んだ。

歌妓おかつの丸髪にゆひしを見て

さゞれ石の いはほとなれる寿は
よもぎが島田丸く成るまで　蜀山人 1814 以前
（巌＝祝う寿も、蓬が島⇒島田流も田の四角いも英訳無用）

蜀山歌集に見つけた傑作。日本を蓬莱山とする伝統。田が四角いのみならず、「田」という字も然る。「丸くなるまで」は、立派な「永遠」の円で、寿ぐに適当。おまけに連想ある。日本人がこのスタイルを饅頭と称したが、中国で「牛糞」だったが、馬糞により近いかと思うが、いずれも「島田」に相応しい肥やしになる。脱線御免。狂歌は、束の間の人の結いが永く存続すべき地理と一体化させた金連術だ。因みに、百数十年前の『後撰夷曲集』の二十首並ぶ賀歌の中にも丸さを詠む賀ある。舎氷の「つてん天下めでたいことや申すべき打ちおさまるき世を祝いてハ」T30-614。「治まる⇒丸き」という転掛詞遊びで済む渋い祝いは良いと思うが、名人詠みでなければ、言及されず詞の海に沈む。

　　文政一年賀？　君が代に米粒程のさゞれ石
　　俵の如き岩となるまで　寿米留　E11-1　1819
Our Lord's reign – until pebbles but the size of grains of rice
become big as bales of it – for myself, too, it would be nice!

後期江戸狂歌ながら食物に凝る上方っぽい。詠人の名の「寿米留」に従い「君が代」に「我も」と加えた英訳にしたが、期は文化 14-文政二年の間。すると、ほやほや出来立ての新号と最初の一年間のお米の苗の育ちから俵に包まれて石という単位になるまでの、そこまでの御代の誕生日みたいの詠みか。Or コンクリットになる材料の貢か？難解。

　　参照：祝っぽい追善　　大空に川辺の石は昇りつつ
　　星となるとも君ハ忘れじ　衣笠内大臣　健長八年百首歌合
I'll not forget my Lord though the stones on this river-run
rising high into the Sky become stars seen by everyone!

別名衣笠・藤原家良（1192-1264）。理屈は賀歌と似るが、鎌倉幕府 5 代将軍藤原頼嗣（よりつぐ）は当年 1256 没で、敬愛した君への送別でしょうか。小石は川を遡り岩と成り得たら空までも昇りうる。この歌を厄を吉化する系譜の章頭にも置きたくなったが、星が登場すると美しくなるが悲しい歌だ。とは言え、石の成長と時間を見てきた本章を送別するにも悪くない。ああと言う間に終わる人の命と星。これは、君が代を祝う比喩よりも現実だ、という気もします。「忘れじ」の念を伝える歌にも完璧だ。この藤原家良は、まだ十歳の 1202 年に「禁色を聴される…参内の折には度々無作法な振る舞いを見せ、藤原定家に批難されている Wiki」。要するに、ちびっ子の内にも想像力が豊だった。1231 年はもう大人になっていたが「秀仁親王（のちの四条天皇）誕生の際に琵琶を演奏するがこれが酷評され、相当の修練に勤しんだという 同」。きっと、勝手な引き方だった。評判が悪いおかげで乱にも誘われなかった為か、終に高身分になり、「続古今集」も編集できたが、送別も祝いたくなる、この人の私歌大集がなくては、残念。

　　　　金槐集　岩に蒸す苔のみとりの深き色を
　　　いく千代までと誰かそめけむ　実朝 1192-1219
So, who first came up with the idea of this deep green moss growing on boulders said to last a thousand reigns or more?

実朝が 22 歳に締めくくった 700 歌の集にある、この歌は本章で解ろうとした同じ問い。二十七、か八歳で甥に暗殺されずに老人になったら、きっと自分でその探検もできたはずです。

　　　　ご参照用　楠のしるしに植ゑし松梅も
　　　年経てのちは石とこそなれ　春魯 K3-2　1759

細石の岩となれば、石でない物も年を経て変身しても当然。前詞などをあまり気にしない歌そのものに惹かれたら選ぶ敬愚は、これを見逃

した。庭作りに楠と梅と松には何か関係あるが、石が庭の骨かとだけ読んだかもしれない。が、歌人で短歌を詠む人の教育と意識の拡大の為にも狂歌研究家ななった吉岡生夫は、その不思議な狂歌を拾った。前詞「摂州湊川にて楠正成の塚に詣うてけるに昔は印に松梅の二本ありしか今は石碑に成りたるよし所の人語りければ」を読めば、なるほどと思った。紫笛の「すゑに名の朽ちせすもああ忠臣はくすの木やなる大石ならん」の狂歌も紹介してくれる。ちょっと判り難いが、細石が成長する発想は、ここまで日本人の想像力に良い影響を与えたかと、敬愚は感じるようになった。全くの幻想かもしれないが、ともかく。

納涼　巌より砕けて涼しさゝれ水　宗祇

*Breaking down
the huge boulders, cool
pebble-water!*

細石の岩化の逆。英訳しても説明無しには通じないと思うが、日本語で読めば、宗祇の句の陳腐をもって新風に変える天才を一見して判るはずです。俳句という語は子規の功になるが、俳句の発明は宗祇だったかもしれない。『宗祇発句帳』を読めば、俳句という一本立ちしてもいい句は、ずっと後の芭蕉には負けない。連歌師連歌師と繰り返しばかり、WIKI で狭い記事しかない宗祇の偉大さを、なぜ日本人は判っていないか。そのファンの一人として、この外人は泣きますよ。

※　苔尽し。御代も君も石の成長もない　※
小章　mossy stones and nothing else

老石祝　とし経たる巌が上に雪ふりて
おひにけらしな苔の白ひげ　源仲正 1310 前
*Snow fallen on an August Boulder shows its age –
the white-whiskered moss recalls a Chinese sage.*

老石無常　苔のひげ暇無く生えて誰が目にも
年ふりたると見ゆる石かな　礒名 E9-3　1815
*The beard of moss growing sans gap makes it plain
to all who look upon it, that rock is over-the-hill.*

「老石祝」も「無常」も勝手に入れた題。五百年以上に分けられた二首にも「巌が苔むす迄」という語句こそないが、その系譜あってこそ心温かく詠むようになったはず。和歌の方には祝の要素は残るから、脚韻に甘えて白い髭似合う中国の賢人に英訳したが、狂歌の方が低俗の観点で、年ふりたるを「下がり坂だ」と意訳した。左は『夫木和歌抄』に出て「堀河院御時 百首苔」が出典。綴りの小さな変化もあるが、我と心は同じ飯盛著「狂歌新撰百」にも再載される。右の後期江戸狂歌の原題は「石」。二首の対照が分かり易いように誇張風意訳にした。

大峯通り侍りける時、笙の岩屋といふ宿にてよみ侍りける、

参照 1118-1177 宿りする岩屋の床の苔むしろ
幾夜になりぬ寝こそ寝いられね　前大僧正覚忠
（岩屋＝巌で蒸し⇒筵も地名大峯に寝＝岩根も英訳無用）
*Call it Mildew-drop Inn: now, sleepless for days – I am at a loss
for words as my sleeping mat at ye Cavern Lodge grows moss!*

苔は古歌にも、目出度くもそうでないもあった。悪い方は黴と重なりがち。巌と岩屋は知らぬが湿度が高ければ、黴は生える。外に出会えば気持ちいい柔らかい苔は、室内の場合は…。未得の 1649 年の『吾吟我集』の歌「びろうどの布団と見えてもえきなる苔を筵と誰か言ひけむ」は、納得。又、前大僧正覚忠と同じ平安後期に西行上人は、

寄無常祝　深き山は苔むす岩をたたみ上げて
古（ふり）にし方を納めたるかな　西行 1118-90
*Heartland mountains have stacked up mossy boulders to hide
in peace our rulers of old who, not living to rule forever, died.*

黴から苔への跳んだ所が西行の理解には助けないが、又も勝手に題を付けたが、目出度き寿ぐ祝いを優雅ながら無常の山へ「納めたる」現実へ飛び渡る為になるかと思った。だって、日本の山を巨大の古墳にする圧倒させる壮大の詠みの前に、どう反応すべきか。皆と一体化すれば慰みになるか。英訳の調べは、いかが？読み繰り返せば意外にも気持ち良かった。念の為に、宗良親王の千首に発生歌らし首もある：「昔だれ積もりなしけむ動き無き山また山の岩の姿を」（1377 年）。

下記三首も参照に　高野に詣で侍ける時、山路にてよめる
Composed on the mountain path when visiting Mt Koya

跡（右片が道片上）絶へて世をのがるべき道なれや
岩さへ苔の衣きにけり　仁和寺法師親王守覚 1150-1202
This is indeed the way to leave behind the world – no loss!
Up here, even the boulders share our monastic moss.

もうそろそろ隠居するところ、岩も苔衣同士で寂しさを分かち合う伽ができたぞ、と詠む御歌になる。国歌の本歌の苔と合わせて考えると有意義。寿の歌は神道に属するも、出家と高年を結べば、苔の衣同士の意識が国歌の本歌よりも遅くなるかもしれない。同時に、これで国歌にも慈悲と達観の様相を無意識にも読み込めると考えてもいいかも。

岡屋入道摂政二百首歌　荒磯に苔むす程に年へたる
巌はいつのまさごなるらん　民部郷為家　1230 頃か
（いつの間⇒真砂は旨くて敬愚は成るに鳴砂浜も見た）
By the shore-reef, where what is mossiest means it's older,
you wonder when the boulders will turn into singing sand.

故郷の生まれ育った小屋から百メートルもしない砂浜の一所に、鳴る砂は確かにありました。来日して、その砂を守る運動を新聞に読めば、もう死んで天国に引っ越したように喜んだ。天国などは信じないが、

鳴る砂を知る。とは言え、上記は「真砂成るらん」でしかなかろう。あの英訳は出ち上げで、皆さんに失礼しました。ああ、拙著『誤訳天国』の書名も覚えてしまう。文字通りには捉えなかったが。それはともかく、「苔むすまで」のために、ここに置いた為家の和歌は、成長する苔覆う石の長老と、同じ永年の比喩となるゆっくりとした減少という別な系譜の面白い愛の子だ。同時に、摩擦するに何年かかるかと言えば、生態学までも考えさせて下さる。

老岩の祝　　いく千代も経たる巌の角とれて
苔の衣をきるもしをらし　筆成 1783 万載狂歌集?
*After thousands of reigns, the sharp corners on those boulders
wore off and wearing robes of moss, they now seem sweeter.*

筆成の天明狂歌の指摘それ自体も「しをらし」い。地上の世にふれた時間が短いお若い角ばった石は、一茶句で水を打つまで角ばっている武家のような怖いもののうも、年寄れば角とれて苔の身の優しい出家になる。或いは、尼になるかも。断っておくが、成長する石の苔を仏教だけから見ても十分ではない。原住民のカムイの細かい削り物も又ある。苔蒸すのが必ずしも苔衣になるとも限らない。再版に民俗学の知識あったら、それも加えたい。とは言え、下記の天明狂歌は無敵だ。

苔埋古墳　年ふれば石の肌えもさぶきにや
苔の衣をくるみてぞ居る　匙常餅　1785
*Growing old, rock skins also start to feel that cold,
and wrap themselves up within a thick moss robe.*

天明狂歌でも最高の狂歌集なる「徳和」より拾った上の歌は、どうけた傑作だ。寒がり屋の老石と塚の中を憐れむ可愛い首ながら、賀歌の「巌の苔まで」の壮大の雰囲気をぶっ壊す温かい微笑だ。或いは、単に素晴らしい共感を詠むか。この気持ちこそ敬愚は祝いたい。

住み荒れし家とな言いそ幾世経し
　　　印は屋根に苔のむしけり　　ちゝ婦 K25-3 1806
Call not my house dilapidated or worn down, when the proof
it has outlived reign after reign is found in the moss on its roof!

　　　1812年　祝　　国民の巌とかたき家々や
　　苔のむす子も身を修めつゝ　（津）丹賀内子 K16-3
　　（苔のむす⇒息子の転掛を工夫しても不可英訳）

いいですね、左は！屋根に苔などを古臭くて住み荒れしという悪評をする人もいるが、雨漏さえ無ければ芝の長い草であろう苔であろう、厚くなった程、下は涼しい。半年前に新屋根が出来たら、暑すぎて頭に氷を乗せなければ脳みそが沸く心配ある現在は厭。しかし、歌へ戻れば、苔が敬老の念、元気の寿の印になる事は有り難い。荒れたより老楽の家だとはちゝ婦の言わんとするところだが、我が英訳は、代々生き越した reign after reign で雨の rain を掛けて笑いの種も撒いた。右の同じ後期上方狂歌は解ったら面白そうが、ぴんと来ない。兄弟が後継ぎの喧嘩しないように、無事にさっさとお寺へ入れさせた成功を祝う歌でしょうか。いわゆる婿入りの祝いか。専門家の協力を頼みます。

　　　寄塗物祝　かな釘の打ち納まりてすみぬる代
　　あめが下見の苔のむすまで　正柳　k14-2　1803
　　（済み＝住み成る＝塗るも天＝雨が下⇒下見も英訳無用）

　　　寄苔祝　　神むすび給う恵みに苔までも
　　青人草と植える日の本　越路曲　K25-3　1806
　　（民草の増やしている頃か、天災後に有難い若い人？）
May the blessings ye gods bring bind the moss of age to young
and tender blades of grass growing in this our Land of the Sun!

左は「寄塗物祝」の 21 首より。大工の泥壁の上に板の下見 outer wall board を最後に付ければ出来上がるが。右も、人口と言えば、古事記の

辺りから、かの民草が茂るのを「あおひとくさ」となったようだが、歌意に自信なくは脚韻で誤魔化したが、括弧入りのような事ではないか。天明大飢饉がやっと無事に一過、人の子が見え見えに増やし返す頃だったか。一茶も人の子の数の多さを句に記録した年は、この頃だったかも。「苔までも」とは、老人の髪か出家の衣の他にも先に見たちゝ婦の家と共に想像する。苔の屋根は湿度が高く火事なり難いし、そういう家でちびっ子を見ると今は昔という永い太平も感じる。

※　岩に苔の名歌の相聞と中世の無名歌　※

岩の苔と坊さんの苔衣を合わせる下記の二首は岩の描写でもなければ祝いでもないが、本章の苔むす岩の殆どの首よりも古いし、有名で一応、本書にも参照にご紹介します。

(956年の後撰集雑三大一番だが905以前) ある日、
石上 (いそのかみ) と云ふ寺に詣でて、日の暮れにければ、
夜あけてまかり帰らむとて留まりて…遍昭侍りと人の
つけ侍りけれは、もの云ひ心見むとて言ひ侍りける

岩 の 上 に 旅 寝 を す れ ば い と 寒 し
苔 の 衣 を 我 に 貸 さ な ん　　小 野 小 町
*A proverbial traveler's bed of stone is cold – pray lend me
one of your robes, so I can be covered in moss like thee!*

返 し　世 を 背 く 苔 の 衣 は 唯 一 重
貸 さ ね ば 疎 し い ざ 二 人 寝 ん　　遍 昭 法 師
*Our moss-colored robes made for the reclusive ascetic life
are single layer – so why not sleep as husband and wife?*

どうなったか知らないが、言うまでもなく共に寝たとしても、何もなかった。拙著の洋書なる古川柳集の書名 *The Woman Without a Hole* 即ち「穴を欠けた女」の女は、やはり、この小野小町だからである。英国

のエリサベス大王も同じだったようで、別に小町だけ馬鹿にしているつもりではないが、一応いわなければならないと…

延文百首　　細石の岩根の苔を重ねきて
更にや君は万代を経む　尊道王？　　1357　　未解

Worn double, the moss on a settled boulder once gravel
will give my Lord another ten-thousand reigns to travel.

（↑更には愚に返るか死後か。尼になる母上か↓）

Moss on the boulder, once a wee pebble, worn double,
my Lady will pass another 10,000 reigns sans trouble.

前詞と題もなく日文研 DB に見つけた。苔衣に違いないが、尊道法親王でしょうか、すると寒い山寺の院に住むような君は誰か。配置はここで良さそうが歌意は、改造版前に…（2017.4.19 校正中）。

※苔なくてこそ永遠の若さなる寿の祝い※

十市皇女(648-78)の、伊勢の神宮に参赴きし時に、
波多の横山の巌を見て、共の女性）の作れる歌

万葉　河の上(へ)の湯つ岩群(いわむら)に草生(む)さず
常(つね)にもがもな常処女(とこおとめ)にて　吹黄刀自

Like boulders upriver by the hot springs with no moss at all
may my Queen ever stay the ageless maiden of the ball!

（鹿鳴館臭いワルツなど踊る宴即ち ball は変だから）

Like boulders by the hot spring upriver still moss-less,
let My Lord forever be our virgin queen and princess.

温泉が暑すぎ、それとも化学の原因で苔など生えないか、春ながらまだ寒い二月だったから苔がまだ見当たらなかったか、等まだ調べていないが、天武天皇の娘のとをちのひめみこの籠に随行し、これを詠んだふきのとじが心は素晴らしいが、上の拙訳はとんでもない狂訳。下

の訳は素朴ながらエリザベト一代に因むが、この常処女の命は後数年でしかなかった。その為、後世は、寿ぎ歌は土器を止めて「苔のむすまで」の方になった。とは、今思い付いた空想に過ぎないが。

※　苔なくても石の角がない自画　※

参照　白波の寄すればよするさざれ石の
カド無きものは我が身なりけり　藤原長能　949- 1009
（文脈知らねば角＝門の掛詞の有無も不可知で英訳無用）
The white-caps and breakers keep coming and the wee stones
without edges that roll about are the very picture of me.

角取れば幾らか丸くなるが良いけれど、これは寂しい。よくも六十歳まで生きた。島に追放された話はないが、角を掛けて「門無き」になったら、安心できる自家のない不安を自嘲懐中でこうして狂趣ぎみの歌を同百首に「古も今もあらむや我が如く思ひ尽きせぬ思ひする人」という歌と共に読めば、物思いが自慢とは言え、祝いの本には、ちょっと場違いという感じもします。

※　小章　鶴に亀に狸などの雑比喩の祝い　※
cranes, turtles & tanuki, or sundry metaphor

鶴亀のいのち比べの勝ち負けを
君こそ知らめ萬代をへて　源仲正 1310 年以前
Who'd know which wins the match between turtle & crane,
if not Thou whose ken extends for eons – our Sovereign!

寄鶴亀祝　かぎりなき君が齢や羨まん
鶴は千年亀は万年　橘洲？　1784　鶯蛙集
I should think they'd envy those years beyond limit of my Lord –
cranes with but a thousand, & turtles with just ten times more.

左の和歌は当然の理屈ですね。天明狂歌の橘洲？の首は、同じ三者の命比べをしても「恨み」という、もう一捻りで面白い歌にする。明らかに、狂歌が和歌に勝る心です。天明後の江戸狂歌二首、野島庵広道の「賀」　「限りなき君が齢に比ぶれば鶴の千とせも蚯蚓の一時 E7-4」 1809 *Compared to my Lord's age and reign with unlimited term,/ even a crane's thousand years are but the hour of a worm!* と空寝の「限りなき君が齢に比べては鶴亀などはものゝ数かは E9-3」 1815 *Next to the age beyond limit of my Lord (a cause for wonder),/the years of the Crane, Turtle and others are all numbered.* も脚韻訳をしたが、いずれも和歌の方に近過ぎて、上の「恨まん」に比べてつまらない。やはり狂歌が面白い。

  寄千代祝　　心には思ひますれど孫の身にて
君おちよとハえ申さずそろ　嶋久清T参古今狂歌仙 1722
I do wish him/you the best but how can I say, as a grandson,
that my Lord should have a thousand Reigns to my one!
（それとも、「落ちよ」か「お乳よ」と聞こえたか？）
I do wish My Lord the best but how can a Grandson call
"Live a thousand years!" if it sounds like "Won't you fall!"

親孝行というか、死ぬにも適当の順番あるが、日本で新世代に家や商売を渡して隠居する習慣は、徳川時代にあった。いや、平安じだいまでも、天皇だってまだ元気の内に隠居して子に身分を渡したことは珍しきなかった。とは、第一読み。第二読は、年寄の君には腰折も怖いから「君落ちよ」と勘違えば大変という滑稽な心配も面白い。どれで宜しいか。

  寄経済祝　君が代は千代に八千代に利をかけて
箑用づめの限り知られず　藤原宗益　同　1722
My Lord's Rule, may it last a 1,000 times 8,000 reigns
with interest so the sum remains beyond calculation!

新奇でしょうが、借金の利しか知らぬ敬愚の偏見か、読む喜び（？）は、今一つ。商人っぽい比喩かと思ってネット検索してみたら「白粉屋加賀目藤原宗益受領勅許為御礼白粉一箱献上」しか出て来なかった。白粉も利子みたいに重なるものと思えば可笑しいが、狂歌にも軽すぎるという事もある。一方、下記の首に対してタダタダ、脱帽子です。

祝いの心を　　　愚かにもチよ万よと祝る哉
こゝは常世のやまと島根を　小澤蘆庵　1801 没
Our Yamato Isle rooted in Forever-land – only a fool
would pray for just 1,000 or 10,000 Reigns to rule!

ネット情報の要約は、詠人が江戸後期の歌人で尾張犬山藩士。上田秋成と香川景樹らと交わる。自然感情を平易に述べる「ただごと歌」を主張。享和元年歿、79才。この「ただごと歌」をもっと見たい！これは概念狂歌の好例にもなる。誠の憤慨か矛盾を弄んだか分らないが、その通りですね。結局、言えることは下記のみです。

1796　相変わった言の葉もなし君が代は
千代に八千代と祝うより外　雄崎管江（女）K29-2
There are not even any outlandish words in our Lord's Reign
except when we toast "may 1 & 8 thousand reigns remain!"

変わっていないこそ泰平で安心。後の章に見る「動かぬ」系譜の一端が、大変有難い狂歌だ。「千代に八千代」を変と思う者は敬愚だけではなく、二世紀前の女性も同意見だった！一が始まりに八が終わりを、或いは無限なる成長の方向性なら、小数字に大数字という順が常識が、小に大を足すのが変わった表現だ。例え古代まで遡るとしても変は変だ。国歌の英訳の場合それを掛け算読みか、別な数字にするか、そのままにして置く翻訳者も少ないと思う。一人で文句を言っても寂しい、雄崎管江（女）の歌は大慰みとなります。感謝。感謝。とは言え、第一章に蛇足抜けにご紹介した下記は、この類の最も可笑しい首だ。

X2　k9-4-93　1822　君が齢千代に八千代にふる狸
化けそうなりと人の言うまで ＿＿＿＿？が、天地根撰
May my Lord's age stretch 1,000 by 8,000 reigns until folk say
"He looks like an old tanuki ready to spook if he looks a day!"

説明のみやり直す、同じ首を二度も提供する事が変わっているが、ウィトゲンシュタインの繰り返す頻度に比べては、この敬愚の狸の首の再登場を弁護しなくてもいいが、今度は別な指摘ある。何千代は無理とも第 11 代将軍徳川家斉の五十年間 1787-1837 の在任治世の三十五年目に出た本の狂歌で、「大御所」という闇将軍の生臭き隠居になる君と思えば、御姿はまさしく祝いの予言通り、古狸。猿との類似あった関白の時代の初期狂歌の夜明け前の雄長老の君を囃す生意気古狂歌を思わせる。特定の君ではないから、誰でも年上の友人向きであってもいい祝歌でリサイクルしてもいい。「化ける」とちょどいい英単語はないから、狂訳を生かす為に spook の第四か五番目の殆ど死んだ語義をその狸寝から引き起こされざるを得なかった。

　　　　はかりなき千尋（ちひろ）の淵にすむ龜は
　　　　げに萬代の齢なるらし　光格天皇御製　1796
　　　（本歌もじりも別な語句の連想も微妙過ぎ、英訳遠慮）

その禿頭に立派な顎ひげで蓑亀と似る高山彦九郎より献上された珍しい緑毛龜、或いはその毛あるいはその尾（箱の中の見本？が尾と書いてあるが毛房と見えた）に対して、光格天皇の御製歌。光格天皇は光源氏の「はかりなき千尋の底の海松（みる）ぶさの生ひゆくすゑは我のみぞ見む」を見事に借りて、その後句で天皇でなければ詠めない観点も打ち明けた。「実によろつ代」で、同じ数をよく寿がされた自分と対比する卑下と、源氏の本歌の「我のみ見る」語句の連想は完璧の釣り合いとなる。我のみ見ることは、高山彦九郎への感謝の表現だけではなく、鶴亀の果てを君のみ知るか見るという賀歌の陳腐を知る者は微笑んだに違いない。

祝言　ありへんは心のままを人ことに
さしてな言ひそ千とせ万つよ　正徹 1459
"It cannot be." No, let us follow our own hearts
and say not such things – but keeping our parts
"live a thousand years, ten thousand reigns!"
（或いは千年万代も限りで「な言ひそ」か）
"It can't be" – yet, naturally we want more,
so, say not such things, nor settle for
"1,000 years! 10,000 reigns!"

一見して、正徹の原文が切れ字に等しい「は、を、に、そ、よ」に参って（正徹のあの和歌は、身を切断しても復生しうる海鼠の類みたい）、ありえないと皆も素直に認めて千年万代を言わなくても良かろうと先ず読んだが、中世専門の教授は、その読みを含む三通りも投稿した仮定的な解読をあっさりと退けて、こう述べた：「生きながらえるのは心のままだから、限定するなという意味です。よりスケールの大きな祝言歌で、正徹らしいと言えそうです」。それならば、我が初読みの主旨と反対になる。しかし、じっくり読み直せば、「スケールの大きな」ような意訳も又二通りも思い付いちゃった。教授は多忙で「な言ひそ」とは「ありへん」を指すのみか、直後の「千年万代」にも指すべきか、という疑問を聞くのを遠慮しました。千も万も限定になる系譜もあると思えば、後者の意訳に賭けたいが、自信ない。

5
天の羽衣に撫で減らす劫の時間
calpa, a universe of time for my lord

拾遺和歌集　賀中　君が代は天の羽衣まれにきて
撫づとも尽きぬ巌ならなむ　詠人不知　1005 年頃
May the Boulder of Thy Reign never wear away, though rarely
Feather-robes from Heaven should come and barely stroke it!

「劫」と云う一語の意味を知る読者は、この『拾遺和歌集』の賀部の最後から二番目の歌の蛇足も無用が、他の人のために、コウ（凡語 **Calpa**）は、宇宙一つの誕生から絶滅までなる膨大なる時間単位で、中国製の具体的な計算で四十里四方の大山みたいの巌が百年毎に天女が一たび舞い遊んだ羽根先（羽一枚か翼か知らないが）に撫でられ無に減り消える迄。世阿弥の能『羽衣』で有名になった和歌の前句に却の減る過程を綴れば、君が中々尽くすことのない巌に譬える。

賀の屏風に　動きなき岩ほの果も君ぞ見む
乙女の袖の撫で尽くすまで　元輔　1005-7 年
May you, my Lord, live to see that steadfast Boulder's end
when the maidens' sleeves slowly rub it down to nothing!

斎宮貝合　遥かなる君が御代にや亀山の
尽きせぬこうの程も知られむ　未詳 1040 年 6 月 18 日
（「こう」で亀の甲＝劫という新奇の掛詞は英訳無用）
Who can tell how inexhaustible the calpa of Turtle Mountain,
its carapace, I mean, the distant future of my Lord's Reign!

左、元輔の首は『拾遺和歌集』最後の賀歌になる。ついに尽くすも乙女が傍にいると悲しくはなりけねる。いや、羨ましい。右は、「亀の甲⇒劫の」他に「こうの⇒この程」もある三重の掛詞だろう。「尽くせぬ劫」とは永遠ではない劫の定義と相容れないし、亀の命は劫より短い一万年でしかない。たぶん、若い読者を色々と考えさせるためにも詠まれたかと思う。この一首から続いた小和歌集が面白くて、見本を今すぐ読者と分かち合えたい。長久元年五月六日の四十首の詠人は「未詳」が、まだ十一歳の良子内親王と共に伊勢へ下向した長奉送使の権中納言・藤原資平か家族の者と。二番歌の「君が代の試しと見ゆる長浜に千くさの貝の数も知られず」は、万葉集の恋歌に多い数多砂などの数で感情の力を示す日本語にある英語にない表現法も思わせるが、砂の方が多くても「千種の貝には甲斐」ある教えに伴う長浜の永く生きるべき寿ぐ歌だ。三番歌の「紫の貝よるうらのふちかた（富士型？）は浪のかかるぞ花と見えける」は、貝と階、つまり階制の位階と色の紫も思わせるが背後の不尽山か富士型を波の花で咲かすも、吉ながら視座を広かせる教育になる。四番目歌は、まだ女の子だった親王を喜ぶ「唐錦なみの影こそ打ち寄せて今日やふたみの貝を拾わん」と潮干遊びの発表か。五番目歌は「おと高く尾浜の浪ぞ聞こゆなる貝うち寄する風は吹くらし」。貝を耳に当たると海が聞こえるかと思えば、貝の浜に打ち上げる音か。この風で浜へ参らないよ。しかし、その跡は貝を沢山、拾いに行きましょう。と伝える傑作です。十番歌の「浦は数やその島人うち群れて一所にも拾ふかひ哉」は、貝と会で人合せの概念も優しく紹介されているか。二十二番を読むと目は潤む。「神代より云ひ初めける長浜の生けるかひをば君や拾ろわん」。この歌には、潮干を楽しみながら以前よりも生き生き元気になった女の子の姿が浮ぶ。その教養を与えた詠人の良心も強く感じます。生物学者になった昭和天皇も若い頃、この小歌集をご覧になったでしょうか。二十四番歌の「いかにせむ今日おほよとの浜に来てあやめや引かん、貝や拾ろわん」の遊ばす心のゆったり。三十九番歌「見し人の恋しきことに京貝あさると越ヶ浜までぞ行く」予定を打ち明けたら、四十番目で終わる。「万つ代を朝夕かぬるしめの内は四方の貝（＝界？甲

斐？）をも集めつる哉」。なんとなく大宇宙と小宇宙の時空に結ばれているが、まだじっくりと完読もしていない古文に弱い外人の早合点の解釈がでたらめだったら、お許し。長い脱線にもなりましたが、たまたま今日 2016.8.9 に見つけたら、日本の皇族の最も祝いたくなる一面をこんなに優雅にみせてくれる歌集は他にないかと、ご紹介せざるをえなかった。

夫木　これもまた撫でし類か亀の尾の
山の岩根の鶴の毛衣　　藤原基家　1093 没
Is this, too, one of the stroking kind, on Turtle-tail mountain's bouldered ridge behold the downy feather gowns of cranes!

夫木　君が代は亀の尾山にすむ鶴の
毛衣さへや千代を重ねむ 周防内侍 1037-1109 平仲子
My Lord's Reign, when even the cranes on Turtle-tail Mountain, by compounding their downy robes, add thousand to thousand.

左、基家が「撫でし類か」で、劫の岩とそれを撫でる羽衣を間接に掠るところも愉快が、当の山に鶴似の岩根がなければ、本物の鶴の観測を賀歌に詠んだ。右の鶴は、明白に生態学上での生物で、寿ぐプラスとなるが、左ほどは面白くない歌だ。

実国卿家歌合　君が代に天の羽衣おりきつつ
幾つの石を撫で尽くすらむ　左衛門督　1170 以前
In my Lord's Reign, as feather robes from heaven still descend how many stones must they rub down to nothing in the end?

久安百首　よそねしま苔むす巌きみが代に
千度ぞ撫でむ天の羽ころも　小大進 1150 以前
（枕らし「よそねしま」の含蓄は知らずに不可英訳）

先の鶴が重ねる同様に、左の「幾つの石」も、新奇。南北時代だったら、並行であろうが、それがずいぶん後になるから、ここはシーリーズ直列でしょう。劫のとんでもない永い時間単位を、代々のように軽く預けても誇張のなるが、官職に過ぎないから名も知らない詠む人は知ったかどうか知らない。右は、通常の千か万ではなく、十万年を差す。かの衣の袖がかの石に触れたのが百年一度と云えば、千度はそれ、しかも天の乙女の行って来る「旅」が縁語になるとは我が読み過ぎか。詠む人は掃きながら見た「塵の数」の首の主の花園左大臣家小大進。一語一語大切にする詠む人だから「よそねしま」は、巌の異称ながら又も枕だという辞典の定義（？）は不十分か日文研で「よそねして」も面白いが、掛詞に他所寝という歌例も見当たらないが、雄と雌の二石、例えば君と君の妻だったら、一応君を祝いながら、二人を寿ぐ事になったら？これも専門家の判断を伺うまで、天の毛衣が主格になるから解ったら面白いと言って置きたい。ご参考に、もう一人の女の宜秋門院丹後は、毛衣のお土産を受けて、こう詠んだ＝「嬉しさの身にしむ和歌の浦風を袖にぞ包む鶴のけごろも」正治初度百首 1201 年）。

　　　同　又親の心を　君が代のときわの石は天くだる
　　乙女の袖もいかがなるらん　前中納言匡房卿 1041-1111
*Respecting our Lord, whose Rule is that Kalpa Rock, how, too
are our angel girls, I mean their sleeves, or wings, now doing?*
　　（『夫木抄』の「なるらん」は、日文研で「撫づらむ」）

巌ではなく袖の減るに気配るのが面白いが、匡房は劫の概念を逆さまに弄ぶだけではなさそう。後七、八頁で詳しく述べるが、百人一首同士の僧正遍照が雲の通う路を止めたかった当の乙女は、宮廷で神楽に踊った本当の少女達で、ひょっとしたら匡房ご本人の娘もその数に入り、天皇に貢献？されて、その教育ぶり等の情報を乞った歌かと敬愚は勝手に想像しておる。でなければ are を will に now を be に直さなければならぬ。

礒巖　君か代は磯辺の岩ほ動きなく
あまのは袖やまれに撫つらん　下野 1248
（天＝海女の同音は不可英訳で遠慮します）

同　君か代に磯辺の真砂としを経て
浪うつ岩と今も成らなん　為氏　同

*May the fine sand on the shore by the reef during Thy Reign grow
into wave-bashed but steadfast rocks: right now, my Lord, be so!*
（↑岩化が御代の先が永い寿ぎに今も不動岩に固めて欲しい）
*The fine sand on the shore by the reef even now would become
wave-bashed but steadfast rocks long before Thy Reign is done!*
（↑岩化の二説を無事に避けた真砂の心からそうしたい狂訳）

同　昔や知らず誰が世のさざれ石の
波うつ磯の岩と成るらん　実雄 1248

*This was unknown in the old days – who had pebbles become
seaside rocks pounded by waves (not boulders wearing moss)!*
（↑砂と磯では無かったはずと、↓かの岩の生態に細かい）
*Of long ago I do not know what folk had gravel biding time
to become rocks while pounded by waves at the seaside!*

右の実雄が間中の為氏の砂が磯で岩に育つ発想が新奇と認めながら軽く疑問するは上の狂訳。第四章で下手に説明したジャレ石が凝結してゆく過程は波打ちに合わない過程という理になるのが下の狂訳。これも当章へ移したいが、三首を分けたくない。しかも、実雄の言わんとする主張（行間では、波打つと岩が減る）を支持する何首の歌も同じ 1248 年の『宝治百首』にある。題とは関係なく敬愚は読めば目が潤んだ。海の側で育て、まだ元気で砂浜と海の境目に生きた珊瑚のとんでもない元気の姿に触れた覚えがある。「礒巖」と題した 39 首の中に本物の浮ぶような詠みもあった。全てがそうでもないが、念のために俊成女詠「種まきしエ島ヶ磯の岩の上に君が千年を松ぞ生ひ添う」は小

島に松の生える不思議または有り難い。俊成女の歌は題を問わず賀となりがち。一方、帥の「世中につれなき物は荒磯の波間に立てる岩ほなりけり」とは波が砕ける事が、時折の天の羽衣にふれると異なって常に巌も大変だ。禅信の「浪洗ふ磯辺の巌としふれど苔蒸す程の暇だにも無し」も、真観の「身の類ありけるものか磯まこす波に窪める岩の型ぞは」も、その詳細描写。弁内侍の「絶えずのみ波よせ続く磯の浦に砕けぬ岩も幾世経ぬらん」。砕けながらも幾代とは、生態学者の卵の詠みだ！そして劫に近づけば、上記、下野の天＝海女と君が代の賀の雰囲気を、その後の題「島鶴」に俊成女は「祝いつつ君が代までと松島におりゐる鶴（たづ）も声ぞ語らふ」。或いは、待つ島に折紙のも掛けているか。無知なる敬愚は、その気もしますが、判らん。さて、通念通りの劫の題へ戻れば、お待ち遠様の狂歌じゃ。

   逆も又祝也　君が代は天津乙女が撫で減らす
  巌もさざれ石と成るまで　朱楽管江　E4-3　1794
  May it last until even that boulder is rubbed down to nothing
  but a pebble by the angels from heaven . . . my Lord's Reign!

天明狂歌の大御所朱楽管江の狂歌は心地よい。拾遺和歌集の両歌を親としながら、劫の巌を苔のむす迄の国歌の本歌にも幽かに触れる。細石が巌に成ったら、逆に細石に成る循環も面白い。英訳は前句の **nothing** で劫の終かと思えば、**but a pebble** で管江の新奇発想に変える。

   須弥ほどに積みおく芥子を君が代の
   千代に一つの数取りにせん　来焉　T27　1666 以前
  Piled high as Sumeru, once in a thousand reigns removing but one,
  said mountain of poppy seeds will tell when your Rule is done!

   君が代は幾千代鶴の羽はゝきて
   撫づとも尽きぬ茶臼なるらん　器音　同
  My Lord's Reign is like to a tea mortar brushed by crane feather
  whisks over and over for millennia yet will not wear down ever!

双首が初の多人大狂歌撰『古今夷曲集』の神祇部の直前の八首の賀部の中で「祝歌」と題されている。宮廷と無縁の人の君がもっぱら恋人の称となるから、古より多かった「我が君」は、もっぱら「君が代」。又、語に出ない「劫」の概念の舞台具は、少しずつ多様化する。微細な芥子の実で成さる山から百年か一代か何か時間単位毎に一粒が取られて減る説も劫そのものも万劫なるとか、インドに中国と無限大も零小の概念の前には素朴なる敬愚は眩暈する。ものの寸法の数すら嫌いだもの。一茶句の子供が大牡丹の大きさを両手で示した「こんなに」と云った単位しか通じない。ともかく、左の須弥は永遠の神秘の須弥山 Sumeru の略。硯の墨海の山水が刻まれたら三嶺の山は、それ。富士山より高かった事を知っていたようです。右の千代が鶴の枕に転じるまで月並だが、其の「ははき」即ち箒まで進むと、めちゃくちゃ新規になる。鶴などの鳥の小さな箒が現に茶道に「炭手前」が中心に様々の道具を清めるように使われているが、茶臼はあんまり触らない。時折に撫でるが、その古い綴りだと「なづる」。名鶴になるのが偶然であろうが、本来の羽衣の羽をもじる、とてもシュールとしか評価しかねる狂歌だ。

  寄社祝 御社の神楽乙女が手のひらに
  撫でても尽きぬ石の狛犬 鶏六 E7-1 1812
Though damsels dancing in kagura plays with their hands barely stroke the stone guardian dogs at the shrine, they show no wear.

  寄羽衣祝 君が代は巌を針と撫で減らし
  縫うとも尽きじ天の羽衣 芦辺田鶴丸 E8-3 1812
As for thy Reign, the Rock will wear down to a needle no doubt, yet, with sewing, heaven's feather robes, they'll never run out!

後期江戸の減る劫を延ばした新規概念。狂趣が豊のためか、英訳の脚韻も踏んだ上に蹴ちまった！左の神楽は。なるほど。現世では天津乙

女と言えば、あの子だけ。ああ、古狂歌の研究のために NYC へ行ってブルックリンのアパートに近いジャッパニス庭の社の稲荷の狛犬の替わりの狐を駒が如くに乗ってた二人の小娘。今も覚えたる。日本人のお寺か神社にいる間の気の軽さを、欧米の宗教の重苦しい感覚と比べてどんなに好きか。八雲もそれを見てこそ日本に惚れたかもしれない。とは言え、このブルックリンっ子は、そのお母さんまで困った荒っぽさで、狛犬っぽい狐を苛めていた！神を信じない敬愚も、思わずお母さんと娘に狐つきは笑うものじゃないから、この神と仲良くした方がいいよ、とお説教した！怖くなったというより、社のお守りだよという言葉が通じたようで、二人の娘は直ぐ狐と仲良くなるように撫でたり話したりした。神こそ信じないが、この子にたいしていい影響になったと思えば、数年後の今も眼が潤む。さて、狂歌へ戻るが、狛犬を羽ではなく手のひらで撫でる差異は、可愛い。それが運がつけるからなるか、女の子の愛嬌からなるか知らないが、後者に受けたい。右の狂歌は傑作かどうか知らないが、惚れた。若しも鶴丸が『後撰和歌集』に出た「典侍あきらけい子（の？）父の宰相のために賀し侍りけるに、玄朝法師の裳唐衣ぬひてつかわしければ」前文に次ぐ「雲わくる天の羽衣打ち着て八君が千歳にあわざらめやは」という和歌を、万が一知っていたら、とも思う。巌の針になる発想が滑稽ながら、天の羽衣の具合まで気を配る芦辺田鶴丸は偉い。

　　　　新古今歌　　山たかみ岩根の櫻散る時は
　　あまの羽ごろも撫づるとぞ見る　崇徳院 1164 没
When petals fall from cherry trees growing amid boulders high
up mountains, I see it as Heaven's feather robes rubbing nigh.

劫という人の心を絶する巨大の規模の抽象的な単位を、崇徳院が素朴な三「〜る」歌体ながらも、この世の桜と結んで、美の世界に入る。新古今ながら、芭蕉の句と変らない現代的な感覚ではないか。十年以上前に、この歌を読めば、リリカル美に一見惚れで、拙著 *Cherry Blossom Epiphany* の数千古句と一緒に入れたくて、その解読せんとした

時、初めて Kalpa 劫という概念に出くわした。君が代の祝いとの関係などに気付くのが、ずっと後だった。当本の４８章 Cherry Wind, Bad Guy? 和名「桜風・花ノ風」の三十五番目のポエムです。

   01902：動き無き常磐堅磐（ときはかきは）の君なれば
 千代も八千代も限らざりけり　実房　正治初度百首1200年
  If our Lord is a rockhard unmovable boulder, use your brains:
  he is not limited to a thousand or eight thousand reigns!

不動ないし動きなくなる御代の祝いは別章なるが、脚韻たる「脳みそ」という狂訳の持ち込み以外には、実房の歌がちっとも可笑しくもない散文で、常磐と言えば千代も八千代に限らないと云う主張だけではなく、想像を尽くすほど永い劫の単位も超える意味あるから本章に入れた。同じ永遠に続く君が代を賀する後期江戸の大狂歌師の真顔の作品もある。

   寄衣祝　　君が代は天の羽衣とき洗い
 打つとも減らぬ巖ならまし　真顔　E10-1　　1815
  Our Lord's Reign is a boulder: though Heaven's feather robes got
  undone to wash and were beaten against it, wear? – I'd say not!

   愛国百首　天地の始めはありて終りなき
 我が君が代に何を喩へむ　松波資之 1831-1906
  Heaven & Earth have a beginning, but what metaphor is there
  for the Reign of my Lord that has no end (which is more rare)?

狂歌を殺したと多くの学者に見下されがちになる真顔は、劫の手段と過程を知りながら保守派らしくも君が代に見立てる巖にも終わりある事を認めたがらない。頑固は頑固が、かの羽衣の洗濯をこうして持ち込んだ発想が自由自在で、やはり面白い。狂歌か和歌か分からない「愛国百首」の松波資之の首は、恐らく糞まじめだったが、問いを「皆無だ」と答えるべきレトリックを鵜呑みせず、考えてしまうと面

白い。はっきり言って、キリスト教の祈りの中に world without end「世々に限りなく」という神やキリストや聖霊でしょうね。

ご参照に　岩凝る山を見る間に撫でなくす
霞の袖や天の羽衣　　真顔　E10-1　1815

As I was watching, the rocky mountain was brushed, then lost:
so those sleeves of mist were indeed heaven's feather robes!

ここに「君が代」抜き、祝歌でもないが、古典和歌のように霞よ山の前に「な立ちそ」という歎きもしない真顔が勧めた純粋俳諧歌としての狂歌らしい霞という羽衣は、ああと言う間に山を撫で失くす、即ち覆うのを素直に受ける。但し、霞の比喩のおかげで、是は史上最速の劫の一過と思えば、微笑ましい。はっきり言って、通向きになる渋い傑作だ。

寄石祝　君が代は撫でども尽さぬ文字摺りの
石にぞ靡くことのは古路も　金英　K12-4　1809
（信夫文字摺で葉、言の葉＝羽衣に和歌の古路＝道ながら）

Like thy Rule, no rubbing will exhaust the font of our tongue
bent to the will of stone along the old waka way of song …

撫不尽の語で劫の石が暗喩で君が代を祝いながら、古今歌♯724 は陸奥の国の信夫草に白地の衣が上に転んだら自然に文字摺り（草拓と称するか）になった為か、乱れなる模様が恋する心の具現なり。それがしのぶの里のロマンスと結ぶ巨石もあったが、「奥の細道」に芭蕉がその存在を誰よりも早く突き止めたようです。解釈が更に入り込んでしまうが、遠慮します。ただ、当歴史と別に、石文字刷りの流行でもあったか。文字すり歌碑の多い街道でもあったか。英語しか読めない人に、日本語のことばは、「lingua 舌」ではなく「fola 葉」になる追加情報も要る。

子時　天下る乙女が癪のいはほをば
里の按摩や撫で減らすらん　潜 E10-2　1816
（癪は巌ほどという世話の有無は？英訳は不完全）
Vexation grown massive as boulders, yet our Yoshiwara angels
rubbed down by local masseurs lose a load off their shoulders.

祝新年遊び　君が代は乙女が春の貝合
貝を碁石にすり減らす迄　竜廼屋弘器 E12-2　1829
May Thy Reign until the painted clams our maidens use to play
matching shells all wear down to tiny go stones deign to stay!

劫の発想がどこまで弄ばれたかを示す歌例。左は、ご参照用で、祝歌ではない風俗の描写ながら、乙女の心の蟠りが劫の巌で、撫で減らすに巨大の時間をかかる天の羽衣より按摩が手は早いで比喩が極めて滑稽と言いましょうか。を歌で祝賀の語彙の参照になる。吉原の生活を一刻ごとに細かに追及する江戸狂歌の本『吉原十二時』（石川雅望＝六樹園飯盛編）より。右は又「寄貝合せ祝」と称してもいい松の内の祝歌になるが、貧乏で敬愚は、何年も碁の早打ちする暇も無くて悔しい。吉原の歌の次に読んだためか、変な思いつき、万葉集のある歌に寄れば、貝は減るものじゃないけれど、永く減ることで寿ぐ時間をもう少し真面目に考え続きたい。下記の歌はご存知でしょうか。

Donghae mulgwa Baekdusani mareugo daldorok
Haneunimi bouhasa urinara manse　参照用
愛國歌　東海が乾き白頭山すり減るまで
上帝に守れ我等*が国万歳　尹致昊 1865-1945
（*日本語にない複数一人称の「ウリ」だ。）

韓国の「愛國歌」の面白さに気付いたのが約四十年前。後に『縮み志向の日本』で名人になった、まだ若い李御寧の随筆集 *On This Land and In That Wind*（十数年後の和訳は「韓国人の心」か何か平凡の書名）で、

細石の巌に成長する日本と、白頭山が塵に戻る両民の国歌を対照し、陽性か積極的で一寸法師ながら中国までも征服したがる日本人と、陰性ないし悲観的で世に出られない涙脆きのみが長けた自国人の心を反映するように述べた。その本が三角比較文化論で、欧米人が両国の間みたいな性格。が、二十年も立たず、『風呂敷の文化論』で母国人と日本人を一体化して、欧米人が対極に回った（中央公論に出た拙記事をご参考に）。ともかく Mt Paekche が無化する当の国歌を李氏のおかげで知っていた。つい七、八年前に和歌にも出るヒンジの時間単位の「劫」を知って、初めて減るも寿ぐ手段に入る事に合点した。まあ、思えば放射性炭素年代測定も、そういう物ですが。万歳は万歳だが、物が成長したり進化したりする時間とそれが滅する時間はどれが早いか。細石の巌と成る、塵が山に積もる方が有難く感じますが、若しも減る方が時間がかかるならば、その方こそお目出度いと思いませんか。日本の国歌同様に古い本歌があるかと調べたら、なんと作詞家のユン・チホは、「イソップ寓話」や「ガリバー旅行記」を初めて朝鮮語に翻訳したキリスト教信者だった。しかも、新日派に転向したから、歌も作者も今は、疑惑中のようです！

五節の舞姫にて、若し召し留めらるゝ事やあると思侍けるを
　　さもあらざりければ　藤原滋包が娘（又、〜女）後撰集

　　　参照　くやしくぞ天津乙女となりにける
　　雲地（常：路）たづぬる人も無き世に　956年
　　（「雲の通ひ路」も「人も」も遍照名歌に頷くか）
How vexing! I'd have been an angel but for crying outloud nowadays, not a soul gets to set foot upon the clouds!

天羽衣こそ出ないが、遍照の古今集歌「天つ風 雲の通ひ路吹きとぢよ 乙女の姿しばしとどめむ」で五節の舞姫が広く意識されたか。代々択ばれた乙女の数と階級などが変えた。遍照の五十年以上も後になる世には、択ばれた子の数も少なかったし、貴族の下階級が失格になった

と云う。娘達が貢物ながらアイドルだった。天皇の后にもなった舞姫すらあったが、五節舞姫の専門家は、後撰集に歌が載ったから、この生意気の娘も「女房勤めの経験がありそう」。本章の劫という概念を直接に繋いではいないが、羽衣の乙女は五節の舞姫の人気の存在と合わせたら、この祝いと寿ぐ系譜の元気も分かり安くなるかと思う。言うまでも無く、末世へ向うと感じた平安後期と中世にも調子が合った事はもっと大切であろうが。

※男の子の羽衣だって※

断って置くが、羽衣は女の子と同定された訳でもない。同956年の後撰集の男が羽衣を比喩に着たりした歌例二件ある。

　　　　父の宰相のために賀し侍りけるに
　　　　玄朝法師の裳唐衣ぬひてつかわしければ

　　　　雲わくる天の羽衣うち着ては
　　　　君が千歳にあわざらめやは　典侍あきらけいこ

*A feather robe to part clouds like an angel – wear one of these
and how can my Lord not live a thousand years if so he please!*

詠む人は染殿后とも称される藤原明子で、父の良房は十代の天皇を助けた人臣摂政の初例。前詞の「ぬひて」をその場で脱いだかと思ったが坊主、いや法師も頼まれたら衣縫もしたか。専門家、どうぞご意見を！1550 頃に来日した Fernão Mendes Pinto が豊後の王の廷に宴会したら、娘らが暇して間もなく戻れば箸使えないお手で食う南蛮人を憐れむ小劇の十八番にお寺から貸してきた偽物の手を袋から取り出して、これでお召しになったら、お手は汚れまい（或いは汚れた手の代わり物に役立つか、定かではないが）と皆で笑った。賀の即興として可愛いが、典侍あきらけいこの歌の面白さは今一つ。下記は、敬愚にとっ

て、一応解ったら判りやすいし、その返歌の可笑しみが十分。つまり、ちょど良い。

庶明朝臣中納言になり侍りける時、上のきぬつかわすとて

後撰集　思ひきや君が衣を脱ぎ替えて
濃き紫の色を着むとは　右大臣＝庶明　903-955
*Ready or not, time to shed your clothes for something new:
how does this dark purple color grab you, will it do?*

返し　いにしへも契りてけりな打ちはぶき
とびたちぬべし天の羽衣　藤原師輔　908-60
*Do vows made in an ancient life bring me such luck to wear
what could be a feathered robe: I feel like I'm treading air!*
（契りは難訳 Do vows made in は又 Does karma from に？）

先輩の「おもひきや」は、後輩が何かが出す事を気付いているかいないか、と軽くいじけてから本件に入る。「はぶき」は穿＋着か、穿＋気か、ともかく跳びたがる嬉しさを飛びうる天の羽衣と感じる男子ながら、少女みたいな心かと感じるのが敬愚だけか。（因みに一見したところ、「ぬきかへ」が和歌によく出る動詞とまだ気付かず、甲が乙を一応、裸にさせたかったかと勘違った。）古の契りではないが、源氏時代の可愛い男の子を思わせる二人とも、同じ 52 歳で他界してしまいました。

改造版に
天の羽衣の袖が開く

6

塵つもれば山となる
dust or trash can make mountains

日文研歌番号 00001： 君が代は千年に一度ゐる塵の
白雲かかる山となるまで　未入力　帯刀陣歌合 993 年
*Until fine dust, each thousandth reign adding but one grain
becomes a lofty cloud-covered mountain, shalt thou reign!*

参照　愛国百首　白雲の八重立つ峰も塵ひぢの
積もりてなれる山にしあらずや　藤原實泰 1093 没
*Does not rubbish and dust that accretes rather than take flight
grow into mountains w/ manifold clouds blooming on the heights?*

左は。一時間も Google 検索しても無理。上記の一番古い出典の「未入力」の詠人だが、1086 か 87 年の『後拾遺集』で大江嘉言の首になる。調べたら 1009 年没で詠む人になるらしい。1133 年の『相撲立詩歌合』で又「未入力」が、後鳥羽の息子編集の 1180 前後なる『梁塵秘抄』で「そよ」を頭に加えての第一番目の歌になる。発想は広く受けたらしい。藤原實泰の歌で判ることは「君が代」という賀語句が無くても、一歩は千里旅の初めっぽい積極的な奨励歌にもなったし、1094 年の『高陽院七番歌合』で「雪もみなふるかひありて積もれはや白雲かかる山と成るらむ」ようなノンセンス（降る「かひ」は谷）までも弄ばれた。いや、更に遡れば、もう少し様になる和歌はある＝

曾丹集　袖の落つる玉はいくらぞ塵すらも
積もれば山と成ると云ふものを　好忠 950〜1000 年
*All those pearly gems falling on my sleeves: with even trash
said to make mountains when it builds up, I cry for nothing?*

大変愉快の歎きだ。「ものを」自嘲は東欧州ユダヤ系の卑下を思わせるが、同じ頃（後拾遺：977 年）の歌合せへ来たら払い退けられた民部卿經信が「君が爲おつる涙の玉ならば貫きかけて見せまし物を」とある。万葉の海の波の玉が手に取れない悔しさの焼き直しであろうが、山に成すかどうかが本章の題で余計の歌は以上です。905 年の古今序には「高き山もふもとの塵ひぢより成りて、あまぐも棚引くまでおひ昇れる如くに、この歌もかくの如く成るべし」とある。又、同じ古今集の「撰集後抱負」にも「貫之ら」が、半信半疑で始まり、長年の編集仕事がやっと無事に終わった「己ながら信じられない。本当に出来たぞ！」という気持ちを「さざれ石の巌と成る喜び」にて表した。盲亀が浮木に出会うより難しい出来事を祝う表現として、注目に値する（で二度も言及）が、序の「麓」へ戻る。七百年後に小富士が山が山の麓から成長することを証明するが、まだ存在しない山に、育つべき自分の麓アルと言わぬばかり、そこが可笑しい。その発想は、空から現れたわけでもない。少なくても白楽天（772-846）の「千里も足下より始まり、高山も微塵より起きる」まで遡る。それから、梁塵秘抄にも載せられた大江喜言の和歌が、千年ごとに塵一粒を加えて、ことのかかる時間をうんと延ばした。これは、前章に述べた劫の概念を取り入れながら、摺り減ってゆく方向を、逆さまにする。敢えて言わせれば、大江喜言が膨大の将来を望んだ傍ら、或いは「千年に一度しか塵一粒」で、寿ぐ以外にも清らかな御代も同時に祝ったかもしれない。が、これは敬愚の仮説。頷く専門家はいるかどうか知らない。

栄花物語　わたつ海の亀の背中に居る塵の
山となるべき君が御代かな　作者不詳　1024-28
*Like the crud on the back of the turtle afloat on the main
that became the Mountain of Youth, so, too, Thy Reign!*

どうでもいいが、当物語の編者は女性らしい。珍訳の *Mountain* of *Youth* は、スペインの自称征服者が我が古里のフロリダ州に探求した *Fountain* of Youth（青春之泉）から思い付いた。巌が育つ発想の由来は、川の中で合併するか、珊瑚のように育つか、塵つもるが、この三番目の最も大きな系譜は画でお馴染みの変な陸亀っぽい外見で海を泳ぐ亀ですね。蓬莱みたいのを負うもおられば、背から山が生えている感じのもおる。歌にはまだ見ていないが、亀が亀に立つ鎖の世々のもある。

   梁塵秘抄 万劫亀の背中をば沖の波こそ洗ふらめ
  いかなる塵の積もりゐて蓬莱山と高からん 1180年前後
  Kalpa Turtles – is the mire on their back not washed by the ocean?
  For such to grow high as Mount Meru, now, that's an odd notion!

この7-5-7-5-7-5-7-5の『梁塵秘抄』の雑歌#317は全く新規。賀歌ではない。伝説の蓬莱山は。よくも無事に積もったという民間の理屈は、狂歌に通じる。世界中の無名の民の元気な土着知性をこうして詠み人知らず歌に現れるか。敬愚は、自分でも詠んだ気分になる。近代の当局・体制は、このような理屈（つまり知性）を危ながったから、素直で受けずによこしまと嫌って、唐、外国の物として退けようとしたに違いないが、逆にそれこそ本物だとは本書の主張だ。

   参照に 日のもとのやまと成るまで積もるとも
  ことのは見れば誰か厭わむ 相模女 同名集 1050頃？
  （天体も暦の日になる事も、大和＝山とも英訳無用が、？）
  Though they pile up to make our mountain Isle, Home of the Sun
  how can our leaf-words, considered with care, bother anyone?

日の本の山と（Yamato!）成るが慣用語遊びながら、ですね。その詞、つまり賀歌そのものも嫌になる者は、おられまい。平安中期でのちなる徳川幕末の泰平を感じさせてくれる女流歌人相模は業平大ファンらしい。これも詠んだ＝「拝みける印の石の無かりせば誰か昔の跡を見せまし」。伊勢物語から「なかりせば」を借りたが、古き歴史に対する感謝の念が満ちる温かい女性と思います。

正治後度百首　雲かかる大内山と成りにけり
幾世の塵の積もる成るらむ　雅経　1200年
In order to become our Oouchi Mountain crowned with clouds,
how many generations of dust had to build it from the ground?

寄山祝　君が代は白雲かかる塵山の
山を尽くして塵と成るまで　正徹 1459年没
Until our dust-heaps into cloud-covered mountains grow
& peaking, break down to dust again – my Lord's Reign!

寿亀祝　今日よりや万々石もおさむらん
亀の背におうやまと物なり　藤本由己 T41　1647-1713
（石は地の単位も城も身分や負う山⇒大山⇒大和も英訳無用）

左の塵をtrashでなくdustにした理由は、山に積もるのみならず、空気にも浮きあがるから雲と結び易い。皇居ある当山は京都で、今の御室山。中は神道に合う日本の山の成長と仏教に合う韓国の山の幻滅を合わせる正徹独特のバランスの良さよ。祝いの用語に通じたが、それよりも自然（じねん）も外来も肯定した心だ。右、医師の藤本由己が出家の移封に従って大和郡山に転じたが、当の山に米の俵で無ければ万々石の城か。その雰囲気の為に又劫を仄めかすか、数多古墳の祝い終わるものか。

寄大和言葉祝　寄箒祝　尽きせじな麓の塵ひぢ世々積もり
やまと成ると言うことのはゝき　鈍永 K13-4　1767没
（山と⇒大和も事⇒言の葉⇒箒も英訳してもつまらぬ）

寄芥祝　寄山祝　君が代は我が背戸うらの掃き溜めも
あま雲かゝる山と成る迄　大木戸黒主　鴬蛙集 E2-3　1784
As for my Lord's Reign, until even the trash-pile by my back-gate
becomes a mountain with Heaven's banner clouds flying, mate!

左の上方狂歌の大御所鈍永の山＝大和の優雅な笑ひと天明狂歌の中御所黒主の俗っぽい笑ひは見事なる対ながら、前者の語にもははきになる箒もあるが、片方の英訳は無理だったも、双方とも山となる祝いをふざけている心より似通う。左は、山は自然に積もるではなく、箒の業になる、右は都内仙人の古来の発想に都内の山も加えた。単独の異例もう一首あるが、源俊頼（1055-1129）の「いかにせむ終には山と積もるなる その塵ひぢの数ならぬ身を」とは、祝いよりも嘆きになるが、源俊頼の墓は古墳だったらいいと思うが、ネットで見つけなかった。

まっすぐにはびこり増さる君が代は
末迄つよき竹の根からみ　安勝 T30 1672
*My Lord's Reign grows ever dense yet straight up it shoots,
strong right to the very end like the bamboo's tangled roots.*

君か代を何に喩えん細かなる
砂を積んで塔と成す迄　胡蝶女 T37 1679
*What should I compare my Lord's Reign to? I'd say fine
sand stacked until you have a pagoda – that much time!*

行風が編集した初期狂歌の三大多人集の二番目の『後撰夷』の廿賀歌の中にある左は、「寄竹祝」と言ってもいいが、よく思えば他の祝の芯となった巌と劫という従来の概念よりも、徳川幕府の見立てどころか模型にもなる。竹の根は地震に強いばかりではなく、子を育つ乳なる水道でもなり、他の植物を静かに絞め殺しながら境から植民地の為の下調べを止まない地上にも珍しい大生き物だ。右は、三番目の三大多人集『銀葉夷歌集』の二十一番目の賀歌だ。しかし積んだよりも濡れた砂を指先から垂れてできた砂の城を思い出す。塔の右の片が「苔」と似るよりも、何階もある建物で、代々を示す建物か。がっちりとした竹の根がらみと比べて砂の城が随分脆いが、建て尽くす為には確かに無限にも永い時間は要ると解釈すれば、とても目出度い表現だ。

※　塵が山に積もれば：珍説や反論歌　※

祝賀よりも名所だが　　塵つもる名のみなるらし鏡山
やまと成るまで曇らざりけり　堀河中納言家歌合 975 年
Dust may amount to one of these they say but Mount Mirror
has not been clouded since it became Yamato our country.

ああ、悔しい。Fart と start の脚韻も出来たが、微妙な意味が通じなかったから以上の英訳になった。慣用句「塵つもれば山となる」は、特定の名所の鏡山の鏡の理想的な性質に合うように。山つくりが国つくりと一体化した最古の歌で無ければ、より古い歌例を教えて下されば、改造版に入れます。

古今和歌六帖　積もりては山となるてふものなれど
うくもあるかな塵ひぢの身よ　未入力　976-87 年成立
T'is said to be something that, building hills, rises above earth,
but dirt may sadly float about – I know for my rank is as low as it.

これは文中に紹介した、源俊頼の嘆きの本歌でしょうが、どう云う訳か『古今和歌六帖』は、古本屋にもネットにも殆ど見当たらない。和歌ＤＢに見つけても詠人の名すらない。めちゃくちゃに個性的で面白い首は少なくないと思えば、許し難い（2017.3.8 お茶水大の全注解釈の古今六帖あるが「所載なく」となる）。上記は「塵泥も積もれば山となる」という賀歌の系譜を知る上に大切な例歌かもしれない。「なれど」とは、系譜がより古い証拠にもなる。ところで、我がフロリダ州で小学校の頃に、先人の塵塚ないし貝丘（shell mound）の中を掘ってみた体験もあるが、塵泥が山となった例は…。山までも積もる日本の歌ならば、個人的な読み覚えが一番古い（という無意味の）歌例は、2007 年頃に読んだ、なだいなだの『江戸狂歌』（1984 年）の「うさぎ小屋と長屋の花見的な風流」と云う章にあった下記の天明狂歌である。

◆ **POSTED ON THE DOOR PILLAR OF ÔNE-NO-FUTOKI** ◆
入り口の柱に　世の中のちりし積もりて山とならば
山ごもりせんちりのこの身も　大根太木　天明中
（せん＝仙の縁語掛詞も塵の身の慣用語もないが）

*Trash builds up & mountains make: that leaves me
hidden in my hermitage in the middle of this city.*
（卑下の塵の身には相応しくない自慢流英訳↓）
*If plain trash grows into mountains, I am a sage;
& my hermitage, paper-hidden, is the new rage!*

狂歌主は自家を「ちりも積もって山田室」と自嘲流自慢したのが、第一狂訳は、賢人が市内でも山家の如く隠居できるという中国の成語を考慮した上。なだいなだは大根太木の友だった蜀山人の「大隠は朝市にあり、雪隠は露次にあり」という狂文も紹介したが、敬愚はまた貧乏が山家の隠居よりも人がないと云う狂歌も御紹介したくなる。邪魔する者はないから執筆は捗る利もあるが、妻が無ければ淋しいは淋しいです。第二狂訳は、聖人のいなくなる形容の「雲隠」を「紙隠れ」に変えた。紙屑の中でも大流行と勝手に直した。

参照　久米仙人の画に　たをや女の洗ふ衣の塵ひぢや
積もりてなれる恋の山人　蜀山人＝四方赤良　蜀山家集
（原歌のように、恋の山⇒山人の筋再建こそ駄目が意訳は）
*As our sweet maiden washes clothes, behold the dust & crud
build up until it becomes a mountain man who falls in love.*

参照　算術　塵ほこり払わぬ稽古積もりてハ
山の高きを量る算法　蘭丸　K19-4　1815
（お金だす第二義の払うはなく英訳無用）

川柳では、汲み取りの中に神代の浮き島を成す糞も出る。狂歌はそこまでもいかないが、その聖の蜀山人は洗濯中の女中の白い足を見て雲

から落ちた仙人の欲望を山に積もる塵に寄せた。新奇きわまる具現というより愚現になる。上方は商いが、塵の山はどの芸にも役立つ教訓になる。

参照　祇園会　交わりし塵や積もりて山ぼこに
其ことわざを引く祇園の会　芳水　K17-1　1815
Trash & dust that 'mix with gods' building up have made
just that proverb they now pull in the Gion float parade.

君と御代の祝の形でなくとも、祝いの一つ系譜になった諺、つまり山となるものを引くが、少なくても博多のそれの写真を俳句代歳時記で見た限り、その山はクリスマス前の商店街か子供向きの玩具屋の顔負けの眩しさに驚いた。白黒写真なら、無数の小さき品々の山盛りがたしかに、文字通りの塵のそれと見えたが。。。

※　例外：積もれば、塵と石に限らない　※

祝　　君が世は松の上葉に置く露の
つもりて四方の海と成る迄　俊頼 1129 没
（うわばハ梢の葉だが山の上にもなるから↓）
My Lord's Reign – until dew on the needles of this pine
amass to become an ocean as far as the eye can divine!

塵積もりて何とか成る祝の系譜あるを、液体が積もりて決まって恋歌の涙遊びの大系譜になる（『古狂歌　寄〇〇恋』）。という訳で、上記の表現は、我が知る限り独特です。山が海の下になるまで、という慣用句の類を思えば、山と同定されがち松の葉の露がこうして働くところに妙味がある。俊頼の和歌は素朴ながら驚くべき発想も詠む。系譜外の歌は、撰集に入り難いから、きっと我が目を逃してしまった他の歌例もあるが、見つけたら教えて下さい！

III
御代の安定と泰平
a stable, peaceful & prosperous reign

神の到来に、国づくりの材料と成長、君が代の寿などを見たが、これから、増すも減る事もなく、動きのない常（ときわないし steady-state）になる志願や完成を見届けるよく治めた泰平で豊しかも平等と以前になかったから進歩的にもなる徳川時代の祝賀を見る。英訳の脚韻で尾鰭もつけたりした和歌だらけの第二部と異なって、本部では和歌は数首しかない。お待ち遠さまの狂歌の本番をご笑納下さい。

7
動かぬ御代の試し
stability means sticking around

寄器材祝　動き無く御代の印は棚に上げし
茶碗と茶碗もかち合わぬ也　百年　K8-2　1818
（棚の空的な余裕あるが打ち合いの音も英語に通じるか）

*Symbols for this stable Reign? Chawan (cup, bowl, whatever)
put away on our shelves they, too, no longer clink together.*

あららっ！動き無き世を詠むはいいが、その次の 1819 年に死者多数なる何十年ぶり文政近江地震が起こった。歴史の川下から始まる事をお許しください。この後期上方の祝歌は、同時代の一茶の俳句にも多い「も式」だ。句意か歌意が、言葉に出ていないが、「も」で仄めかされている。「動き無き」祝歌には「治める＝納める」と「泰平」の祝

歌と異なる一点は、武器が少ない。この狂歌の「も」のお陰で、戦場で軍と武器がぶつかった時代も瞼に蘇るが、徳川時代に殆どフェッチみたいに望まれた「動き無く」御代と国という概念は、そういう間接的な狂歌を生むまでも普及したという訳です。さて、江戸時代の動かない狂歌のオンパレードへ進む前に和歌を七、八首でも見よ。

   1050年の六条斎院歌合　君が代に天津乙女の行き通ひ
  撫づる巌の動き無きかな　読人不知　続後拾遺集再載 1326
  In my Lord's Reign, those angels may come and go, we know it;
  but that mountain of stone they brush . . . . . it moves not a bit!
  （巌を Calpa らしく「石の山」と意訳したが君自身だったら）
  In my Lord's Reign, those angels may always come and go,
  rubbing that boulder, but it still stands solid as a rock, ho!

撫づるも尽きないという歌は多いが、時間たつ摩擦の原理を悟りながら「消えるまでも動きはしないぞ」と主張するのが上記一首のみ。だから、本章に入れた。羽衣にて舞う少女は天皇の妻にもなったり、その為に巌が御陽物にもなりかねない、或いはその仄めかしの可能性を活かすに、二番目の意訳を敢えて加えた。再載された 1326 年の続後拾遺集の直前の首が俊頼の「千年とも御代をばささじ敷島のやまと島根の動きなければ」。「ささじ」とは、物差しの差で千年は計らない、即ち限らない。動くさえ、しなければ。動きは変（天災、人災）かも。

   嘉元百首再載 1303　亀の尾の山の岩根は苔むして
  動きなきゆのためしとぞ見る　覚助　　1077 年没
  （蒸すから動かぬ湯のユーモア＝斎（神聖の儀）か）

   弘長百首　亀山院　亀の尾の山の岩根の宮つくり
  動きなき世の試しなるべし　為家　弘長元年 1261
  Where better to start a Reign that will never move nor fail
  then building our palace on a boulder up Mt. Turtle-tail!

七条仏所の祖。不動尊と滝もあるから「ゆ」は湯で温泉か、動きなき⇒消ゆるかと思ったが、「み」の誤植か？。だったら、動き無き⇒君か身の＝蓑（亀の縁語）にもなれる。ともかく、二百年も隔ている二首の亀尾山です。亀はユニークな記号だ。動物ながら不動。本書のどこでもそうですが、I am just guessing アイデアの好きな専門家の意見が欲しいが、亀は代に代を重なる続きながら不変の世界と看做す。

散木奇歌集　祝　　千年とも御代をば若し敷島や
やまとしま根し動き無ければ　　俊頼1055-1129年
（敷に固まった台、大和に山の重さ、根に根付くも）
*A 1000 years, why, for Thy Reign that would prove young,
provided, that is, this well-anchored island does not move!*

この「わかし」は後1326年なる続後拾遺集で「ささし」になるが、動きそうもない三語の敷・山・根が上手く英訳しかねた。源俊頼は、四方赤良を思わせる発想の自由さにおいて名前のとしよりに負わぬ若々しい脳もちだったかと思う。祝歌に明白な留保がオチとなる歌体は珍しい。巨大地震による日本の沈没も気になったか、良過ぎる祝とむしろ不吉になると云う発想か、まだ平安時代ながら心から先なる不安を抱いたか。専門家のご意見も知りたくなります。

散木奇歌集　　伏し柴に宿れる寄生（ほや）の己の身
常磐堅磐（ときわかきわ）に物をこそ思へ　俊頼1128成立
（伏し柴は真菰にもなるがしばしの隠居の庵に一応の英訳）
*Someone like me, a parasite hanging on in a brushwood shack,
longs for a rock-of-ages – a hard boulder would be good.*
（↑寄生の身は安心できる宿を求むか主の身になる↓）
dreams of a rock-of-ages – becoming one if I but could.
（水真菰はワイルドライスで米国原住民の密蔵植物が）
*Someone like me a parasite holed up in a stalk of wild rice
long instead to be one with a hard and everlasting rock!*

日本国語大辞典に、この首は「伏柴」の第二儀なる「真菰」の歌例になるが、疑問あり。今のいう寄生のホヤは海鼠より醜き海物（かいぶつ）に限るが、真菰に寄生するものは、黒穂菌（くろぼきん）ないし胆囊誘発菌の smut fungi だ。茎の中の黒い粒粒と伴う新芽の肥大化はマコモダケ（真菰筍）と呼ばれるご馳走になるが、日本以外の東南アジアに多い。昔から「神が宿る草」と言われたが、八世紀より神の身になる三角池と結ぶも寄生と結ばないようです。で、卑下する庵とその中の自分とは、敬愚の仮説。いずれにして、平安末期の不安を物語る歌だ。人どころかどの動物も寄生せずに存在できない。一茶坊は、長年を渡って自分が穀つぶしという罪意識を退けなかったが、その句を読む我々は彼の長年の句作に借りがある。長めに見て、誰が寄生か、世に貢献するか。ともかく、長年の鄙ずまいを堪えた俊頼に、ご苦労さまでしたと、お伝えしたい。不動願望は、無理に引越される敬愚こそわかる。とは言え、校正中いきなり気づいた事ばかりで未消化です。

「塵」の部に『夫木和歌抄』中再載。千五百番名所百首
秋篠月清集　ゐる（又いく）塵の山をいく重に重ねても
げに我が國は動き無き世に　後一条入道関白＝良経 1202 頃
How many mountains of dust must be compounded before
my country really becomes an unbudgeable world power?
（英訳の前句はいいが、後句の不可動の世界的な力は…）
Mound upon mound, how many ruins must we compound
to create a country sound enough to really stick around?
（塚に塚、古代の跡の重なる意訳でいいかどうか…）
How many trash-grown mountains compounded before
our land is really part of the lasting world once more?

平安が不安に終わったら、これだ。英訳も重に重ねては御免なさい。貴重の歌で何回も試みる。一条実経ともなる？後一条入道関白の歌の背後は、一人ひとりの人生と国体が重なる不安定。鎌倉時代に珍しくない荒っぽい官職暦であろう。長代が志願も中々続かない苦しい体験

が重ならなければ「実に」詠めない、消極的の述懐歌だ。良経の次の首は本章よりも「歳」か「齢」に関する小章に入るべきだったが、

人のよをなに定め無く思ひけむ君が千年のありけるものを
I wonder why the lifetimes of us humans is undetermined:
is it not said a thousand years is to our Mikado given?
（↑の危ない生意気嘆きか祝賀歌への屁理屈の疑問↓）
We cannot but help think the life of a human is not fixed,
so why must our Sovereign settle for a thousand years?

いや。それだけじゃない。先の歌、同様に現状に対する疑問を感じる。当局は好まない態度で、危なそう。或いは、古文と歴史に弱い外人の心の中でしかない見解に過ぎないか。この和歌に哲学か狂歌に限る理屈がありますか。改造版つくる前に専門家の意見も頼む。「いく重に重ねてもげに」という強烈な嘆きを、1310 年ころ成立の『夫木抄』の十三歌の「塵」から拾った時、歴史に弱い敬愚は、賀歌によく出る単語に早合点して、御めでたき賀歌と誤解・誤訳した。今、むしろ心に訴える悲鳴と聞く。祝の裏の面と言うか。いずれも名歌の仲間入べき。

夫木＝題「幸于吉野宮の時」前詞「（満一）
山川の清きかうちと、み心を吉野の国の花散り
あふあきつの野辺に宮柱ふとしきませば（人丸）、
1303『歌枕名寄』も 動き無き大和島根のときはきも
国を治めし神や植ゑけむ 山城四#63 夫木＝卜部兼直
（又は、c1360 新千載集再掲載にもあるが、終に英訳は↓）
Upon the ridges of our steadfast Big Peace Island, we can see
evergreen trees planted by the god/s who won our country.
（1310 年の夫木には、後詞「此の歌は定？卿人々に貞観
政要の文をよませ侍りし時、治國如栽樹の心を」参照）

これを一見して樹木を詠んだかと思ったがネット検索の PDF に「人々の心にまさに正義（ダルマ）の化身である神を植えつけることです」

等を見て跡を垂れる神の生兵法で勘違いで the Rock of Ages under control with the Gods planted と下手に直した。上記の常盤木（とこわき(ぎ)）を常磐堅磐（ときわかきわ）と一字が異なる事に気づかなかった。PDF が再び調べたら、日本と関係なかったクリシュナ神の事であった！調べたおかげで神の植栽を詠んだ和歌何首も見つけた。その歌例を本章の後の小章に纏めて置く。ここでは、上記の 1303 年の『歌枕名寄』の「動きなき」歌例をむ少し見たい。二首後なった #65「動きなき岩倉山に君が代を運び置きつつ千代をこそつめ」は、積めに詰める物は何でしょうか。次なる #66 は「今日よりは岩倉山ににによろづ代を動き無くのみ摘まむとぞ思ふ」。なるほど木の実か。そうであっても、なくても、「十万年」も動かないとは何か。この身、つまり仏を岩倉より岩城に？数百年前の 991 年成立の能宣集（花山院献上本）に本歌も見つけた「動き無き岩倉山によろつ代を運び置かせて君にきかせむ」。では、専門家諸君に訊かせむ。#68 は、

1303 以前　動き無きさざれ石山うへしこそ
千代に八千代に数もそひけれ　藤原正宗　同 #68
This unmovable Mount Pebble planting has made a place that should last a 1,000 by 8,000 Reigns, let us grow apace!
（yamatouta サイト：「むべ(宜)しこそ」即ちいかにも当然）
Mount Pebbles, yet unmoving and solid – how perfectly fit to add to Thy 1,000 by 8,000 Reigns more numbers explicit!

初代仙台藩主の同氏同名人は約三百年後になる方が、同定しかねた。山のあだ名「細石山」は、平安時代初期に嵯峨天皇が細石が頂にある音戸山で休息を取った時に遡る。「君が代」発祥の地なる様です。中世の戦火は山の上まで登ったかどうか歴史が無知なる敬愚は知らないが、これで細石が個々が小さくて多いからこそ、祝・賀・寿ぐに不可欠なる大数を具えて目出度かれたかと読み取れる。しかし『歌枕名寄』に更に変わった「動き無き」歌になった。巻世二の二は、

1303 以前　神代よりあめのおしての動き無き
印にたてる岩屋山かな　山陽道（？）歌枕名寄#71
（おしては王印手か花押か神社の宝＋難漢字の室か）
From Gods' Time, we've Heaven's heavy stamp of approval,
Mount Iwaya (cavern) has not moved and offers patent proof.

古墳にある岩屋山式石室ないし横穴式石室をネットで見た以外には、なんとも言えないが重い大石は確かに「動きなき」であろう。

逆比べの歌例　　松が根に苔むす石や動き無き
わか君が代の類なるらむ　番号外作者 1326 年
That rock with pines rooted in it grows a moss mane
and being fixed in place, is akin to my Lord's Reign.

秀吉に「関白は猿似と言えないが関白似顔の猿は…」と言う話を思い出す。この続後拾遺集の首の方向性は、珍しい。本書の最も近い例は、本章末の老岩と七十歳の賀の鶴だ、坊主で赤くなった頭が類だと。

為尹千首　　細石の成れる巌のそれよりも
なほ動き無き御代にもあるかな　雅縁　1415
More so than pebbles that become boulders, Thy Reign
(in other words, Thy Rule) will ever steadfast remain!

丸山　動かずに地も久方の天が下
民のとゞまる山ぞめでたき　信海 T34　1670 頃
（とどまる⇒まる山は英訳無用し山の同定はまだが）
The earth (dirt?) is not moving nor all below heaven found
and the real blessing are mountains where folk stay around.
（江戸や大阪へ出稼ぎや引越しが多く田舎は空っぽで？）
Looking all the way to the horizon, I see the earth is still
blessed be this mountain where people would stay put!

左は。小学生でも詠める単純の君が代で、千も万もどんな数もなく、比喩じたいを凌ぐ御代の先。とは言え、ただ動きなきは酷く抽象的。右は、珍しく君ではなく民に「動きなき」を応用する点は偉い。万が一、三大遊廓になる長崎の丸山だったら、意訳は失敗でしょうが、元気な田舎みたい。専門家の助けを求む。

紙の第二セキレイの尾の動き氏が
動かぬ国の固めとぞなる　木端　K2-1　1750
That motion of Wagtail's tail teaching our gods to mate
solidified us into a country they now call a steady state.

左、上方狂歌の大御所木端は『狂歌手なれの鏡』で「神代の巻を見て」詠んだが、日本はもう動かぬ国と見做してこそ出来た歌かと思う。世界の創造説には、何も動いていない振り出しに陽物か何かに動かして始まるか、常に交ぜ動いている混沌に陽物か何かの接触によって物が凝結して、つまり固めるの二通りとなれば、日本はどちらかと言えば、後者です。玉矛たれば小島が出来たら、人の世は鶺鴒から逆に動いては固める事を覚えたとか。

寄人形祝世　幾千世とかとう捏ねしあらがねの
土人形（間？）動きなき御代　永賀　K24-1　1770
May these earthen dolls servants made of clay remain
still for millennia as Thy steadfast Rule shall reign.

同　あらがねの土人形の何一つ
もの言いなしに動きなき御代（女）幾秋
（文字通りながら悪い意味ある物言の英訳に困る）
Terra-cotta figures from the ground while dumb are blessed
as they, like us, have nothing to say in Thy Reign at rest.

ネットで読んだおみくじの語に「産みなさぬものなしという粗金の土はこの世の母にぞありける」が、粗金は銅か赤みある土か。人形は埴

輪か土偶でしょうか。左の「土人形動きなき御代」少々怖いが、うまいキャッチになりそう。右は人形の特徴なる「物言い無し」は、文字通りに物言えない人形は良いが、無口で満足という前提は、欧米人の多くには通じないから、上記の英訳の to say は to complain about と説明しなければならない。満足で無言と限らない。元気でないから、罰されたから静かになってしまう事が多い。日本人の独特の言語観について、拙著「英語はこんなに日本語」は詳しい（今は絶版がこれから又出るかも）。ともかく、上記の土人形の泰平は、英国の墓場の平和と似通う所はあるかもしれない、というくらいに話をしておく。「動きなき」の英訳にも似通った問題がある。その為、様々の語を試したが、たぶん steady 即ち安定した以外にには、英語では日本語ほど良い事ではない。さて、上方狂歌を出でて天明狂歌の前向きな世界へ。

寄碇祝　　はんゑいや／＼とて碇綱を
動かぬ御代のためしにぞ引く　手柄岡持　E1-9　1783
（繁栄⇒えいやの祝縁語＋声の傑作造語は英訳無用が）
Heave-ho! Heave! Prosperity means go! but the anchor-line
holds fast in Thy Reign unbudging though we tug to test it!

参照　寄石臼祝　動きなき君がみかけの石なれば
御代のためしに今ぞ引く臼　元の木網 E1-11　1783
If our Ruler is unmovable yet seemingly a rock, I trow
to test thy Rule by turning a millstone, right now!

左、天明狂歌の岡持（1735-1813）の首は船人のかけ声に繁栄を招きそうな前句を越せば「動かぬ」御代を祝ったはずを、挙句には碇無用前進しよ、と言わぬばかり。日本丸を動き出す将来の歌か。天地うごけば困るという宿屋飯盛の名歌より危なそうな首で、反応あったら知りたい。右、同天明ながら、難解ながら…。『落栗』の最後の歌で「祝」のはずだが、隠し恋歌か。木網の妻が天明女流狂歌師の名美人だった。小野小町と異なって、娘も出来たから、石とは言えかねるが…。

寄船祝　高砂もまつ代朽ちぬ岩船を
　　動かぬ世々の喩えにぞ引く　岸水　K12-4　1809
　（まつ＝松⇒末の掛にある連想抜きの英訳は機知不足が）
High on the dunes in these End Times we still find a Rock Boat
that never rotting proves the paragon of our steadfast world.

その頃、朽ちぬミイラにもなりたい句を残した一茶同様に「末代」に触れながら、岩舟を動かぬ世の喩に引くのが面白い。恋人が戻らず高砂に待つ女の子が変身して成った松が末代へ転掛ける枕は「万葉集」に遡るが、それより当の岩船に小松丸という号をつけたくなります。

　　　きやりうた民はゑいやら繁栄の
　　テコでも更に動かざる御代　人並成貫　E4-1　1793
What prosperity when folk singing shanties on land carry lumber;
Thy Rule will not be moved even by crowbars beyond number!

天明の自由ないし寛容期が寛政の硬くなった時代に取り替わったが、狂歌を読む限り、少なくとも江戸の経済が良くなった様です。同首のおかげで木遣という面白そうな働きぶりを覚えたこの外人にとて狂歌は教歌にもなっているようです。英語の語句 will not be moved をゴースペル歌詞からかぱらった。悪魔に口説かれても〜という文脈は異なるが。慣用語句ながら梃子を脚韻のために無数になったり「えいやら」と大格闘と御代の根から動かぬ対照か。

　　　どっさりと神輿を居て動かざる
　　御代に喧嘩の相手だに無し　鶴羽風　E4-1　1793
With the square jam-packed by Float carriers unmovable, indeed,
Thy Reign, when one would fight but not a soul pays you heed!

神輿の運ぶ群衆のぶつかり合う凄さ！年寄りて、共に酔っ払い、喧嘩をしてくれる友も誰も残らないカントリーの懐旧曲を思い出すが、泰平を祭り上げながら、喧嘩両成敗で、昔の命の洗濯に困る裏面も？

寄雉祝　　問う人のあるなら雉は答えけん
地震の外は動きなき代と　笑駒 K19-2　1790
(諺もじるし助動けん＝雉の擬声も英訳無用)

寄漫才祝?　　世界みなまんざいらくと治まりて
地震もさらに動きなき御代　青陽亭万来 E4-1　1793
We all play in a comedy produced with such ease it's plain
why even earthquakes stay still when so is Your Reign!

寄地祇祝　時折の地震の沙汰はともあらばあれ
緩やかにして動き無き御代　渓雲　K8-1　1814
Forgetting those earthquakes we must bear now and then,
with play enough not to move, Your Rule firm as ever, amen.

「雉も鳴かずば撃たれまい」という諺を知っても、左の上方狂歌の前句は、解らない。今のように泰平だったら雉も安心で答えたと云う事か。ただ明白のことは「動き無く」祝へ「地震の外は」というの保留の新奇。中は、戸開けて寝ても風邪引かない過剰に楽観の類を思わせるが、事実、1704 と 1707 年の大地震から 1855 年の大地震まで大地震は北海道や琉球にあったが狂歌の江戸と上方にはそれほど酷くなかった。とは言え、右、後期上方の渓雲の首は小さな地震の存在を認める。良き建物の柱が石の上に又屋根が重くて、家がその間に少し遊び（動く余裕）あってこそ、地震に崩れない。「ゆるやかにして」もいいという訳です。その pivot pun 転掛詞の「緩やかにして動き⇒動き無き」は、極めて大胆で、勝首。

動きなき御代に尻をもすゑ長く
痺りも切れぬあし原の国　山鳥 K19-4　1815
(末＝据も末長く英訳に自信ないし足原＝悪も英訳無用)
In Thy Reign, where the folk have long lived in a sort of peace,
asses and legs fall asleep, Ashiwara survives but, good grief!

先に見た「動かぬ御世」の留保なる地震より新奇なる具体化。九年前の 1806 に出た曽麻呂の「玉ちはふ神代のまゝに動かねどしびりもきれずあし原つ国 K25-3」が本歌になるか。初句の無駄なる枕よりも改良の「すえ」の掛詞が良かった。「末＝据え」は無論が、「吸え」にも灸をすえて葦⇒足が痺れると限らない発想を助かる。いずれにしても、後期江戸に動き無きの狂歌の数が多くなった気がします。下記、宿屋飯盛の名歌は逆説的にも、その原因になるかどうか知らないが、

   x2 凡才祝 歌詠みが下手こそ良けれ天地の
   動き出してたまるものかは 宿屋飯盛 天明
   Our Bad Poets, I say, are the ones to be preferred:
   who wants to see Heaven and the Earth disturbed!

   ざれ歌祝 あめつちハとても動かさざれ哥に
   我れがこころの鬼を和らぐ 抱臍 K24-3 1787
   （動かさざれ⇒ざれ＝じゃれ(m)irth=earth で狂訳）
   Hardly moving Heaven and Mirth 'tis what marks such art
   as found in rude verse melting but the demons in my heart!

   酒徳か自画 天地を人の前にて動かする
   大カラクリは酒にこそあれ 社雀 K16-1- 5A 1810
   If heaven & earth should move right before our eyes,
   wine would be the mechanism behind that surprise.

左飯盛の名歌の題を勝手に付けたが、中の抱臍の部分的な留保ないし私的卑下に比べて、何と大胆無敵の主張。だからこそ、頭が単純過ぎる愛国学者は、読めばかんかんと怒ったとどこかで読んだが、抱臍の無名歌も飯盛の名歌と一緒に「古今序」を読み、高校生に紹介すべきではありませんか。Hardly はどころか。天地を動かす事が「到底不可能」の意。Heaven 天と Earth の語呂合わせのために択んだ mirth とは、心地良きユーモアの雰囲気。右の後期上方の狂歌も無名ながら有名に成

べき。出た本の輯者の文屋茂喬は、首を集めるだけで「撰ばれず集」という革命的な出版物と云う自編自賛も注目に値するが、この首は酒の最も素晴らしいかつ恐ろしい面をカラクリの比喩で活かす傑作。

  （和歌ですね） 天地も動かすばかり言の葉の
  まことの道を究めてしがな 御製 明治三十七
The true Way of Words that move Heaven and Earth
is what I'd master (as child of one serving the other)

  参照 思ふことありのまに／＼つらぬるが
  いとまなき世のなぐさめにして 御製 明治三十七
Stringing together my thoughts as I please, one by one,
in a world so busy I feel strung-out brings consolation!

英訳に音字が残ったら勝手に御製の原歌にない「片方の子で片方を侍う」と追加したが OK か駄目か。和歌の道を学ぶ事で明治天皇は皆のために尽くしたかった。御製は渋いが、ユーモアあるかと思う。天皇の国内の政治などに対する力は、必ずしも思う通りには働かなかったかと思える。和歌で少しで影響力が増やすことが出来ると思えば、やはり。二番目の御製歌の「貫く」と縁語「糸」をもって暇に、そして「まに」に「間なく」が前句と結ぶ二本の掛詞には、狂趣も感じます。

  寄山祝 君が代はいかな（？）動かじ大山の
  禿がれてもとの塵となるとも まふな K25-3 1806
My Lord's rule but what's this 'not moving' when large mountains
can become bald and return to their orginal state, dust, again?
（↑動かぬ概念を通して環境損害を仄めかすが、↓素直）
My Lord's Reign moves not even after a huge mountain
becomes bald and erodes back into dust once again!

動かぬ概念を疑うというよりも動かなくても塵に戻ると指摘するか。それとも君が代は無常の例外に一応みとめるか。その両義性はありま

すか。それとも動かぬ山になる迄の成長する時間に、減てゆく劫のような時間を加えたのみか。左の英訳は生意気読みで、右は君を祝う。

寄山祝　　君が代の動かぬためし石山に
判をすへたる月を見るかな　真々琴遊 E7-4　1809
Stone Mountain stands to demonstrate our Lord's steady Reign
while that moon we all see is a chop to notarize the same.

寄木祝　　幾とせを経ても変わらぬ楠の
石と成るほど動きなく御代　東枝　1812　K29-1
My Lord's rule, immovable as the camphor laurel best known
not to change howe'er many years may pass except to stone!

左の判を判子と読んだが、変な動詞をネットで確認できた：「判始は、将軍が初めて政務文書に花押をすえる儀式である」。右は。楠の諺ご存知か。「石と成る楠の木も双葉の時は摘めるべし」．「災い」が大きく成らないように、とあったが、敬愚は東枝の狂歌を読めば、他人の子や兄弟が天皇にならないように、若い内に暗殺された時代の日本には、この諺あったかどうかを急に知りたくなった。江戸後期になる双方の上方狂歌には新奇あって、どれがいいかと云えば、人の好み次第。

石祝　　動きなき御代のしるしハ右ひだり
分けて教ゆる道分の石　蟹丸　k17-2　1813
The inmovable Rule of our Lord has a sign: right & left, you know
we now find a road-fork stone teaching us which way to go.

寄角力祝　　あらがねの土俵入して万民も
動かぬ御代のすまい嬉しき　青峨　浪花 k17-2　1813
（素人が意味で粗金は土の枕ながら土俵を英訳できないが）
One and all are free to tread the august earth of sumo rings
in Your Reign unmovable, what delight to have a fling!

左は、驚いた。その石の前に、誰かが人形の首を付けた二股大根を凭れた方が面白いものの、それどころかGoogle検索に出た、ごく一般的な道分石の写真も二、三枚しか出なかった。榎などの一理一理の距離の印はよく話題になるが、対照'的だ。道分けを示すのが余りにも当然で、これをわざと指摘する理を知りたい。右の浪花の青峨の首は。不動が退屈で投げられたいか。神事として豊作凶作を占うの「宮相撲」も「草相撲」という素人相撲も多かった江戸時代では、勝つを「預り」か全く「無勝負」などとはっきりした勝ち負けしなかった軍配なしも珍しくなかったも泰平の平らしいが、浄瑠璃や落語などにも素人相撲が取り上げられた。

寄傘祝　治まれる御代は長柄の飾り傘
袋に骨も動きなき国　政雄　K25-3　1806
Thy well-ruled Reign, where a long-handled parasol for show
rattles not a rib sheathed in this land but is steady as we go.

弓は袋さやに納る太刀の魚
うごかぬ御代の長き口なし　薫認子 E11-2　1820
（辞典にない長き口が舌の長い悪口の茶の山か英訳無用）
Our bows in bags and swordfish sheathed there is no motion
in this Reign of peace without fear no mouth is long left open

双方は「動きなき」発想はどれだけ弄ばされたかの好例か悪例か、見分け難い。狂訳を作って見たが、読めばますます判らなくなる。左の骨と言えば、動く骨の不安の発想あったか。傘造りの改良あったか。骨を袋に振った魔術あったか。右は。太刀魚を鞘に入れたりするのが不思議な国のアリスのフラミンゴでクロケットする場面を思い出すが、大辞典にもネットにも「長き口」その語こそ無い！恐らく、当時のスラングに、ぶつぶつと嘆き続けるか、長いお喋りするか。前者ならば例の言葉（とりわけ口論）を蔑視する言語観になる。後者ならば、繁栄中で皆に暇がない。学者の意見を求む。

やまハ山うみハ海なり道は道
君は君たり動き無き御代　郡馬　E11-1　1819
*Mountains & Seas, like Roads & Lords, will e'er themselves be
& not into each other turn in Thy steadfast Reign's tranquility.*

山も海にはならない訳で時間の過程を越えるが、道と君は道徳の常に変わらない事だろうが、狂歌をしては可笑しみは？さて動かない事を祝うも「動き」という語も無い狂歌も見よ。

不動祝　芦原　大あぐらかくも目出度きあし原に
貧乏ゆるぎをする人も無し　籬たゝ澄　E4-1　1793
（胡坐の慣用と貧乏揺るぎも葦＝足も無く英訳無用）

寄陶祝　　古の型を崩さぬよき御代は
誰もゆるりと尻をすゑもの　巴江　K14-1　1800
（良き≒容器もその尻も足 feet となるから不可英訳）

左は、君のみならず、皆も動かぬという君民一体、国体全体も、余裕あり、頑丈そのもの。長い執筆中に体の運動かと思って、わざと貧乏ゆるぎもする敬愚には、読むとにゃっと笑うが。皆も豊だという別章になる類の祝歌にも入れたかった。名所祝かと先ず考えたが、葦原は、古代神話に出た国土の美称「豊葦原瑞穂国」ですね。右の陶器を「誰」と称することも無ければ、人の比喩か譬えになるが、「崩さぬ」は「動き無き」のもう一つ珍しい変種として、本章に置きました。左のお胡坐かくと陶器の如く尻を据える右は、好対になると思いませんか。

寄鞠祝　変わらざる御代ハめでたき数／＼の
アリと聞こえし鞠の懸け声　ちゝ婦　K25-3　1806
（英語では変わらざるに鞠の縁語革の掛詞こそないが）
*Thy unchangeable Rule is a blessing, to wit these voices we hear
shouting for all the balls in the air: no catcalls, just good cheer!*

この狂歌も「変わらざる」に「動き無き」の類語を増やす。陸へ落ちない空中に在り？有り鞠という変わった、思えば馬鹿げた脆き具現であるが、相撲の「のこった、のこった」に等しい、空に「あり、あり」を豊かの御代の恵みと見做して、その章にも入れたいが、子供の頃に見た世界の神話の本にあった、地球みたいな球を手品のように他の多くの天体と操った絵も心を去らないから、動く・動かない本章に置く。

巌上亀　動きなきあきつ島根の岩の上に
　よろづよしめて亀はすむらむ　御製明治26年
（動きなきを蜻蛉と面白く結び岩も亀と韻を踏めば）
Upon what roots does our still Dragonfly Isle, this boulder,
a turtle of myriad worlds and reigns, living grow older?

誰もこう祝うや君がためいけの
　水には亀のすまん疋よと　満永 T30-609　1672
（こう＝甲＝劫も君が為⇒貯め池の棲まん⇒数万匹も）

同　動きなき証拠に誰も石倉の
　いおりの下の文字祝うなり　満永 T30-610　1672
（石亀と岩倉の愛の子か、庵の下に亀の字か。未解読）

左の御製歌を狂訳させて頂いたが、神話の原型的亀は国の基ないし下地になって山はその上になるはずを、逆にその上にあたかも甲を干す日向ぼっこでもするように棲むイメージは可笑しい。又、その御製歌を、二百年以上前の「後撰夷曲集」の二首の先に置いた理は、亀は亀ではなく平安後期と中世の和歌の亀山、又亀尾山を詠むようで、年月のより古い亀になる。その亀山の岩根の上に宮を造る首も既に紹介したかと思うが、「宮」の字をよく見れば、亀は亀に或いは岩に乗る。地名音痴の敬愚だから、島根のそれは別所だったらおかしくないし、女亀山もおられるし、海岸の写生であってもいい。さて、中の満永が

詠んだ亀はすっぽんか。あれだけ数もあったら、その飼育までも考えてしまう。それならば、君は御代の君と異なる妙な君かも知れない。いずれにして、劫を始めに数多掛詞がきれいに流れつなぐ渋い傑作だ。英訳を諦めるしかなかった。下の首は、専門家でなければ、荒俣宏のような雑学者のお世話なければ、解読英訳は無用だった。

※　動き無きと動くこそ　※

明治37　動き無き大和心ハおのづから
国の力と成れるなりけり　明治天皇御製歌
*The steadfast spirit of Yamato (big-peace), sua sponte
has become the energy or power of the nation-state.*
（意味語のみ英訳すると俳句になるが↑は過剰訳）
*The stable heart of Yamato, this land loving peace
has become the power of our nation, naturally.*
（そうか。〜なり「けり」は又 for good にもなる↓）
*The solid heart of our Land of Harmony in and of itself
has become the driving force of our nation for good.*

明治天皇は科学も勉強したから、動きなければ力も語らないとお解かり、御製歌では世の中のために動き出す事と動き無きの常の理想を和合せんとした試みではないでしょうか。その姿勢を、とても気に入るから英訳に尽くし、「動きなき」という直訳であまりよろしくない言葉を、様々の良い言葉で工夫をしたが、その百年前に、和合せんとするよりも戦い精神が誰よりも強かった論理家もおられました。その歌を読むと、本章の祝う系譜の心は、馬鹿にされているようです。

場外参照　動くこそ人の真心うごかずと
云ひて矜（ほこ）らふ人は岩木か　本居宣長
*Human honesty, of all things, is moving – yet you move not
and brag about being unmoved – are you a tree or a rock?*

蛇足：ほこらうは誇りにする。本当は、宣長の「玉鉾百首」八十八番歌は、お目出度い祝語の「動かない」というよりも、感情ないし表情の動く、動かぬべきという問題にちなむようですが、両方は完全には切り離せないと思う。本音を隠すと云われたイエス会の神父を含めて十六世紀以来の来日欧人は、日本人こそ感動を抑えて気持ちを表情に出さない世界にも珍しい程、自制力あると褒めたが、宣長一人は、真心をつゝみ隠すのが唐から学んだ偽りか悪しき事で日本人らしくないと主張した。素直に感動することが馬鹿正直と呼ばれる初心洞敬愚は、その気持ち、嫌みをよくわかるが、「動き無き」という語句を、宣長は祝う言葉にしなかった理由は、これで解った。とは言え、ほぼ同じ事を「変わらず」という別な語にした。百首の十四「物皆（ものみな）は変り行けども現（あき）つ神わが大神の御代は常（とこ）しへ」、十五「国々の君は替われど高光る吾が日の御子の御代は変らず」云々と詠んだ。その息子（？）の解釈では日本だけは「天地開闢以来不変不易にして、実に不死の国なり」と要約した。今までに見た狂歌の祝いの動かない御代も、万劫の時間も寿く御代などは、宣長の常しへの物の数にはならない。思えば、本居宣長はForever主義者だった。宣長の「変わらない」が、非難した「動きない」とはそう変わらない。又、その「動くこそ」の首には、どうも宿屋飯盛の著名歌と同じ狂趣も感じかねない。本人はそう感じなかったかもしれないが、さて、動きなきと変わらない世の現実を詠む下記の歌には平安後期ないし末世の感覚が自ら無意識にも判ったか。

1135 夫木＝巌　君が代に譬へて言わば動き無き
ちちの巌もこと古りにけり　行家　保延元年家成卿家歌合
As metaphors serving our Lord's Reign, called solid and steadfast,
thousands of these boulders, too, have themselves grown old at last.

1310年成立の巨大な「夫木抄」にしかないが、「大蔵卿行家」とありながら、余白に小文字と微々たる文字のルビが「家」の左右に「定＝

イ」と「宗＝イ」とある。行家と言えば、源〜1143-86 の方が有名で、出典の年付と詠人の生涯にずれある。日文研を調べたら、やはり「番号外作者」以外には情報がゼロ。上記の歌は、その物に対する気配りか哀れのために名歌になるべき。しかも、出典は正しければ、本書にある西行の有心傑作（前略 〜岩をたたみ上げて古にし方を納めたるかな）と面白く響きあう。どれが先かという事を確認したい。

※　動かぬと動かす滑稽なるオマケ　※

寄賀歌忍恋　　心をば心の底にをさめ置きて
塵も動かぬ床の上かな　良経　新拾遺集　1364-5
（納＝治＋塵＋不動＋床＝常の英訳にお手上げで異狂訳）
*I keep my heart-strings tied and bound to the floor of my heart
while the dust on my bed stirs not (call my love a held-in fart).*

ぜんまいの雛とは知れど心まで
動かして見る女人形　読兼（東）k17-2　1813
*I know that doll runs on a spring but just cannot help trying
to move her heart with my mind – what a pretty puppet!*

左、無名の公家の九条良経（1169-1206）の首のどうけた英訳は駄目かもしれないが、原文の心を心の底に治めおく発想は、動かぬ塵と放さぬ屁という我がプラスアルファよりも変ですよ。模型富士が富士山からどんどん飛ばしたら判るが、心を心にってば変。或いは、I keep my heart＝心 held down on the bottom of my mind＝心か。人と寝ないから心が治めて塵が動かぬ表現は祝・賀の用語を弄ぶが間違いない。さて、右のカラクリ人形は。やはり、蛇足も百足の腕も無用。

※　小章　その上に植物を植えけむ　※
plants, our presents from the gods

1251 以前　神代より植ゑ始めけむ住吉の松は
千とせや限らざるらむ　宜秋門院丹後 続後撰集
Sumiyoshi pines planted first in the Age of Gods and mirth,
who says they have but a thousand years of life on Earth?

雨が無ければ、土は全て埃になり何処かへ吹かれてしまうが、雨を呑む草木のお陰で国地は固め動き無くなるでしょう。とは言え、君が代か御代を寿ぐ多くの塵や細石や岩を詠む歌に比べて、植えけむ類、即ち植えておいた草木を祝うか、草木に寄せる賀歌例は、狂趣からしては弱い。上記は、例外。確かに決算すれば千年と限らない命になるが、それよりも個々の松ととの地に代々がいき続く種を一体化して詠む理屈は、賢明しかも微笑ましい。ふぐり有るもお臍のない松は、鳥の足に擽られて笑ふ事もなかろうが、脚韻を踏めば狂訳には…。ご参考に置く、1200 頃の嘉陽門院越前詠「かみよより神や植ゑけむよろつ代の印に立てる三輪の杉むら＝正治後度百首」は、蛇足無用。

1202 年　若葉さす君が光に青ひ草
よろつよかけて神や植ゑけむ　未入力詠　千五百番歌合
The young blades of grass, shiny green in our Lord's sunny light,
have been planted by ye gods o'er tens of thousands of reigns.

最初は bright light だったが、代＝reign は rain＝雨と同音と思えば日の形容化 sunny という対訳にした。君の光で植物も助かる（室内の盆栽なら嬉しい）し、英米人みたいに草の青さも詠めば、狂訳に動力を値した。1232 頃の新勅撰集の「神祇」部内の番号外作者詠「かみやまの榊も松も茂りつつときはかきはの色そひ挿し木」。夫木 1310 には、そっくり同じが最終句は「〜ためしなるらむ」。常磐堅磐に添え物としてわざと回りに挿したのが宜しい。千歳と限らない松の歌が載った同じ 1251 頃の続後撰集に番号外作者「跡たるる神や植ゑけむ住吉の松の緑は変わるよもなし」の、どの神がどの神の魂を受けた事を専門家に任せるが、動きないと微妙に異なる変わらない。とは、言え、

1251 以前　御注連ひく三輪の杉むら古りにけり
　これや神代のしるしなるらむ　　為家　続後撰集
The Miwa cedar grove, sacrosanct within shimenawa, have grown
ancient, and may be seen as a monument to the Age of ye Gods.

はい、古くなっても御めでたい。因みに、万葉歌#1814「古の人の植ゑけむ杉が枝に霞たなびく春は来ぬらし」も、参照に見るといい。先に見た「植えけむ」者が、神ではなく「古の人」ですね。春霞に古人の霊気も感じたかどうか、知らないが、本居宣長の朝日に匂う木の花と良い対になるかと思う。中世へ戻るが、1279 年以前の番号外作者「君が代にかげを並べて榊葉の色変わらじと神や植ゑけむ＝続拾遺集」とは、君が代も光る小型の常盤木みたいの若い君とその言葉も榊の葉の如で双方ともあったかも神の植えけむ感謝すべきものとか？冗談にならないように、英訳する前に専門家と相談したい。定為（?-1327 以前?）は 1310 以前に「あまのかるみるめに飽かぬすみよしの浦の桜も神や植ゑけむ＝夫木」は、海士の刈るが天の原とかすかに響くから桜か桜鯛か桜貝か、それを植えに生んだが、何よりもその地所か麗の人をも見飽かない佳歌だ。確かに、1221 年に藤原親実が桜尾城という城が築城したから、桜の木すでに住吉にあったようです（それに夫木を調べたら「花」中にあった）。とは言え同じ夫木に為家の「行く春のさかひの浦の桜鯛あかぬ形見に今日や引くらん」ともあった。境町と春と夏の両境も飽かぬに潜む赤も狂趣深い、それに形見と言えば当の魚をあれこれと工夫いれたらどれだけ長く保つか（来年の「おせち（御節）」料理までか）等も色々と知りたくなったが、本書にとって道草に弁当を加えると、昔に雇われた会社の編集長が一度か二度か小生に向けた言葉を思い出す。いい加減にしなさい。「神や植えけむ」の最後の二例へ進む。1439 年の新続古今集番の号外作者「これもまた神や植ゑけむ住吉の松にかかれるきしのふち波」の岸は、藤と同じ綴りだった淵と対なるが、松にふぐり有ると思えば、生地にもなりうる。

浪あらきおきの小島の松のたね
天つ空より神や植ゑけん　正徹　草根集 1459
Growing on the small islands in rough sea, seeds of pine
from heaven's sky the gods planted them for you and me.

正徹にはばれ歌はない。これを拝見すれば、いい気分になって意訳に **for you and me** まで書いてしまった。それで敬愚を褒めたいか、叱りたいか、ご自由に。気分のよくなる歌を読めばサービスしたくなる。しかし、「空より」とは事実。雲より色々と地上に落ちてくる。種も、その中にある。たった数十年までも蛙と玉杓子も竜巻かなんかに吸い上げられては、遠近に配れたが、雨が酸性になり過ぎったら、古代よりあった生き物の多様化と普及が終わりました。神や今、お手上げでしょう。そう言えば、言語も、単語も然る。「動かない」と「動くなき」で系譜の概念を一本化するのも良くない。人麻呂が万葉歌#36 には、秋津の野辺に宮柱（殿？）が「太敷座波」と詠んだところが「御建てになり」と現代訳されるようですが、これも「太う敷く」も後代の「動き無き」の先例とも見なしうる。彼の愛した女の大王（おうきみ）のお尻も「敷かれる」べき厚い物であったかどうか知りたくなります。或いは、その初用例にもなりそう。と書くと、昔雇ってく下さった出版社の女編集長の言葉も思い出してしまう「ロビン！だから女の子に嫌われているよ」。冗談はともかく、雨で地を固めるもそうであるが、地震の国日本では動かない比喩はきっと多くある。単語の一本化は、我が選択のためか、万葉の時代よりそうなったか。まだ十分考慮していない。

★天地の昔は知らずいかな事
君は歌でも動かざりけり　鷲下見 K25-3 1806
Heaven & Earth of old mean nothing to you – am I wrong?
Otherwise, how is it you just cannot be moved by song!

『古狂歌 物に寄する恋』の寄歌恋の歌例の転載です。同類幾首もある。

8
治まるから納まるまで
everything under control in good order

夫木も 寄鏡祝　四の海をたゝ手の中に照らすと云う
君や曇らぬかゞみなるらん　従二位行家　閑居百首 1187
Shining up at my Lord from within His hands, our Four Seas,
do they not become an unclouded mirror reflecting peace?

千五百番歌合　四つの海の浪しづかなる君がよに
あまの命も嬉しかるらむ　太皇太后宮小侍従　1202
（歌合でたみしつかたる。後の夫木抄になみしつかなる）
With the very waves of the Four Seas tranquil in Thy Reign,
even the ama of the sea must be happy – is that not plain?

著者は自分で校正すると字と文章のみならず、章までも換わる。和歌に疲れて、狂歌が一番多い徳川幕府の「泰平」を早くも読みたくて、その題を八番目の章にしたが、どうみても国の開発に前後あって、泰平の前に「治め」こそなければならぬ。さて、支配する君によく支配される民の恵みは、本章の主題だ。とは言え、この系譜の歌の十中七、八首には「治」か「治＝納＝収」という語もあるが、上記の二首にはない。とは言え、「おさめる」か「おさまる」雰囲気を設ける。左には、神謳うゴスペル名曲♪*He's Got the Whole World In His Hands*♪の歌詞のゴッドを思わせるが、日本の君には鏡という反省の器も手の中だと旧聖書の神に比べて性格が断然善い。海外へ征服に行くのが約四百年先で、四海手中をルーズに受けても宜しい。とは言え（はい、又です）で、かの関白が中国やピ国を征服せんと思った頃よりうんと早いですね。よくもここまで詠まれたかと思う。因みに行家の同定まだです。狂歌魔の同輩なる吉岡生夫の近出版の夫木抄選に「神やまの柏の平手

うちたたきみわすゑ祈る月はきにけり」という和歌を載せながら詠む人の従二位行家卿は藤原行家（1223-1275）とするが、「閑居百首」は1187で人名か出典は一致しないらしいが、1178だと鎌倉幕府は五年後からなる。そして、1202に左のアマ（海士、海女、海人）まで嬉しくなる治めた浪、という可愛い歌。思えば、左の歌の「照らすと云う君」は「和・天照らす君」か、あまつ君を指すが、それを知って右の歌は海人まで連想的に尻取ったら面白い。とは言え、明るい四海が手の中になる歌を英訳し、駄弁も加えながら借金の淵で暗い現実も心に跳ね戻る瞬間もある。その時に、977の歌合せの登場すら断れた好忠の窮屈の身を悩む和歌も助かるが、これだ：「へしや世にいかに狭しと思ひかね 問わば答えよ四方の山彦」。その後、源氏も「いかにせまし」と嘆いたが、紫式部はこの好忠をどのように考えましたか。

　　　寄治の早い用例？　君も臣も心あわせて治むてふ
　　世の声しるし庭の松風　信輔　1184没　詞藻類纂出典
　　（風の音は秋か冬で君の治むを松＝待つにお寒の臣か？）

原典は知らないが、信輔が没年に詠んだら、安徳天皇が、七歳で1185の翌年内、八歳という歴代最年少崩御となる。四方が手の中の君崇拝歌の1178年付は正しければ、それが三年前。意味がよく判らないが、敬愚が読むように、「治む」か「お寒」か、双方の掛けか。燗酒の乾杯できず、あの日、和歌天皇と二人で風邪を引いてしまったか。と思えば、恐ろしい。それとも哀傷歌か。いや読者諸君に失礼しました。研究できない状況で想像力ばかり走らせては無責任。治まれる祝歌の真面目の話へ戻りましょう。先ず、万葉集へ遡る。「治む」と「治める」等が出ると、長歌十数首でしかないが、大君のために治めに行く哀れ別れか、鄙で病気か留守になったり、或いは死んだり。別歌、旅歌、哀傷。本書の祝いと賀になるそれと随分異なる。一番古いかと思った人麻呂が万葉歌#36の大王（おうきみ）に天下を「治めたまひ」という促しであるが、原文ではそれも「聞食」なる。「キコシオス」か「キコシメス」論を遠慮しますが、柿本朝臣人麻呂は、八隅つまり世

界をものにした天智天皇の第二皇女の持統天皇に忠実を誓うリリカルな長歌であった。本書の理屈が光る祝いか賀歌と違う。ともかく、万葉集に唯一の賀歌らしい「治める」歌は、家持の黄金（くがね）を見つけたという万葉歌#4094だ。「君の御代御代、敷きませる四方の国…」が出だしを、「食国波」という語句になる。この「おす国は」の「おす」は「治める」が、大切な事は陸奥で金を見つけた家持は、そのおかげで、「老人も女童も、満足なるまでも願う物が手に入る」（老人毛女童児毛之我願心太良比尓撫賜治賜婆）とまで詠んだが、それはコロンブスが書いた黄金の発見の自分と女王などが金持ちになった喜びの手紙に比べて、いかにも上品かと思えば、感激します。不思議なことに、万葉集の後は何世紀も「治」の姿は消えた。

    1248　旅泊　舟とむる浦吹く風も波の音も
    治まれる世の声ぞ聞こゆる　俊成女　宝治百首
    （代か世か、微妙すぎて凡人の敬愚の意訳を許せば）
    Our boat moored, the sound of wind & waves in the bay
    seem to my ears the world saying things are in order.

生まれが1243で、まだ五歳だが六十二歳まで生きる後深草天皇が、在位二年目。中世ながら、幸運に恵まれて、感謝の念一杯の和歌を詠んだ七十七歳の俊成の娘の独特のハッピー節の好例です。治まれる代か世の祝い枕を、あんなに繊細に詠む人は他になかった。安心して落ち着いたら、耳の心も開く。賀祝歌ではないも、その念です。数十年も立たずうちに、天災に蒙古襲来の世の中になるが、当分は良かったようです。

    四つの海をさまれるよは音に聞く
    亀の尾山も浪ぞ寄せこむ　未入力　歌枕名寄1303
    We can hear the sound of this Reign that rules all Four Seas
    in the waves rolling in to Turtle-tail Mountain without cease.

又も日文研で名が。「よ」は「世」でなく「代」ならば「御」も「君」も無ければ、ひょっとしたら御製か。蒙古も追い払ったから「治まれる」は、納得。その山にある宮に偉いお客さん次々と参上に寄るというたのもしい状況を祝う歌か。貴族は着物が暑いためか夜行性だったから、音はよく響く「夜半」も掛けるか。1357 年の二十二人も、それぞれ百首よんだ『延文百首』に尊氏の＃1700「四方の海七つの道も我が君の御代ぞ治まる始めなりける」やら、経顕の#1800「尽きもせじ我が君が代は久方の空ゆく月日かぎり無ければ」という歌例は可笑しくないが、前者の、4 x 7=28。懐良親王 は、1329 生まれで廿八歳！

神の守り君の治むるこの国は
天地ともに尽きじとぞ思ふ　忠季　1357
This country protected by Gods and ruled by our Lord,
together with Heaven and Earth will never never end.

昔をも何かはひかむ治まれる
御代の試しぞ我が君の御代　空静　1357
Why should we bow out to ancient ways, when the test
is whether or not the rule of Our Lord's Reign is best!

左の「天地共に」は良いが、「昔をも引かむ」確信は何じゃ？或いは、南北に分けても昔そのものに対して、もうぺこぺこしない自覚か、自慢する理由あったか。専門家でないとなんとも言えない。

参照に　1381　治まらぬよの人ごとの茂ければ
桜かさして暮らす日も無し　後村上院御製　新葉集
In this world of unruly human affairs my work is never done
I've not a day free to wear cherry blossoms and have fun.
（天皇本人の視座は、その賛歌や寿ぐ言葉に比べて良い）
Nowadays, our affairs grow rank as weeds and hard to rule
I've no time to wear a crown of blossoms and play the fool.

将軍の方の君に国を治めればいいが、後村上院も多忙のようだった。天子ながら、可哀相に毎日起こされて「人事」に追われたようです。明治天皇が「鳥の音におどろかされて暁の寝覚しづかに世を思ふかな」と、同じ。物を思うではなく、世を思う。貧乏は家賃をどうしようと思う同じ時刻に、天皇も哀れ。さて、鎌倉が室町が戦国が桃山時代になる。狂歌に「治める」祝の花が咲く前に日本は一本化せねばならぬ。

T-22　人の国も皆わが国に片付きて
なびき従う時は来にけり　松永貞徳　1571-1654
Sweeping up the land of others as if it were his own, I fear the time for us to bend like the willow and obey is here.

前句はビアス『悪魔の辞典』の辛口を思わせるが、後句には諦めは素直に詠む。治めるという語こそないが、その一過だ。祝いでも達観でもない「狂歌抄」に入るこの歌体は散文歌と称してもいい。滑稽と反対なる単なる matter of fact で、細川 幽斎の状況でも聞いて自分自身へのアドバイスか。生意気は殺されるぞ。秀吉か家康にお手上げ。一方、

鶏鼠物語　喜びは今の狸のはら鼓
打ちおさまりし御代の賢さ　1600-20頃？
Our delight? Nowadays, a tanuki's belly, played as a drum, beating the world into order, our clever time is not dumb.

寄海祝　四つの海八嶋をめぐむ?君は船
臣はみづから浪をしづむる　未得　T24　1649
（自ら＝水からの掛詞は中心の忠臣になる英訳無用）

左のお伽草子の狂歌は、寄腹鼓祝か寄狸祝か寄打納祝とも称しうる。その年付は明白ではない。飢饉あってこそ後に満腹を喜ぶが、数十年毎にある。ただ、秀吉が猿だったら、家康が君かと思う。右は 1620-49 在任の君か理想的な君か戦国時代の故事の隆元を指すか。重臣が生意気そうに「君は船、臣は水に候。船と云えども水なく候へば動かじ」

と言えば、身分に相応しくないと人に叱られたら隆元は「その通りだ」と頷いた。未得の首は、祝ながら治める君の狂訓かシュールな写生か。

寄頭祝　T28 堀川百首歌合　右　金銀は積む石蔵の如くにて
いやかうべにもおさまれる御代　平郡谷実柿＝正式　1671
（濁点が狂歌大観にあるが、嫌が上＝いや頭か治＝納まれか）

*As gold and silver are stacked in stone vaults, so, too, we find
even our heads well-packed, in our Lord's Reign of the mind.*

（同じ首をかなり前に、御代を抜けて英訳したらこれだ）

*In like manner to vaults of stone stuffed with silver & gold
we stuff far more into our heads than we did of old.*

当歌合の最後の番の対の右の首になるが、左がかなり後になる「目出度き」の章に入る。「いやかうべ」の解読に自信ない。こうべは頭だったら君と高官か、皆か。まさか、嫌が上という隠し文句も潜むか？

寄手祝　君が代は治まる手まで広げつゝ
民を撫でさせ給う嬉しさ　岡田酒粕 T37-441　1679

*What joy to find in our Lord's Reign that even the ruler's hand
opens wide not to strike but gently stroke the common man!*

「撫でる」は本来、民ではなく、家持の大君＝女王が武士への待遇だった。泰平の拡大と言えましょうか。明白なる歌意ながら「君が代」は 1663-87 年の在位の霊元天皇か、1651-80 年在職の徳川家綱か。或いは、双方か。お判りになる人、教えて下さい。寄手から寄頭と続く次の治める祝の歌例は、同時にあれこれに寄せた治める歌例（寄蛸祝や寄魚祝や寄料理祝等）にもしたかった。E-book だったら、双方も可能。

寄魚祝　寄頭祝　産まれ出た味さは蛸の頭から
丸う治むる御代（ごよ）のふくら煮　塵丸 K26-1　1786

*The goodness of a Reign boiled light as the stuffed octopus we eat,
born from our Head whose rule is round, which is to say complete!*

寄魚祝　譬えにも引く網ざこや小鮮（しょうせん）を
煮るが如くにおさまれる御代　　宿丸　K29-1　1812
Thy Rule a net stuffed so full with sundry fish, most small fry,
they seem to boil: if my metaphor can't catch it, you try!

上記に答えて？寄鍋祝　小鮮を煮るが如くに治まりし
民のかまどに焦がす鍋尻　鳳？鷹？丸 K19-4-88　1815
'Ruled just like boiling small fry' – indeed, it must be such:
on the stoves of all our folk, kettles with charred butts!

左は、いかにも上方の食いしん坊らしい比喩。天明の当局はルーズだったから、四角いよりも丸まった感じか。中のおさまりながら「煮るが如く」や煙の立つ連想もする焦がす鍋尻が繁栄を指しながらも、多忙で窮屈も暗示しないか。或いは、16人以上の妻妾の53人以上の子を持った、在職1787-1837の徳川家斉将軍の回りの風刺でも…。黄表紙など下作を読みつくす当時の社会知り尽くす者の意見を訊きたい。

寄名月祝　治まれる御代に合うては大空の
月も笠ぬぐこの秋津国　事多留　K16-1　1810
Before Thy well-ruled Reign even the Fall Moon high in the sky
removes her hat as do we in this August Isle of the Dragonfly.

秋の祝に入れてもいいが、主旨は「治まれる」こそ「治まれる」だ。「礼！」秋津国だから秋の名月は春が朧の笠を脱がねば、と。四方赤良の日本を羨ましく見る月の名歌と主旨は少々異なる。ここは、月「も」全国民の作法正しく振る舞う鑑＝鏡になります。言うまでもなく、月は太古まで毎年同じだから当の代と関係ないこそ、可笑しい。

寄鏡祝　おさまって皆楽／＼と髭抜きの
鏡よりかげのおおきみの御代　青峨　k16-3　1812
（大き⇒君の転掛が無ければつまらないから英訳無用）

御影も、そのお陰も大きい大王（おうきみ）の掛詞の新奇を認めながら、若しもこういう祝いを将軍の徳川家斉か近代天皇制へ移行する下地を作った光格天皇にご覧になったら、どういう反応をしたでしょうか。比喩を文字通りに想像してしまったら、顔の大きくなると形も歪み、肌の欠陥も目立つ。旅行中のグーラバーの見た巨人女王のあまりにも粗野でぞっとしたほど気持ち悪い場面をよく覚えている。当の小道具の日本史をネットで検索したが、一件も当たりがなかった。ともかく滑稽的な祝歌だ。

※　治めては安全楽の愚かさ　※

寄春画祝　もう床もおさまりてよい君が代は
今いく千代と祝う枕絵　朱良菅江　若葉集 1783
寄枕絵祝　変種　床もはや納まりてよき君が代は
もう幾千代を祝う枕絵　あけら菅江　万載狂歌集 1783

Even our beds are well-ruled in Thy Reign w/ a good heart
and a thousand more we shall toast with this pillow art!

堅山思太平世　慰みに来て見るばかり兜山
治めれる世に遊ぶ民とて　貞右　没 1790　K29-3 1794

We just visit Helmet Mountain because it's good for the soul
as sightseers, not troops, we play in a world under control.

左は。「床もおさまり」は、享保七年＝1722～50 の好色本の禁止が終わった数十年後の天明の当局は枕絵に寛容ながら、その許可と税金でも収めた意味か。残念ながら四年後に寛政の改革は又も禁止。右は。泰平祝らしい語句はもう判るが、「慰み」にもなる点が微妙で今度は遠慮します（兜山には上方の人の心に重い戦国時代の記憶あるか）。「民として」は、軍人か武士ではないと理解して、そう意訳した。

風祝　風吹けどおきつ白波たちもせず
治まる御代は一人行き来も　蕗丸 K9-2 1796 か 1801
The wind may blow, but the white-caps* no longer appear
w/ Thy Reign in good order, we travel alone without fear.
（白波＝強盗 robbers/highway men 同音ない英訳だが）
Ye winds may blow, but white-caps* are now unknown
in Thy well-ruled Reign where we come and go alone.

治まりし代は狼も猪も
獣だなに並ぶめでたさ　不知 E11-2　1820
What a blessing in our well-ruled age to find even boars
and wolves in orderly lines at the bush-meat stores!

左の波までも立たないところが可笑しいが道の安全は本当に祝うべき。因みに、男だけじゃなかった。桃山時代のイエス会の来客のフロイスは、その611の対照的欧日比較文化の列行の一項目に、主人の許可や伴う男が無ければ家を出ない欧州の女性と自分勝手に一人行き来も許された日本の女性の自由が記されている。道徳の違いのみならず。当時、すでに欧州より安全だったはずです。徳川幕府は尚更でしょう。一方、右の後期江戸の歌は、今になって淋しい。けだもの店だ。「だな」という発音を棚と掛けて「並ぶ」が強調されるが、後百年も立てば狼は絶滅。

寄琴祝　　いとながく治まる御代にひかるれば
めでたきねのみ出だす玉琴　足あき K25-3　1806
W/ this long string of good governance, whate'er we play
only happy notes come out of our zithers nowadays!

「いと長く」から主格の名詞止までの形容の中に祝いも挟んでいるという、いかにも古き大和ことばの道もよく引き継ぐが、孔子の善音と良政治の総合関係の具体化こそくすぐたい。目出度き音のみは、天国に harps の賛歌のみ聞く同様に、ぞっとするほど退屈に違いない。とも

かく題を「寄子年祝」と変えたら傑作になると思う。「弾かるれば」の中の「光る」が「玉琴」の「玉」と結ぶのが敬愚だけか。

　　　寄鳴物祝　治まれる世は楽しいをつくし琴
　　　乱れは組の手事ばかりに　可笑　K12-4　1809
*An ordered world is pleasant but w/ my Tsukushi koto, now
I can play as wildly as the skills of my hands and band allow!*
（筑紫箏は楽器の手事に任せながら地歌と共に複雑な合奏を）
*In this well-ruled world, playing my zither is how I go to town;
improvising medlies, a man can still be wild and get down!*

上方で手毎の手事を許したような演奏を楽しんだようです。在日の間、我が聴いた琴の中には才女もいたが、どちらかと言えば音符を読みながら、あるいは読まれているような演奏かと思った。唯一の、本当に乱れあるいは自由自在の琴は、二人の韓国系の女性だった。一人は煙草を吸いながら、私と時折に話を交わしながら手が自ら弾き始めたら、友人が入って別の琴で共演が始まる。それがすぐ調和しながら競演となって煙草の灰も散らしたり、音符の竜巻のど間中の我は、かの家の中のドロシーのように別な次元へ飛んだ。二人の即興は、まさしく jamming だった。

　　　寄書祝　神農の舐めておさまる唐よりも
　　　くさきも靡く大和本草　文屋古文　K16-2　1811
（舐めて収＝治まる対なびき易い本の名前と掛けるが）
*Shennong in China licked a hundred herbs seeking to command
what in the pages of our herbals bend down for us to understand.*
（本当の事は逆かもしれない、舐めて覚えることこそ謙遜で）
*Shennong in China licked a hundred herbs just to understand
what in Big Peace herbal pages bends down at our command.*

歌の内容からは「豊かの代・世」の章に最も相応しいが、治まるという語に対して、後期江戸には複雑な気持ちを抱く者の存在を示すかと

思って、ここに入れた。舐めておさまるよりも靡く方が大和らしいか。或いは、それが敬愚の考え過ぎで、おさまるを understand=理解するという第二意訳で宜しいか。いずれにしても自ら舐めて草の効果（毒か薬か、どの薬か）を探った神農は偉い。文屋古文は書物の便利も、貝原益軒が全日本を旅びながら用意した 1709 年頃より出た 16 巻, 付図 2 巻なる日本初の本格的な植物学の『大和本草』は祝の対象か。

祝　唐人もきけあしはらの腹つゞみ
打ちおさめたる御代のしらべを　金鶏　網雑魚
（葦原の意味も古綴の清濁無用で原⇒腹の視覚のみの同音も）

腹鼓。在日でないから、腹一杯食べて満足すると云う蛇足は要るかどうか、知る訳ないが、日本国の美称の葦原 に豊も前に置くがちで、これも代と国の寄豊祝となる。金鶏の歌が蜀山歌集と一緒で一応天明と記してきたが、これはその前後になりそう。天明の大飢饉は 1782-8。中国の更に大飢饉は 1810 から始まるが、金鶏は 1809 没なる。史家に解説を任すべきが、「代々絶えず継ぎて久しく栄へなん一の国安くして＝玉葉集」という豊葦原は港で、他か安い値もする食べ物が絶えなかった。

寄治祝　寄雪祝　あしは足袋手は懐におさまりて
雪を詠る御代ぞめでたき　門限面堂　E3-5　1787
Blessed be Thy Reign where we can view and poeticize snow
our feet sheathed in tabi and hands in pockets warmly stored!

1810　寄懐祝　　国民もみな大君の懐に
おさまる御代をいだき給えは　藤の苗継 K16-1
Our populace is all in the warm pocket of our Great Lord
who in his well-ruled Reign embraces us on his own accord.

左には雪見もあるが原文のいずれに warm/warmly（温・暖）もないが、雰囲気はどうしても暖かいかと思って…。

　　　　寄神祇祝　おさまれる代は帯ときの袴着の
　　　　何だかん田の社賑わう　裏風　E7-1　1812
　　　（何だ神田までもある面白そうが、帯解きはかま着？）
In thy well-ruled Reign what gives with beltless formal-wear
among the throngs at the Nanda[what's this!] Kanda Shrine?

着るものと履物の好例。何でもかんでもおさまれるはずを「なんだ神田」の表現で驚きを表す掛詞は名神社へ変わるが。「なんだかんだ」の初出典を中々突き止めない。

　　　　寄鶏祝　　国歌こう納まる御代ぞめでたけれ
　　　　鶏ばかりときの声して（浪花）湖遊 k16-3　1812
　　　（国歌こうに擬声コケコッコーも戦＝起の時も英訳無用）

日本の国歌ですか。日本国語大辞典は第一義に「和歌」とあるが。どうして、この時折に「こう収まる・修まる」御代になりますか。浪花でとりわけ狂歌本が元気で？天皇と公家の和歌を研究する努力を褒める歌か。或いは、まさか、それぞれの国の民謡を集めていた人も？

　　　　寿＋寄筆祝　　おさまれる印の筆の跡永く
　　　　書き尽されぬ君の命の毛　紀高ぶる E1-11　1783
　　　（治という字がいいが筆の命毛がなく不可英訳）

　　　　寄世祝　　静かにも世は治まりて月花に
　　　　遊ぶ今年ぞ嬉しかりける　　御製　明治四十年
With the world quiet and under control, finally this year,
I play at moon and blossom-viewing, blissfully here!

探せば「治まる」祝いがいくらでも在るが、現役天皇の御製歌の例は、あまり拝見していない。日露戦争がめでたく終わったら、少しは暇を遊ばせた天皇も本人の口から「遊ぶ」と言うのを読むも楽しい。

※よく通る、広く、真っ直ぐなる※
rule like a ruler tends to be straight

慶賀　治まれる世は敷島の道ひろし
関あへぬまで誰も入りたて　正徹 1459 没

*In our well-ruled world this Archipelago has broad highways
so until we reach a border, we can go wherever we may.*

苗代多水　　十分に水も道ある君が世の
めくみぞ広き小田の苗代　拾栗 K21-5　1776

*There are roads enough for the water, too, in our Lord's Reign,
broad channels bless even small-plot rice paddies the same.*

経絡の正しき御代は按摩とる
盲も千里探りゆく道　茂喬　k17-2　1813
（祝でなければ自慢だ＝取るは座頭として共に連れること？）

*In Thy Reign where all routes are laid out right even the blind may
lead blind troupes of masseurs down a thousand-league highway.*

左は、先例。日本のゆっとりを誰よりも早く詠んだ肯定歌人正徹。続く二首の心に有るも文字にならぬ「治まれる」も、ある。中の「めくみ」に恵みも縁語の汲みもあるかどうか知らないが、陸の道に運河なども造られたようです。水「も」とあるが、ここにある陸の道を祝う歌は後になる。きっと小生がより古い御代の道祝の狂歌を見逃してしまった。

寄道祝　寄酔祝　君が代の直なる道をほぎ酒に
酔つゝ横に歩む楽しさ　琴廸屋岡辺松人 東 K17-3 1834

What pleasure to walk while we're drunk on wine, zig-zagging down a straight street that stands for thy Reign!

(ほぎ酒は仕事関係で飲むとすれば、又勝手に広を加えた)
The fun of walking drunk on office wine lurching from side
to side of roads as straight as our Lord's Rule and wide!

春が礼者のよろよろしながら来る蜀山人の名歌が俳風。それを掠る岡辺松人の首は、季語と関係ない本筋の狂歌だ。因みに「ほきざけ」か「ほぎしゅう」のいずれも辞典に見当たらぬ。「ほぐ」も「ことほぐ」という古語あるが。大半家持の万歌♯4136 では、千年保久という語句の万葉仮名に祝う意味は明らか。又、阿呆の呆のそれなりの意味もありうるか？）。広住の 1820 年以前の寄和歌祝の「敷島の道をますぐに行く人は鬼神さえもよきてめでたし E11-2」は良い対照。

　　　丑年祝　　元日はうしの角文字つきぬ世の
　　直ぐなる文字の御代ぞめでたき　藤本由己 T43　1721
　　（丑⇒「し」のも突⇒尽きぬ二動詞肯否掛詞もも英訳無用）

角文字の蛇足を要る人は、ネットで、どうぞ。ここに只、「こひしく」も「こいしく」の双方に理あると言って置く。縦の走り書きで真っ直ぐになる「し」文字をもって、御代を祝うのも偉い。というと、しの字は元日には、忌むべきだった。永遠に生きる日の本の日に死と聞こえる音も避けるべし、あらら、べきである。紫式部日記いわく「可笑しうとも言わず」。丑年には、しの字は二つまであると思えば…。又「元日」の双字の画数は四画で四角文字と似合うし、全ての儀の「八」画となる。丑年の歌例七首も十二支祝の章に入れたが、直ぐなる祝いの好例として、ここが優先と思って。

　　　寄煙管祝　　通りよくキセルと共に煙をば
　　たつるも御代の詰りなきから　如川　K4-4　1795
Together with that of our long-stem pipes, right up it goes –
plentiful smoke . . . for Thy Reign, never constipated, flows!

寄竹祝　仕合せのよい時節とて弓にならで
竹の直ぐなる御代の静けさ　裏風 E11-2　1820
（時節の節の縁語も、成らぬ＝鳴らぬ縁語も英訳無用が一応）
Not making bows, their rings mark happy times when life is sane;
in the bamboo, standing straight, behold tranquility, Thy Reign!

左は又、寄通過祝とも称し、寄国見祝とも称する豊かな御代の系譜にも会うが「真っ直ぐ」だと交通もいいよく治まれた系譜にもなる。便秘こそない御代の狂訳は申し訳ない。右は弓が袋におさまれる系譜にも掠る、真っ直ぐの代の渋くて素晴らしい祝い。

※　武器の品々とその代物　※

鎧

寄武具祝　鎧櫃（ひつ）に積もる埃も其の関の
おさまる御代の人目脅しよ　悦丸　K29-1　1812
（人目の関か。おさまるは英訳に入ると字あまり）
The dust that builds up on our armor trunks, let's blow it
into the nosy eyes that serve for checkpoints in thy Reign!

弓

寄歌袋祝　武士の和らぐ徳に弓と矢も
おさまる御代の歌袋かな　一イ子　T26　1663
（治＝納まるのまる＝丸が和らぐ縁語も英訳無用）
Even our martial morals grow gentle, loh, both arrows & bow,
akin to our poems in thy well-ruled Reign, are bagged just so!

治まるが納まりなる好例は弓袋が歌袋に変身すると御代のみならぬ武士が一人一人心も和らいだ祝い。とりわけ心地の良い歌だ。御代のよ

く治まった事を弓袋と本柱に縛られがちなる歌袋と結ぶし、その歌袋とは又、徳川幕府の泰平を賛歌する時代のエスペリーではなかろうか。

1781　玉子切る弓も袋に納まりし
海老の鎧もとる世めでたき　義栗　K7-2

What a blessed world is ours with even egg-slicing bows
stored in their bags and lobsters relieved of their armor!

天明　月影のくもらぬよには提灯の
弓も袋におさまりてけり　沙汰丸　出典

In this world with nothing to cloud-over the moon, hey,
our lantern bows may also be retired, i.e., stowed away.

双方とも、百数十年前から始まった泰平の代・世祝いの系譜を弄ぶ。左は、滑稽の風刺ながら目出度き歌の類の傑作にもなります。ユデタマゴを切る弓とは既にあったこと自体も驚いた。右の提灯の弓は、卵切のそれよりも更に無害で平和のために納まるのが可笑しいが、代・世が「夜」の同音掛けは恋歌以外には珍しくて、同時に良い意味で渋い。この寄弓祝は、どういう訳か納まる武器の中で一番面白いかと思うが、数ならば刀・太刀・剣つまり刃物を寄せた祝歌が多かった。

太刀と鞘

地誌所 T 参 44　有馬下編　多舞保々能城山
寄野鉄砲祝　太刀は鞘に治る御代は腹つゝみ
打つや打たずやたんぽゝの城　友易　1678 年

My warrior's pride now sheathed, this full tum-tum is all I beat –
dandy times indeed when visiting Ft. Dandelion's dubbed a feat!
（鼓は tom-tom で腹の tummy と合わせて tum-tum は新造語）
Drumming our plump tum-tums, swords rusting in their sheaths,
We're off to Fort Dandelion to shoot, or not to shoot, the breeze!

「治る」は、そのまま。間接的に江戸初期の泰平を祝う我が最好の歌だ。拙著 Mad In Translation という 740 大頁の洋書より、そのままの自負できる二通りの狂訳。最初の訳は、たんぽぽの愛好者として、名の中に潜む lion の縁語 pride（雄の誇りである多妻）も、dandy（語源が葉形から歯ながら「結構な」の意味）を取り入れた。両訳に「つづみ草」と「腹鼓」の繋がりが翻訳不可能で、腹の子女語 tummy と tomtom という小鼓を合わせた tum-tum という既にある幼稚語を新用語にした。城の跡を見つけたら、この首を歌碑にしたい。

寄太刀祝　太刀は鞘におさめる御代の印とて
肩で風切る人の多さよ　鈍草 K13-1　1753
（肩で切る慣用がない英語では sit と walk の対照にした）
In this thy Reign, while our swords stay inside their scabbards,
how many people we find walking about shooting the breeze!

風を切って歩くが得意そうに、つまり我が物顔をして、あるいは自分が白波ないしヤクザっぽく歩くようになる原文の見せ弁慶らのことになるが、英訳の風を打つは無害に大喋りしながら歩きまわる。

いにしへの乱れ焼刃もしら鞘に
うちおさまれる御世ぞやす國　節松嫁々　1785
（乱れ⇒乱焼刃も知ら⇒白も打ちの慣用も納＝治も安国も）
Blades once wild as the marks of their burn now remain within
striking white scabbards for we are in Yasukuni (a safe country).

研ぐ世話も要らず刀は錆付て鞘に
おさまり動かざる御代　喜楽亭庭井 K16-2　1811
With no need to sharpen our swords, their blades remain
rusted to their scabbards as unbudging as Thy Reign

天明時代の名狂歌師で辞典など多くの本に再掲載される名首ながら、刀工の安国を始めに縁語が多すぎて、英訳がその半分も失くしてしま

った。直刃以外、つまり多くの刃も焼き跡の乱刃だった。乱れた時代がもう古になる。江戸中期から益々一般的になってきた白鞘とは、米の糊で貼り合わせた造りで、油断で刃が錆びて抜けなくなった場合、水に漬けて置いてとんとんと打てば簡単に割れる。一方、右の上方狂歌は、刀に研がなくてもいいと云う生意気の枕を付けた上、錆びという泰平の印を前提に「治＝納まる」と「動かざる」即ち御代の祝二本の大系譜を、思い切って一組に合わせた。刀の通の知識要る節松嫁々の小難しい名歌は一応解説が生き甲斐の先生を喜ばすが、喜楽亭庭井という無名人の誰でも解り安い微笑ましい概念狂歌こそ名歌になっても良いと思う。断って置くが、節松嫁々の歌の刀用語を解った上に読み直せば、優雅に流れる平行筋にも脱帽子せざるをえない。先生の関心の歪みこそ指摘したかった。

    1786 以前　　かくばかり納る御代は太刀の魚も
    抜くというのハわた計り也　五福亭染丸　K26-1
    （英米で sword 魚が鼻槍の形のメカジキで外人に注を）

In this Reign where thy rule extends so far only the spawn or guts are now pulled out, no sword-fish is ever drawn.

    血を塗るは昔かたなり切合の
    おさまりし代は鞘にみる朱　百鯨　K16-1　1810
    （昔刀＝形成りならば掛詞をしても酷過ぎるが一応の英訳）

Painting them with blood is passé in this Age, when dueling blades are sheathed – red is found on scabbards (and paintings of Hades).

左は蛇足無用で、只愉快！別本 k14-2 の寄塗物祝 21 首の中で「血を塗るハむかし形なりおさまりし御代は剣の鞘に見る朱」となるが、わざわざ「剣」を詠まないで、「昔」の直後に打ち込まれた「かたな」しかない方が渋い。脚韻のために加えた paintings of Hades は派手になるが。

寄鞘祝　太刀は鞘ふくろに納む弓ばりは
月の影のみ御代の静けさ　撫石 1810　K16-1　1810
The quiet peace of our Lord's Reign, with the only drawn bow
the crescent moon and swords in their sheaths safely stowed.

後期上方狂歌の方に余韻あり。というと、平和にも弓ばりの反映を蛇かと心配する人もおられるかも知れない。

抜かぬ太刀の功か高名と云うハ鞘にのみ
おさまりしこの御代の諺　無尽亭宿丸　K16-2　1811
That proverb about the high repute gained from swords not drawn,
forged by a master wordsmith, just for this Reign – or am I wrong?

一見で気に入ったが、読み直すと更に高く値する首だ。治まる極地と云い極致と云うのが収まるか納まる事になる、しかも「太刀の功か高名」のおかげで、日本語の勉強して初めて諺にも神技の余韻を感じた。

寄刀祝　　束の間も忘れがたな君が思ひ
それ／＼に身も納まりし御代　春山　k17-2　1813
（束に柄も忘れ難なに刀も身の両意味も英訳無用が）
I give my sword that I never forget my love for my Lord
in whose Reign young blades and old are safely stored.
（その思ひは恋より次元の高いものながら方向性は）
I give my sword that I never forget my Lord's love for us
long blades and short snug in the scabbard of Thy Reign.

河州人詠み。君に対する恩の表現は米人にとて、少々気持ち悪いと先ず、自白せねばならぬ。キリスト教の賛歌とイスラムの「神が偉い」の繰言についても同じ。祝しないと怒る人か神を祝う甲斐もない。それにしても双方向性のベスト狂訳を尽くしたら、ご覧のように面白くなった。

治まれる御代には武士の小者にも
さして恥無き竹光大小　弦道　E11-1 1819
In thy Reign, subdued, even samurai footmen, pace their lords,
are not ashamed to sport a brace of shiny bamboo swords!

天かしたおさまる御代のなが刀
さして用無き物とこそなれ　酒屋益成 1819
（天が下＝天貸したか知らぬが、さしてハ英訳無用）

左の英訳の pace は、古語で「相手に対する尊敬を示しながら」の意味。御代ないし君には失礼するつもりないが、竹刀を。右、東北の連の『陸奥百歌撰』の首は、江戸狂歌と同じような御代の祝が、素朴過ぎる感じもする。「用無き」よりも、さしても棒ふるの如くか何か新奇が欲しい。

吸筒を脇さしにして酌む酒の
鞘におさまる御代ぞめでたき　東海堂文守　K17-3　1834
（吸筒は酒等入れて携帯した容器だがネットで意外に無い）
What blessed times, this Reign when flasks replace our daggers,
so wine is safely kept in sheaths as drinking men gain swagger.

泥酔のとぼとぼ stagger は、脇差の dagger と脚韻を踏むが、敬愚は二十年前から大酔いを卒業し、代わりに毎日、四から八時間を少しずつ呑む事にしている。食後に沢山飲む例の作法？が体に悪い。夢も減る。逆に目覚めながら空き腹のほろ酔いこそ、狂訳は捗る。これで敬愚は奇人伝入ならば入れて下さい。乾杯を重なる宴会の通常の呑み方は毒。吸筒こそ百薬の長としての酒になる。遺伝子が酒を拒む人は別が、酒を堂々と腰にさす出家などの姿こそ、初心へ返えた望ましい姿。本当は、脇差は匕首ないし dagger ではなく、short sword だと解るが、匕首が街の尊敬の第二儀もある swagger と脚韻を踏む為にも差し替えた。

寄神祇祝　治まれる御代のしるしが長刀も
飾り物なる祇園会の鉾　百年　K8-2　1818
Thy well-ruled Reign has a good symbol in the long sword
on Gion Festival floats they stand above all else aboard!

武士祝　大小をさすがに武士の正しくて
上下共におさまった御代　枝角　失出典
（差す⇒さすがにも上下の着物＝貴賎も英訳無用）

納太刀売　　天が下みな泰平ときりつけて
しのぎを削り売る納太刀　達磨門芦丸 E12-7　1855
When all under the sun is peaceful, the closest thing to a fight is
those vendors selling ceremonial swords . . . at cut-rate prices!

左の祇園のそれが脱帽。紙虎という英単語あるが、紙刀という語も要る。中の大小に上下はよく納まったが、右の幕末のど現実主は、最高。

寄武士祝　　甲冑も要らぬものゝふ大小の
二本のみにぞ長く治む　郡馬 E11-1　1819
（ものの⇒もののうも二本＝日本も英訳無用）

その通り。因みに在日五年目まで大小は便としか知らなかった。十五年目で陰陽暦の月日数次第の大小も覚えた。刀の大小は最後に解けた。

弓は袋太刀はさやけき月にあかし
花にくらして遊ぶ楽しさ　催馬　E11-1　1819
The pleasure of play while spending our days below the bloom
bows bagged, swords sheathed & out all night with the moon!

寄武士祝　　武士の弓さえたけき心さえ
堪え袋におさまりし御代　柴栗　1823　K6-6　1823
Like said cat, the heart of high-spirited samurai with their bows
aren't let out of the bag in Your Reign when all is under control.

治まりし御代に少しも掛け値なし
太刀奉納の額が看板　本丸　K29-1　1812
In Your Reign, where all is under control, haggling is out:
the price for turned-in swords on signs leaves no doubt.

かけ値が無い看板通りに売買する事は日本が世界一早かったかも。「言挙げせぬ国」の為か。隣の朝鮮人は米国隣のメーヒコ人同様に値段争いが生き甲斐みたい。その点、北欧と米国は日本に近い。そう言えば、買い物は男ばかりすると女ばかりする文化もあるが、どれかが掛け値無しになりがちでしょうか。

天国の太刀の魚をも抜け目なく
納まる御代にひさぐ鞘町　幸亭 E13-1　1856
（太刀魚も販ぐ＝塞ぐも鞘の魚市町もなく英訳無用）

抜け目なくとあるが、ちょどこの年にタウンゼント・ハリスとヘンリー・ヒュースケンが米領事とその通訳が来日。世界一親日で器の広い好人物ヒュースケンは五年後に暗殺された。太刀魚でない抜け身の刀で。

※　珍たるオサ丸もの　※

ものゝ具はハコにおさまる太平の
世にはたかりし侍のくそ　栗標 k7-3　1794 没
（箱＝屎＝治＝納＝治るも丸の縁語等々も英訳無用）
All their armament in boxes (once stools) safely stored
in a peaceful age, samurai shit is still not to be ignored!
（開りの平仮名に糞蠅の糞縁語の集りも英訳無用が）
In our age of peaceful rule, we use boxes to safely store it:
the once revered arms of the samurai are treated like shit.

あの「はだかり」は身を大の字に、我が物顔を世に出す侍は電車に足広げるちんぴらに化けたが情けないが、この首は糞百の十、廿首が並ばれた上方狂歌本より、勝手に抜けてここに収めた。歌主の大阪の狂歌師は、山伏に商人に公家など職業毎の糞歌の数々を詠んだが、これだけは祝に誂え向き。他の例は鼻毛と屁と一緒に『古狂歌　珍題集』まで預ける。蜀山人作という公家の左巻き大便の名歌も栗標の糞歌に入る。出た本が1813成立ながら、栗標の没年からして、おそらく蜀山人作ではない。

　　　　寄旗祝　用立たぬ旗さお竹ハおさまれる
　　代々に伝へて寝かし物なり　鳴滝音人　古今狂歌袋1787
　　（治まれ＝納まれも立たぬと寝かし物の対もなく英訳無用）

用立たぬという、この竿竹の首は、日本国語大辞典に「寝かし物」の用例として役立ったが、竹は常に直立に生えるためか今一つの狂歌ながら、泰平が代々に伝わってきた伏しならぬ節の比喩化は悪くない。

　　　　愛国百歌中　梓弓真弓槻弓ざわにあれど
　　此の筒弓にしく物あらめや　佐久間啓＝象山
　　（あずま弓、ま弓、つき弓の英訳は無用が発想のみ）
We have long bows and short bows and otherwise odd bows
but nothing can beat this tube-bow for defense against foes!

筒弓とは筒に納めた弓ではない。大砲だ。弓は沢山あるが大砲は…。よく納まった古き武器の錆びを誇る無防備の泰平は、国際状況が許さなかったら、武器を真面目に詠む時代に又なりました。これはその第一弾かどうか知らないが。知る事は「梓弓真弓槻弓」の十二音字は、そのまま伊勢物語の言及なるが、「筒弓」は象山の実学の一つ成果だった大砲を指す。攘夷派に暗殺されても、愛国百歌に入った。ある程度開国しなければ、防衛は不可能という現実主義へ頷いた佐久間啓＝象山は偉かった。

寄鬼祝　大君の代には出られず人毎の
　心のうちに鬼の隠るゝ　中まろ　1806　K25-3 -100
*In the Reign of our great Lord, the demons dare not go outside,
and so within each man's heart they and the dirty linen hide!*

外で仏を求めば心の中に鬼を見つけてしまうと説教したのが道元か。これは、よく治まった御代には民の皆も自制、良いっ子になると命の洗濯は困るという贅沢の文句でしょう。一茶は皆に洗濯場を勧めた。花見だ。

寄社祝　もろこしの人の姿も額の画に
　うち納めたる御代の御社　蔵人　E7-1　1812
*We have pictures capturing the figures of Chinese, too,
safely framed in the care of thy Shrines under thy Rule.*

供養の為、日本の寺に掛けた沈没した敵国の船の写真の話を何年前にどこかで読んだが、これは何でしょうか。打ち治めるは滑稽が、本当は？

寄卵祝　混沌の本は玉子のきみが代や
　されば世界は丸う治まる　栗間？K5-1　1798
（卵の黄身⇒君も、丸く治まる発想も英訳無用）

混沌が分けて天地という世が出来たがキミの枕になるのが面白いが、丸うおさまれば、中が卵と思えば、むしろスクランブルになるか、ゆで卵か鶏になるが、自分が丸いから他を丸く治まる発想は可笑しい。僕はシラミでキミを抱く小歌の方が、判りやすい。黄身が胎児のお臍に吸われてしまうね。治まるよりも収まれる身になる。

9
天下泰平で安心の大和
all is peaceful under heaven

千句　君が代は鼻毛ぬくべき物ならで
永生きするは手にぞ知らるゝ　守武　1540

Thanks to Thy Rule, we no longer must read nose-hair to survive,
trusting in fate, we let our palms tell us how long we'll stay alive.

前章の「治める・まる」系譜と同様に武器が無用と祝う狂歌もあるが、それを納まったというよりも、それが前提で安心安楽の平和を祝うか、更に多様な分化を示す。重なる幾首も祝歌と賀歌を見る。さて、俳諧歳時記の頭に載せられがち守武の名集から抜粋した「祝い」っぽい上の歌になる二行即歌は『古狂歌　珍題集』の草稿にある鼻毛 72 件の一つになるが、「鼻毛抜く」は、恐らく「読み抜く」意味で、気が変わる危ない暴君の心あるいは先を上手に予測しなければ命が危なかった過去の時代に対して、現在を喜んだようです。予言できる伊勢神宮の祠官の守武の句に鼻毛は期待しないし、戦国時代ながら徳川時代に相応しい内容も驚いた。むろん地方、つまり国次第に安全だったし、ポ人が鉄砲を紹介し信長の天下を治める嵐の前の静けさとも言えるか。

勝通古評は「祝　此歌又批判はゞかりあり」
1589？　敗れじな理に暗からぬ君が代は
天下泰平国土あんとむ　雄長老　1547-1602

（暗対行灯＝安頓＋暗からぬ対暗鈍の掛詞なく英訳無用が）

Could the Reign of my Lord who's never lost and is sharp of head
have brought peace to the land only to make us dull, instead?

これは、桃山時代ながら徳川初期狂歌の呼び水みたいの存在だった雄長老の百集の百番目の首。知人か友人だった秀吉による日本統一は間もなく、既に平和の日本人が切れ味を失くしている警告のように敬愚は読むが正しいかどうか知らないが、おそらく日本全土「泰平」と詠む最初の「祝歌」ながら、平和の悪い影響までも詠む先見か、時代遅れの老人の僻みか、解読のみならず、評価も難しい首だ。史家でない敬愚には敢えて裁かないが、子の日の小松引「祝」のはずを、詠むのが忌むべき風邪ひいてしまったと云う歌で悪名高い雄長老は、馬鹿正直で、彼にとって御代の悪口ではなく、只の現実だったにちがいない。思うには「憚り」あったのあんとむ首と松の内の風邪の首の双方に同じ矛盾もある。松の内にこそ君主の前に人は素直であるべきを、不吉の事に一切ふれぬべきだとされている。素直っ子は先ず思うことそのままに伝える。初心に憚りない。「国土あんとむ」と異なって、後代の狂歌撰集によく出た雄長老の名歌の一つ「祖父祖母ひうばひ祖父ことごとく死なずに居ては何を喰わせん」

Grandpa, grandma, great-grandma, great-grandpa – say 'when'!
If no one died but stayed alive, what would remain to feed 'em?

とは、親孝行の道徳を背くが、「祝」ではなく、心からの嘆きだった。中院通勝判もある「懐旧　御母儀さまを入れられざる所尤作者の粉骨也殊勝珍重々々」。彼個人の現状ながら「懐旧」として泰平の前の状況との比較になる。そして人格と人数を明白しなくてもいい日本語のお陰で、主旨を私的問題ながら日本の新世界にもやすやすと読まれる。因みに、ここで見た雄長老の双首を汲んだ赤良の天明狂歌もある。

天明　長生をすれば苦しき責を受く
めでた過ぎたる御代の静けさ　四方赤良

What peace and quiet in Thy Reign so damn blessed
that we live long enough to be tortured without rest!

上記英訳は前句後句を逆順に置くと祝っぽく始まる

Live a long time and painful torture becomes our diet
in this excessively blessed realm of peace and quiet.
どう云う訳か前句後句を逆にし聖書の表現を借るといい
What tranquility in a Reign excessively blessed for everyone
long life is torture when there's nothing new under the Sun!

初英訳は「静けさ」を原文のように主格にするがため逆順なると祝が劇的になる。赤良の歌には確かに祝だが、御代の世を羨ましく見る月の名歌より複雑な現実だ。それも官僚主義に合わない独創人の性を持ちながら、毎日したくなかった様の仕事をせざるをえない人の退屈を物語る。狂歌を詠むばかりだったら、その苦ほとんど感じないはずだった。

寄紙子祝　　いにしへ（昔）の鎧に替わる紙子さえ（には）
　　風のいる矢は（も？）通さざりけり　蓮生法師　1666 以前
A paper robe in place of ancient armor, so a man of parts,
Can still be safe, even from the north wind's chilly darts!

『古今夷曲集』は、1666 年に出た。戦国時代の終焉ともされる天王寺・岡山の戦いは、1615 で五十一年前、歴史上最大規模の一揆の島原の乱は、1637 で二十九年前。たかだか一、二代前のことを「いにしえ」とする言葉は驚きます。同時に、精神上では、妙にところ得ている。長い戦国は既に別世界のように感じた。当本に再掲載されている「祖父祖母ひうばひ祖父〜」という雄長老の名歌の直後になる。「泰平」という語こそないが、雰囲気はまさしくそうである。しかし。敬愚より記憶の良い人ならば、直ぐ解ったことに紙子の蓮生法師は、桃山の武士ではなく、美少年を撃ち殺せば出家した平安時代「一の剛の者」の熊谷郷の改名だ（そのこと知らずに *Mad In Translation* に出した）！天明狂歌の心優しい侍の唐衣橘洲著『狂歌初心抄』では「述懐」の例歌になる。名歌と思えば、当たりが二件しかなかったネットでは、「いにしへ」が「昔」で、「さえ」は「には」となる。『古今夷曲集』

の直後の歌、未得の「茶を飲めば寝られぬ老の初むかし大昔まで思ふ夜すがら」で編集者行風は、法師を大昔の人だよ、と敬愚みたいな無知の人に注意を押したか。恐らく占いを好む読者は黒舟の開国を予言、つまり、それを文字通りに茶化す「太平の眠りを覚ます蒸気船たった四杯で夜も眠れず」落首の本歌になるとも気づくはず。未得と云えば、その狂歌初の個人大集『吾吟我集 1649 年』に出た首「盗みより外の事をばしら浪のあわれ危なく渡る世中」の背景にも安全だからこそ歌舞伎で、白波がロマンスになったと判る。換言すれば、舞台上の白波も、泰平の御代のひそかな祝となります。

   か寄昔祝 　古の静かな御代に繰り返し
 昔を今の仕置きたゞしき　重香 T37　1679
We repeat the quiet, peaceful reigns of antiquity
with once upon a time executed correctly today.

1666 年から 1679 年の間に出た三大多人狂歌集の最後の一冊『銀葉夷歌集』に出た重香の歌は、ひょっとしたら御代は、平安の長い泰平の再建になるという大胆の仮定を渋く詠む。こういう時代には、戦わない状態の特異性をますます意識したり、感謝の念も芽生えてきた。

   1785 以前　あせ水を流して習ふ剣術の
 役にも立ゝぬ御代ぞめでたき　もとの木網
Sweat pouring down, we master the martial art of the sword;
how lucky to live at a time when we warriors are ignored!
（上記は拙著に出た四、五通りの英訳の一つ下記は新也）
What a blessed Reign is Thine when the swordmanship
we learn bathing in our sweat is absolutely useless!

上記の歌と前の歌の間に約百年もあるが、日本の平和の状況を詠む歌にギャップあった訳でもない。歌が「戸ささぬ」ものか「治＝収まる・める」ものかで、その殆どが別章に入れることになった。もとの

木網は天明狂歌の大御所で、その首は解り安く、当然ながら名歌。拙訳以外にも英訳が幾つかもある。

　　　寄鶏合祝　　天地と明く玉子の君が代に
　　つゝきし今日の鶏合かも　一枝 K19-2　1790 以前
　　（君＝黄身も鶏の突き＝続きもなければ英訳無用）

泰平も動き無きも治めるなどの語句ないが、人の突き合いも無く御代が続くも、古まで遡る卵の枕も泰平の感じがします。

　　　　鹿を見てしかと云う世の太平に
　　合うて楽しむうしは牛連れ　栗圃 K9-1 1797
　　（鹿と馬の故事も楽しむ前後を渡る芸も牛連の含蓄も）
Able to call a deer a deer, living in a peaceful time like now,
when kin is kind, we cows may enjoy the company of cows.

　　　祝　　太平のよに延ばしたる金玉は
　　たらりなかねのふどし外づして　琴眠 k17-2　1813
In this peaceful reign, our ballocks now dangle so low
popping out of even long loincloths, down they go!

左は、刀で無法の苛めをする相手を刺すか嘘を認める嫌な選択を強いる故事と、同類同士や身分相応に群れるが世がよく整えているという諺を結ぶ変わった泰平祝い。右のぶらさげば落ち着く証明になる睾丸は、武玉川の雑俳と川柳に数多でる（拙著 The Woman Without a Hole の Gold & Blue Balls 章をご参考）。将軍の睾丸を握りその胆力を測る系譜もある。

※　泰平が穏やか過ぎるか　※

打は（てば、つは？）腹鼓は苔にうづもれて
天下太平国土安穏　鈍永 1767 没 1770 出版 K13-4
（撃＝打も腹鼓の語も泰平国⇒屁こくも英訳とても無用）

先に紹介した雄長老の歌集の百番目の「泰平国土あんとむ」と先章の「治める」系譜に入れた蒲公英の城への宴会を詠む古狂歌を屁の玉の歌に焼き直した上方の大御所鈍永は、寄屁神祇、寄屁釈教、寄屁述懐など、「寄〇〇屁」ではなく「寄屁〇〇」の屁百歌を詠む迄も屁に目いや鼻なかったが、その中で上は「寄屁祝」となる。後文で「など書きつゝくるにぞ満座の腹筋寄合して臍迄…」は自香自賛のこけ褒か。

1810　悲しいめ知らぬ泪を退屈な
欠伸にこぼす御代のおだやか　由躬　K16-1
Tears from eyes that never knew sadness drop, not from pain
but boredom as we yawn in the face of our Lord's calm Reign!

退屈を一度とも知ったことのない敬愚は、羨ましい。この時代に生きたかった！否や酷い祝いじゃ。題をつければ、寄欠伸祝でも宜しそう。

※　平和を祝う珍歌三首　※

寄船祝　寄豊祝　梶原の逆櫓の論も乗り合いの
舟に寝て聞く御代の豊けさ　保から　K25-3　1806
How affluent your Reign when we can lay back, floating
and enjoy the Kajiwara oar debate aboard a party-boat!

独書思治世　騒がしき世のありさまを寝転んで
見るや軍書のほんにめでたき　魚丸　K29-3　1794
（群書の本⇒ほんにという助動詞掛詞なくも英訳）
How fortunate to view that riotous world laid bare,
lolling in bed with books about some martial affair!

太平記に、海戦初心者の源義経は、名も梶なる梶原景時と逆櫓という漕ぎ方の是非を口論した。論争の場所が大阪市にあった松（の下？）で「逆櫓の松」とよぶから、随分名論だったよう。或いはただ何かの劇に出たか。祝歌でないが念のために天明狂歌の東作詠み「話し出す人の尻馬口車いづれ調子に乗り合いの舟」から乗り合いの船の宴会は大体わかる。「豊けさ」という語（「寄豊祝」は次次の章）は、本題のようですが、本当は泰平に限る余裕でしょうか。右にも「泰平」という語はないが、泰平祝いに違いない。ちょっとした関西ぎみの鄙ぶりの掛詞の代わりに意訳の martial 軍か武術関係の形容詞で、寝の援護 marital=夫婦の営みという連想を脚韻におめでたく踏みきった。言うまでもなく、読書こそ泰平に相応しい活動にもなります。

寄陶器祝　　君が代は頭くらわす人も無し
割れたる鉢のかけハ探せど　春雲　K8-2　1818
（鉢の様に陶器物と人の頭部を結ぶ語なく英訳無用が）

In Thy Reign we no longer have men who bust other's heads
but as I search for shards, some do consider me a crack-pot.

てにをはが余計に厳しくなった現在明治以降に頭「を」ではなければ食らわせまい。若き宮本武蔵がやったように、無常だろうが頭と棒の間に「を」の入る暇もなかった昔。狂訳に使った英語の割れ鍋 crack-pot のご参照に英国の詩人イーデス・シットウェル女史が神秘家ウィルヤム・ブレークを褒めたら、友人が「ブレークか。奴が cracked in the head 鉢が割れてるわ。（くるくるっぱと云う事）」と。女史の答えは、「それはそうとも。そこらから光が中へ入った。」しかし、真面目に訊きたい事は、後期江戸に考古学ブームというものあったけ、それとも陶器の欠片を探す人が変人と見なされたか。

※　　武術は無用　　※

寄馬祝　たてがみの乱れぬ御代の馬は唯唯
奉納にのみかけるめでたさ　ほから　K25-3　1806
（絵馬に馬ないも駆＝懸けるを charge 突撃＝料になる）
In Thy Reign where no horse is found with war-wild mane,
what a blessing that our only charge is for a votive tablet!

日本通でなければ votive tablet は馬と結ぶ絵馬の説明を加えば良い。
Cavalry charge を Google に任せてみたが「騎兵充電」になちゃった。

太平の御代を楽しみて、　兜ハ釜弓ハ綿打鉄砲ハ
袖の名となる御代ぞめでたき　木端　T54-232　1736
Our helmets kettles, bows cotton spindles and muskets, well,
'tis the name of a sleeve in this Reign of our Lord so blessed.

寄武具祝　幾とせの虫干ごとにきて見ても
甲の星の曇りなき御代　栗嶝　k6-1　1767
（干し＝星も鎧の用語も運の意味の星も英訳無用）
We see the same stars on our armor out airing each year:
may they and those of Thy Reign never cloud-over!

左は、鎖国より百年目の本の最終の首であった。鉄砲袖は腕首の細いか、筒袖の付け根に燧（ひうち）と云う三角形の布を入れる仕立て。右の星は、星兜によく見える巨大駝鳥の肌みたいの凸の事らしい。英語にも星座が運勢と結ぶが、自分の星があるという概念はない。

武士祝　寄枕祝　城をだに枕とせじを今ははた
差しものゝうも高枕しつ　ふり彦　K25-3　1806
Even samurai flag-bearers on ramparts no longer must doze
off their high-horses, in peace, they snore on high-pillows.

寄武者　太平の御代でなければ見られぬ物
化粧した武者張りほての馬　蜂丸　K29-1　1812

Things we would not see were it not so peaceful in Thy Reign:
warriors wearing make-up and horses of paper on a frame.

※　品々の武器無用の祝　※

寄弓矢祝

寄案山子祝　太平の代にも弓矢をはなさぬは
山田に立つる何がし案山子　白掬 K24-1　1770
（捨てると射る二意味の放すは一語に不可英訳だが）
Even in this tranquil Reign, bows we keep but don't release
in our mountain fields, behold: Scarecrows, too, stand for peace.

放さないから名乗る理由もない氏すらない同じ山田の案山子に太平の行為の鑑を見出したかと思えば微笑ましい。本題は「案山子」のみ。

寄鳩祝　弓矢とる随身門に住み慣れて
鳩おどろかぬ御代ぞめでたき　一寸法師 k17-2　1813
Doves familiar with the bow & arrows of a gate guardian
do not start at all in this blessed Rule of peaceful men.

門守の怖い筋肉ばりばりの鬼神かと先ず勘違いしたが、平安時代より貴族の外出に随従した近衛府の官人警護の殆どの、神社の門の左右にある彫像又絵像の男が皆が美しい和服姿に、例外に目がぱっと開いた一人を除けて、大変優しい表情で、弓が膝の上に横寝ていて、椅子か台に緒欧米人よろしく座ったり胡坐をかけたり、鳩は馬鹿じゃないから、そんなに慣れずとも驚かれまいと思うが、それで狂歌はつまらない訳ではなく、それこそ狂歌のお可笑しみのみそだ。太平祝い比べも遊びだった。

　　　　寄帰農祝　弓矢をば小田の案山子に任せつゝ
　　　　鍬とる身こそ心やすけれ　岡野伊平　明治十一
　　（原題=士族帰農　開花新題歌集（解説は吉岡第二巻）
Leaving the scarecrow to draw his bow and point his arrow,
a man with a light heart can raise his hoe to face a barrow.

語句の「心安けれ」で決まって、泰平入。安心して居られるのが良いけれど、後の歴史を知って、明治十一年の開花歌の嬉しさを読むと幾らか悲しくならない人は人でなかろう。当時の欧州にも、近将来の武器があんまり恐ろしくなる（つまり原爆）から、人類は間もなく戦争を永遠に止めて平和に暮らすだろうと書いたり、詩にもした者もおられたが。

　　　　　　　　刀や剣など刃物の類

　　　　天明の著名歌　　汗水を流して習ふ剣術の
　　　役にもたゝぬ御代ぞめでたき　もとの木網　1785
How blessed Thy Reign, when skill with the sword that we gain
drowning in streams of our sweat is no longer worth the pain!
（日本国語大辞典=元杢網も明治の本にも 1794 の E4-3 にも）
How happy Thy Reign, when drowning in streams of our sweat,
the sword-fighting skill that we gain is no longer useful to get!

　　　　　　大刀先で切り広げたる所まで
　　　鍬で耕す御代のめでたさ　大把冬名 E4-3　1794
How blessed this Reign when we can hoe as far as we can go
our land once opened up at sword-point in the face of a foe!

左、元の木網の天明狂歌は本章唯一の名歌。何十冊の和書にも、ブライスなどの洋書によく出会う狂歌の五、六首の代表作の一つになる。既訳が面白くないから、何通りも試みた。いかがでしょうか。前句の意味を当てて見た右は、武器から農具を造る陳腐に新風を吹き込む。

寄剣祝　太平の御代はつるぎも菊刀
となって牛蒡の髭切とこそ　士規　1801　K9-2　1801
Even august broadswords in this Reign without strife, now trim
whisker from burdock roots, as Chrysanthemum brand knives.

寄紙祝？　国々へ納むるかみの釼先に
すき切の無き御代ぞめでたき　阪下有家　K25-3　1806
（上さん即ち主か、一揆か泥棒か博打にとって怖い鋤切か）
How blessed Thy Realm when shrines in all countries accept swords
from land-lords and peasants no longer chop people up w/ hoes (?)

ネット検索で、いと簡単に上記二首の歌意を把握できるかと思えば、江戸時代以前の日本の八割も不在、残る二割の九割はアニメ。結局、牛蒡の髭は旨い左は、小刀に富士山や菊の花を象る刃文も見たが、堺の菊守の包丁を択んだ。右は。一茶の日記に農民の怖さを初めて悟った。鋤切禁止の法律の消息を求めたが、見つけずに解読も自信皆無。

（赤穂義士？）人切ればおれも死なねばなりませぬ
そこで御無事な木刀を差す　堀部弥兵衛金丸　in Eo 出典？
武蔵ぼうふらもならぬがさすがかの法が両成敗で木刀　敬愚
（1818年の頭食らわす事も許さぬ先に見た首の前の詠みか）
If I should cut someone, then, I too must die, so let me say
that what is found in my belt is a wooden sword, today.

鉄砲

寄鉄砲祝　日の本の外も従う御代なれば
空鉄砲のおとしも要らぬ　暁雀　K19-2　1790
（音し＝脅しのみか、まだ敬礼を脅しと思われたか）
In Thy Reign obeyed by even men outside the Home of our Sun,
even the threat of a blank salute is neither needed nor done!

1547に聖Xavierが贅沢に暮らした僧と差をつける様に乞食の蚤虱の姿でAmanguchiからMeacoまで歩いたが、それよりも鹿児島から平戸へ行った時、港へ着いたら、その惨めの外見にも拘らず、ポ国の船に大鉄砲何本も喇叭を吹いたり最大敬礼を上げた。それで、キリスト教が仏教より、人に尊敬される道徳上まさる宗教だと証明したと多くのキリスト教史書に述べてあるが、あの凄い音が敬礼と判った日本人は東南アジアの船に勤めて欧州人の習慣を知る者だけだったはずです。間もなくして解るようになったが、鎖国に成ってから鉄砲の敬礼への意識はどうなったか。出島で船の出入の鉄砲の敬礼が禁止されたか。これは、その時事狂歌か。

寄煙草祝　鐵炮も飾り物なる君が代や
楯は烟草に玉はきざみに　花そめ K25-3　1806
（竹束＝たけたば＝の盾を辞典にない「束子」と？）
In Thy Reign, when our fire-arms serve but for ornament,
our shields are leaf tobacco, when chopped, ordinance.

寄煙草祝　鉄砲の玉は吹き殻君が代の
たてハたばこの名にし残りて　光俊 E11-2　1820
（吹き殻はパイプは dottle シガレットかシガーは stub）
Our musket balls are the stubs and dottle of thy Reign
where bamboo-shields in "tobacco" alone remain.

江戸初期の堺市の包丁には、タバコを切り刻む専用のも有名だったが、包丁ではなく、鉄砲とタバコはよく共に出てくる。双方ともほぼ同時に来日して、あっという間に広がったし、火と煙の縁もありました。

寄玉祝　目出たしなてんのかまいかおさまりて
あなつち玉も打ち出さぬ御代　保から K25-3　1806
（天下舞蚊治まり？穴鎚は金打出す奴？鉄砲の別称か？）

(平八郎の次年の悪漢が鉄砲で切腹か)
寄泰平祝？　古着屋か六段目なり焼け穴の
　　鉄砲疵を見つけられては　米守 E11-1　1819
(題は敬愚。六段目＝浄瑠璃忠臣蔵の腹切場面か)

※　柔らかさと静けさの無防備　※

寄真綿祝　　敷島の徳をつみしか柔らかに
　　男おんなの中入れまわた　漁頁 K2-1　1750 未解読
(徳＝得？綿造か商に男女が共と？入れまワタも英訳無用)

寄緬祝　人心わたの如くに軟らきて
　　ぬくうすみぬる御代の国たみ　清明 K8-2　1818
(ぬくう？国民を「くにたみ」と呼べば柔らかいと？)

左の「代」も「御代」も「君」もないが、「敷島の徳」で十分か。抓みに、女と交じり柔らかくなるが男の罪になるか。専門家の入力を！

寄干菓子祝　　あま照らす干菓子も御代に和らぐは
　　五日のあめの印ならずや　ちゝふ K25-3　1806
(五月の誤植？菓子の歴史家おられば、入力下さい)

寄干菓子祝　　恵みある御代には菓子も和らぎて
　　松風に八の音だにもせず　鈍阿法師 K25-3　1806
(菓子＝樫は堅い。松風の声が高いから葉＝歯の無音)
In Thy Reign, 'tis our good fortune that even candy grows
softer by the day so when you chew it nobody knows.

左は未解読。右の鈍阿法師は子供の頃に干菓子の「干」の字を「千」と見たから松を寄せたか、ただ樫の漢字の堅くないと思い付いて、松

風の葉の高音と歯の静けさで矛盾を重ねる発想が出来たか。おそらく後者だ。

海の面しづけき御代ハいそ／\と
磯辺の浪の笑うをぞみる　くら人　K25-3　1806
With the sea's face as placid as Thy Reign in high spirits
even white-caps over reefs seem to break but into smiles!

先の干飴の場合、前のじっくりと吸った堅い飴と異なる、もう少し柔らかいから噛み易い新品も流行ったかと菓子史家に訊きたいが、海の面が変わってきた訳にはあるまい。泰平の祝い比べゲームの証になる。

武士祝　静かなる代やものゝうの家さえも
きぬたばかりに打ち物の音　巴竜　K19-3　1815
This is a tranquil Reign when even on a warrior-class block
the only sound that strikes our ears is the fulling of cloth

たゆみなき砧を聞くも君がよや
うち和らくるあめつちの音　美原　K11-1　1820
（代＝夜も打ち＝内も天地⇒鎚の妙味は英訳無用が）
The ceaseless sound of fulling also part of Thy Reign I hear
pounding like my heart within as mallets soften the world.

左は勝負できる英訳。**Block** は砧の台と武家の街で、打ちが耳にも布にも当たる。右は、意訳が身のうちの心臓のごきどきが如くのを加えたが砧は俳諧などから恋にも結ぶから正当化できるが、狂訳です。

小章　内は泰平が外弁慶の自慢
※　peaceful inside – outside, a warrior's pride　※

1205　新古今集　番号外作者
唐土もあめの下にぞありと聞く
照る日の本を忘れざらなむ　無名人
（天＝雨の同音語なければ英訳無用が）

I hear we're one with China, too, under Heaven's Reign;
but, let us not forget we are Home for the shining Sun!

隣の巨大国も天の下にあるが、その「も」だけで日本は中心になる本国だと伝わってくる。天照大御神は女神であれ、男神であれ、かの神話と神道の国だから、日本人にとって自然な偏見で、忘れる心配も無いから余計なお世話かと思えば、七十年後の蒙古が襲来しない先に役立つ愛国心の用意。雨と日の矛盾と遊ぶ理屈は小野小町とされた雨乞歌と同じ。

韓信股をくぐる画にからはから日本は日本。
唐の紙屑のみを拾ひてニホンの刀を 忘るる こと無かれ、
道なかに立つの市人切り捨てて
股はくぐらぬ大和だましひ　蜀山人 62歳 1811

Our Yamato soul won't crawl through the crotch of a bloke
who blocks the road but cut him down in a single stroke!
（原歌は魂の形容でしかない日本独的な歌体は不可英訳）
Crawl through the crotch of a guy blocking the road? Not
by my Yamato soul! He'd be cut down and left to rot.

韓信はいかだ怯びへき世の中に
股より出でぬ人志なければ　仙厓義梵 1750-1837
Why should we shudder to follow Kanjin in this world
when not a man here but has come out of a crotch?

故事。韓信は高身分ながら心優しい。市で悪太郎に道が遮られて「さ、通すと思えば、股を潜るんだ。それとも僕を切りすて」というように

脅かされて、人を殺しかねた韓信は例の惨めな行為を択んだ。武器が収まれた泰平の鎖国ながら、日本人は血を流す事を怖がる心細い中国人と異なって、あくまでも武士の心を保つというのが現実か幻想か知らないが、蜀山人（老赤良）の狂歌は、ご覧の通りです。仙崖の首を初めて拝見した事は、俳句と川柳の通ながら禅派のRHブライスの著作になる。仙崖の道歌と蜀山人の狂歌が一緒に掲載された。中々の対でしょう。道歌の本歌は、一茶の書物に先ず読んだ女陰を弁護する狂歌だ。あらゆる仏を生んだ点は一休の詩に遡る。狂歌を読むようになって、再び見た蜀山人の首に驚いた。狂歌の聖として、その糞まじめの詠みは期待しなかった。その前詞に日本は二本という掛詞すらなかった。狂文も狂歌も今一つだ。とは言え、このマッチョぶりは、江戸狂歌だけではない。1814年の上方狂歌にもある武雄という号の方の「三韓の王は日本へ尾をふってよくなつきたる犬で社あれ＝K8-1」に比べては、蜀山人はまだ良い。相手を直接に非難しないで、大和魂はという主張には品ある。ともかく、アジアを見下す癖は、鎖国後の西欧か白人の真似だとよく読む史的意識は、とんでもない責任転換だ。桃山のイエス会の方だって、日本人の日尊亜卑の強さを何回も既に記した。念のために、上記の二首より早く韓信を無心に詠んだ狂歌らしい狂歌もある。上方の1763没の木端の

股座をくゞりし人はいたゞきぬ金の冠玉のかんむり

の蛇足は無用でしょう。原典失ったが江戸狂歌の新撰百も才蔵にも再載された首だ。又、1771年に紫笛（K24-5）が「市場菓」と前詞置いた、1776年に絵と出た吐虹の「直の下を潜る市場や漢信が跨のあたりの毛桃なりとて K12-1」も無心ですね。1810年の白瑛の「堪忍のなるかんにんが堪忍がならぬかんにんするがかんじん＝k16-1」も、やはり絵付。清濁無用の掛「かんしん＝関心＝漢信」は殊に気に入る。百人一首#98をもじる御禊を詠む1812の何虹の「股ならでくゞる御禊のかみわざも災い除く智の輪なるらし k28-1」の「〜ならで」枕は韓信に頷くかどうか知らないが、御禊つまり「みそぎ」は、韓信の将来の？天皇の即位

後の位か。最も楽しい韓信歌は、上方狂歌っぽい号の仲丸の 1820 年の江戸狂歌「韓信も丸のみにした手馴鵜の二股川をくゞる賢さ E11-2」である。祝の本の中の裏面の参照歌に過ぎないから蛇足を尽くさずに置くが、これには外国人蔑視か反対に、関東と異なる上方の妥協や頭を下げてもいい商人の心から、韓信を尊敬した歌でしょうか。或いは、睾丸というぶら下げ玉物の下通りは、可笑しくてたまらなかっただけかも。

耳塚　故郷を聞かま欲しくや思ふらん
そのから人の耳塚の耳　浅井了意 1672
I feel they so want to hear from their native land a sound,
all those ears of Chinese buried within the Ear Mound.

こま人の首の代わりに耳とりて
はなの都の古跡とぞなる　永花　1789
（首と耳はいいが鼻＝花はないと英訳無用）

左の初期狂歌は、狂歌咄の仮名草子より。共感ある有心歌でしょうか。中の前詞「京都へまかりしとき耳塚を見て k10-4」と絵付の首は無心の言葉遊びだが、より多い四季の耳塚の首に俳風美の有心歌は心地いい：

墳塚虫　こと国の思いやいかに虫の音の
哀れを愛に聞ゝし耳塚　士規 k4-4　1795

What do they feel in other countries? In these bug sound/s,
something melancholy is heard here by the Ear Mound/s.

k9-3　古墳花　春風の花の唇うごかすを
何を言うかと聞かん耳塚　桜井雄飛 1819

Trying to hear what the lips of the blossom petals say
as they move with the Spring breeze, the Ear Mound.

左の異なる国の思いと虫の音で、数十年前の名著『日本人の脳』を思い出した。右は、脚韻を踏まず、俳風の和歌と云い、リリカル詩ですね。

　　　　唐人　日の本にその耳塚はありながら
　　　　　こと聞き知らぬ唐土の人　　戯雄 K8-2　　1818
While they have Ear Mound/s in the Land of the Rising Sun,
they cannot make out what we say, those people of China.

　　　　皇国ふり歌よむ鳥は唐までも聞けどや
　　　　　春を告ぐる耳塚　胡椒亭丸呑 E12-2　　1829
Singing out in the style of our Imperial Land, this Bird's
Spring tidings reach China via Ear Mounds, it is heard.

耳塚の歌には唐人を馬鹿にする面もあるが、可笑しみだけではなく可愛い面も感じる。右は江戸狂歌本ながら尾張名古屋の人が詠んだ。日本と中国の立春は必ずしも一致するとは限らないが、日の本は最初で告げる発想が本居宣長の春迎を唐へ伝える首が本歌になるかも知らない。本小章は日の本の光の反面も見る第四部に相応しいが、泰平自慢にも対となる。

　　　　武士祝　我が国の二本を腰に差すものを
　　　　　などたいとうの人と云うらん　郡馬　E11-1　　1819
　　（日＝二本も物⇒者も大刀＝帯刀＝大統？対等？太陽の誤植？）

たとえ鞘に納めておくも、各武士という男の鑑は互いに「対等」という自尊心を守るという発想であったら、我が州など米国の多くの地方の現在のピストル持ちの態度を思わせるが、専門家は上記をどのように読むか。知った上で、これを書き直すかも知れない。

10
豊かなる世
a world of plenty

鏡山やまひこ高く呼ばふなり
世の栄ゆべき影ぞ見ゆらむ　平兼盛　990
How loud doth Echo's voice ring out high on Mt Mirror;
he can clearly see our world is prospering down here.

招かねど数多の人の姿かな
富といふ物ぞ楽しかりける　同
Un-invited, yet, how many people have come!
I declare the thing called wealth is alot of fun.

百人一首で、お馴染みになる兼盛。家集に「世の富は岩倉山に収めおきて よろづ代までに君ぞつたへむ」で解るが、富の歌人になった。次の次は山根まで茂る林が栄ゆるを「見るが楽しき」、そして十首後に右の首。国見は人見になる。夜の宴会なら *come tonight / is sheer delight* でいい。徳川時代に通じる目出度さまでも感じる。中世へ跳躍すれば、

貴賎祝　みつき（貢）もの備ふる民も安くして
栄ゆる御代は末も頼もし　雅冬　延文百首 1357
Even our subjects who bring thee offerings do so with such ease
we feel Thy prosperous Reign's promise will not ever cease!

寄唐衣祝　から衣たもと豊かに包むかな
我が身に余る君が恵みを　良基　延文百首 1357
（唐＝空の同音ないと身に余物の入る可笑しみないが）
This Chinese robe with ample room to pack stuff in the breast
as the blessings from my Lord would overflow one's chest.

　　　　寄風呂敷祝　限なき恵みを四方にしき島の
　　　　大和島根は今さかゆなり　藤風為定　同
　　　　（四方に敷き⇒敷島の掛なければ英訳無用）

宏大無辺な大君の御代の繁栄を祝えば、近代調の泰平祝に近付くが、君か国家の恵みの一般祝い。題は敬愚の仕業。豊かさの品々を一々寄せる祝いは、江戸時代を待った。幸運を真面目に喜ぶ歌は概して面白くないし、悪運を招きかねない。106歳まで生きた北欧州系の祖母に初めて知った迷信で、嬉しい話を聞かしたら、ちっとも嬉しくならず、悪いこと起こらないように直ぐknock on woodしなさい！祖母がその真っ白い大骨の拳をこんこんとテーブルに叩いた記憶は、六十年経て今も聞こえる。日本にもそう。さて、お待たせした狂歌と花咲いた幕府の栄え。

　　　　寄民祝　　活計に腹のふくるゝ世に遇えば
　　　　天下太平を国土万民　未得　T24-267　1649
　　　　（蛇足：かっけい。泰平は「太」で満腹＝福の掛）
　　　Bellies full not with war schemes but household budgets,
　　　peace under heaven comes to all in the land, your subjects!

未得の狂歌は、その初なる個人大集『吾吟我集』に出た唯一の「寄民祝」歌だ。賀中の最終首。「かっけい」とルビある。天明狂歌本『万載狂歌集』に再載。万民とは、貴賎平等という本章の次の部と微妙に異なる。やっと我にも読者にも安く通じる狂歌だから、ほっとします。

　　　　寄豊祝　寄君臣祝　寄米祝　君も臣もめし備わりし幸いや
　　　　げに結構な御代のふるまひ　如竹　T29　原題は祝　1671
　　　　（召し＝飯も振る舞い＝米も掛詞を作る用語もいねえ英語）
　　　Our Lord and his servants are fortunate to be supplied with rice
　　　for even the base in this Reign behaving well are treated nice.

杉焼ある座にて、料理する魚のめでたい時代なれば
　　　身も楽々とすきやきぞ喰ふ　一見 T30　1672 も T39
　　　（鯛掛けて鋤つまりシャーベルではなく杉だろうが）

安く判るも、英訳できない狂歌こそ良いと思いませんか。右、一見の鯛焼きを読みながら「上を向いて」の歌曲の口笛も出ちゃった。英米でスキヤキ・ソングだから。一見すれば、最古のスキヤキ歌かと思ったが、『狂歌大観』の出典をもう一度みれば「杉」焼の前詞に気付きました。

　　　寄道祝　君が名の油煙の高く立ちぬるハ
　　　すみよき御代のしるしとぞ知る　木端　T54　1736
　　　That thy poetic name, Oilsmoke, has risen high is understood
　　　to be a sign this Reign is sumi-yoki (living/inkstick-good).

　　　寄薬種祝　民の命安う助けて君が恵み
　　　世にしき島のやまと人参　木端 K1　1760
　　　（安＝易も大和人⇒和人参も英訳無用）

左を、寄墨祝と改題するかと思ったが、原題の「道」の意味は狂歌を含む和歌の道で、歌道も御代も師だった故貞柳（油煙斎）も一挙に三祝を詠む。前詞に「油煙斎に贈り侍る」とあれば生前かと思うが上方狂歌の祖になる貞柳が南都古梅園の墨を霊元法皇に献上する際に詠んだ歌「月ならで雲の上まですみ昇るこれはいかなるゆえんなるらん」が褒められ、法皇に油煙斉の号を賜ったと云う。油の換わりに由縁の由で綴ることもある。また墨造る時と限らず煙が立ち上がる住み良きは、とりあえず木端は狂歌師として生計も立ってたかもしれない。右は、寄時事祝ともなれる。Wiki を要約すれば、吉宗の意向による研究のお陰で 1729 年に先ず日光の地で栽培に成功し、その「御種人参」が日本各地へ配れた。幕府の和人参座が 1787 年に廃止されたが、ともかく和人参が新品だった。

　　　　寄手習用具祝　命毛の長いハかみの恵みかや
　　すみよき御代におふもんじ筆　釜丸 K9-2　1796　1801
　　（命毛も神＝紙も住＝墨も大文字筆も大の字寝も？英訳無用）

　　　　寄扇祝　有り難き御代に扇の嬉しさは
　　骨も折らずに栄行なり　尻焼猿人　鶯蛙集 1784
　　（骨折らず慣用は英語成るが扇には ribs 肋骨で不可訳）

左の紙は幕府も手が大きく関わっていたようで。右の営業（行はまま）は扇売りか。

　　　　寄魚祝　治まれる御代にあたりて鉄砲も
　　川豚の替え名となるぞめでたき　三津国　　K9-1　1797
In Your Reign ruled well even if one is struck dead by a musket, since that now means 'swell-fish,' it only proves we're blessed!

俳諧、雑俳そして川柳では、河豚の鉄砲がご馳走にも、娼婦にもなる事は珍しくないが、三十一字で可能になった祝こそ狂歌だけの珍味です。

　　　　寄世話祝　柴にする枯木も山のそれのみか
　　民の竈の賑わしき御代　木端 K9-1　1797
　　（枯れ木も山のにぎわいと少々ズレになる英語が）
Dead trees beat a bald hill, but now they also serve to stoke the prosperity of Thy Reign, rising from our stoves as smoke.

　　　　寄木祝　治まれる世は乱杭も逆茂木も
　　民の竈の煙と成るる　保雅良 K25-3　1806
In this world well-ruled, even stakes pointing up (called abatis) become fuel and then smoke from the stoves of the populace.

題が敬愚だったかもしれない。諺の「それ」が山の賑にも飾にもなる。行間には、山の賑がその風景と意味する諺も本来怪しうから賑わいを弄ぶ谷へ運ぶ心か、治安が良いから怖かった山から薪が拾うようになったか。右は。現在の戦の跡に地雷が残る。当時は、馬を止まる乱杭や逆茂木（さかもぎ）。地雷の方の始末がよほど危ないし、リサイクルはどうでしょう。この狂歌の無駄なく全て役に立たせた経済を読むと、カール・ペーテル・ツンベルク Carl Peter Thunberg という阿蘭陀人と共に来日したスウェーデンの植物学者の 1776 に雑の草木も集めたかった時の苦労話を思い出す。欧米にとって新しい植物を次々と発見、名付けて薬用を考慮したりした彼は唖然としたことは、江戸への往復の道端が全てが完璧にお手入の畠か水田で、雑草が皆無だった。日本人には、清潔主義やら整理整頓のフェッチかと見えた（拙著『反＝日本人論』参考）。

  寄鉄祝　おどろかレの刃がね道具は錆び朽ちて
  御威勢光かる国の豊かさ　あやたり K25-3　1806
 'Tis a wonder that our blades, rusting, can look so shitty,
 while the might of this Land is shining with prosperity!

簡単の対照ながら、刃金の錆び朽ちると豊かさを結ぶ発想が、お見事。武士か軍の刀は全刃も磨かれたが、農具には先端を研ぐ以外には錆びが当然。不錆鋼は後百年になる。

  寄暦祝　よしあしを分けて暦の黒日だに
  かげ明らけく恵む君が代　古彦 K25-3　1806
 The good & bad days of the calendar are split but none are ignored
 for light even shines on the black in thy blessed Reign, our Lord!

  寄干菓子祝　　もろこしの氷砂糖もとけて今
  水穂の国の干菓子とぞなる　たる明 K25-3　1806
 （英語で氷砂糖は石砂糖となるから水穂はともかく不可訳）

左の暦には改造があったか、只その君の恩が不吉の日にも及ぶと云う事か。音字あまりの為、the blessed Reign of our Lord が、上記の君を直接に褒める狂訳に化けた。右は先ず、寄和中折衷祝の用に受けたが、考慮すれば、中国の製品をばかり買うよりも、砂糖という材料を輸入しみずから造った方が栄える経済の徴にもなるから、この（少々外れた内容の）首を本章に置いた。

　　　　寄麦祝　　日のもとに取り納めたる大麦の
　　からは下手につくぞめでたき　ほから　K25-3　1806
　　（何故わざわざ日の本になるか？残る殻が多過ぎる事か？）
　　Bits of husk on the barley we store go to show just how poor
　　we are at whacking which proves Japan is blessed all the more!

七、八年後の落ちて拾わぬ系譜の前触れ。同上方の千廣の「幾臼も立ちつゞきたる出来麦のまづき暮らしハ見えぬ世の中 K25-5」は、面白くない。下手でも OK という論筋だと祝いながら自嘲なるこそ詠みが上手。

　　　　寄鳴物祝　居つゝけに聞くは胡弓の弦音や
　　豊かな御代に遊ぶ不夜城　楚雀　1809　K12-4
　　Waiting 'til dawn, a man listens to fiddling, ah, what delight
　　for in Thy prosperous Reign, our play-palaces go all night!

　　　　寄橋祝　唐人もみよや大きなあし原に
　　よしあい形の瀬田の長橋　庭訓舎　1809　E7-4-194
　　（アシにハシ踏む脚韻も海わたる御代こそ見よと難波の話？）

左は胡弓など（下手に）弾ける敬愚は一見して拾った首。居続けは、お客様は神さんと反対に遊女の直ぐ見てくれない待たせる辛い体験あるいは、夜帰りには酔過ぎ朝を待つか、お金払えないで出られないとか色々あるでしょうが、当商売の持ち主と仲の良くて何日でも泊まっても良い狂歌師でなければ、嫌な体験だから、この楚雀の首を新風を

吸い込んだように読んだ。右は。日本書紀まで遡る瀬田また勢多の唐橋。辞典にもネットにも「よしあい」に出会わないが、（何回もあった）焼失後の唐橋を架け直した豊臣秀吉は初めて現在の位置に、大小二橋という現在の姿にしたと思えば、寄せ合いか、世し会いで騎馬族は上に行くと歩く小民は下と想像したが、絵を見ると小は川岸にそう遠くない小島までの橋で、大はより広い渡りで、よしあいよりも継ぎあう形になるからお手上げです。1795年（寛永7年）から1894年（明治27年）までの100年間で、18回の架け換えの記録が残ると、Wiki。

寄鱈祝　　千とせふる松まえ物は尽し無き
御代の恵みを担う棒鱈　季隆　1810　K16-1
*There's no limit to Thy Rule and ancient tributes – but odd
indeed to find such bounty carried to us on a pole of cod!*

寄四季祝寄の新年部に入れても良いが、たとえ季語がなくても殆どの祝いも正月に入れても良い。ここは豊かさを祝う歌に絞るが、棒鱈と云えば、見事に絞られて、水分全くない筋肉と木材の間の物。タラの字に雪は有るものの、暑さだけで溶けず、棒を棒で叩いて解けないと鍋に入れられない。在韓国中、その音を聞けば次の食事に動物淡白あると判った。

銀葉夷歌集　水の繰の人形をみて、
T37　千はやぶる神代も聞かず人形の
からくりながら水くゞるとは　行重　1679
（唐紅＝カラクリの語呂合せも、潜る＝括るも）
*Unknown even in the Age of our myriad mighty gods,
dolls that are automata and part water like frogs.*
K2-5　千はやぶる神代も知らず竹田出羽
カラクリ人形水くゞるとは　宵眠　1750
（原歌にない蛙は、一度で充二分で遠慮）

百人一首の本歌、業平の「千早ぶる神代も聞かず立田川からくれなゐに水くくると」は、もじりの本歌というよりも、あらゆる新奇なる現象か物を告げたり、祝いしたりする、つまり宣伝用の母型みたいな歌。思えば、唐錦と異なって、川＝革？の括り・絞り染めが比喩ながら現在美術の野外インストレーションの空想も伴う狂歌とも見做し得る。和歌の神代に聞かず、聞かぬ、知らぬ類は自然の現象が多いが、狂歌のがもっぱら人間が造った新品になったから、新奇と豊なる君が代の祝いとなりがち。中世の派生和歌は、同じ紅葉のお塩山に薄花桜に「氷の上にかけてけり〜雪の木綿（しらゆふ）」が代表とすれば、狂歌には、この珍物趣向に進歩の期待ないし予測も伺うと思う。1730 前の貞柳の「ちはやぶる神代も聞かず天満川数万の提灯水くぐると」は、観光宣伝みたいのもある。彼の犬百 T 59 歌「千早振神代も聞かず水車たれを待つやら独り淀野に」とは祝とほぼ遠いが、古代日本に水車が無ければ、「くるくる」人を待つ機械もなかった（民謡か船歌に借りた言葉）…。蜀山人のミニマルなもじり「ここら辺の千早振る神代も聞かぬ御趣向をよくよみえたり在五中将」は、肝心の所得た。五番目の息子だった業平は、イメージをよくよ見えたし、よく詠み得た。

K16-2 　仙薬も要らぬ自在な君が代や
　　　　雲に乗る駕籠 波に乗る船　有文 1811

*Who needs the magic of wizards in thy Reign when we're free
with baskets for riding clouds and boats to travel the sea.*

へっ！？駕籠屋の富士登りか熱空気の風船か。仙薬も要らぬと恐らく後者になる。改造版まで、専門家に頼む。先ず七、八年前の思い出がある。病んだ妹の農場の上を流れながら時折余分の暑蒸気を、巨大の猫が怒った音を放つと、彼女のダルメーション犬三匹ともどれだけ狂ったか。正しく天敵だった。一人で住む女性をうち覗いたり、犬を苛めんとするために、わざと近づいたと妹も思ったから、やはり、その憎みも犬に伝わった。口から泡が出るほどの怒り狂った三匹の犬が青空にむけた事も、神代も聞かず阿鼻叫喚を今も明白に覚えている。

寄国祝　寄子祝　二神の教えを今も精出して
儲けたかねに子をうまし国　空丸　K29-1　1812
（精を出しに精子も子に利子の連想も旨し＝産しが英訳無用）

儲けや金が出てくると、空丸は商人かと頭を傾ぐ。因みに、一茶が文政七 1824 の句帖に「日の本や金も子をうむ御代の春」を、また次年の中七を「金が子をうむ」と同じような祝いをしたが、それも又、昔の事実。　お金が無くてこそ子沢山なるのが現代社会の病理でしょう。

※　時間まで豊かなるものか　※

寄日？時間？祝　　金銀の外にも民の心して
日をつゐやさぬ御代ぞかしこき　作義　E7-1　1812

How clever thy Rule where even the peasants now make haste
lest not only gold and silver, but our time should go to waste!
（time も一杯まで使うと英訳したが日その物ならば days）

一見して、御世の節約を祝う首かと思ったが、近代以前の日本学会に打ち明けたら、数人の教授は、宴会を重ねて大酒飲みで江戸幕府の金銀も大赤字にしてしまった将軍（徳川家斉）だから、皮肉による風刺か非難。しかし、落首ではない。出た本は旗本の鯉鮒編集で、かの宿屋飯盛序の本に出た。だがなるほど「費やす」は両義的で、当局に許されたか。あるいは、お金が廻るもので町人文化も見栄見栄に発展した中で、お金を手に入る次第に費を、やはり費やす江戸っ子の生きる哲学も感じかねなくては、江戸っ子自嘲にも取り得るか。全てを費やさなければ節約できるでは無く、無駄を残さないが賢いとは、やはり可笑しい。しかし、背後には暦か働く時間の変化とか？具体的な新政策がなかったか。ネット検索を積もったが何も出ない。民の休む時間は少なくなってしまった話だとすれば、状況が可笑しくなかった。後期江戸の専門家、ヘルップ！

偽物も無くてめでたや日鼠の
変わらで御代を天てらす影　内子　E7-1　1812
*We are blessed that no day is false, as the rats of the sun
vary not in thy Reign where Heaven shines on everyone!*

夏は夏冬はふゆとてかげと成る
日向となりて恵み有る御代　鯉鮒　E7-1　1812
*Summer is summer and winter is winter in both the shade
and sun we are blessed in thy Reign with time well-made.*

確かに、天皇は光格天皇（仁孝天皇）だったと思えば、御名前の「光格」もこれらの狂歌の光の多さと無関係ではなかろうが、1811（文化8）5月 は、「天文方に蛮書和解御用掛設置」とは年表にある。その数年前、天文学に詳しかった Golownin 船長とその航空士が保留中に日本一（？）の天文学者と長い会話を交わした。Web 検索で見つからないが、やはり、その為、何か変わったらしい。暦か時刻制度という実践のレベルまでも。因みに、暦自慢が少なくても 1820 年まで続けた。『古狂歌　寄〇〇恋』に後期江戸狂歌の大御所の鯉鮒の歌「日かず知る御代に住めども恋風や涙の雨は時も定めず E11-2」の英訳もある。

とこやみの昔おもえば何一つ
暗い事無き御代の日の影　千鳥　E7-1　1812
*Think of perpetual pitch-black ancient Time & there's not one
dark thing in Thy Reign with sunshine before each day is done.*
（脚韻のために工夫したが、夜になるまで日光あるとなる）

ここまでも御代を褒めれば、鬼は笑いそう。英語で言えば、knock on wood したくなります。しかし、若しも対象は、将軍の家斉ではなく、光格天皇（在位期間 1779-1817）だったら、1771 生まれで厄年かその前の年になる。ふざけているではなく狂歌の力をもって、真面目に光格天皇を守っている可能性もないか。この天皇は歌道を大切にした上で、

心の温かい人だった。御製に「身の甲斐は何を祈らず朝な夕な民安かれと思ふばかりぞ」。事実、1840 年没で古希なる七十歳まで無事に生きた。

日の出ると祝うて直に居なおらせ
酒をすゝむる照る／＼法師　下吉　E7-1　1812

When the Sun rises I toast Her and, then, turning around
pour some sake for Ray, my shining weather-man monk.
（日を女神と天気法師の照るが光線になる Ray と名づけ）

昨日より今日よりも猶また翌の
日増しに栄う御代ぞ目出度き　寿　E7-1　1812

（「日増し」の中の太陽になる「日」が不可英訳が）
With tomorrow more so than today more so than yester-
day by day more affluent, Thy Reign is truly blessed!

天明の飢饉は、世界中に多くの大火山が空を暗くしてしまった為か、日不足で農業までも台無しになった地方もあった。もう一世代の飢饉こそ知らず、日々の日を有り難き詠んだかと思います。ともかく、豊を自覚して、誠に祝ったようですが、現在は二十年間も日米の人には、その実感はないと思えば、現在＝2017＝の暗い意識では、明る過ぎる。

※落ちても拾わぬ云々の余裕の現象※

落ちたるを拾うとなしに下を見て
あわれみ給う御代ぞかしこき　生鯛鰭雄 E8-3　1812

We take pain not to pick up what dropped, but looking down
with pity on the poor is our gain in this, thy intelligent Reign!

落ちたるを拾わぬ世とて秋の田に
こぼれし稲に鳥もあきつす　波紋　越前　k17-2　1813

（飽きつで秋津島を仄めかす？脚韻のため稲が打たれた）

Here, where we don't pick up what we drop when we beat
rice even birds find more spilled grain than they can eat!

寄聖代祝？　　落ちたるを拾う者なく物落とす
うつけもあらぬ御代のかしこさ　真顔　E10-1　1815
Nobody picks up things, or is dumb enough to drop them,
for, under Thy smart Rule, the same became our nation!

どう見ても保守的と言われている真顔も、戸ざさぬ冬も風邪引かない金鶏の歌と同様に、ふざけているか。真面目か。

落ちたるを拾わぬ御代は落としたる
人が尋ねて拾うめでたさ　成丈 1819　E11-1
In thy Reign what is dropped is not picked up at any cost,
until, to our good fortune, a caller brings us what we lost.

君が代は汐のひる間も落ちたるを
けして拾わぬ蜆蛤　炭方 E11-2　1820
In Your Reign even when the tide is out no clam or cockle
dropped is ever picked up in this economy free of debacle

落ちたるを拾わぬ御代の石町に
指折り拾う辻の捨て金　澄兼 E13-1　1856
（ネット検索上のヒットがなく行間は未解読）

左を読むと、デンマーク詩人 Piet Hein の片手袋失くして、残る方を捨てったら又見つければこそ辛い、という愚句を思い出すが、自転車を別にして、見つけるだろうと思って待てば拾うという日本は今も評判がいい！　中は。三十年後、ヘンリー・ソローも落ちた豆と麦などをわざわざと小鳥に残すように勧めたが。右の石町とその辻の情報なければ、ただ蛇足ひとつ。辻で物が落ちるよりも、落としがちである。悪運を、それを拾う貧乏の方へ譲る。解ったら面白そうな狂歌だ。

　　　　寄謡曲祝　治まる代に相違あらざる自筆の状
　　　　　安堵？に飯を三度頂戴　春雲　K8-1　1814
*That all is well-ordered in this Reign even my notes agree
life is easy for they show three meals a day eaten by me.*

ネットで「日本語と日本文化」の能のペイジに「鉢木：北条時頼の廻国伝説」の大題の下に「能「鉢木（はちのき）」は、「鎌倉幕府五代執権北条時頼の廻国伝説に託して、武士の意地を描いたものだ」と云う。文中抜粋：「其返報に。加賀に梅田。越中に桜井上野に松枝。合はせて三箇の庄。子々孫々に至るまで。相違あらざる自筆の状。安堵に取り添へ給びければ。シテ＝「常世は之を賜はりて。地＝「常世は之を賜はりて。三度頂戴仕り。」誰が書いたもいつの作品もという基本は無くて、又 Google したら Wiki は「観阿弥(1333-84)・世阿弥作（1363-1443）ともいわれるが不詳」の能だ。それを借りて余裕ある暮らしを祝ったようです。

　　　　ゆたかなる世に住民はあくまでも
　　　　　くらいこえたる大はらの里　雄蜂 K8-1　1814
　　　（食らい肥え＝位超えも大原＝大腹も英訳無用）

　　　　寄士祝　豊なる民のかまどハ楽焼に
　　　　　唐の土をも取り寄する御代　真顔　E10-1　1815
*Your Reign when our prosperous folk who make raku
even order dirt from China for their kilns, yes, they do!*

左の食らい＝位の指摘はとても大事。英訳しかねては、両親にとがめる程である。一方、狂歌大師の真顔の右の歌は、微笑ましい。

　　　　御代ゆたか一万石よこそ呉れば
　　　　　たけき心も笑ふものゝふ　鈍々亭 E11-1
　　　（笑う武士と能っぽい文尾の面白さは英訳無用）

　　　　寄古歌祝？寄国見祝？　煙こそ御製の歌の跡釜に
　　白水流す民の賑わい　米守　E11-1　1819（よく分らないが）
Smoke must be put on the back-burner with the Mikado's poem;
to know when the folk are productive, you look for white water!

　　　　寄道祝　江戸絵図は蜘蛛の巣に似ていとも猶
　　かゝるめでたき御代の道筋　楠屈停芳名 E11-2　1820
　　（いとも中の糸も架かる＝描かるの掛詞も英訳無用が）
A map of Edo recalls a spider web that is catching not prey
but the blessings thy Rule's road network brings us today!

左は時事通信のルポかと思うから、あえて解釈しないが一万石は本来大名家の分。一般武家は、国が豊かになっても農地はそこまで増えなかったはずで、劇の中で一万石の話しを聞く貧乏の侍の笑い？専門家の助要る。中は、傑作。皆にお米は炊くと白水が流すも家の外には見えないと思えば「？」ではあるが、全く異なる解説もありそう。又、御製の歌は万葉集の国見のそれか、新案か。参った。右は、判り易くて蛇足無用。

　　　　喜びの臼になるとはおもわしな
　　鯨の骨の尽きせざる御代　正化　1820　K11-1
　　（鯨の脊椎骨の臼が様々の貝塚に出たが、臼は印の誤植？）

小笠原へ行った時、砂浜に目には美しくて惚れ惚れになった鯨の背骨を見つけた。そのやわらかい窪みは人間のお尻にもお誂えと思えば、鯨でない椅子の存在も憎いと敬愚は思った。ただ、肉が一切なくとも白骨が臭かった。酷く臭かった。結局、いつか拾いたいと思って、どこかに隠して置いた。それが父島か母島か、すら覚えていない今は…。やはり、上記を読むと気持ちが複雑。

刷り物の迎春　ゆたかなる御代の恵ミや廻さなく
　　さるにも及ぶ千金の春　　晴雪楼翠巖（申年）1824
*Blessed be Thy Reign so wealthy a thousand gold-piece Spring
comes to this monkey who waits with a smile doing nothing!*

豪華の魚屋北渓画。当画家は季語も記号に強いが、祈祷する神道流仮装の猿の表情は、意訳の smile よりも grimacing grin 恐れ入れた苦笑になる。無意味ではない。一茶が八年前に「我国は猿も烏帽子をかぶりけり」「〜も祈祷をしたりけり」という観測を日記の句に残したが、狂歌には、猿まで及ぶ平等の繁栄。猿までも廻さずに賀は来るという皆も君子か貴人か王の如になる発想を重ねる。日本という国も、あの猿同様に動かずに、やれカピタン、やれロシア人などがはるばるから、お土産と貢を持って来るではないかと。そう言えば、春も、皆の家に来るだから、猿までも、皆も王さまの気分になる。

　　　寄煙管祝　賑わいし民の竈の煙くさ
　　きせるも高き屋にさがりにて　橘薫 E12-6　1846
*For busy folk what our fire-places burn is smoke-weed
and our pipes hang like pots from the highest ceilings.*

一応英訳したが上記の歌意は、さっぱりです。煙管は時間を無駄にするから、両手要る多忙の人は、煙草の葉を竈に投げ込んで、部屋の空気を飲み込む事か、とは考え過ぎでしょう。すると煙管は休憩して、それ「も」とは、人は夜高枕、煙管は高提り？やはり、自分より古文に強い人のアドバイス要る。

11
上下とわず貴賎の平等とは
equality of high & low, noble & base

　　寄裃祝　上下でインキンするもおさまった
　　御代のしるしと祝うなりけり　紫笛　K20-2-33PIC　1771
　（裃という慇懃の着を貴賎と同じ上下と掛けずと英訳無用）

ギャッという章頭歌は御免。読解に自信ないが、貴賎の平等の早めに詠まれた首で、どうしても先に載せたかった。ゐんきんに濁点（いんぎん＝慇懃）を加えなかった理由は、穿けば裃が厚くって夏には暑苦しくて、西洋のズボン同様に困るからである。敬愚いわく「老楽の裸許さぬ上下のいんきん臭さよりも痒さぞ」「上下やいんぎんよりも金玉に瑕と云うべきいんきんたもと」「上下のいんぎん臭き濁点を脱げばたまらぬいんきんたもと」。ラジオでもいいから、いつか話したい話題です。

　　寄恋祝　　不足なき此世に盗むものとてハ
　　我が通い路の人目なりけり　提保 E5-4　1799
　In these times with naught lacking the only thing I steal
　is my way to her house under the eyes of the town.

前書にある有数の傑作「君が代に恋と云うもの無かりせば何を涙の種となすべき」も同本にある。天明の大飢饉、もう過去で皆もいい気分。

　　寄犬祝　寄豊祝　飼い犬のごき七道もおさまりて
　　めでたき御代とサンタしてゐる　梅烏　K5-3　1798
　Even pet dogs have bowls with lids as all is under control,
　and 'beg' but for fun, blessed in this Reign to be on the dole.

寄犬祝　不拾祝　寄平等祝　我が国に厭う穢を犬までも
　おもぼえしこそめでたかりけれ　足あき　K25-3　1806
*Speak of how blessed we are in our country, filth so hated
that even dogs recognize and bark at what they once ate.*

日本の犬は食事ちゃんとあるから屎などを食わぬという主張は、冬の戸が開きっぱなしも風邪引かない類の臭いは、します。猫ならば判るが、旨い羊肉などを食う犬も、クサヤの悪臭するものを見つけたら…。

寄漏祝　寄家祝　雨露を防ぎかねたる小家まで
　君の恵みにもれぬめでたさ　夢見　K25-3　1806
（漏りと云う語の連想と慣用の矛盾は英訳できぬが）
*How good our Lord's blessings trickle down to me & you
in our cottages too small to keep out the rain & dew.*

寄潤祝　寄草祝　雨露の潤いわたり民草の
　野らもかわかぬ御代ぞめでたき　加倍蔦丸 K25-3　1806
*How blessed is Thy Reign where the moisture of the rain & dew
lets not even the worst fields of our peasant-weeds know thirst.*

左は。上様から恵みを受ける、ぽたぽたとなる連想でしょう。一方、慣用として恵みを受ける人間の中になる民草。「たみぐさ」は。グラスルーツなどの良い含みではなく、官尊民卑色の表現で、野良の敬愚は、酒に渇かなければ幸いが、読んで嬉しくなる首ではありません。

寄酒祝　治まれる御代の印ハくむ酒に
　薦かぶりまで楽しみにけり　深樹 K25-3　1806
（薦の中の瓶も薦かぶるのが乞食は説明なしに無理が）
*A good sign for this Reign where all is covered by the law?
Our wine enjoyed even by beggars under mats of straw.*

寄茶祝　　めでたしな宇治の茶の名のキセンとも
　　　太平にのみ引きつづく御代　あや足　K25-3　1806
　　　（喜撰＝貴賎≠太平＝泰平の平らで英訳無用）

左は。薦とは乞食の頭にも被った。右。泰平の平らの第二儀を弄ぶ微笑ましい詠み。平成が号に決められた時も、誰かこれを覚えたか。四十七年後の米艦の来日の時事落首の「泰平の眠りを覚ますジョキセンたった四ハイで夜も寝られず」（蒸気船＝上喜撰茶）を知らぬ読者はいなかろう。教科書や名集にあるから毎年数回もお目にかかる。しかし、名歌とほぼ同時に出た鈴木『落首辞典』にある「毛唐人などと茶にして蒸気船浮かされ出すと夜も寝られぬ」なども、参考になった狂歌も言及されていないのが変だ（当歌の疑問と復活は『古狂歌　ご笑納ください』は詳しい。改造版まで上記を書き直す。）

　　　寄水祝　　川水の末の末くむ民までも
　　　恵みの海に帰する君が代　芳水　k15-5-97PIC 1811
**Even the folk who scoop water the furthest downstream
return to the sea of blessings my Lord's Reign redeems.**

　　　寄社祝　　上下と隔てじ御代ぞめでたけれ
　　　加茂の社の名にしあらねど　湖月　1812　E7-1-94
　　　（「か〔みし〕も」という文字通りの間抜けた語源説か）
Thy Reign is blessed with no gap between kami **and** shimo;
not that it's named for the Kamo Shrine, I'm just saying so.

　　　寄狂言祝　君が代はおしなべて事が太郎冠者
　　　民の暮らしも大名の気で　南光斎鳶丸　K29-1　1812
**In my Lord's Reign most things are run by servant know-it-alls
and even the common folk live feeling like they are Daimyo.**

左は半分しか通じない。中は「梅」は美しくて珍しかった頭文字の組み合わせという馬鹿げた語源説を思わせる。右。狂言の主より賢き太

郎がアドかシテか。劇を見ない敬愚は知らないが、川柳では「一日は民がなべても太郎冠者」になる。社会は太郎冠者の世話のお陰でいい気分になったという主張は面白い。又、上記の数十年後に、ド・トクヴィルが米国では道に出くわす犬ですら我が物顔して、平等に君と交わりたがると。

御代ゆたか一万石とこそくれば
たけき心も笑ふものゝふ　鈍々亭 E11-1　1819
（たけき心で「もののふ」と同定して「もものう」か？）

寄桃祝？　武士の鎧通しの桃?さえも
虫だらけなる御代ぞめでたき　仲澄 E11-2　1820
（英訳には「武士」という枕がうまく入らなかったが）

How blessed to live in this Reign where even the peaches, called Armor-piercing are riddled by bugs but prodigious!

左の「もののふ」は、読み違いか。とんだ夜鉄砲に過ぎないが、英語で桃の種は stone 石だし、両首の数年後「文政六のみたけ菅笠・武蔵風土紀行によると、二俣尾には…八千本の桃の木があった…年間 850 駄（約 30,000 貫）を出荷し…鎧通しという桃で、桃の円周がおよそ、9寸5分（約 30cm）あった」ともネットで確認。鎧を通す矢先と似るやや尖った実の尻の先か。虫に分かち合えるだけの豊かさが確かにおめでたい。

頭痛にも病まざる御代は茶のからの
枕を高く寝るぞ楽しき　古面堂儘世 E11-2　1820

How pleasant it is to sleep, my high pillow stuffed with spent tea leaves in Thy Realm where even headaches are absent.

同本の鎧通し桃に比べてとるに取らない問題が、頭痛を治めた主張こそ面白いと思う。睡眠も豊に成ったか。

世の中のよいためし見よ其の後は
片岡山に飢人も無し　蟹丸 K28-2　1807
（見よ＝御代で飢対策の整備も祝うなら英訳無用）

**Just look at this fine experiment, our Prince went back
and no starving person was on Mt. Kataoka after that.**

『日本書紀』にある片岡山伝説。姓名を聞いても答えなかった道臥しの飢えた人に聖徳太子は、飲食物を与え、我が衣服も脱いで、覆わせて遣れば「安らかに寝ていなさい」と話した上に、旅人を哀れむ歌も詠んだ。翌日死んでいたら、墓も作らせて埋めた。数日後に開けて見たら、着物だけ残った。聖を知った聖なる太子は、返した着物を直ぐ又着た。狂歌は、飢人もない御代も仄めかしているようだが、研究家の立証を待つ。

寄凶者祝　死人も犬猫の如捨てはおかで
穴をさまれる御代の国土　雅楽　k16-3　1812

**Even our Dead are not just thrown away, like a dog or cat,
in this Land of thy Reign each rules his own hole – how's that!**

最後の脚韻が先ず like a rat 鼠の如く（我が穴を治める）と異訳した。狂ったるが、原文にはそこ迄の皮肉ってはいないと思って消して、お替りに「どうだい！」と直した。桃山時代と初期江戸に来日したイエス会などの欧州の方は、身体が野かゴミ場などでほって置かれた事を憤慨した。キリスト教だったら貧乏の人と死刑されたひとも土に埋めてやるべきと。無論大犯罪だと日本の曝し首どうように警告（？）のために人の見える所に置いたが、それ以外の場合。皆に穴があると祝う雅楽は、きっと何か理由がある。幕府の当局は、お金の要求が多すぎるお寺に人を埋めてやる義務をつけたかなにか。しかし、ネット検索では「これ」と思った情報が見つけなかった。歴史学者、頼むよ。き

っと、なにかある。しかし「寄凶者祝」という題だけでも面白さは十二分でしょう。凶の入る祝いの題は、他にまだ伺っていません。

　　　　　百性薬喰　買って来た直も百性が薬喰
　　　　　ころり一人は余程すき焼　河童　1820

（鋤＝好きは英訳無用が直＝値で高い＝dear＝deer＝鹿）
Bought take-out at a price not too dear, peasants can eat medicine until they're full: they dig scoop-roasted sukiyaki!

　　　　　田畑より我が身に肥をした作か
　　　　　毎夜土鍋にしゝかけて喰う　畝守　同

（↓ししは猪肉＝小便で下肥と結ぶ説明も追加要るが）
Is this produce from our plots by our own bodies made fat? The shishi in our clay pots ev'ry night – we like it like that.

　　　　　田を荒らすしゝは嫌えど百性も
　　　　　薬食には誰もすき焼　活水　同

The way these beasts ravage their fields is so hated by peasants; but, loving scoop-roast pork they think it medicine heaven-sent!

同題 13 首より択んだ三首のいずれにも「貴賎とわず」どころか「御代」も「君」も「泰平」も「豊」等の祝詞こそないが、豊かさが庶民へゆき届いている喜びが詠まれたかと思う。上を向いて歩けば、スキヤキの煙の香は鼻毛につくかも。出た本（1820年の『狂歌あさみとり』 K11-1）の序に曰く「ひなぶり歌を集めて、浅みとり。。。ならで、その色も深みとりなるべし」とある。「一門の月次狂歌会の刷物を合わせたもの」の類として意外によくできた作品だ。豊かと人口増える、増えれば、

　　　　　未解：打ちつゞく御代とて島のうら／＼も
　　　　　世間なみよく立ち行きにけり　畦直成 1806　K25-3

（並＝波立ち行きにけりの見立てだけで判らないが）
See Thy Reign keep driving on from island bay to bay,
as wave after wave of men well up to head that way.

幕府は約八十年前にも、七年前にも蝦夷を含む遠近の薬草探しの探検隊を遣った。北からはたけり（干海豹陰茎）えぶりこ（熊の膀胱）などが前年江戸へ貢献。1789 年には、アイヌに対する虐殺もあったが、ここは、ロシアと負けないように、或いは貿易で設けるように、或いは国の為の植民地化、ともかく我も我も北地へ。約廿年後になる一茶の「老一茶坊は「商人や嘘をうつしに蝦夷が島」「江戸風を吹かせて行くや蝦夷が島」「来て見ればこちらが鬼也蝦夷が島」に見える反省が、残念ながら珍しい。その二十年後に米国の東海岸より人が金を求めて西へと世間なみよく立ち行きましたが、その金欲と博打と変わらない惨めの心を反省し、非難した者はヘンリー・ソーローに限る。一茶同様に周りの動物と草木を、誰よりも心から愛し会った。下記は年順は先も後を予言する。

寄化物祝　　瞎とひらく大のまなこにきみが代の
ちよの栄えや見越す入道　橘洲　酔竹集 E6-3-61 1803

Whack that monk, and his giant eye opens to see far ahead
Thy Reign prospering a thousand reigns (after we are dead).

瞎は盲と同じが、ここはカツとひらくなる。もう一つ意訳

Whack the wee monk and his giant eye opens, becoming aware
he sees Thy Reign prosper a thousand reigns where we see air.

IV
日 光 と 清 水
sunlight and clear water

要略を作り、集材や研究を重ねたら執筆へ進むという常の過程は楽でしょうが、逆に広く探検し、獲物の区分と格闘しながら執筆を始まる敬愚は、校正中にあれこれを調べる内に、誤謬を見つけながら新発見もしたり、探検も止むをえず原稿の PDF 化する最後の日まで続く。そのため、本の中に数回も読み直された文章あれば、書いた後一度とも読んでいないから間違いも必ず残る文章もある。長年を渡る考えも原稿も少しずつ磨く本作りに慣れているが、今度は、ゆっくり無くなった。中途半端に PDF して出版しなければ、借金の淵の中に溺れてしまう。その為、古狂歌の本に Q が沢山残るし、最後の一年間の内に発見した和歌を十分に消化し、本の中できれいに区分することもできなかった。本部の中世の「光の君」と「岩清水」の和歌も、まさしくそうなる。中には「跡垂れ」という、既に見てきた（それもまだ半分しか消化されず生知識でしかない）神学用語は、とりわけ難しかった。改造版には、日の光を、岩舟と細石成岩と塵積成山などの「神代に古代の国造」の部の末に置き直すかもしれないが、今のところ、これは光が中心ながら未始末の二章の部と思えば良かろう。断わるが、老目に苦しむがためか光が眩し過ぎると、気持ちが悪くなるようです。そういう詑い（？）を読み過ぎては、「北朝鮮みたい」とかのコメントもしてしまった。ご覧になったら腹が立つ読者おられば、お気持ちは判りながら、悲しくなります。馬鹿正直の素直に伝える連想を、そこまで真剣に考えないでくれよ。本書を完読して下さると、直感に甲斐あると信じる敬愚を無知と思っても、悪意は全くないという事だけは、明白に伝わるかと思います。又、外国を蔑視する愛国主義を嫌っても、狂趣ある新愛国百の芯となりうる歌とそれを詠んだ人も敬愛します。

12
日の国とその光の君
land of the sun and brilliant rulers

1201 老若五十首歌合　我が国は天照る神のすゑなれば
日の本としも云ふにぞありける　九条良経　1169-1206
*As we're the sole descendents of the Heaven-shining Goddess
when all is said & done, this land is also the Home of the Sun.*
（↑単なる自慢っぽい同定か、↓末＜対＞本＝元の矛盾）
*Coming from the Sky-Illuminatress, can we as end of her Line
also call ourselves the Origin of the Sun at the start of Time?*

良経 1206 没　我が国はあま照る神のままなれば
日の本としも云ふにぞありける　玉葉集 1312
（その息子の慶政は後で渡宋してきた人？）

子孫が住むという村は「末裔」となるが、日本はまた日の本。この「本」と「末」を一体からしく結ぶか、逆説的に弄ぶか。どの要素が強いかと、その弁別はうまくできず、一応二通りの英訳を用意した。同定の方の英訳にも掛詞を入れたが、太陽はラテン系語で Sol、英語にも形容詞 solar になるから、天照御神の唯一 sole の子孫になる。念の為、女神を Illuminatress にしたが、illuminator の女性化。又、上記の良経は、南北時代の公家で、平安の藤原良経＝1001-1058 では、ないようです。右は変種ですね。

風雅集 1346　日の本は神のみ国と聞きしより
いますがごとく頼むと？を知れ　慈円　1225 没
*As we have heard our Sun's Origin is the Land of the Gods,
know that counting on them as if they're here is not odd!*

1265年の「続古今集」に1215没なる明庵栄西の「唐土の梢も淋し日の本の母その紅葉散りやしぬらむ」を左の歌にしたが、あちらから「日の本」という呼び方は自然に聞く歌例としてである。唐へ渡った間に、お母さんが亡くなったか、詠人が帰国せず亡くなったか、覚えていないが、どこかで英訳を見たかすかな覚えあるし、祝歌でもないから英訳を控えて、ここに移った。右の文法に自信ないが、理屈に狂趣あると思う。

  1248 寄日祝　我か君のやまと島根を出つる日は
  唐土までも仰がさらめや　花山院師継（1222-1281）

  Rising from my Lord's Big Peace Mountain Isle in the sea,
  must not our Sun be revered all the way to Morokoshi?

  続千載集 1320　世々絶えず法のしるしを伝えきて
  あまねくてらす日の本の国　後宇多院　1267-1324
  （遍くに「天」照らすに「寺」も英訳無用の縁語か）

  1357 延文百首　明らけき御代の試しと日の本を
  唐土までも仰がざらめや　覚誉（帝国主義者の卵）

  To prove just how brilliant is Thy Reign, folk must revere
  our Home of the Sun all the way to China as we do here!

  1434年の永享百首　曇り無き君が光は日の本の
  国の他までさぞ照らすらむ　未入力（DBはそれだけ）

  As my Lord's light is cloudless of course this country,
  Home of the Sun should illuminate what lies beyond!

後宇多天皇（代＝1274-1287）は、大人になるまでとりあえずの栞みたいな天皇ながら、蒙古襲来（1274＋1281）も、その間かと思えば国際意識が身に沁みたはず。比べても仕方がない。これらの歌には、仏教が日本まで来ては、蒙古化された唐土よりも天照の日本が暖かく守っ

てくれた事を祝うべきかと思うのが敬愚の親日の偏見か。右の理屈も面白い。

吹きかへてまた日の本のしるべせよ
唐土船の幣の追ひ風　宗良か新葉集 1381

A following Wind, our gift to the Chinese junks after we won
to blow them right back and mark a track for the Rising Sun!

もう約百年後になるが、風の役割が物語を通して拡大されたが、高麗と蒙古の兵が既に退けた所より暴風が起こったという現在の史学者の理解と変らない「追い風」か。紀貫之の土佐日記に女の童のよめる「ぬさのおひ風やまずふかなむ」と終わるのが本歌でしょうか。

蒙古ない方がよい　西の海よせくる波も心せよ
神の守れるやまと島根ぞ　中臣祐春　正中元年卒去 1334

Western Sea and thy minion paging waves, what are thy odds,
with our rockbound Big Peace Mountain Isle guarded by Gods!

神風抜けても　君が代は巌と共に動かねば
砕けて帰れ沖つしら浪　伴林光平　1813-64

With my Lord's Reign steadfast as a boulder, you had best
break and head for home, would-be robber waves go West!

双方とも愛国百か国体百より、前詞は敬愚。蒙古の二度も攻めて来た時代に神官の中臣祐春が詠んだ素直単純の左の和歌は、狂歌の影響も感じる右の本歌か。国学を修め、天誅組敗れた伴林光平の白波脅かしに機知も伺うからこそ、その早死は敬愚にとって悔しい。

※　　君 の 光　　※

天てらす神の光はさしそへて
君が御影をます鏡かな　実房　正治初度百首 1200
（動詞の増す⇒名詞の真澄鏡／十寸鏡も英訳無用）

寄日祝　世を照す四方の光も君がため
我が日の本と？出で始めけり　為家　宝治百首 1248
Ye light on all sides illuminating this world is Thy reward;
it first came out here with our Sun and just for my Lord!

章の導入の首々にも君が無在でもないが、ここは日本よりも君中心の日の光の歌。左の「君」は。もしも後鳥羽上皇だとすれば、三種の神器が揃えず、即ち海中に沈んだ天叢雲剣の代わりに天照女神の光で補うという実房の発想は良いし、掛詞は狂歌が得意の類。右を狂訳したが、幼稚向きかと思って検索すれば、1243 生まれで 1246〜在位なる後深草天皇は 5 か 6 歳。※　中世の専門家の教授は我が生兵法の仮定的な解釈を見て下さったら「実房詠はそこまで考えていないと面白いです。後鳥羽に睨まれてしまいますよ。後者は宝治百首の下命者である後嵯峨院に対してでしょうね。『宝治百首』は後嵯峨院（土御門御子）の求めに応えて編まれたもの。」。有難い！勉強になりました。欧州にも本の前後に下命者（というより patron）を長詩で祝うが、詩集の他の所には出てこない。日本の場合、下命者にもっと気を配らなければならないようです。前者も、やはり人間関係を知らずと解読仮定は闇夜の鉄砲に過ぎない。じゃ、剣の無さを後鳥羽よりも、更に嫌がったはずのチビッ子天皇か将軍が癒したい「君」と同定できない？が、仮定を百％捨てるのも苦手のしぶとさも捨てない。剣の損失に対する補いという拙説。それだけでも後鳥羽に睨まれそう？　複雑。それぞれの歌集と人物を研究した人の解説を読まなければならないが、日本か和歌の資料が山ほどある大学にいないと、拙解説は guessing game に過ぎない。避けかねる間違いを世間に発表する本を出すが嫌ながら、そのゲームも好きだから、続く。

岩戸出でて日影は今もくもらねば
賢き御代をさぞ照すらん　実雄　1219・1273　1248
As even today the Sun is bright enough not to hole up and cloud the world, of course it shines upon Thy likewise brilliant Reign!

1248 寄日祝　いつる日の光にむかふたひことに
君かやちよを祈りてそふる　藤原顕氏 1207-1274
*Every time I face the light of the rising sun to pray
"May our Lord have 8,000 Reigns!" is what I say.*

寄日祝上記　　久方の天つ日影も曇りなき
御代の為とや照り始めけん　家良　1248
*The sun far off in heaven is bright, the sky clear again,
it starts to shine for the sake of Thy unclouded Reign.*

寄日祝　くもりなき御代の光はかくしこそ
出つる旭も長閑なりけれ　前大納言基良藤原 1248
*Because the light of Thy unclouded Reign shines just so,
even ye Sun that rose at dawn remained calm as a doe.*

下命者後嵯峨天皇の皇子の後深草天皇の在位期間 1246-59 は当時、長い。しかも前後何人（神？）と比べても、62 歳まで生きたのも長い。祝歌が効いたようです。しかし下命者の親も、将軍ならぬ闇天皇なる後鳥羽も、幼稚たる祝賀歌を面白がったか。両首ともちびっ子天皇向けと思う者は、敬愚だけか。身分はどうであれ、幼稚は、どこまで和歌を読めるか。五百年前の英国の貴族の子は、良き家庭教師のお陰で四、五歳で今の高校生顔負けの学習を身に着けたが。

宝治百首　出づる日の君の光のます鏡
むかふ千年は空に見ゆらし　基家　1248
*The Rising Sun of our Lord's brilliance in the true Mirror,
we face a thousand years visible in the sky right here.*

資季　曇りなき日影を見ても君が経ん
やほ万代を空にしるかな　当然の人は？　1248
*Seeing the unclouded face of the Sun in the sky it is so clear
that all signs say my Lord's Reign will for eons still be here.*

失出典　誰れもみな心をみがけ人を知る
君が鏡のくもり無き世に　権大納言資明 1353 没
*Polish your heart, one and all, reflection is its own reward,
in the mirror, my Lord, you do not cloud this cloudless world.*

左の首の鏡と中の曇りない日影も清水と大水晶と同様に時間を越えるが、文字通りに曇りなき日影を見た者は盲人になる。そのために盲人に先見あるか。変な連想御免。専門家の意見を聞いた方が宜しそう。

寄蛍？寄雪祝？寄他？　集めては国の光となりやせん
我が窓照らす夜半の光は　後亀山天皇 1383-92 在位中
*Gathered together, I shall make it/them illuminate the nation,
light that brightens my window in the wee hours of the night.*
（たぶん、国のために勉強しているのが歌意でしかないが）
*Let me gather this light that brightens my window late at night
to illuminate the nation – not might, but learning makes right!*

後亀山天皇が南北時代のラスト南帝。或いは、複数の灯火か、白い布で満月を集めたか。或いは、ただ 100%人の為になりたい良心の望みに過ぎない。下から君を祝うよりも、上からこう詠む歌は平等主義の米人も読めば心は溶ける。「国体百首」は、本来、明治四十五年成立で朝鮮人を日本人に教化するために芳賀矢一が著した三百頁もあった『日本』という日本人論の付加になる。拙著『反＝日本人論』『日本人論探検』『英語はこんなにニッポン語』を書く前に読みたかった。只今、母国では嘘つきのちびっ子大統領になった。国の為に、人の為にと発言しても、大人の心からの願望ではなく、チビッ子のそうした

い心でしかない。いつだったか、現代の人権を守る民主主義の文明の基準で日本人は「a boy of twelve」に等しいとマッカーサー陸軍元帥の言葉を思い出したら、皮肉というべきか、変な逆さまなる因果ないし運のギャグと云うべきか、100％勝たないといられない巨大なる五歳の悪太郎の Trump の醜き大尻に敷かれている米俵ではなく、わが米国だ。脱線は失礼しました。日本の幼稚や子供の天皇と将軍の存在を覚えたら、やはり連想しちゃう。母国の状況と自分の貧乏が重ねて辛くなると、時折なにか吐かなければ。

   参照 沙玉集 我が君の御代は尽きせじ日の本に
  天照る神のすまむ限りは 未入力＝貞成親王？1456
  So long as the Heaven-Illuminating God should remain
  here at the Source of the Sun, our Lord will ever Reign.

  十五 国々の君は替われど高光（たかひかる）
  吾が日の御子の御代（みよ）は変らず 宣長 1786
  The Rulers of this or that country from one to another change,
  but our Hon. Child of the Sun's August Reign is e'er the same.

  から心なしとからかふ人もありのみ喰わず渋柿の本居 敬愚

左は、機知が不足で古狂歌のはずの本書に載せたくないが、参照のために又「久方の天照る月日のどかなる君のみかげを頼むばかりぞ」と「久方の天の岩戸を開けそめし光は君が心なりけり」というような歌が詠まれた事自体は注目に当たる。とは言え、同集の「世の中をあるに任せてすぐすかな　答へぬ空をうち眺めつつ」という祝うべき深い歌もあるが、日文研で「未入力」なるのが残念。多くの首が音字が正しくも、わが英訳の脚韻でなければ歌ないしポエムとしてあるべき面白さもない。中の三百三十年後の本居宣長の「玉鉾百首」の下記の「歌」も同じ。三十一音字の教訓だあり、歌では、ありません。右、敬愚の寄梨柿祝は、その折れ腰の掛詞についていける読者おられば、

宣長本居批判になる。宣長には、最高の歌も詠めば、情けない歌も詠んだ双心の歌人かと思います。

※　日の本の光る幾万代　※

日の本と云ふにて知りぬ我が君の
国の治めば今あきらけし　寂西　宝治百首 1248
*I've known this is the Origin of the Sun because of hearsay,
but now our Lord has subdued the land, it is clear as day!*

空はれて出つる朝日の影を見よ
君か光のためしなりけり　弁内侍　1248
*The sky now clear, just look at this morning sun! I sense
in it a demonstration of our bright Lord's brilliance!*

下手な蛇足を止める。「光」が名にある天皇か将軍は 1248 になかったもいない。大した情報も掛詞もない歌を、大人は退屈な詠いと聞くかもしれない。一方、狂訳で示そうとした歌の単純の理屈には、可愛い何かある。子供にアピールすると思う。天皇も将軍も子供だった。仮説ですが、これと似通った首は皆も子供のために詠まれたか。それとも「国の治めば」と言う将軍などが、心が子供だったか。

印かな出づる朝日の幾千代も
曇らぬ御代の行末の空　但馬　1248
*A symbol indeed! In the morning sun just up, we can spy
thousands of Reigns ahead forever cloudless Thy Rule's sky.*

久方の天の岩戸を出づる日の
光は照らせ幾万代も　行家　1248
*Sun whose beams come out the cave door far-off in heaven
to end each night – may thy light keep myriad reigns bright.*

或いは、陰陽つまり予測には機知の現象を詠み止める必要あったから、これをポエムと考えない方が良いか。左、岩戸を出ると幾めぐりになるも、曇らぬ行末の空という発想も悪くないが、直接に太陽を頼むも「御」も「君」もない行家の首は、特異。

   日の本の国のうちなる宮こより
  君か光も代を照らしけり 隆祐 1248
 From the Capital shrine deep in the Land of the Rising Sun,
 my Lord's brilliance likewise helps illuminate this Reign.

   あさ日影君か光にさしそへて
  曇りなき代を今ぞ知りぬる 禅信 1248
 The morning sun shining together with our Lord's light
 lets us know now just what an unclouded Reign is like.

どういう訳か、上を読みながら北朝鮮の支配者への崇拝も覚えてしまう。

   出つるより長閑なりける春の日の
  長きや君が御かげなるらん 按察 1248
 After sunrise it became a Spring day long and serene,
 seasonal weather, but with our Lord's favor, a blessing!

   あまてるや空にくもらぬ日の御影
  すまん限の我が君の為 俊成女 1248
 （天照る＝余てるか？澄まん＝住まんも英訳無用が）
 Shining in Heaven the Sun's visage can never cloud in the sky;
 so long as this is true, I/we serve our Lord both low and high.

右の英訳の前句に天が空より高いから曇れないとなるが小生の考えすぎかも。しかし、翻訳を尽くしながら、時々ぞっとする。「1247 年の

宝治合戦で将軍家を擁する三浦氏らが滅亡した」というような恐ろしい事も、北朝鮮っぽい。俊成女は優しいし、日本の天皇も若き将軍には、キムなんだかの性悪の感じはしないが、互いを暗殺したりする世界は怖い。俊成女の首と知家の「天つ空かわらず照らす日の本の国しづかなる御代ぞ賢き 1243 新撰和歌六帖」に、似通うところもある。

　　　　嘉元百首　天の戸を出づる朝日の限りなく
　　　　幾めぐりとも知らぬ御代かな　為子＿為世女 1303
　　　out from the cavern comes the morning Sun time and time
　　　again a cycle without end as, too, Thy Reign and my rhyme

　　　　仙洞御百首嘉嘉元　いづこかは光の下の国ならぬ
　　　　たた日の本の君のまにまに　三条実重　元百首 1303
　　　Let us never become one of those lands below the light,
　　　but e'er home of the Sun with my Lord doing as he likes.
　　　（同じ発想を別な脚韻でもう少し高調な文体だったら）
　　　Let us not be one of those under-the-light type of reigns,
　　　but Home of the Sun where my Lord does as he deigns!
　　　（後二条天皇は十代。御教養の為の自らのような代詠）
　　　Other countries lie below light: so we do not become one,
　　　I'll act as I wish as befits the Lord of the Home of the Sun.
　　　（或いは上記全部が誤訳で日の本らしくなる誓いか願望か）
　　　When shall we, a country under shining light truely become?
　　　Lord of this Home of the Sun, with Thy will it shall be done.

左の狂訳の脚韻を踏むために脚韻その語にしてはとりわけ無責任。日本語に脚韻がなければ。とは言え、君が代を回りに喩える事は新奇でしょう。限らなくとも、ずっと続く感じと異なるから大胆の詠みかという気がします。右の前句の「いづこかは〜ならぬ」の意味は、二つ以上か、敬愚の文法音痴のせいか、最後の英訳の国内願望の成らないか、国際比較か。「光の下」は珍しい。その新奇は、「天＝雨が下」の掛詞あるより古い歌の「雨」が「日」に替えたかと思えば、最後の

前句も国内の向上を詠む方に賭けたが。公家の詠人は数百年前の藤原実重と別人。

> 参照用　新葉集 1381　世の中に光なくてもすむものハ
> 霞める月と我となりけり　後村上院御製か宗良親王か
> （者＝物も、大切の澄む＝住む掛詞なくては英訳無用）

祝いではなく、ブルースですね。「光」という語の含蓄ないし意識は面白いから。単なるお隠居の御卑下か本当の歎きか、敬愚は知りませんが。

> 文保百首　袖に包む蛍のみかハ明らけき
> 君の光も身にぞ余れる　三条実重　実重百 1318
> *Is that really just fireflies in His sleeves – brilliant tonight,*
> *it is plain as day, my Lord himself overflows with light!*
> （のみ＝の身、あたかも蛍狩り後しかも **body** なら失礼）
> *Is our shining Lord akin to fireflies wrapped in our sleeves?*
> *His illumination also overflows so much that by it He reads!*

とは言え、己が身の光という誇張も失礼かも。宝治百首で寄日祝は「動きなきはこやの山を照す日の／光のどけき御代にも有る哉」1248 も、*Sun light illuminating our unmovable Mt Boxstand/is as tranquil and clear as Thy Rule of this land* は、同じ。とは言え、中世は、時場次第に安らかな年月も過ごされたが、皆は殺されないで必死か、よく判らないが君を中東の砂漠の神様よろしく、恐れ入りながら崇拝されたかという気も避けない。と言いながらも、回教とルネサンス（古代学識と意識の復興）以前のキリスト教の信者は神の絶対的な存在に全く疑問なかったを、クラッシク文明に似る客観的な儒教に接した日本の歌人の多く、心の深くには祝歌に伺う神話に従う表現を、どこまで真に受けたか。古にも福沢真一の日記にある神の有無を試すような人もおられたか。又、

1248 春　動きなきは姑射 (はこや)の山にすむ月の
　　　はるかに照らす千代の行末　成茂　宝治御百首

*What moves not? The unclouded moon of Guye Mountain
will still shine from afar, long after a thousand reigns.*

これも特異。筋肉崇拝の文明が支配する今は、荘子の「逍遥遊」の話にある藐姑射＝Kushe か Guye と云う遥かなる miao Gushe か Guye という伝説の山に住む不死なる仙人が少女の様に雪肌でしなやかやらたおやかやらの対極的なイメージは好きと同時に、君と言わぬ、光を外国しかも超自然の空想地にある月に託く。当山の枕の藐を仮名の「は」にすると「動きなきは」とも読める（だから狂訳はご覧の通りの問いから始まる）が、藐姑射は又日本で上皇の仙洞 御所にもなるから、専門家の入力求む。

　　　寄日祝　蛮国の夜玉は知らず（しかず？）踏み伸ばす
　　　日のあし長も曇り無き御代　　稲丸　E7-1-95　1812
（誤植かも。日の足も＋長も曇りに縁語の蜘蛛も英訳無用が）

*Night-shining gems as found abroad, are foreign to Thy Reign but I
note the daddy-long-legged sun means no cobwebs cloud our sky.*

（万が一書き写しか移しに「しかず」が「しらず」に化けたら）

*Night-shining gems as found abroad to Thy Reign cannot compare
for our daddy-long-leg Sun means no cobwebs cloud the air.*

夜玉は大伴旅人の酒讃十三歌の一首は＝「夜光る玉といふとも酒飲みて情（こころ）をやるにあにしかめやも」。蛍石の「夜光の壁（たま）」よりも心を打ち明けながら呑む方が慰みに成る、価値が上と。足長蜘蛛に巣がない（或いは、あるも大したものではない）で、天井を曇らさない。しかし狂訳の蜘蛛が **daddy long-legs** ながら、日光線が英語で「足」にならないから、追加説明も要る。わが行間の読み方は、はたして言い当てるかどうか、知らないが…。

※ 和らくる光と跡を垂れる神 ※

夫木再載 1310　一つにぞ神も仏も守るらむ
　我が日の本の大やまと国　為家　1198-1275

*May ye Gods and Buddhas as one preserve as one
our mighty Mt Big Peace Land, the Home of the Sun!*

嘉元百首　日の本とその名を受けしことわりに
　天てる神も跡を垂れけむ　今出河公顕　1303
　西園寺 公顕公顕　＝琵琶秘曲伝授の師を勤

*So, gaining the Land and self-same name first Home of ye Sun,
would our Heaven-Shining-God and Big-Sun Nyourai be one?*

これは本地垂迹（ほんじすいじゃく）仏が衆生を仏道に招くように，神々になるか、反対の「反本地垂迹」の例か自然科学と自然を崇拝する宗教音痴の敬愚には分からないが、天照大神は宇宙神である大日如来と一体化と云うか、同一視による正当化らしい。

弘長百首　和らくる四方の光を日の本に
　跡を垂るるも我が君のため　為家　1261

*Light softening from all directions our Home of the Sun,
to make religion palatable for my Lord's sake, anon.*

君ないが光の参照に　　和わらくる光に磨け玉津島
仰ぐは深き露の言の葉　誰だか　玉津島社歌合 1263

*Our gem of a sandbar Isle polished by the softening light:
how I revere leaves=words heavy with dew and bright!*

左を先ず Buddhifies our old gods 古き神を仏化にした。日の神より眩しい者はないし、仏教の方が本来柔らかいかと思ったが、逆に釈迦の威光

が眩し過ぎ、人を驚かないように優しい土着の神か菩薩の姿をとる方が跡垂ると云う。比叡山の麓の日吉大社の山王権現たる釈迦は、日本の神も皆も創ったと云う。仏の神化なる。どちみち、和らくる事なく、一体化もない。弘長百首の次の首「和歌のうら道を島守る神ならば沈む藻くづも数にもらすな」とは、和歌詠む人の卑下調祈りか辞世か。面白い。右の歌に蛇足を控えるが、残念ながら六十年もしない内に下記の悲鳴。

文保御百首　和らくる光ならねば日の本に
また頼むべき道や無からむ　誰だか　1318
（「頼むべき」は南無阿弥陀仏を思わすから英訳は）
This may be Home to the Sun, but if our Light should fail
to become gentle, we will again lose our Buddhist Way!

既に寺社の僧兵やら、日本の軍化が進み、たとえ日蓮を思えば心まで角を生やしてしまった。しかも蒙古侵攻を跳ね返すために金と血を捧げた者へ約束した土地等の恩賞もやらず幕府のけちのおかげでタッフになって自分の分を取るしかない姿勢を育んだが、四十年前に読んだ春画の本では、この頃の交合は顔と顔のが殆どなく、もっぱら勝者が後ろから襲う感じになった。公平な描写かどうか知らないが、上の首を読むと思い出す。詠人しらずが国民の皆にも「優しくなれ」の警告かと思う。2017.7.9 再考で、仏教の柔らくる光は、神道よりも歌道への挑戦になる。心を和らぐ役割は和歌にあるとすれば、重複になります。

内裏九十番歌合　和らくる光を君にさしそへて
あまてる神やよを守るらん　誰だか　応永十四年 1407
Our Shining God in Heaven, give some more gentle rays of light
to our Lord and in so doing keep both Reign and World alright!
（天照る神と言えば、時代しだいに性別が異なるが、又）
Provide some extra softening light to our Lord, yes, bless
and protect this world of ours, oh, sky-shining goddess!

同　　柔らくる光は同じ塵ひぢの
　　やまとなるべき御代のゆくすゑ　同
（山⇒大和の掛詞は英訳無用で光と軽い light を掛詞に）
**Celebrate the softening rays by which the dust and mire,
or destiny of Thy Reign, Mount Big-Peace will rise higher.**
（英訳も歌意も難いが、仏教国歌でも創るべきこと？）
**The future or end of Thy Reign should be Mount Harmony
might made right from dust and mire tempered by light!**

左は、釈迦＝天照臣神に君を助けくれ見たいな祈り。その君が弱いから要るか暴れん坊から要るか。右は「和光同塵」という釈迦侵攻（笑）を本書第二部で見た国造りの妙な組み合わせ。仏教国歌の勧めか。日文研のＤＢで詠人の名もないが、同歌合の「聞きしより名もむつましく思ふなりあしりの浦につもる白雪」は、ウェブで言及された小説によると将軍義満詠。若しも歌合がすべて義満詠ならば、「君」は天皇が、義満の家来ならば「君」は彼か。前者だったら、天皇の後小松の称は「光天皇」で「ひかり」が詠まれても納得が。

※　光の裏を返せば　※

　　古今集　筑波根のこのもかのもに蔭はあれど
　　君が御かげにます陰は無し　詠む人知らず 905 年以前
**While trees and hills on Tsukuba-ne all make good shade,
nothing can beat Thy Shelter: my Lord we have it made!**

英米国では、中世の別称は The Dark Ages になる。何でもかんでも考え直したかった我が十代の 60's では、古代の知識を守り継いで、次なるルネサンスの土台を造った尊敬すべき時代ぞと見直したが、あの時代

こそ illuminated manuscript の栄えであった。Google 英和訳は「写本」でしかないが、金銀の美しいイラスか大文字の飾りで「ご覧になる人は文盲でおられながらも本書物を大事に預けて下さい」という物だった。やはり文盲が多ければ、金銀箔に照らされた光が不可欠だった。日本の中世の歌の中での光の多さもやはり、暗い背後を物語る。けれど、古今歌が歌例なる英語にない光と正反対の「お陰」も良い。英語のスラング慣用語 made in the shade の行わたり掛けた狂訳を、ご笑納ください。

寄黒人祝　　影法師の黒ん坊まで日の本の
地にうつけたる御代ぞかしこき　里近　E7-1　1812

How smart thy Reign where even the shadows we cast,
our blacks, know to kowtow in this land origin of the sun.

寄影法師祝　　出る日の影人形も己づから
君につかえる御代ぞ目出多き　津ゝ丸　E7-1　1812

Yes, even shadow-puppet projections of the Rising Sun
serve thee my Lord in Thy Reign w/ blessings for everyone.

黒人見立ての影法師、つまり人の影・陰か、影法師つまり人の影・陰見立ての黒人の来客か。桃山時代にも、初期-中期江戸（テレビのチャンバラにこそ登場しないが、水戸光圀は二人を雇った）におられたも、後期江戸には消息ないから、前者の比喩でしょう。影人形は普通蝋燭の光かと思ったが、出る日の横に伸びる影は好きが「出る日の影人形」をネット検索すれば、自分が載せた一件の当たりもなかった。これは狂歌の新奇を物語る。言うまでもなく、この二首とも君と御代の祝歌の過剰をにやっと笑う。肯定と滑稽は紙一枚の裏表。

13
時間を越える岩清水
crystaline water as a time machine

三十年前の電車通勤に文庫で万葉集を読んだ記憶は大雑把ながらはっきり覚えている気づいた関連性の一つは、清らかな水が永い時間と重なった歌が少なくなかった。その統計の用意に要する時間の余裕もないが、万葉集第一巻はある大学のEテキスト検索すれば、「清水」は早々 #52 歌の最終の部分「日の御蔭の水こそばとこしへにあらめ御井のま清水」とある。要するに、清水は、岩でなくても御井においても「常しえ・長しえ・永久」と結ぶ心ないし液体のタイムマシンです。

久安百首 1152 年　岩清水ながれの末もはるばると
長閑なるよにすむぞ嬉しき　花園左大臣家小大進（女）

（遥遥に春と長閑の縁語も世＝代も澄＝棲むも英訳無用）

From long ago & far away, this pure rock-water from a spring flows to our halycon world where I'm so happy to be living!

（今になる末とはごく珍しい発想だし君は決まって将来）

This clear water from the spring will flow far into the future of thy halycon Reign and we'll still be happy to live there!

朝の光に浮く塵の傑作を詠んだ同じ小大進って女（1150 以前）は、記号を見事にも和歌に捉えている。全て所を得た歌だ。とは言え、心も水も清ければ岩舟がなくても神に通える清水の過去も、巫女の昌か鏡に映るように見える遠未来の両方の意味か片方か。そこが解読に自信はない。

石清水若宮歌合　君すまん流れ絶えせぬ石清水
岩根と著（しる）き千代の影かな　禅信 1204 以前
（住まん＝澄まんも岩根＝言わねか、英訳無用が一応）

Where my Lord lives, the crystaline water's endless flow
by the great boulder reflects a 1000 reigns for us to know!

1200 頃の「石清水若宮歌合」の 330 首には 36 首までも「清水」になる。日文研の和歌 DB では、多くの詠む人の名前もまだ打ち込んでいない。むろん、前詞も学者の解釈なども、オンラインで中々見当たらない。英訳は、一応の仮解読に脚韻踏む心の駒の勝手な案内に踏んだ道の獲物と思えば良い。岩清水の直訳 rock-pure water を crystaline water （又 springs）としても良かろう。

神よよりつきすめとてや岩清水
きよき流れに結びとめけむ　だれか

Rock-pure water, translucent from the Age of our Gods
flows in a clear stream: let's cup & keep it against all odds!

なかなかに千代も八千代も岩清水
深きためしはかみに任せて　だれか
（中々にとは長々にも上＝神も英訳無用が）

Rock-pure-springs promise lasting reigns against all odds
taking us deep so we trust the headwaters of our gods!

我が君の御代の為とや岩清水
その昔よりすみはしめけむ　だれか
（澄み初めか澄みは〆縄にするか澄み＝住み始めか）

Rock-pure springs benifit my Lord's Reign and we may trace
them back to when we roped off the pristine as sacred space!

君が代を幾よろつよと岩清水
みづの緑の色も変わらず　誰だか

Thy Rule – how many tens of thousands of Reigns ahead will
our rock-pure water remain blue/green = baby color still!?

岩清水すまむ限りは頼もしや
のどけき御代のよろづ代の影　誰だか

Rock-pure water may be counted on in Thy calm Reign
to clearly reflect the future of eons of the same.

君が代を祈るとならば岩清水
ふるき流れのあとをたずねよ　誰だか

Would you pray for our Lord's Reign, then, search about
and visit the rock-pure water, or where it once came out!

君が代は類もあらじ岩清水
たえぬ流れのすまむ限りは　誰か

My Lord's Reign beyond compare so long as the endless
flow of rock-spring-water stays clear, it will be blessed.

三番目の注連縄発想が誤読かも。「石清水若宮歌合」の石清水 36 首中に「岩清水君が見む世の試しにや限りも知らず澄み初めけむ」も「岩しみず深き恵みに四方の海も君が心に任せてぞみる」も面白いが、新しく出来た岩清水か、流れが文字通り海まで流れるか。背後判らば英訳しよ。

1247　きみのみや（王の庭）くみて知るらん石清水
絶えぬ流れの千代の行く末　右衛（源？）通成　院御歌合
（酌みて＝組み手？に君のみ（だけ）＝飲みも英訳無用が）

Where the ceaseless flow, a thousand reigns will ultimately go,
just my Lord in his bower hand-cupping pure water may know!

手元の日本国語大辞典にすらない「きみのみや」が、沖縄のジャズ音楽のブログで、日本書紀の敏達天皇の条に「王の庭」とある！古事記の垂仁天皇の条では山と見えているのは「神を祀る神主の「大庭」ではないかと述べた（中略）ミヤはもともとカミを祀る庭」か、カミが遊ぶ庭であったとを示す。「沖縄では現在でも庭をミャーと読んでいる」と。泉の澄んだ水を手にくんで飲む事を英訳できるが、不自然で、*hand-cupping pure water* を *drinking crystalline water* に直したければ…。

1248　　神代よりなに流れたる岩清水
むかしに今ぞすみかへるらむ　為継　宝治百首
*It flows to us from the Age of the Gods, this clear spring
water taking us back to live purely now as we did of Old.*

万葉集を読んだ我が心を掬う感じです。やはり先に述べたタイム・マシン。さて、1407年の『内裏九十番歌合』の歌例を見よ。

内裏九十番歌合　岩清水かみの流れのすゑ遠く
守るにすめる君が御代かな　誰だか　1407以前
（上＝神も末＝神子孫かその村も住＝澄めるも英訳無用）

岩しみづ絶えぬ流れをくむ君の
千代も澄むべき影や見ゆらん　誰だか　同
*In ever-flowing Rock-pure-water my Lord cups and drinks,
behold His reflection, may it stay clear for a 1000 Reigns!*

岩清水かみの流れのすゑ遠く
守るにすめる君が御代かな　誰だか　同
（かみは川上が神もおもえば、又遠くは海）
*My Lord's Reign clean of spirit guards the rock-pure spring
waters flowing on and on, from the god-head to the sea.*

　　　　君まもる千代の試しといわ清水
　　　　流れも清み神やすむらん　　誰だか
　　　（と言わなくても、縁語の澄むから棲む）

Rock-pure-spring, watershed for the flow my Lord well
keeps clear a thousand Reigns as our gods there dwell

　　　　岩清水すみ初めける代々を経て
　　　　類はあらじ君の恵みは　　誰だか

Rock-pure-springs clear from the start reign after reign
still pristine beyond compare remain my Lord's blessings.

川上を Godhead にした、中の首の古語新用は神の代へ通じる清水観に相応しい。清水は本書の主なる題「泰平」と結ぶ。直接ではないが、新年の決まり語句の理も潜む。「長閑」で無ければ澄めない。澄めなば遠くへ見えない。海岸に住めば、朝いち早く起きて浜へ行くと別世界だ。風まだ吹かぬ朝の海も、透明。長き山住いの体験はないから言えないが、その神聖の清水を永遠に守る為に、死んでもいいと思う。

　　　内裏九十番歌合　代々に超え守るも印いわ清水
　　　　君が千年の影をうつして　　未入力　**1407**年

Being guarded reign after reign is the mark of such a mirror
of crystaline water to reflect our Lord for a thousand years!

　　　同　あとたれて守るもひさし石清水
　　　　濁り無き世と神や棲むらん　　未入力　**1407**

Time has passed since buddhas guarded this pure rock spring
when the world is not muddy, our gods will clearly live here.
（跡垂れて守る神仏か何かの同定か適切な称を解ると直す）

The guardians of this crystaline spring changed names over time
still when the world is not muddy but clear, the gods live here.

1407年の「内裏九十番歌合」全180首の詠人は「未入力」で他の情報もないが、この二首には清水の祝うべき心をよく表すかと思って、敢えて拾った。透明な水は元旦同様にタイム・マシンだった事を既に述べたが、乗者を何万年も運んでくれるそのマシン自体を、大事にしないと壊される。清水を鏡のように磨ける必要ないが、やはり守らなければならないと我々の過去と将来も一緒に消えてなくなります。この清水をペットボトルに入れて売る事を禁止したいと思います。大グラス瓶に入れたのを人の寄る所に置いて、人の持ってくる茶碗か紙カップから飲めばいい。それも只で、感謝の念一杯だったら問題ありませんが。

※　濁りも汚れもなき澄める　※

1248　寄日祝　君がため雲さへ空におさまれる
御世と旭の出づる山の端　　中山忠定　1188-1256

Thanks to my Lord, even clouds in the sky are subdued, no surprise
in Thy Reign the sun rises straight from the ridge to greet our eyes.

青空も曇り空も退屈なりがちを、個々と見分ける雲は色がどうであれ、面白い。雲は治まるも（空を青袋と思えば）納まるべき物ではなく美人同様に目の薬として歓迎すると思えるが、寄日祝は仕方がなく、こうなっちゃう。暁の美しい雲すらない空しい今朝も、即興で君を祝わなければならないと、きれいに掃き払う治む系譜以外には手がなかったか。

詞藻類纂に見つけた　十寸鏡ひら一面に大君の
息はかかれど曇り無き御代　＿＿在日だったら調べる

A foot-wide mirror, opened before my Lord to its full breadth,
bless Thy Reign, clouds not a whit when touched by divine breath!

これは寄鏡祝かも知れないが、大君の奇跡的に鏡を曇らさない息でその代の善政を証明する新奇に狂趣ある。大君の息を神化するような狂訳は、良いか悪いか知らないが Thy を一度すでに使ったから、繰り返さないように息の前に別な語が必要だった英語だから divine になった、偶々の神聖だ。十寸鏡は真澄鏡と同じ読み「まそかがみ」になる。

寄住吉祝　濁りなき世は住よしのそり橋の
　　うつりて丸く和合した迄　蔦丸　K29-3　1794
（住吉に澄み代か良しも英訳無用が地名を脚韻化すれば）
*In this clear, not muddy world the arched bridge of Livingood
reflecting forms a ring of harmony within the neighborhood.*

「寄丸物祝」「寄円祝」「寄橋祝」とも題しうるが、澄みを住吉に掛けた枕のおかげで完璧に映る輪＝和合まで詠んだ丸名に合う素朴の秀歌。当橋は今も残れば、歌碑にしたくなる首です。Livingood はいかが？

寄民祝　寄生花祝　生けるよの甲斐は有りけり花かめの
　　水際きよくすめる国民　茂喬　K16-2　1811　（代か世）
（生＝活けも釣瓶のカメ＝亀も住＝澄めるも英訳無用）

愛国百より　いくぞ度かき濁しても澄み返る
　　水やみ国の姿なるらむ　八田知紀　1799-1873
*No matter how often we muddy it, one thing is sure:
our country, like water, will always come back pure.*

左の花亀は江戸時代に遡る花屋か。髪際も大切にした日本だからこそ、陸と海か川岸の接触が美しくて、キッスするような表現でも使いたくなる。コンクリートで離婚させられた以前に国民も清く住めるように努力もしたか。Morse は 1880 頃に、海川を排泄で汚くした欧米と異なる日本のリーサイクル制度を褒めた。外国から運ばれなかったらコレラもない。広重名所画などを見ると、亀も人間も共にすんだ美しい世は、今や惜しい。右の和歌の主張は、後知恵からして楽観。空しい。

※校正中に見つけた中世の秀でた追加※

1200　君が経む今ゆくすゑも天地の
開け始めて今日に成るほど　実房　正治初度百首

The present my Lord passes and where we head, let me just say since heaven & earth split this is the first time to become today.

（日本人の英訳も見たい。頭は眩暈してしまう。Carpe diem?）

Thy passing now, my Lord, and future, too, since Heaven and earth split away for the first time is always to-day.

広い意味で「今に生きる」覚悟か。祝いの面ながら若い君に教える道歌か。「君が経む今」は妙な表現ながら、この単純人敬愚かにも通じます。「開け始めて」は前後にも結ぶ動詞は意味が解るも英訳は大変。しかし、「今日になるほど」は「成る」が「なるほど」という掛詞の口語か、その世創り過程の「程」か双方とも、それこそ判りかねる。上記括弧内のラテン語は「今日を掴め！」が教訓かとの自問いに過ぎない。読者諸君の異見を是非とも聞きたい。哲学と遊ぶ人ならば興ある歌かと思いますが、それも仮定でしかない。因みに、これは文字通り大変な時期であった。初代将軍源頼朝の死後に国を指導しそうな梶原の家人66名が幕府から追放されば、路上に待ち伏せに出遭い一族が滅ぼされた。33名の首が懸けられた等を思えば、これも北朝鮮。因みに、1198-1210在位の土御門天皇が1196生まれ。三歳の天皇が始めてかと思えば、検索の上それが1164生で1165在位六条天皇が前空絶後歴代最年少譲位になる。

1202〜1203　ちはやふる神代も知らぬ試しをや
君にはしめて定め置きけむ　未入力　千五百番歌合

Here's something never tried or known in the Age of the mighty Gods My Lord is for the first time chosen and put in place, what's the odds!

（小生は文法音痴で君に対して起こる事↑か君がやる事↓か？）
This experiment unknown even in the age of the mighty gods
was first settled by and established by none but our Lord!

上の参照　同　この世には昔も聞かず今も無し
君が齢（よわひ）にまさる試しは　未入力　同
In this world, unheard of long ago and not found today –
besting the age of my Lord, I assure you, there's no way!

左の前句、業平の名歌のもじりは良いが、水の中を潜るような新産法を祭る歌でなければ、後句は何を指すか知らない。二首は、1202 秋〜1203 春に成立されたが 1193-4 頃から集められた 150 首の祝賀歌中。君を先ず、1182 生まれで 1202 に将軍となったが 1203 の内に下ろされた源頼家か。弟は将軍になったら、1204 にお寺で儚き廿一歳で暗殺された。詳細を省くが、これも北朝鮮みたい。或いは、神代も知らぬ試しは、後鳥羽は児なる安徳天皇と二年も在位を重なった事か。三つの神器も平家・平の戦争より揃っていなかった元服の儀か、1202 より児の天皇に対して後鳥羽上皇がただ 19 歳で名実共に治天ないし院政の君となった異例という訳。※　或いは、他の正解あるか。謎めいた主張する歌だから、両首も既に歴史家の博士論文か何かに取り上げているかもしれない。※　校正中に読んだ「千五百番歌合」の中で既に一応完成した章に入れたかった上記と別に関心する歌も、幾首もある。改造版つくれば、きちんと本中に配りたいが、新しい試しに読者諸君と見てきた諸々系譜の説明を繰り返さないで最短の蛇足と共に下記に並べます。例の通り、詠人の名は、殆どが「未入力」になる。文化庁か暇ある和歌魔に DB をもう少し完成するように、お願いします。

もろこしの代々は移れど敷島や大和島根は久かりけり　未入力
（双方の国称の意味が大切が、根を入れる字こそなかった工夫）

In Cathay, they change from Reign to Reign, but on our Well-set Isle
of Shikishima or Big-peace Yamato, we have not for quite a while.

四つの海のたみ静かたる君が代にあまの命も嬉しかるらむ　同
（皇族が古代より鮑と海鼠取る海女だけか知らないが可愛い歌）

*From sea to sea, the waves and common folk have become quiet
in Thy Reign even fishermen and diving girls are happy with life.*

四方の浦や吹く波風も静かにて煙まよわぬあまの藻塩火　同
（狂風ある真っ直ぐなる系譜だが閑院は後鳥羽の皇意の一つ）

*When wind and surf In bays North South East West calm down
even smoke from seaweed burnt for salt rises straight up.*

影なびく星のくらゐも長閑にて空にぞしるき御代の景色は　同
（北斗の天皇を補佐する地位ある星位の公卿を星座に喩えたと）

ゐる塵の山を幾重に重ねてもげにわが国は動き無き世を　　同*
（*良経詠。塵ひぢが山なす章に英訳あるが疑問認める珍貴歌だ）

ちはやぶる神ぞ知るらむわか君を寝ても覚めても祈る心は　同
（どこかで見た。これはきっと新古今集かどこかで再載されたか）

*Yes, our mighty gods they know whether sleeping or awake
just how sincerely I/we pray for my/our young Lord's sake.*

君が代に積もりて山と成る塵のすゑを思えば雲かかるまで　同
（既載の積塵の山に雲の本歌は 993、1093、1200。派生歌 1459）

*I see a future for even dust in Thy Reign that will no doubt
grow into mountains high enough to boast banner clouds.*

君が代は二葉の松の千代をへて梢の風を雲に聞くまで　同
（二肩書の後鳥羽というよりも児天皇が二歳の時の子の日か）

*May Thy Rule, a two-leaf pine, a thousand reigns passing, hear
the wind-song from its tree-top high in the clouds and near.*

友千鳥むれゐる磯の声ごゑに君が八千代の数ぞ聞こゆる　同
（↑↓千鳥の擬声チヨ＝千代の鳥名に同音の祝語なく英訳無用）
やほかゆく浜の真砂にゐる千鳥君が千代をや添へて数えむ　同

君が代は常盤の山の松の風いろも変わらじ音も絶えせじ　同
*Our Lord's Reign is akin to the sound of the pine wind singing
high on Mount Rock-of-Ages evergreen and un-ending.*

曇りなく治まる御代を人も皆みよとていづる星の影かな　同
（見よ＝御代はいいが、六十まで生きる後鳥羽か暗殺された子か）
*As Thy well-ruled Reign is never cloudy the people are all out,
so, too, the stars that they would see and in them thee!*

君が代は筑摩の川の細石のさながら岩とあらわるるまで　同
（万葉歌：信濃なる筑摩の川の細石も君し踏みては玉と拾わむ）
*The Reign of my Lord is like a pebble in Chikuma River
that eventually will surface as an august boulder.*

星の歌は家隆が詠んだ（坂田光代著「建礼門院右京大夫と星の歌」という、大夫歌に対照的な京風写実の素晴らしい星歌も紹介してくれる玉の随筆のPDF参考）。とりあえず、詠む人と対象（君の同定）を一々知った上に読み直したい。祝賀歌が効いたか失敗したか（生没の事実で寿ぐ効果を）知りたいが不親切と知りながら。中には、当時代の最高の疑問歌と思う「ゐる塵の山をいく重に重ねても実（げ）にわが国は動き無き世を」の詠人は知るが、歌への反応こそ知りたい。又、梢の雲に及んで聞く松風の松は、俊成女（**1171-1254**）しか思い浮かばない優雅の詠みで、拙英訳は恥ずかしい。

V

新年と四季を祝ふ
the new year and the four seasons

14

新年も季になるが
new year's enchantment

　　立春　今日と云えばもろこし迄も行く春を
京にのみと思いけるかな　俊成　新古今集 1205
On this day, the Spring I know goes clear to China, well,
'tis here in Miyako alone . . . or so I can't help feeling!

　　初日出　さし出づるこの日の本のひかりより
高麗もろこしも春を知るらん　本居宣長 1786?
From rays of light radiating from our Land of the Sun,
Korea and China, too, will know that Spring has come.

本来、正月はすべてが祝歌。その古句二千本も原句＋英訳＋解説の本を出したが、よく売れない拙著の中にも、**worst-seller** です。文化よりも大自然を期待するために、俳句の新年句は四季と異なって、小生の英訳以外には、英訳されている句は殆どない。狂歌は反対に新年の首こそ百倍か千倍も多く翻訳されている。その心は、お解かりでしょうか。必ず画中心になる新年の題をめぐる一つ以上の狂歌（平均は４〜

8首）ある狂歌師かその連（れん）が、毎年のお歳暮用に作られた「刷り物」は、欧米の美術館に人気だからである。展覧会もしたり、その出版物にも翻訳したの新年狂歌は数多ある。貧乏神の身で、買っても一緒に運ぶもできない贅沢なる大型の本。北フロリダの田舎の農場を面倒見ながら、際図書館ローンで、たった十日に読み通してたまたま拾った首しか、今は手元にない。本書を書くことも夢にもなかったから、拾うべきものを沢山読み過ごしたはずです。本書の尾の方に入れた小章にお預けする「寄十二支」だけは、かなり多くの例を拾った。その隣の小章は、欧米人を驚かす日本人（中国文化圏）の「共同なる誕生日」という年賀は、齢ごとに提供します。これは皆さんにとって役に立つかと思う（現在のバースデイ・カードの言葉より面白いぞ）サービスかと思います。今ここでは、主に君の代と神の代と国か国民を詠む首に絞りたい。章頭の二首のいずれもその類。日本は東で右、宣長の主張は文字通り正しいが、視座が二つ以上もある俊成の器の広さにこそ惹かれます。1459年以前の正徹詠「霞むなり今日もろこしに日本をふりさけ見てや春を知るらん＝草根集」は、宣長の本歌になるようです。

続古今和歌集 二十賀　後朱雀院御製 1265 年
天地も受けたる年の印にやふる白雪もやまと成るらむ
Heaven and Earth are blessed with all this falling white snow, symbol of the year/s gained becoming a mountain = Yamato!

新年祝　年そよき神の生れしむ月立つ
今日の一日の初ねにぞ会ふ　正徹 1459
（神も皆も産まれる睦月は英訳できない）

左、古代の創造の復活を自然現象に見出す後朱雀院の御製歌は明らかに素晴らしい狂歌にもなる。右、正徹の歌は、睦月を素直に詠んだようですが、初ネズミの子は初音ながら、神の子の産れたる初声のねと重ねたら、ここにも狂趣を感じる。狂趣も、心次第でしょうが。

　　　　泰平　賀巻内 春祝　大きなる箱に詰めおき取れど猶
　　　　尽きせぬ御代の春はのど芥子　伯水 T37　1679
　　　　　（長閑しに芥子を入れぬ英訳は無用）

元日の枕なる「のどけし」のけしからぬ半語的当て字（或いは喉の痛み止めの芥子薬もあったか？）は、夷風というより更にどうけた「鄙ぶり」のようが、ごく小さい芥子の種で、けっしては「消し」（尽くされ）はしない、という訳です。前句の大きな箱だと先ず、あら年の玉が中の酉年かなんかと考えたが、オチが最後の一語で旨い。しかし本当の芥子の種一杯の箱も共に贈ったか。それこそ知らない。

　　　　同 T37　代を祝ふ心三つ物四つの時
　　　　いつもの如くむ月めでたし　政重　銀葉夷歌集 1679
　　（一は祝ふは二も三物も何時の五も睦月の六も英訳無用が）
　　　後はなな鉢合わせなる歌人ここなつならぬや詩それも登った

三つ物の意味の「儀」は済まないほど多様で、蛇足を控えるが、その代わりに敬愚はマイアミに居ながら六つの後も、きちん十までも続くつもりでしたが、coconuts に出くわせば、椰子の木を登ってしまった。

　　　　神の代のあまてる日次（なみ）月次に
　　　　絶えせぬ道ぞ敷島の歌　正徹　草根集 1459
　　（天照る女神も日 sun＝day 日なみも英訳無用だが）
From the shining sun of the Age of Gods a calendar of days
and months that will never end while Waka is our Way.

　　神の代は今も古かの道になるほど老もせぬ若さ伝授ぞ
　　（「か」は言わずが判る道と歌を掛ける敬愚も英訳無用）

正徹（1381-1459）は、多くの連歌師と初期狂歌師同様に長寿に恵まれた。『古狂歌　ご笑納ください』に、わかさという所へ帰る道を聞く老い旅人の名連句を取り上げるが、ずっと和歌の道だと始終初心不老。いや、いけない。正徹の和歌よりも、どういう訳か急に思いついて詠んだ自分の狂歌の蛇足だ。正徹は、今の日本人の多くも気づいていない事を意識して詠んだ日次と月次は、英語のcalendarだけではなく、より近いalmanacでさえ表現しかねる後に、俳諧のお陰で歳時記という一語で称されるが、和歌はより早く実践したかと思う。ともかく日本の聖書だ。ユダヤ・キリスト・イスラムの危ない聖書ではなく、無害なる他にない宝だ。花見やBook Fairなどで、領事館の文化部は細い雑誌の類だけではなく、イラッス一杯の大歳時記をテーブルに置くべきだ。様々な民族の多様な文化も頼りになる生命圏が危なくなった世界だから、それだけ遠慮なく伝導して下さい。

　　　元日　君が代や唐竹までもうち添えて
　　日本で祝う門の松かな　長崎一見 T39　1685
　　　（代と竹の縁語も日本＝二本も英訳無用）

俳諧にも日＝二本の同音語遊び名句ある唐竹で君が代に中国もうち治める系譜。本来は門だから、松＝待つのみだった。天明狂歌の四方赤良の『万載狂歌集』歌の「くれ竹の世の人なみに松たてゝ破れ障子を春は来にけり」（蛇足：呉＝暮れの夜、春＝張る）の世並みは一茶の「中位」の新年に通うが、従来の祝いと異なる。竹入の門松がまだ二、三代の過去しかなかった。斜めに切られたそぎ竹は家康が初めと云う。本当なら審美上、大貢献になる。家康は利休と共にしたい。生きた竹を切ると、竹の動きも少ない角度にもなる。さすがに家康！

　　　年寄りを若きと祝う元日の
　　言葉を杖に腰をのしこう？　至三　K3-2　1759
On the First Day of the Year we celebrate the old as young,
so w/ words for canes, let's stretch out our hips – Gung ho!

（公的↑私的↓。ペイジを越した腰を「伸し行う」と英訳）
On the First Day of the Year we old are toasted as "young" – talk
I take with me for a cane and, standing straighter, take a walk!

寄獣祝　口広う歯も目も能いと自慢して
千代のよわひや送り狼　栗洞　K2-3　1767

~~Boasting mouths that open wide with good teeth and eyes~~
~~they must live a thousand reigns, the wolves that surprise us.~~
（送り狼は知ってるが、賀歌の千代を聞くも若死ある事か）
I boast my mouth still opens wide, my teeth and eyes are fine
a 1000 reigns I toast to age that silent wolf who waits to dine.
（齢は重荷で背負う物ならば主に後ろからくる送り狼やのう）
My mouth is still wide and my teeth and eyes are just fine I boast
as my trailing wolf clothed in 1000 years of toasts licks his chops!

寄春霞御代祝　　山々に霞の網をはるなれど
鳥おどろかぬ御代ぞのどけき　帰一斎三麿 K24-1　1770
（織る霞も網に張る＝春も閑きの含みなければ英訳無用）

送り狼という超自然動物の存在を廿年前に覚えたが、一見で狂歌を「千代の齢はまるでドラキュラー」と解説した。送り狼は、おめでたくも祝う永いハズの齢の比喩、或いは暗喩だったと見逃しった。棒の見せ消ちなる未解読の翻訳がノンセンスだった。2017.4.1の今日は親父ギャグと嘘をつくべきの日ながら正直に直しました。右、今朝の春は長閑さを通して小鳥たちまでも及ぶ泰平の祝い。霞より濃い霧ならば、いきなり出てくる人間に驚く鳥はいるが、霞であれ霧であれ、御代のおかげで驚かない（怖い事はない）のが、滑稽調の祝いの発想になる。

x2 寿は千代に八千代にそりゃ偽りじゃ
有様無事で百五十年　鈍永　1776　K13-3

A thousand reigns, eight thousand reigns – what a fatuous toast!
If nothing happens, one can last a hundred & fifty years at most.

一般人を祝うと千代に八千とは言えないと思えば、これは君の神聖（？）を疑うと思えば、宿屋飯盛の古今序の望みを頂かなかった名歌よりも危なかったかもしれない。あるいは、将軍の君に対してこの程度の疑問が許されたか。現在のところでは、百五十は大体限界かと研究者は言う。二百五十年前に同じ推測を読むと、それだけで面白い狂歌だ。気に入た首だから、本書に二、三回も載せて貰いました。

春ごとに医者の玉物の一つゝみ
年は薬と祝い直して　栗毬　1783　K4-3
（新玉＝改まる＝治すから薬が英訳無用も大意）
Getting a package of treasure from the doctor every spring
I've started to celebrate each year I gain as medicine!

寄お臍祝？　病ひ無しと笑わば笑えねん礼に
達者ものもや臍のあかつき　皐鴬館鹿丸 K27-4 1784
（臍の垢の珍なる迷信を意訳しても暁と掛詞は英訳無用）

左。これを寄医者祝でいいかも知れない。医者もこの感謝を読めば嬉しくなるに違いない。老は年を重荷と思いがちを、その親切なお歳暮か年玉のお陰で軽くなる。敬愚は羨ましい。保険もない貧乏人の米国は、石器時代のネアンデルタール以下だ。右は、ぎゃっと言うべきか、笑ふべきか。しかし、お臍を互いに見せたりしたか。

若水祝　花水を雲井も地下もおしなべて
同じことぶき祝いつるべで？　笑丸 K27-5　1785
（関心の祝いつる⇒鶴⇒釣瓶は不可英訳ながらトライし）
Young water's first bloom is found in the clouds and underground
the same longevity and a well lever called 'crane' brings it 'round.
（天が雲井⇒井の同音も同じ事⇒寿の掛詞も潜鶴も英訳無用）
Flower water high or low, from heaven or below the ground
celebrates the same long life as our wells recall the crane.

　　　　朝湯も若水？　人こゝろ身が飾らめやあらたまの
　　　　年の朝湯の濁りなき御代　銭屋金垰　E3-8　1788
The hearts of men and bodies are not adorned but, yes, renewed
with this Year's Dawn-bath, I'm like Your Reign – one clean dude!

左は、再読上で一読で気付かなかった掛詞も通じた。井戸の釣瓶に潜める鶴は又、見た目に時折耳にも似る。右、真顔編集の数奇屋風呂がかの改革直後。とは言え、原文の主格は最後に来る「御代」であってdude ではない。はい、又も脚韻を踏むために翻訳の罪を犯した。しかし、洗⇒新玉も出来ず、せめて新人類 dude 化しちゃうサービスを、と思った。

　　　　　　　　寄天の戸・岩戸

　　　　寄天の戸祝　　とこやみのよし簀の岩戸ひき明て
　　　　面白くも出づる辻君　奈間川野等人　E2-5　1785 徳和
　　　　（床＝常闇と面白い語源になる説話と白粉は不可英訳が）
A cane curtain serving for the bed=everdark stone cavern door
opens and in the light we see a bright white crossroad whore!

　　　　同　　久かたの空錠なれや天の戸を
　　　　あけたつ春のかぎりなければ　手柄岡持 1785/6
　　　　（錠なるかどうか疑問は限りに鉤なければ英訳無用）

　　　　同　　神の代の骨折り見えて天の戸を
　　　　やすくも明る日の初め哉　坂月米人 E4-1　1793
Compared to the back-breaking effort it took in the Gods' Time
how easily Heaven's Gate opens for this year's first Sunshine!

左は面白い事に、やはり「神祇」だったが、再掲載多くて、その題があまり見当たらないから、ここに一応おいてもいいかとおもった。悪

くないが、傑作とは言い難い。名歌になった理由は、紳の事を俗化する風刺は、いかにも狂歌のイメージに一致するからであろう。中の岡持の首は、言葉遊び一辺倒で面白いが余韻ない。右、米人も天明狂歌の名人ながら、どういう訳か、この概念狂歌の傑作は全く有名にはならなかった。正月と神祇の両部の完璧の統合で、傑作だ。『古狂歌ご笑納ください』の章頭歌になる知恵内子の「通ります」という日の足と同じようなすっきりした心地よい詠みだ。若しも米人の狂歌は、四方赤良作だったら著名になった。繰り返して読む甲斐あり、教科書などに再掲載を見たい。

　　　　鶴祝？　　難波津のみつに千年も遊ばなん
　　　　わかに等しき浦のとも鶴　栗標　K7-3　1813
　　　（年月日の三つの朝＝水＝み津か？和歌に等しき！？）

鶴を面白く詠む上方狂歌は数多あるが、祝いよりも笑いが多い。この歌の「遊ばなん」は「遊ばせ」という感覚で夫婦の共鶴で、和歌の浦の同輩の文人友と祝いしながら、み津に正月の三つに若水を汲むかとか色々思いつくが、自分より読解力がある人の助言を頼む。

　　　　治まれる御世はゆたかに浪のしわも
　　　　うちのばしたる春の日の脚　蝶々亭そま人 1820 年
　　　（波＝皺も前後繋ぐ伸・延ばすもそれと豊かの関係も日足も）

海の皺面が天道さんの足の裏に按摩を受けてきれいに延ばす。日本語で読めば、様々の新年の陳腐と祝いの系譜が良く結ぶが、英訳せんと「治まれる」と「打ち」の縁語も、単語の含蓄は一致せず論筋も繋がらない。小波は ripples か chop になっても肌にしかない wrinkles にはならない。

　　　　寄春袋　　天地を袋に縫うと祝う口に
　　　　笑いをこぼす春の朝かな　石樹 e9-3 1815

（天地袋の意を推しも口は袋また女の子だと祝うの英訳難）
*Heaven and Earth sewn into a bag, we hear from the mouth
of its creator some laughter on this Morning of the Spring.*
（こぼす笑いを some で工夫訳が celebrate 入るも音字不足）
*Heaven & Earth sewn into a bag, the girl can't help smiling
and laughter spills over as we fete the dawning of Spring.*
（笑いの意味も二つ、しかも祝うを fete でかろうじて）
*She sews Heaven & Earth into a bag and at the crack of dawn
there's a smile on the mouth of the girl welcoming the Spring.*
（思えば fete は祝より軽い飾りの感じで welcome＝歓迎）

題は敬愚。寄創造主祝は冗談になりがちが、この狂歌を読むまで、新年の幸福を一杯つめるようにと上下を縫い合わせて出来上がる天地袋（又春袋）の存在すら知らなかった。1029 年に「一条大納言家歌合」の年頭の言寿歌た「天地を袋に縫ひて幸を入れて持たれば思ふことなし」ある。この「なし」は素晴らしい言葉遊びだ。心配「無し」＝願望「成し」即ち叶う。狂歌が四方真顔編の約 4000 首も誇る大題別集『俳諧歌兄弟百首』に出たが、彼は刷り物の狂歌集の空前絶後の仕掛け人で正月に限る多分日本一詳しい人であった。ネットで当の袋の画を求めたが詰まらない商品の一枚の写真しかなかった！これは小学校か中学校で皆も一度くらい作らないと駄目ですよ。敬愚を文部省長にしたら来年から、でもできるはずです歌と解説は 2017.4.1 校正中追加。

題　払扇箱買　　先づひらく春の要と末広の
御代をばあおぎ扇箱売　番太楼姫則　E12-7　1855
*First, from the fulcrum open wide the Spring, the better
to stir the embers of Thy Reign, says the fan-box seller*

是もかみのあつき恵みにしまりよき
春にあふぎの末広き御代　岡本　E10-3　1820
（紙＝神＝上も厚き＝熱きも会う＝仰ぎ⇒扇も英訳無用）

売らなければ、扇は使わないから、逆年順になるが、いずれも末広きという常に富士山の形容をもって御代の枕にした点が新奇。

寄書初祝　書初をすゞりの水に鳰海は
　つかひ干すとも君か代の春　応其上人 T27　1666
My first writing of this year – and though our brushes may drain
the ink-stone's inner sea, 'tis still the Spring of my Lord's Reign!

試筆＋後祝　大厄の年は一夜にすぎ戸明けて
　めでたき春に逢うぞうれしき　月洞軒　元禄
（過ぎ⇒杉の転掛詞一つで英訳無用）

左は微笑ましい。本物の海だったら干すのが永年かかるから連想上は寿ぐにもなる。霊元天皇の御在位は 1663 より。1654 生でまだ 13 歳。最後の法皇にもなり 79 歳まで生きた。確かに君が代の春だった。右は、本書をして、例外。新年の歌ながら、後祝という二種類の歌である。

万歳・万才

寄亀祝　亀の声すぽんと囃す小鼓に
　万歳楽と祝う君が代　　未得 T24　1649
（すぽん＝擬声語も亀と万の縁が無ければ英訳無用）

「亀鳴く」は、水の中で水を呼吸する時になると日本国語大辞典。そこまで解るが、泰平の代で祝いも万歳楽というまぬけたものでもいいではないか、というのが未得主旨か？これも未解読。

門松の女夫の中は二世三世
　おろかよ今朝から万ざい通して　駒丸 1785
（日本語読めなければ万歳が万年なる事を説明要るが）
The Gate-pine, male & female, may outlive us before they die,
but just by a few lifetimes – silly, as today, Manzai come by!

万歳よ待て事問わん蚊柱と
霜柱は何の由来ぞ　鼅丸　題林#173 1800 前後
Manzai! Stop the show, I want to ask about older celebration:
The Natural History of Gnat & Frost Pillars deserves attention!

左は蛇足無用。右は、一本の柱が一宮、二本の柱がと云々と十本も越える柱尽くしは万歳の常になるが、上記の柱はどうだい、という問いは可愛い。

寄万才御代か寄御代万才か　四つの海静けき御代に万才の
鼓にのみぞ波は打ちける　鶴のや松雄　E12-7　1855
In thy Reign with the Four Seas placid and free of knaves
only the beat of Manzai drums are still making waves.

海岸に万歳が多かったか。題林にある魚道の「春風を帆かけ烏帽子にふくませて波の鼓に浮きし万歳」は祝よりもシュールの描写だが、この後期よりも江戸最後期の狂歌は明らかに御代を詠む。原歌の前句まで読めばその寿だけかと思われて後句を読めば、あの万歳に転じる。波のニュアンスは英訳で通じ難いから knaves つまり白波もない、と綴った。大軍の人波もトキの旗の波も白波もない泰平洋。皮肉にも、この狂歌が出て間もなく、静けきだった海岸や川岸に、かの黒舟がいきなり訪日。

万歳　徳和哥に狂哥のさまもさぶらひける
大和詞で可笑しからずハ　遮莫　題林♯175
（他者を演じる下の人の描写ならば卑下の侍う）
Had our New Year ever-young comics not used in their poetic skit
Yamato tongue adopting kyouka style, it would have lacked wit!
（純粋大和言葉で駄目と解るが主張の微妙な点は…）
I tried adding a touch of kyouka to the ever-young skit
but in waka-speak the funny thing was it had no wit!

（↑本人が常若に参加、↓第三者が同じことを）
A kyouka poet joined the ever-young comic crew
as old Yamato lines are not funny for me or you!
（常若が狂歌の真似したが大和言葉で駄目だった）
The Tokuwa performers recited kyoka, so-called;
for, in Yamato-kotoba, they were not funny at all.

狂歌に携わる人の門で、「常若」の変形なる「徳若」の万歳を演じる者は即興で、狂歌師と名乗って振舞ったが、その「狂歌」が一応その姿（さま）のつもりだったを、可笑しくなければ今一つ、と敬愚は先ず読んだ。それとも、狂歌詠む人ご本人こそ共に狂歌師役を演じてみたら、古臭い大和言葉だけでは、狂歌がさまにならなかったか。或いは又、可笑しさが狙いだったら、万歳に狂歌詠みも加えるべきだと云う主張か。活字で読んだ祝福や寿く万歳の台詞は可笑しくなかったが、春浪亭氷花の首「負ふた子を下におろして乳母までが腹をかゝへて笑ふ万才 K6-6 1823」は、嘘でなければ、面白く見た人もあった。因みに一茶にも漫才の妙句ある：「へら鷺も万才聞くか君が春」（文化三）。

寄漫才＋寄岩戸祝　　神つ代の春万才を障子より
あなおもしろと覗く少女子　保彦　E12-7　1855
Spring manzai taking us back to the Time of the Gods through
a hole in the paper door a young girl peeks out "ana omoshiro to"

漫才は本来萬歳で皇帝を寿ぐものながら、永寿嘉福を招く縁起物かつエンターテインメント。が、この首を読めば、我々を冬の家と云う岩屋から引っ張り出すも役割か、とも思う。アメノウズメ（天鈿女命）の如くの存在。復活際みたいの小芝居。夫婦の漫才には、天鈿女命と手力男の小芝居きっとある（？）。「あな面白」両語の含蓄は、英訳しかねた歌の女の子は、先にみた辻君よりも大変可愛い天照大御神になります。

※　十二支尽くし　※

十二支の歌は暮にもあるが、新年だと祝いか賀の類と感じる。子共の頃の手作りクリスマス・カードと日本で作った年賀状も思い出すためか、動物好きだから、狂歌本に出てくる十二支の割れ合いより数倍も多くの歌例を拾ってきた。とは言え、江戸後期の狂歌＋画の刷り物の本が手元にあったら、下記の何倍にもなったはずでしょう。しかし、E-mail の世に年賀葉の数は、どうなったか。お子様とともに、手書きで作ったら、新年も手造りの感じもするでしょう。高校生は今も郵便を届けるでしょうかか。フロリダより、そういう日本は懐かしい。

子

　　　甲子の歳　門に立る松の木の枝に吹く風ハ
　　　　あら面白の琴のねの年　貞柳　T45　1654-1735
　　　（立つるの鶴も甲は亀の縁？音⇒子の年も英訳無用）

元日は決まって「長閑」。これは、その日多くの人が歓迎しなくても、強い風に肯定化したところを見つけて詠みになった心優しい傑作。鼠の音は、本来静かで日本の琴よりもベトナムの一弦を聞きますが。

丑年

　　　月と日を両輪にかけてめぐり来る
　　　　ことしは牛の車よせ哉　未得　T24　1649

*The moon & sun, each serves for a wheel as it's bound
to be on an Ox cart that this New Year comes around.*

　　　御代誉めて我等がよむハ舌長と
　　　　申さん牛のさいたんの歌　重香　T37　1679
　　　（モウさん＝申さんも歳旦＝長の縁短⇒誕の歌）

How fellow poets now milk metaphor to praise Thy Rule!
With the Ox we bellow, so on NYs Day, pardon our drool!

明けぬれば丑年の春たら／＼と
涎に紛う軒の玉水　錦織妙 E4-4　1793
（成れ＝濡れも玉水という語で英訳より上品だが）
As Spring dawns in this Year of the Ox, for thought fodder:
water drip-dropping from the eaves mocks bovine slobber.
（二音字不足で「年」入れたが、丑の春雨たらたらは？）

松の内に思いつきなる玉の春
千金はもう丑のみふぐり　敬愚か E4-4 か
（自分がワインを呑みすぎて詠んだか）

せわしなく廻る車の年の坂
超へてのろりと丑のはつ春　高砂浦風 Ex2
The Sun cart rolls ever so slowly over Janus' Hill
at the start of Spring of the Ox, time stands still

雪女の身が化けて汚き泥水
要らぬが涎いける丑年　敬愚
Snow woman's body, it melts into muddy slush – yucky,
but called slobber in this Year of the Ox . . . it is lucky!

貞徳の悪口されがち牛の涎の句は軽みの傑作と思う理由は『古狂歌ご笑納下さい』などで何回も述べた。芭蕉はもう少し長く生きたら、その事実に悟ったはずです。その五十か五十一歳の若死は、現在までも直っていない日本のユーモアセンスに大傷を与えたかと敬愚は思う。蕉門の良い面は世界中にも認められているが、糞まじめの悪い面も忘れずに乗り越える必要ある。上記の五つ首の中で二番目の「舌長と申さん」という卑下もある首以外には、傑作ないがともかく。

寅

刷物の年賀　氷とく風の手飼のとらの目の
時もたがわでくる玉の春　ひゃくていさかい　1806
（猫の類の目が時計になる発想は中国より。元日立春か）
The eyes of this Tiger raised by the ice-melting Wind this year
do not mistake the time for beautiful Spring to come is here!

明ければ寅の歳旦　去年敷きし腰抜け猫の古畳
ことしの虎に変わる勢い　甚久法師　T44　1722
What a start for the New Year, my hip-dragging old cat
as they call old tatami is back as this Tiger of a mat!
（古畳を海鼠とも称すが老猫が病床とも見做せば）
Seeing the lame old cat's tatami laid just last year
change into this new one: voila, the Tiger is here!

左の虎は「さほ姫の手飼成らし虎の年」という定時の『鷹つくば』1642 が本句か。右の首の直前の首は「かすかなる庵に住んで歳暮」と前置きして「猫たゝみ一畳敷きしかりの庵鼠もとわぬ年の暮かな　T44-127」もある。古畳は又海鼠になるが、最高の元日の猫ポエムは、拙著に必ず紹介する子規の「猫の顔もみがきあげたり玉の春」だ。玉の掛詞のみならず、猫が美味しい年玉を貰ったに違いない。或いはお客さんに愛撫された。というと、愛されるように身を養う猫は存在しない。愛されたと思う時にこそ、手の後ろを舐めて頭の上を洗うまでも尽くすは、猫心。長年猫と共存した者には、子規の狂句で、その家の中をあったかもビデオで見たり聞いたり、すべて伝わってくる。

卯年

三足の鳥は古し新しい
年の兎の三つのあしたハ　臼丸　K27-3　1783
（同羽類も三つの朝の概念も朝⇒足も英訳無用）

　　　　常よりもわきてきっぱり赤らむハ
　　　　兎の年の目の玉の春　宜公軒隆子 K27-3
　　　（目の玉⇒玉の春は不可英訳ながら。。。）
　　　Why does it look so extraordinarily red at sunrise?
　　　This Spring is the Year of the Hare: consider its eyes!

左は蛇足無用の同音による類似に掛詞一本ならず日本ならではも傑作。右は、俳諧の申年の出る日の赤い顔の句を思わせる。

　　　　一飛にあんの山からこんの山へ
　　　　うつる初日やうの年じゃもの　俊丸　K27-3　1783
　　　From this mountain to that in a single bound ... see, there
　　　how our first sunlight gets around – this year is the Hare!

　　　　夜通しに掛取あるき今朝は皆
　　　　年の兎が赤い目の玉　栄松堂浦石　　K27-3　1783
　　　After spending a night out collecting debts, dunners at sunrise
　　　all look like the New Year's Hare in this, the color of their eyes!

右は、天明三の 1783。飯盛の名首（「掛請の夜明に重き革財布かつぎし肩もはるハ来にけり」）は、二年後の『徳和歌後万載集』にある。宿の借金を集める必要あった宿屋飯盛は肩の腫る＝春で、常に鬼となる人を同情するが確かに良いが、目が赤くなる上方の首も良いと思いませんか。江戸狂歌にしか目の無い学者どもには、上方狂歌も読んで欲しい。

　　　　程近き磯辺に出て、　月ならで海上にさす初日影
　　　　走ってきたか年のウサギも　　斧丸　K27-3　1783
　　　Not the moon's white bunnies but, now, the First-Sun's flare
　　　as they run o'er the ocean ... ah, yes, this Year is The Hare!

トラの尾と思いの外に安／＼と越えてぞ
嬉しうれしうの春　黄花改福寿曳才丸　同 1783
（上方は江戸より長う、う止めの形容詞の掛言葉！）
It was easier to cross that Tiger's tail than I anticipated:
but now, it is here! No, it is hare! and I'm here elated!

恐ろしき寅の年の尾ふみ越えて光のどけき
玉の卯の春　花道のつらね＝五代目市川団十郎
（後句の美しさを我が英訳では無 h 理か 1741-1806 OJD）
Having crossed the terrifying tail of the Year of the Tiger,
the halcyon Spring sunshine, gentle as a pearl of a hare!

左海上の影はわかるが、日の出に触れる雲と漢字だたらどうなるとか色々と面白がるうちに海の上の反射には気づかない。その点は月夜と異なるから、左を歌として好むも現実にはどうかなと思う。中の首は、たとえ活用掛けでしかないも惚れる。この調子ですよ。元日は。江戸狂歌もこれに学ぶべきだった。右、日本国語大辞典から頂戴した首も悪くないが、その前の上方狂歌に比べては陳腐だ。

今日といえば硯の海の浪はしる
兎毛の筆つかう書初　東明亭月守　E12-7　1855
Today I write for the first time this year with a certain brush
said to run across the waves of my ink-sea: I say, hare hair!

辰

たつの年の口あけの色やくれなゐの
舌がによりと出たる初日ハ　鉾丸　K27-4　1784
（にょりとは横に曲がりながら弾力もある前進だが）
The Year of ye Dragon opens mouth first and flicking out,
crimson red, we see its tongue is our first Sun, no doubt.

楽しさの天上なれや祝いぬる
雑煮の湯気もたつ元朝　臭蘭亭有竹　K27-4　1784
（湯気はまさしく竜＝立つが掛けが無くて英訳無用が）
Our pleasure rises to Heaven with the steam of our soup
on this Dragon dawn, such joy naturally flies the coop!

海山と書く箸紙や里に我も
千代経ん春が今朝たつの年　一瓢亭直子 K27-4　1784
（竜＝立つの掛けは要るが我「も」が?）

左は単純で蛇足無用。中の首の辰が立つになる方が面白いと思うが。右は同じ上方狂歌本になるが、ネットで「お正月料理を取り分ける箸には、関東では箸紙に「海山」と、関西では「組重」と書き記す」と読む。右の「我も」は浦島太郎かなんかと頭を掻いた。俊恵法師（1113-91）の「春にあへる此の門松を分け来つつ我も千代経ん内に入りぬる」に「我も」或いは、西日本の人として太田道灌（1432-86）「海山をへだつ東のお国より放つ光はここも変わらじ」の海山を焼き直したか。

巳

明ぬれば日も長ものよ巳年の
入口の注連もくちなわと見ん　万橋改＿丸　K27-5-91　1785
（日長に長物や注連の縄を含む口縄こそない英語がともかく）
As Spring dawns, even our days become long, Year of the Snake:
indeed, they seem serpentine, the sacred festoons by the gate!

書始の勢いよいをくちなわが
のたくったかと人や巳の春　万代舎東壁か　同？
I felt my first writing this year was full of energy and great,
but people say it slithers – well, it is the Spring of the Snake.

先づあんと年ごし障子やかみの名の
みのはるなれば心もさっぱり　紫濤軒東木　K27-5　1785
（案＝庵戸に＝紙＝神⇒か蛇の名の美濃⇒巳の春＝貼るも不可英訳）

三首とも蛇の腰全くない歌体で、さっぱりして春を迎える佳歌。

言の葉の花てふ春の始めまで
心の種をまくら上がると　風丸　同 K27-5　か

The Year of the Snake crawled in before Spring w/ her bloom,
so I shall just coil my tongue and wait, holed up in my room?
（種は花の後なるが花の春の表現も巻く⇒枕も英訳無用）
Words that might become seeds for the heart presently wait,
you'll find 'em coiled in my head for this Spring blooms late.

これは年暮の十二支まで預けるかと考慮したが、約半分の立春は元旦の後になるから春を待っても、ここは OK かと思います。

貧乏の吾が輩も世をわたるべき
巳年のみは足なくもよし　敬愚
（足＝お金もなければ英訳無用が、説明を加えば）
Legs means "money," and 'tis said snakes have none, so this Year
for Yours Truly, a pauper, should be great . . . with lots of cheer!

弁才のめくミや口をあきの方に歌も
はくしやの 新たなる春　森羅亭萬象二世　後期江戸
（恵みに組も開＝明きも叶も暗示す吐く＝白じゃ＝蛇も）
Bless me Benzai – facing the right way to see her Snake I spit
out this verse – Has Spring spoken through my old mouth, or its?

刷り物画賛で白蛇が柳島の妙見堂の影向の松を巻きながら、舌も出している向きを知るように真っ赤なる出る日の影も見せてくれる。蛇の穴からの初出するも脱皮も生まれ変る記号として改まる年に相応しい

が、やはり弁財天の遣いの白蛇がとりわけ吉兆。老一茶の句「大雪や出入の穴も明の方」は類であろう。蛇は「じゃ」ながら、「はくしゃ」に濁点を付けたら「邪」とも読めるから遠慮しました。新年に大胆の掛詞だ。

午

丙午　たゝ中の又ふしのよき歌きけば
今年は午の孫左なりけり　信海 T34-158　1670年代？

*Among the songs I've heard, the best trills of all come always
from stable boys: this Horse Year I, too, would sleep on hay!*

マゴサ、正しくは孫三は人に頼りて只のりで暮らせるが、馬子の陽気な歌を聞いて。歌意は、今年自分の狂歌に詠人知らぬ民謡などから大きく借りたい事か。ちょっとした流行だったかもしれない。行風が編集した1672年の1724首なる『後撰夷曲集 T30』には、謡詞と童口遊詞と小唄詞などの借りが多かった。又、信海は稚児つまり男の子の念者だったから英訳に我も藁の床に寝たいと狂訳にした。

年の名も神にねかひの絵馬なれば
だれも皆令満足のはる　貞柳 T45　1729以前
（神＝紙絵馬も願いに飼い？も春＝貼るも不可英訳）

*If votive tablets' picture-horse is the name of our New Year
satisfaction for all is ordained so Spring should bring cheer!*

丙午と天災も多いと思われた当年、午に馬効くか、家安全のお守りの絵馬札も貼れば、春を初めに一年も旨く乗り越えそう。とは言え、本来不吉の年で絵馬に「仏が慈悲で衆生の願いをすべて満足させる」と云う四文字の仏語の力も加えた。或いは優しい上方狂歌の大師貞柳の新案だけか。まだ知りません。念の為、京都の下鴨神社で紙絵馬が室町時代からあった。だから、この絵馬は春に掛けて貼る事はありうる。

　　　　今朝むかふむまの春日のなが／\く
　　　昨日にかへてゆつくり毛哉　永井走帆 T47　1730
　　　（ゆつくり⇒栗毛の掛詞が無ければ英訳無用）

　　　　　己づから人の心のたつなさえ
　　　緩みてみゆるむまの初春　柳直成 E3-4　1786
　　　（心を駒と見做す中国文化圏でなければ蛇足は必要が）

*From within, people loosen the reins on their hearts,
and see how it feels on a Horse Year as Spring starts.*

　　　　月と日は繋ぎとめてもとめられず
　　　離れて来たるじや／\むまの年　二歩只取　同 1786
　　　（響きは良いが「年」は月日と離れまい。「春」の誤植か？）

フロイドのいう Id が中華文化圏にて馬か駒に見立てたのが極東の馬の性格を物語るかと思う。自制力なる Ego の方が、むしろ頼りにはならぬ猿になる。江戸初期にあまり見当たらなかった猿が引く駒の心が後期江戸の見事の遊び絵などによく見られるようになった。西欧だったら反対になりそうが、ここでは心の駒に野生的な自由を与えた中の首とそれを怖がりながら祝う感じの右のじゃじゃ馬の首も本当に楽しい。

　　　　寿はあいかわらけのむまの年
　　　霞とゝもに勇み立つ春　壺　石文 E3-4　1786
　　　（相変わら⇒川原毛＝土器も旨＝午も英訳無用）

　　　　借銭はうしと思ひし年の暮に
　　　乗り換えてむまの春かな　紀定麿　E3-4
　　　（牛は憂しも馬がむまくならねば英訳無用）

左の土器は又意味上に儀は二つ。い）川柳によく出る情報だが、処女と寝たら初物で 75 日長く生きる酷い迷信は寿と縁ある。ろ）むまい屠

蘇酒のむから、とりわけ勇む歌かと思う。右はきっと私的な祝いにもなる。

一夜や明けて心の駒いさみつつ
ふけるタバコの輪のりをぞする　山陽堂
Up all night, my pony-heart races round & round the course
of smoke-rings I make until it dawns: the Year of the Horse!

1798 の摺物に四首もあった。もっと紹介したいが手元にない。これは、『古狂歌　ご笑納ください』の百章頭歌の一つ。画には、大輪の覚えこそないが、遊女と除夜を居続けしそうなお客が煙草で駒を吹く。洋書にありながら、日本人にも分かち合えないのが残念が、ネットで一時間も検索しても一件の当たりもなかった。（*Japanese Poetry Prints: Surimono from the Schoff Collection*）。外国にある日本にもない好例か。

未

貧乏のかみは残らず一口に
食いて羊の春は来にけり　月輪秋国　後期江戸
May the paper=god/s of poverty vanish, when in one gulp
Spring=New Year of the Goat turns them/him/it into pulp!
（神＝紙の掛けも単数複数も春＝新年も英訳無用ながら）
Should my paper=kami=god Poverty vanish without trace,
swallowed now Goat Spring has come, I'll say the grace!
（こうして「かみ」の同音を「＝」で示さなければ）
Homophonic with paper, may this God of Poverty bloke
be eaten up now that it is here: the Year of the Goat.

今ぞ年と月日の三つのもとたちて
未なる鐘の音もくわん朝　友丸　K27-3　1783
（未の食欲の縁で鐘の音は古綴の喰わん⇒元朝も）

左の歌は新年歌に忌む「貧乏」ながら、その貧乏を始末する事はめでたければ、忌むも無為になる。紙を食うは山羊ですね。日本語は曖昧に未で goat も sheep を一緒にするも便利。Sheep は英語で食欲と無関係なる、考えずに命令された通りにする臆病者になる。

申年

こぞもさる年ならば申年はまね
覚めて日の出と屠蘇のあかつら

年暮れに詠まれがちなる申年の
夕日は尻なら今朝は赤顔　敬愚

酉年

酉年の元日によめる、
水は本へ返弁申し酒の字の
作りをとりの年ぞきにける　行景 T27　1666
（酒の酉になる漢字遊も、生＝き＝来も英訳無用）
The water radical on the left of wine 酒 returns to its source
leaving the Year of the Cock dry of throat to crow of course.

果報までつきの始めに大福の
茶の羽箒もとりのとし哉　満永 T30　1672
My first try to induce good luck is using a feather whisk
to whip up Great Happiness Tea on this Year of the Bird.

双方も鶏を取って動詞化するのが解り易いが、左の「来」に生酒の連想も狙ったか、右の「つき」は月に幸運に付いている同音が狙ったか。脚韻の神に任せて、左の of course を生かすため、音調は良い意味でドライコッケコーで水分とられし喉がついた、勿論。右は、脚韻踏まず意外によく出来たが、本書でご覧の箒を取るが吉なる万葉歌も掠るという気もします。その詠みは素朴ながら大御所の確かの腕を感じる。

目出度しな目出たしと答ふ挨拶は
誰もあふむの鳥の正月　次木　T30　1672
(ただ名詞の鸚鵡？英語の如く鳥名は動詞？仰むも？会ふも？)
*"Have a happy ～!" "Have a happy ～!" What we say we've heard,
and who does not parrot greetings to begin the Year of the Bird!*

よきを猶よきと答ふる初夢に
鸚鵡の鳥のとしぞめでたき　正信　T37　1679
*Saying what is "good" is "good" in return – my first dream
was itself lucky for in the Year of the Bird I was parroting!*

礼に来て行慶といへば行慶と答ふ
偖は鸚鵡の酉の年かな　貞柳　T45　1729
(通常「扨」の「さて」が「偖」だと礼者の姿か)
*Paying a call, our reply greetings are whatever we heard
and so the parrot speaks for all in the Year of the Bird.*

初期から上方初・中期の大狂歌師の貞柳までの鶏の年を鳥の年と考えたら、鸚鵡と似る g 年の挨拶という概念狂歌の変種も繰り返して…。

いつまでもひよこで居たいものなれど
又年一つとりの春かな　魯伯　K24-1　1770
(一つ取り⇒鶏の春の転掛けには英訳は負けるが)
*We wish we could be chicks forever but life is quick
in the Year of the Bird, who can forget time flies!*

あら玉子また立ちかえる年の名を
告げる八声の酉の初春　女千箱　k 13-5　1777
(あらたま⇒卵も立ち返る⇒孵るも英訳無用↓も同)

あら玉子年立ちかえるあしたには
老も雛の心地こそすれ　東海堂早文　E4-4　1793

左右の天明期前後の上方狂歌と江戸狂歌の好対。中と右の前句の掛詞はいいが、掛詞一つをオチまで預ける左の勝かと思う。酉年の英訳が今まで問題なかったが、立ち返るの孵化の前には、両手上げの駒鳥ロビンだ。

初春の筆のあゆみも千代を経て
鳥の跡しる我が国の文字　松翠 K13-5　1777
*In our first brush-strokes this Spring we go millennia back
to kinship in our nation's letters tracing the bird track!*

いつよりも心良う聞く鶏の音に
明けるやこけこ結構な春　射紅 K13-5　1777
*Today, more than ever, Roosters seem not to crow but sing
us awake with their Cockle-doodle-doo 'ave a good Spring!*

外国のではなく、母国の字に鳥の跡を見るのが気持ちよいが、射紅の「こけこ結構」は、名歌になるべき。読めば敬愚の反歌は「元旦にはとりの喉こそ若き苔が蒸すも良けれどコッケコーの音」。さて、明日は酉年で 2016.12.31 ネットに投稿した私的（robin d gill の）迎春狂歌は、

*Cock Robin I am and this is my year not to be chicken but crow
about how kyouka is not just for the birds, but all to know.*

狂歌の手法を色々と借りて英語で本物の狂歌でも詠んで見た。掛詞の高い三津密度は、到底和訳不可能が、蛇足は出来る。Cock Robin は英国文学に出てくる者ながらオスの robin＝駒鳥の cock は、雄鶏の代名 cock で、縁語になる慣用語句 be chicken は臆病は、せず、crow する。Crow は、先ず chicken に並んでカラスと読むが、歌腰を越せば、なるほど雄鶏が「啼く」意味の動詞 crow だったと判明。啼く内容は for the birds「鳥の為」とは、慣用語で「相手しなくてもいいつまらない物だ」が、そうでもない。狂歌は、鳥のみの為ではなく、皆に知られてもいい甲

斐あるからこそ、今年は大きく宣伝するつもりの Cock Robin です。本書を今、ご覧になっていれば、その宣告の通りに遂げた証になりますが、英語の世界に狂歌を英語で書く人々もおられるが、拝見したものが古狂歌を好む者として、読み応えすらなかった。詠む人は面白い作品が出来上がるまで頑張らないと、読む価値もありません。

戌 犬

戌年の立春謡初とて人々寄り合い鞁なんと打ち遊びしを、

ぽん／＼と打って楽しむ腹つゞみ
狸は古し年は新し　甚久法師　T44-135　1722
I do like beating my tum-tum drum, pon! pon! It's true
this Tanuki (racoon-face dog) is old but the Year is new!

庚戌年書物よみ初めに、

論語にある今年はかのえ戌なれど
孔子くそふはせぬ老の春　貞柳？　K10-2　1783
This year called Kanoe Dog may be in the Analects but, hey,
no Confucian shit for me, an old man Spring is best Lao tse!
（方言で屎ふばせぬ＝糞踏ませぬ？唐人の如の韻踏は厭か）
The Analects mention this year we call Kanoe Dog but, shit,
this Spring, I'm too old to do foot-rhyme and step in it!

左の狸をアライグマ Fox 狐かと思う。足が細かい。ずる賢い。目も小さい。ただし、惚れたら犬のように直接に目と目をずっと見る。ただし、我がことに惚れている狐と体験ない。普通はよそ目するが惚れたら狐も目を直接に見込めば raccoon-fox と称を変えたい。原文に対し蛇足ない。右には、二通りの英訳を要約すれば、孔子より老子、我は＜対＞犬の糞も脚韻も踏みたくない老人だぜ、と。第三の解釈を知ったら、教えてね。

亥

　　　綿入を首の回らぬ程着ても
　　今日の亥のひを待ちし炉開　桃亭柿人　E8-4　1813
With too much padding stuffed in my vest to turn my head,
hearth-side, I await the fire=sun=(NY)Day of the Boar.

なるほど、殊に寒い除夜だと、皆も猪首になるし、その方が吉になるから、亥年を待つに大寒は望ましい。年末か節分に全ての火が消されて、どこから又運ばれてきたと読んだが、まだ研究していないから、詳細は…。蝋燭も消して闇夜の闇に腰掛けて待つ事を想像もできないから、炉の火だけが死なせて又復活させたか。今のところの仮定は、そこまで。

※　立春・新年　※

　　立春 身の程を感じて、　とし若きしるし也けり朝霞
　　よく立ちおゆる我が春べの子　月洞軒　T40 元禄九か
Mist rising in the morning demonstrates the youth of the Year
as my yard, too, a child of Spring, stands erect in good cheer!

英訳の yard が芝と寸法の他に男根の古語だ。「悪口」の章の暁月坊の名歌の解釈に詳しい話ある。ここでは、芝が霞の縁語になるから、当語を択んだ。寒い部屋では、布団を開けたら汗にしめている一物は、確かに霞む。寒い部屋には、手が寒くなったら掴めばいい男棒が暖房代わりになる。天保改革以後の交合と身体を隠蔽すべき走は、これをばれ歌と言いそうが、朝立ちの元気を祝う月洞軒の歌は、忌むべきもない見事の立春祝いと思います。名歌にしたくなります。

　　　新年祝　年のよる春を目出度い／＼と
　　祝ふおろかを山も笑ふか　飯盛　才蔵＋小学館

Our celebrating each Spring as a blessing when we all age
a year is so foolish the 'mountains laugh' that we don't rage!
脚韻を求めて歌意が少々くどくなってしまったから、又
Hip, hip horray! for Spring which brings us all another year:
so do mountains really laugh because they hear us cheer?

飯盛の狂歌読書と言ってもいい『新撰狂歌百人一首』より。年を越すのが年を取る。取り重なって老化し亡くなるが目出度くもない事ぞ、とは業平が月見歌に因む一休が何首の狂歌でずばりと詠んだ。天明狂歌の大御所は、一休より親切に（可笑しみという薬を付けて）も詠んだ。朱楽菅江の名歌「いつ見てもさてお若いと口々に誉めそや去るゝ年ぞ悔しき E5-4）」。元日に「お若い」と褒めばもう老人。掲載する本次第に管江か橘洲か椿軒か読人しらずなる「取れば又取るほど損の行く年をくるゝくるゝと思ふ愚かさ（「くれる／＼と」も、「をくろ／＼と」も）は傑作。くるくるくるは新年用が、呉るも掛けうるくれるくれる変種が又新年用ともなる。英訳は『古狂歌　ご笑納ください』。この宿屋飯盛の変種が、もっとも陽気で祝い反省になるから、ここに狂訳と載せた。

貧乏正月　下部とも徳よ福よと祝わえとも
猶喰い足らぬいひはわけなし　貧乏公卿 1509 年
（飯＝言ひの掛詞なければ英訳するとも無用）

Though low-class lords, we celebrate high morals and happiness,
but while we've little rice to eat, can we still say we're blessed?

宿屋飯盛は誰よりも万葉集に遡る狂歌（その名はどうであろう）を、偏見なく拾った、その読書（E7-5-286-7）に入れた。ネット検索でないし「狂歌合永正五年正月二日」の二十首「貧乏公卿が寄り合い手遊すさ」と解った。全首も「貧乏正月」が題なるかどうか、まだ知らない。祝い反省と言ってもいい類の好例だ。

蓬莱

わたつ海の知らぬ浪間にすむ亀の
よもぎが島も君がためとぞ　民部卿為家　家集　夫木
The Mugwort Isle on a turtle who lives among waves you see
alien to ye bounding main, it, too, is for my Lord from me.

今年二歳の小悴有る伯父、長命を譲らんとて亀太郎
と名つく座敷の往来亀の水に泳ぐの如くなれば、

1737 以前　　蓬莱に泳ぎ着きたる亀太郎
これぞむつきの初朝ぞや　長生堂永田柳因 T55
Is that our own little turtle paddling up to Mount Merhu?
I guess it's dawn for the month named Swaddling, too!

左は。贈った時の賀だったかと思うが、蓬莱の描写は少々滑稽と「君がため」が若菜つむ女性が歌から借りたかと思えば、狂風和歌と見做す。「祝」こそ題にも文にもないが、君と亀だと祝の類に違いない。右、永田貞柳の長女と結婚し養子になる柳因の可愛い首は『古狂歌ご笑納ください』の百章頭首になる。心を暖めるような独自のめでたさを感じる素朴の詠み。海亀の尋ねる砂浜の二百メトルも離れない小屋育ちの上に陸亀も池亀もスッポンも飼ったから様々の這い方を想像できます。

御来　　何やかや塵がつもって蓬莱の
山となるという国の風俗　鈍永　K13-3　1776
Somehow our rubbish just piles up and magically becomes
Yamato, so count Mt. Merhu (horai) among our country's customs.

題が蓬莱の由来の意味か、届かれた一緒に春が来た意味か解らないが、かの塵積もる祝いの系譜に大和＝山となるこそ国の風俗を足す秀歌なる。

寄塵祝　　元日は掃かぬ座敷の塵ひぢ
積もりてなれる蓬莱の山　義栗 K4-4　1795
Mount Merhu made from trash pinched and piled up
in our homes that we never sweep on New Year's Day.

めでたきハ富士にならびて蓬莱の
山も一夜に出来し元日　松人 e9-3　1815
（元日の長い形容は英語になり難く、大意訳）
What's really blessed is waking to find Mount Merhu
rose up right next to Fuji in a single night for you!

左の塵積もれば山をもって、元日掃かぬ習慣と合わせるも偉い。座敷にあった珍味のスナックも加えたでしょう。右の一夜さは、富士山の子と云ってもいい宝永山が 1707 年の出来事で一夜の山の発想は今よりも意識に残っていた。1783 年付の沈々園薗（蘭？）花の「床の海三国一や明けぬれば不二に異なる蓬莱の山 K10-2-63」は面白いが、床の海は涙のそれで祝とは…。1793 年付の千代古道の「年毎に祝ふて飾る蓬莱ハ居ながらに観る名所なるらん Ex2」は、旅をなるべくせっず、省エネ一観点からは、祝いたいが…。

※　屠蘇酒　※

立春祝　　屠蘇にけさ酔つゝ同じ事いふは
蓬莱の山のこだま成るかや　義栗 K2-3　1767
Getting drunk on Toso sake I keep saying the same thing:
does that make me the Echo of Mount Merhu in all but name?

立春祝　　山蜂のみつの初めを祝うとて
さしハさゝるゝとその土器　澄人　海道 k17-2　1813
（蜜⇒三初の枕も刺す＝注すもとても英訳無用）

左は、酔いも良いが、凡その酔いの繰言よりも、お礼のそれの自嘲かもしれない。右は同じ上方狂歌ながら祝らしい祝いですね。山蜂だとみつのはじめの掛詞の枕のみならず、土器（かわらけ）は山から投げるから縁があるというよりも、「神祇」の章に入れた蜂の蜜の甘い面もさすがに恨み深い道真を祝う行風の首が本歌で、海道の狂歌は文の保護神にもなる天神へ頷くかいう気もします。

寄羽子祝　神つ代の昔もかくやすめるもの
天へとのぼる妹が羽このこ　絲唐麿　1819

*The Age of the Gods of old was as today, so pure of heart
battlecocks feathered like said robes rise clear to heaven.*
（羽ご（ろも）⇒羽子は英訳無用なら、せめての脚韻↓）
*Maidens' battlecocks feathered like flying robes rise today
clear to heaven as in the Age of the Gods of old: pure play.*

別号千柳亭の首は『陸奥百歌撰』の最後の歌。「羽子の子」はよく判らないが、元日こそ澄める水も空気も記憶も古今を一つ時空の柱にする。その柱の芯は空のエレベーターで一種のタイム・マシン。

※　節分＋宝船祝　※

鬼は無したからぶね敷く夜半なりと
祝ふて妹がはらにこそ乗れ　月洞軒 T40　元禄
*Having exorcized the demons and laid down that treasure-ship
tonight I'd celebrate by boarding the belly of my mate.*

冗談言わせたら naval＝海上ではなく、 navel＝臍と臍の戦場となる夜。

どんどの狂歌　目出度は今宵もしたる火のあかり
どんどやどんどどや／＼として　月洞軒 T40　元禄
（目出度＝焚が焚くか焚きか当の火の擬態等英訳無用）

どんど　　歳の神のふくりも長く祝うかな
　　囃すどんどで暖めまして　　月洞軒 T40　元禄
　　May we long fete the balls of the Annual God of blessings!
　　As we roast him on our dondo bonfires we warm them!

左の前詞などは原文の通り。縁語の「焚き」以外には現代短歌にしばしば見える擬態語一本の筋は、狂歌として弱いと思うが、数年後の「どんど」としか題されていない右の首は見事の歳神祝になる。松ふぐりをかの火に入れて、清らかなどんどんと云う音を発しながら綺麗に火の子を弾き飛ばす。古綴り法の清濁点無用のおかげで、ふぐりには福もある。又、歳神の穀物も少し焼いたかもしれない。思えば穀物などで命を皆に与える神だから、ふぐりはた安い注文になる。百数十年後に歳神か新年部の詠みではないが、仙崖も睾丸を炙る絵に、それが金を世に分かち合えるがためと句で説明したが、お金は屎同様に撒かなければ為にはならない。金持ちは万人の経済を殺ぐ。因みに川柳に「橙は年神さまの疝気所 y1」とあるが、なるほど。食えば大金を貰う年になりそう。

　　　　　　　餅祝

　　具足の餅祝いて　　弓ハふくろ治る御代じゃと祝いつゝ
　　　締めた甲の具足もちろん　　月洞軒　T40　元禄 12
　　（袋納＝治るも袋に縁語福も餅＝勿論も英訳無用）

この「治」の字等は原文のまま。やはり、その治める系譜ながら、具足餅へ運ばせた妙な詠み。寄餅（御代の）祝か、反対に寄御代具足餅祝か。

　　　寄焼餅新年祝　　元旦は皆腹立たぬ心から
　　餅のふくれも目出たかりけり　平野圧似笠 T57　1740

*On New Year's Day when we're all peaceful at heart, who can doubt
even rice-cakes all puffed up seem happy rather than pouting.*

多くの狂歌集の四季歌を集めた『題林』の再載では「似空」となるが誤植かどうか知らないが、何回もあちこちで拝見した名詠だ。

寄餅祝世　　国民の父母とも御名をつきたまふ
君はいくらのこもち成るらん　幽山 K7-3　1813
（付き⇒搗きも子持ち⇒餅も不可英訳）

餅つきをととははの交合ごっこを元禄の月洞軒も詠んだが、ここは君で十分。将軍徳川家斉が多数の妻に一年の週間の数より多くの子を設けた。それが幕府の大きい負担にもなったが、オットセイの陰茎を粉末にして飲んだ「オットセイ将軍」とも呼ばれた。一方、光格天皇は赤字になるほどの赤ちゃんを設けず、代わりに腰をすえて歌道の達人になった（J-text に明治天皇あるも光格天皇歌集はないから、マイアミより御製を確認こそできないが）上に、近代天皇制へ移行する下地を作ったという。

歯固

新年三日月　　明けて今日めでたき春の寿を
口ずさむ也ことのはがため 1756　K13-2 瞬獄園青人
（言葉に掛ける歯と葉の偶然がなければ英訳無用）

題知らないが　鏡餅かすみ男の歯がために
喰いかいた様な春の三日月　青陽館梅世　後期江戸？
*That crumbly edge of the Spring crescent moon — good grief,
it looks like the Mist Man took a big bite to harden his teeth!*

左の前詞は「夷歌よみ始し侍らんとて」。なるほど。筆も舌も自由自在に働くようになる狂歌の青二才ですね。狂歌と狂句に面白い歯固が

多い。祝としては、最も面白い首は、苔の蒸す迄の石が育つ章に入れたが、言語そのものや狂歌に関心ある人は、この青人の首こそ面白がるはずです。又この上方狂歌のオチの掛詞「歯⇒言の葉が為」は口ずさむよりも唸ります。右は。霞は佐保乙女の着る物としか知らなかったが、この刷物の狂歌では、あらっ、霞男になる！…二十年前にあった事を、これで思い出す。寒月を見た一茶坊には、その夜、鬼瓦が嚙みそうと見えた。図書館でたまたま閲覧した一茶寺という所が出した子供が作った俳句の、イラス付き本の中で、小生よく知っていた一茶っ句「寒月や食いつきそうな鬼瓦」が或る子の作品として出た。図書館師に見せて、本当の事を言って、意見を訊いたら「一茶は信濃人で食欲あったからね」と、さすがに物解りのいいコメントを頂いた。それで、一茶の句の意味も通じなかった事も判った。というと、名人の画家のイラスでは、月はまるでクッキーの如く（既に齧り跡もあって心配の顔をする月）になった。子供が作った句ではなかったが、イラスが子供の観点になる。一茶が酷い寒がり屋だった。月の冷たい光で見た鬼瓦も嚙みそうなように見えた。苦寒の一茶坊の目には、普通と異なって鬼瓦は怖い顔をした。一茶寺の方に手紙を書いた。実験の為にわざと子共の句の中に一茶のを入れたかどうか、そして、それだったら面白い効果があったかどうか。その返事を見たら、恥じ入れたり、お詫びするような手紙だった。残念だった。間違う度に発見もあるし、この句について多くの人をアンケートすればこそ面白い。「歯固」へ戻るが、老一茶の自嘲を込めた祝い「人並に歯茎などでも固めしか」と「人真似に歯茎がための豆麩かな」と「固むべき歯は一本も無かりけり」のあたりからも、狂歌と争う狂句の味も旨い。

※　小松引・子の日　※

子の日する野辺に小松の無かりせば
千代のためしに何を引かまし　壬生忠岑 860-920

Were there, say, no little pines in our fields for Mouse Day,
what would we strain to pull up to gain a thousand reigns?

　　　　内裏歌合 1078　君が代に引き比ぶればねのびする
　　　松の千歳も数ならぬかな　公実公卿　後拾遺集　1087
　　（引きの縁語掛けに子の日の根伸びながら英語慣用語で）

Not pulling thy leg, but compared to my Lord's Reign, Mouse Day
w/ but a thousand years per root-stretching pine is child-play!

左は、業平（825-880）の桜の花が無かりせば不安心もない消極性の本歌を肯定的な再利用に借りた。消極的な本歌は忌むべきという発想は狂歌師にも出くわす事がある。これでその発想が原則として考え過ぎで、無視すべきと明白に示すかと思う。むしろ、逆なる詠みには、それなりの力と歌徳もあるかと思う。引き続いて見よ。

　　　　久安百首　やほよろつ松の千年に引きそへて
　　　君が齢をね伸びなりけり 1152　花園左大臣家小大進

I'd take the years, a thousand each from all the pines we pull,
adding them to my Lord's Age to stretch that root to the full!

　　　　正治初度百首 1200　君が代に引き比ぶれば住吉の
　　　松も及ばぬ心地こそすれ　　（女）宜秋門院丹後
　　　　（その本歌の意訳で疲れはった敬愚はお手上げ）

　　　　同　子の日する野辺のみゆきに出でてこそ
　　　わが身の千代も君に引かれめ　経家　1200
　　　　（み雪＝御幸も、引きながら君に引かれも）

If you go wading into the snowy fields on mouse day
you won't pull up a 1000 years for either of us, I say!

左、愚に返る老人の狂趣を、1087 年に藤原のきんざねは、まだ三十七歳。中の住吉の松は相性の松で、その代は彼女の性に合った、という私的な評価のような祝い。とは言え、宜秋門院丹後は、翌年 1201 出家

する。右は光孝天皇の名歌「君がため春の野に出でて若菜摘む我が衣手に雪は降りつつ」を掠るが、同じ子の日でも小松引ですね。「引かれめ」の「め」が大辞典にもオンラインにも説明をこそ引かれかねたが、二人のいずれにとって長生きの足しになりそうもないと勝手に読んだ。『古狂歌　ご笑納ください』には、小松引に風しか引かなかった名歌もあるから、風の心配かと思いました。

　　　寄松祝　寄代祝　今よりの代の数とりに千年の
　　　　種を実うえの松の若ばえ　未得　T24　1649
　　　（実(ママ) 植えの＝御上野か若栄え＝葉枝か）

徳川家康が寛永寺が 1625 に建てられ、他のお寺など寛永寺付近の一帯を「上野」と呼ぶようになると Wiki。その松の事こそ出ないが、お寺あれば松もあると決まっている。未得が狂歌を詠んだ頃、上野がさまになったばかりはず。が、本書として関心は「代の数とり」という表現。

　　　　朽ちせじな千とせはおろか墨の画の
　　　　松こそかみのあらむ限り　初丸　K26-1　1786
　　　（おるか＝愚か？墨の画＝住江も紙＝神も英訳無用）

　　　1793　君が代は誰もゆるりと寝のびして
　　　　果報をまつのためしにぞ引く　甲子豆飯 E4-4
　　　（寝⇒根も待つ⇒松の転掛詞も諺も英訳無用）

左の神＝紙の同音の理屈は珍しくないが、これは紙が本意ながら、神も思えば余韻も感じる。が、右こそ小松引き祝歌の傑作。四、五の祝い系譜も静かに組み合わせる。寝伸びと根伸びの双方は両立しないが、歌の中で双方とも不思議にも共存できる。

　　　　　　※　若菜抓　※

　　　　床につみし源氏草子は知り知らず
　　　　　若菜は上下祝い社すれ　猶影 T29-15　1671
　　　　（源氏草⇒草子も上下が二つ巻もなるが不可英訳が）

*Is Genji or Grass Pillow in their beds or heads? Don't know.
Celebrate those young greens, plant or human, high or low!*

　　　　君が代や畔をゆづれる里人の
　　　　　争いもなく若菜つむらん　広沢光丸 E11-2　1820

*In my Lord's Reign, the ridges between our fields are open to all
and locals may pick young greens as we please without a brawl.*

初期狂歌と後期狂歌の好対照という気がしながら、左について「津和野銘菓の源氏巻を食べやすくしてある「源氏草子」」というヒット以外には『猿源氏草子』しか見当たらないから、「源氏草子」はその略称か、源氏物語＋枕草子の略称か、ほかの意味があることも知らないがともかく。右の首は、ひょっとしたら本書最低の出来。「や」の一字以外には散文のルポに過ぎない。悪いルポならば落首。良いルポで和歌か短歌やらの詩的な風流が全くない。たしかに狂歌に期待する機知はない。三十一音字に詰めてもつまらない詩らしさもない詩は他には何もならないから、下手も自由自在の内になる狂歌だ。

　　　　　　　　七種祝

　　　　あしき事なにも七種なずな粥
　　　　　祝いあらたむ今朝のことぶき　月洞軒
　　　　（七＝無いを下手の seven と heaven の脚韻で）

*No bad things stay in this seven-herb heavenly gruel
as I celebrate life again this Spring dawn, my age is cool.*

御代ではなく、四十三歳の祝。厄年も無事に過ごして、もうクールだよ。あの単語と脚韻で雰囲気は出るが、それと粥は健康のためだという説明を添えなければ、英訳みても日本に詳しくない外国人には通じない。

元服の賀

初午に元服するを賀　　竹馬を初午にせし元服ハ
さあ仕合も乗ってきましょう　湖月洞可　T55-153　1737

(Feting a Coming of Age at the start of the Hour of the Horse)
*Climb up on your bamboo pony (stilts) as Horse Hour starts
& when you become a man, joy will always ride along!*

元服は当時、小正月ないし十五日。歌の言葉扱いは全く狂歌っぽくもないが、ひょっとして新造式だ。大人になると本当の馬を乗るが、竹馬をこの刻に乗りながら御自宅で前祝いすれば幸せも一緒に来る。Mad In Translationで『狂歌戎の鯛』の柳因詠になるが、とんでもない事に元の字で禿を連想、落髪式と誤訳してしまった。

廿日　骨正月　たれ／＼も骨うち祝う今日のみは
猫や空しく咽鳴らす蘭　百年　1819　K9-3

*All of us celebrate old bones today and just today
our cats must purr in vain for leftovers are in play.*

召し上がるものは、主に正月に用意された鰤等塩魚の骨＋大根の粕煮（？）？敬愚にはこれを同定できる料理と自信ないが、大根と鰤だとたとえ分かち合えても猫には甘すぎるし、塩魚は汗流せない猫類に健康に悪い。

15
四 季
four seasons – a sample

spring 春 spring

見尽さじ万劫（まんごう）をふる亀の子の
子の子の子の子も此御代の春　酒粕 T37　1679
（亀に亀がインドっぽく多くなったら敬愚はお手上げ）

May the baby turtle of the turtle of the turtle of the turtle of ye mango turtle we'll ne'er see ever be Thy Reign in Spring!

参ったと述べたが、中世の光と異なって長年のお馴染みだ。1170〜80年頃成立の『梁塵秘抄』の塵ひぢ積もる歌#317 を既に見てきたが、この「万劫亀」つまり一宇宙の始終する劫 **Calpa** という、撫でて減る物質で顕す時間単位の万倍という仏教語の形容する亀は、歌#318 と 319 に登場する。前者は、蓬莱山を背おう海に遊ぶ万劫亀が鶴に乗せた仙人童を太子へ送り、その「巌に練ずる亀齢」を君に譲る、後者は同じ謡曲（？）ながら戴けるは「蓬莱方丈瀛州」の三山である。大雑把の印象ですが、平安が不安になると亀を求めたら、大変だった中世が亀の名と記号こそ山に積もり（本書では亀が入る何十首の多くもそれ）そして、その上に徳川家康が天下一国の日本が実現する時点より、古代中国以来に見られなかった亀の形をした碑の台石の亀趺（きふ）を復活、同時に石の亀があった池が増えて、冬眠終われば生きた亀の子が劫の亀の上に我が甲を春日に当たり干せば、その上に又も小亀が…（東京の亀天戸神社心池のそう言う写真をご参考に！）。酒粕は『銀葉夷歌集』の初期狂歌の春祝を詠んだ際、何の池を見てきたか。まだ知らないが、探しながら日本が偉い馬鹿元気だった頃、要するに日露戦争中の大流行の♪ラッパ節♪の第 11 番の歌詞は、本歌なる狂歌より

狂趣に満ちる「親亀の背中に子亀を乗せて　そのまた背中に孫亀乗せて　そのまた背中に曾孫（ひ-まご）を乗せて　親亀こけたら皆こけた」。御わかりになりますか、読者諸君？歌詞は、代代代の亀と云う動かない御代の記号をば弄んでいる。敬愚のいう馬鹿元気は良い意味で述べた。この笑いの自由と、あの戦争で世界に知られた武士道の紳士ぶりは、分けられない一体だ。Welles は、その『ユートピア』の世界全国を守る良心的な管理者をサムライにした。が、日本の昇り星を嫌がり、怖がりした欧米（とりわけ California と England）の人種差別主義者と、日本の新神道を捏造、天皇崇拝愛国過剰派（国をある程度愛すれば良い）が、お互いの悪意を正当化し、その熱意を強めながら、勢力を増すロシアの Lenin 又スターリンとと独の Hitler（など）を見送り、当の戦争を不可避としてしまった。

草餅祝　　木の餅のなる仕合の有りやせん
今年ぞ祝うわか草の餅　信海 T33-445　1688 以前
That happiness trees growing rice-cake bring 'tis not for me;
but this year I celebrate rice-cake as green as mugwort be!

脱正月寄春の祝いの本番。選択はもう少し難しくなります。俳句あがりの敬愚は大自然のすべても祝いたい（『古狂歌　ご笑納ください』の四割も四季なる）し、松の内から切り離すのが難しい題もある。この首もそうです。餅も今年も正月だが、若草は春。その餅になる木を作るは女の子。月洞軒と貞柳の師の信海は男色の独身で「ありやせん」。信海には若草の餅を詠む伊勢物語の名もじり「我むねは今日ハな焼きそ 若草の餅もこもれり酒もこもれり」もあるから、よっぽどの好物だった。

折梅逢駅使　　文このむ木を右にしてやり梅を
左にかざす御代ぞかしこき　蜀山人？　春夏帖　雑時期
The tree loving letters on the right and flowering spear plum
adorning the left – how wise Thy Reign to keep two-in-one.

題は、南から、まだ冬の寒さにいる者へ送る梅の花（「折梅逢駅使 寄与隴頭人 江南無有所 聊贈一枝春」）の詩より。宮廷内にも知人あった大田南畝＝蜀山人（四方赤良）だからただの祝いだけではなく、社交上の即興歌にもなるかも知れないが、知る人は知るという掠りもある。題には、「寄梅祝」にもなりうる（だから春に入れた）が、主旨から言えば「寄文武祝」ですね。四方赤良時代の大田南畝の大事にした朝寝坊を邪魔にした、早起き文武双方の練習などの御用（？）を要求した改革に対する名落首「世の中にか程うるさきものは無し ぶんぶといふて夜も寝られず」を詠んだ疑いもかけられて、日本一の狂歌師という天性の業を棄てざるを得なかった彼は、二、三十年後に上記を詠んだが、同じ政策ではなく国体制を褒めるようです。

早蕨

かゝる代になど手を出して落ちたるを
拾ふやうなるのべの早蕨　桜戸繁躬 E8-3　1812
（早蕨の手という表現の説明も加えば英訳でいける）

Back in such and such reigns when folk really had it rough . . .
well, still by roadsides, bracken "hands" seem to pick up stuff.

落ちたるを拾わない、という御代の豊かさを祝う系譜の陳腐を既に見てきましたが、早蕨の「早」は、英訳に入れる余裕無かったが、早蕨は地により近いから比喩に相応しいか、それともゴミ拾いがちびっ子の業だったからでしょうか。対照を寄せて御代を祝うという手ですね。

菫

菫さく野に寝る人は在りもせめ
絶えて乞食を見えぬ君が代　渓雲 K8-2　1818
There are none who sleep in the fields with the violets anymore
beggars have all but vanished in Thy Reign and from my door.

俳諧では菫は骨拾いしか来ない谷の小川の側にあるから、美しい寝どころであろうが、もうないか。物売りの半分も物乞同然と思えば、乞食が全くなかったかどうか疑問だが、菫も「ゆたかの御代」の祝歌に利用されていることは確か。

二日灸

蓬祝　さしもぐささしも長生きせん人は
　蓬が島に尻するゑてすむ　桂夕 K8-1　1814
（さしも⇒艾もせん⇒仙も尻据え＝吸えも英訳無用が）
With moxa we have medicine to burn and would live ages
by simply sitting fast upon our Mugwort Isle like sages.

二月二日。蓬が出てくると国祝となるかと思います。因みに日本国語大辞典に出てくる俳諧の用例は衆下の「君が為また身の為や二日灸」（桜川）。身は体ながら自分なるが、相手が妻か主か先生か国の君か知らないが、狂歌と面白い対ではないか。

朧月祝　光祝

曇り無き御よの光に比べてや
　春は朧の月と見ゆらむ　宗良親王 ～千歌 1377
Compared to the shining light of Thy unclouded Reign,
Spring seems as dark to me as its haze-enveloped moon

天台座主だった頃（1371）の詠み。「朧月」を歌った最古の和歌は、新古今集に再掲載された 894 年の大江千里の「照りもせず 曇りも果てぬ 春の夜の おぼろ月夜に しくものぞなき」という朧肯定は好きが、宗良親王の心は、どう受けるべきか。宮廷の世を淋しがったか。御代・世の光を引き立て役の対照で、朧月の春を暗く見る祝を可笑しく思う者は、この敬愚一人か。

寄閏月祝

1219　歌合　長き日の千歳の数と今年より
春くわゝれる君が御代かな　未入力　建保七年二月十一日
A thousand years, all long days such as today and this year
an extra Spring, added just for our Lord's Reign, is here!

日文研の和歌 DB に名こそ出ないが、歌合に雨の日だった情報が前の歌で判った。すると余計に眠い、君の気分が落ちたら、これは旨い肯定化になる。君が代を絶えずに感謝を面白く詠んだ俊成の娘（俊成女）詠みか。彼女だったら、同じ女性なる伊勢大輔（たいふ）の「桜花春くわゝれる年だにも人の心に飽かれやはせぬ」を、お読みになって借りた、という気もします。因みに、伊勢女の歌は同時に業平の伊勢物語の桜に対する男らの余計な心配をくすぐる同機は同氏名よりなるかもしれない。

潮干名所

潮干に住吉へ詣で、　治まれる世に住よしの蛤を
踏むもあしの浦安の国　冬之　T59　1740（未解読）

日本国は昔「浦安の国」と称した「一説」は正しいかどうか知らないが、浦安市は千葉の方。住吉は大阪かと思った。川端康成がノベル賞を受けた時、共に行った石濱恒夫氏と食事し呑んだ駅へ帰る途中、我が日本人の友（大学時代に知り合った大阪の人）は、急に小便のために道端の家の壁に向かったら、石濱は我が腕を引っ張って二人で百メートルも走って、やっと止めて息をつくと「まずいな。そこが僕の友人の家。顔が見られたら…」。脱線して申し訳ない。上記の狂歌は良さそうが、歴史や地理音痴の敬愚には、解釈は無理です。ただ、裸足

で踏めば足の裏は痛そうと思えば、これは天明中の冬に戸を閉ざさなくとも風邪ひかない御代のふざけた祝いの系譜の先例かと頭を掻く。

三月三日

　　　桃花祝　　三千とせの齢は欲じゃ今日祝う
　　　花の名に負うモモ年でよい　栗洞　K2-3　1767
　　I'd reach the limit, 3,000 years of life, but the name for peach
　　we fete today, sounds like a hundred so I'll settle for momo!

左の三月三日の祝う花の場合、一番よく出るが桃酒（『古狂歌　虫に生まれても』参考）になるが、青女王の桃の一口三千年からたったの「百でも」とは、みごとの「せめて」型の志願だ。君が代のみならぬ、一人でも皆でも寿ぐ歌は良い。同時に宮廷の雛を出すが。

　　　雛遊祝　　異国に真似さえならぬ雛遊び
　　　行義正しき御代に飾れる　友丸 E12-4 江戸名物百 1830
　　No other country could ever play with dolls as we have done;
　　they adorn the Reign of my Lord with such proper decorum!

なるほど、と言いたくなる。御代を祝うに、動かず、よく治めた泰平に豊かに直なる…。それ、直ぐなるのが「行儀正しき」と通じる系譜で、今も雛人形壇の五十人等揃いの配置、姿勢と着装に示めされている。

　　　東方朔が事実によせて花下契寿、
　　　賀寿　　愛に居れば何百年か生きのびん
　　　春の日長きはなの下ゆえ　木端　T54　1736
　　（百に桃も伸びんに桃酒瓶も日永に雛も花に鼻も）
　　If I stay here, how many hundred years may my life reach
　　just lying on a long spring day below this blooming peach?

かの青女王に四千年も頂戴する詩を残しても Dongfang Shuo（本氏名 Zhang が「張」になっても、紀元前に過ごした人生が百どころか六十の還暦までもいかれなかったが、木端の「事実によせて」は、花咲く桃の木の下に欠伸しながら手足を伸ばした実感だったろう。名探偵が曰く犬が吼えずも糸口になるように、原文で「花」が漢字が平仮名の「はな」になる事実に意味もある。鼻の下の長さにも命の力が感じるし、あの桃には生命を延ばす交合という裏なる記号性を捨てかねます。

桜

盛りには山も麓も里もみな
よしのじゃ／＼花のよしのじゃ　真翁 K23-5　1778
（見⇒皆も良し⇒吉野もじゃ⇒じゃじゃも英訳無用）

みよしのゝ花の盛に来て見れば
見れば見るほど見事なりけり　却外　同
（「花」は題。敬愚ならば「見事」の定義にした）
Coming to view the blossoms of See-good Fields, the more that you look, the more you find them something good to look at!

君が代も御代も出ないが、桜花と花見には元日同様に古代まで繋ぐ。狂歌は、天武天皇（672-694 御代）の「吉野の宮に幸しし時の御製歌」万葉歌#27「よき人のよしとよく見て よしと言ひし 吉野よく見よ よき人よく見」まで遡る。早言葉の御製歌の漢字表記には、吉・芳・良の三字まで出てきます。すべてが縁起なる文字通りのよい字ですね。祝の歌には、そういう字が多い。左の狂歌の「じゃじゃ」。じゃじゃ娘ならば、一茶の花桜賛に出てくる「愛嬌で」咲く方は、解り安いが、「字や字や」と掛けて読めばいかがでしょうか。

桜風祝　　咲く花を見るに心ぞ痛ませる
風も袋に納まれる御代　幽玄亭月哉 E12-2　1829

Viewing cherry trees in bloom what always brings us pain,
the wind, well, even it is bagged for good in Thy Reign!

千年も続いた花に対する余計の心配を、治まれる御代にお任せするめでたいかふざけた祝い。とは言え、絵で見る鯉幟の頭と尾に当たる処を掴む風の神の特異なる長い袋のような物に扇子を一杯詰め込んで売り歩く者でもおられたか。或いは、紙袋が流行ったか。

愛国百歌より　散るもよし芳野の山の山桜
花にたぐへし武士の身は　山田公章　1808-1864
（七五七の句は煙管の管たる枕で初五と終七を繋ぐ）

'Tis fine for wild cherry blossoms to fall in the hills of Finefield;
so, too, for their proverbial brothers, our gallant cavaliers!
（という第三者っぽい武士の身の祝いよりも私的ならば）

Let wild cherry flowers fall as they will in the hills of Yoshino;
likewise for their human kin – we samurai are ready to go!

桜に寄せる武士の祝い。英訳で山桜を「散るもよし武士の身」の中に嵌めかねたが、昭和十六年の『桜史』には、著者山田孝雄が桜を侍、いや男と同定する事は、美女だった代々の伝統的な観点に合い入れない出ち上げとして、あっさりと却下した。どうせ桜を日本帝国の印ないし他国と差異を付けると利用したければ、西洋の個々の花を嗅いだり描いたり楽しむに比べて、大集成として鑑賞される梢の花雲、つまり個人主義の薔薇に対して集団主義の桜花にした方が賢いとすすめた。無理の願いだったようです。敬愚も歌える♪同級の桜♪こそ通じる世の中に成ってしまった。群集で見る事を強調する数冊の花見文化の本もあるが、三千句（原文＋英訳）巨大なる拙著 *Cherry Blossom Epiphany* 以外には、山田孝雄の主旨の言及すらまだ知らない。断っておくが、生命圏と守りたい文化を守るために戦う、あるいは志願貧乏するのが当然の世の中だから、美食と旅行のために生きるというつまらない人生よりも、愛国百歌に伺う精神は気に入った。

青葉

青葉こそ花にも勝れ冬までは
散る気遣いも無しと思えば　四方赤良　春夏帖

*Green leaves surely beat flowers for we are not jittery
about whether or not they'll fall until it turns wintery.*

青葉は、花より早く出るが、桜の花の概念の裏かと思えば、又これから茂る夏を思えば、ここは宜しいかと思う。Toronto という一語を春夏帖の後に書き止めたから、恐らくネットのＰＤＦで見つけた。

※　summer 夏 summer　※

田植　うゝるとて土を動かす苗にもや
小田やすかれど祈る世直し　未得　1649+題林

*Stirring it up – the rice seedlings' roots are moving the earth;
the paddies look restful but plants would bring the world re-birth.*

祝いかどうか、よく知らないが、この「動かす」を新年の善い言葉「勇む」ようなもので「世直し」の肯定と受け取る。「民」安かれという天皇の祈る御詞は知っておるが、ここにまだ見つけていない「小田」の故事か世話とか言及ありそうが、まだ見つけていない。誰かご存知？

夏祝　水上のすんだる御代に湧き出る
智恵の泉ぞめでたがりける　友和 T30　1672
（すんだるは澄んだのみか住んだに掛けるか？）

*How blessed to have not just a Reign but a pure spring
of wisdom gush down from the heights: sublime & cooling.*

出た『後撰戎曲集』の少し前に詠まれたら、治世中の後水尾法皇と子の霊元天皇（仙洞様となった引退後は面白い）よりも、徳川家綱は「君」になりそう。泰平になってもまだ武力に偏った国政を、文治政治へ変革し農政に重点が置いたと云う、有り難い将軍だった。

　　　　納涼祝　　楽しみは夏の夕べの門すゝみ
　　　　戸さゝぬ御代の千里同風　麦原笛成 E3-10　1792
To sit by the gate cooling off at dusk – what pleasure and ease
in Thy Reign with open doors, a thousand miles one breeze!

　　　　同　　口々を明て寝る夜の涼しさは
　　　　戸さゝぬ御代の印なるらん　綾丸（浪華）E6-2　1802
（英語では mouth が人体か川のそれで door と組み難いが）
The cool comfort of sleeping with open mouths and houses
proves ev'ry night Thine is the Reign of the unlocked door.

　　　　同　あおぎつゝ戸さゝで居寝る夏の夜ハ
　　　　君の恵みのあつさ也けり　棋好成（八王子）E7-4　1809
That we can lie down to sleep with open doors makes us Thy fans,
indeed, the warmth of our Lord's blessings cools summer nights.

古狂歌本シリーズを詠み尽した頃、米国ブルックリンの黒人街のビルに住んだ夏は地獄になった。AC もない六階の建物の前には、腰を掛けるも、涼しい屋根に出るのも禁止。ビル主は情けないお金持。これらの納涼祝いは半ば冗談に詠まれても、いくらかの真実は有る。貧乏の米人一人として、家を開けっ放しに寝られた江戸時代は、羨ましい。

　　　　君が代をあおぐ扇の涼しさは
　　　　末ひろ／＼と武蔵野の風　津守 E9-3　1815
（仰ぐ＝扇ぐも末広の御代に対する祝の念も英訳無用）
This coolness from a great fan for all who are fans of Thy Reign,
is breeze from Mt Fuji fanning across the broad Musashi plain.

蚊と蚤の用心をして窓妻戸
とさゝざる世ぞ楽しかりける　連雲 K8-2　1818
Prepared for fleas and mosquitoes in our world without crime,
back-doors & windows open-wide, we have a damn good time!

左に、富士、いや不二は直接に出ないが、いかがでしょうか、英訳は。御代のファンだとは、仰ぐほど厳かな単語ではないが、それしかなかった。君が代を仰ぎながら、なんとなく江戸の粋も詠む気がします。右は。夜の窓と戸を開け無ければ中に暑さが溜まり、蚤地獄になり易いし、暑いと臭いから又その気温の差に敏感から蚊も多くなる。そう云う訳で、狂歌は真面目かもしれないが、蚤にも効く蚊帳と蚊遣りの存在は開いた屋敷の前提でしょう。

時鳥　小夜ふけて用心せよの時鳥
戸のかきがねもカケタカと鳴く　浅草端住　E3-11 1792
（現在の特許ではなく、戸のがである所が面白いが英訳無用）

あららっ！戸のささぬ御代の祝歌を、時鳥どんは聞いていないか。何百年も「かけてか」という台詞は、もう変えない時代遅れか。詠む人は端住で通説を知らぬか。

端午　打ち祝う印地の石も年を経て
粽の粉をひく臼となる迄　貞国 K9-2　1801
（むろん村同士の印地と粽を説明しなければ、が）
Until years enough pass that the war stones a boy flings
grow into mortars to grind powder for 5-5 dumplings!

同　抜いたとて危なけもない菖蒲刀
それさえ鞘におさまりし御代　宿丸 K29-1　1812
Drawn, they still would not be dangerous, but even Iris swords
in Thy law-and-order Reign, stay in their proper scabbards.

左は、時代の村生活の秀でた描写で、意味が解るも、絶敏の文化人類学者に解説を任せたい。細石の巌になる系譜の変種でもあり、うち祝いたい傑作でもなる。右の治める系譜の祝は本当か。葉が数葉が束になると鞘有る感じが、人形のそれが一葉の抜き身。と言うより、男の子の戦ごっこ用の美しい色絵も飾る細い板の玩具の小刀には、鞘が確かにあった。両成敗も厳しかった時代で、ついにチビッ子も勝負、いや菖蒲刀を抜く事が、まさか禁止されたか。この調べも時代の文化人類学者の調べを頼みたい！

用水祝　用水も今は腐れて桶一つ
棒ふり虫のわきて目出度き　如石 K7-3　1813

My spare water is down to one small rotting tub, mate;
loh, the mosquito larvae swinging their poles celebrate!

農業に一大事の用水というよりも、町内の天水桶だろう。隣に甘えたり、井戸なども近くにありそうが、旱魃でなくとも日照り後に草も蚊も喜べば、数日後にボウフラ。一茶は同じ動きを経の踊りと見たり、その上にに小便無用と。多くの鼠が穀物の大収穫の印ならば、虫が待たれた雨だ。

団扇売　　合戦は蛍のみとて軍配に
似たる団扇を売歩行く御代　明楼 1855　E12-7
（軍配の団扇どころかその概念もない英訳無用が）

Only fireflies war, so these fans sold by vendors walking by
serve in Thy Reign but to judge their battles in the sky!

ボウフラの棒術が姿が消えたも、泰平の世に蛍がまだ合戦か（笑）。

夏祝　　蟻ほどにつゞく道者の不二詣で
天へものぼる思ひこそすれ　真砂数有　E7-4　1809

*Mt Fuji pilgrims on the road continue on and on like ants
and I can't help feeling it is Heaven to which they assent!*

夏祝　折り取れば根から糸ひく蓮の花
　ひらく仕掛は是にや有りけん　浅波庵河鳥　同
*Break one off and a lotus bud pulls up a thread from the root:
this mechanism to open the blossom only lacks a flute.*

*Break one off and lotus buds from the root pull up a thread
a mechanism to open the blossom that is alive not dead.*

二首も出典に「夏祝」と題された歌中より拾ったが、君が代を仄めかす成句はない。現象を祝う。左の蟻は。蟻のように見える山登だけで俳句になるが、狂歌にはならない。こうして「天へも」と組めば、天に通じる虫の念などの世話と九重雲よりも高い富士が重なり、祝だと詣では昔の夏の陣よりいかにもめでたきかという御代のおめでたさも当時の読者は、感じたはずです。右の蓮は。英訳は苦労したが「仕掛け」のおかげで花をカラクリと捉えば、既に見た「神の代に聞かず・知らず」小系譜の類を掠りながら、かの糸という面白い事実に当の池の納涼のめでたさも感じさせてくれる。根に繋ぐ糸を引っ張り上げれば、水がぽたぽた落ちるのも絵として音として匂いまでも、すべて。

花撫子　ますらをの屍草蒸す荒野らに
　咲きこそ匂へ大和なでしこ　伴林光平　**1813-64**
*In wild fields steamy with weeds and corpses of gallant men,
more lustrous than ever, our pink-fringe damsels bloom.*

この国学者、歌人、勤王志士の歌は「愛国百歌」より。誕生日ではなく命日（亡くなる日）を名前＋忌で偲ぶ、そして祝う日本ならではの歌。フランスの十九世紀文学のセンスで読めば、少々恐ろしくなる。女の子は、そういうものと感じる変態のよう。だが、素直に読めば祝だった。当の本（或いは「国体百歌」）の中で最も驚いた首だった。

※　fall 秋 fall　※

　　　七夕祝　星合の袖にや撫づる岩枕
　　尽きぬ契りの天の羽衣　藤原雅家　冬日百首和歌　中世
*A boulder pillow is stroked by the sleeves of the Loving Stars –
ah, the proverbial robes of heaven as their vows are eternal.*

Fall は Spring と釣合が良いし音節も少ないから Autumn よりよく使う。雅家は俊成の孫だろうが、細長い恋しかも天の川の巌に劫の尽きぬではないが、それに等しい永い時間単位に掠る。君が代を寿ぐ系譜を中国から借りた可愛い七夕の宵の細長い恋に適応するだけではなく、インドを離れて中国文化圏に相応しい劫の定義の新案も加える概念和歌。

　　　秋の月　もたいなや兼ねて戸さゝぬ目出度さを
　　月さゝれて秋を覚ゆる　高盛　飯盛の新撰百　1809
*So many blessings from open doors wasted on the likes of one
who only sees Fall is here when moon beams strike him dumb.*
（勉強に囚われて足の裏に枯葉の音で秋だと気づく故事）
*What a blessing to leave our doors open so moon beams
stab me time and again to let me know autumn is here.*
（一方、寝たい老人だったら「を」は別な意味になる）
*What a waste on yours truly these open doors toasted by all
when I am sick of moon beams stabbing me to say it's Fall!*

故事の小便に出て季に悟るより品が高い。「月＝突きさされ」たら、親王の娘よんだ角文字の名歌の終句「君は覚ゆる（恋しい）」も思い出す。二番目の英訳で autumn という優雅の称にした。Stab の卑下を生かした。三番目が秋＝飽きという英訳が無理の掛詞は偶然か、正解か、複数の読み、つまる歌意は意図的か。

寄秋田祝　喜びに秋はなかはや門の田の（半ばや？）
　　稲波も静かなる御代　長閑舎長丸 K9-2　1796　1801
In mid-Autumn, our rising joy never falls – See my gate-field,
where even the waves of rice look as tranquil as Thy Reign!

　　豊年祝　　とよ年を祝える稲を荷うては
　　つい尻餅をつくもめでたし　水彦 E11-2　1820
（稲も餅も同じ rice だし尻つく慣用もなく英訳無用）

祝歌でなくても、その雰囲気を美しく詠んだ歌を『古狂歌 ご笑納ください』に入れた。ここで上の二首だけ。左の稲の波は、御代の静けさ（春のいわば長閑さ）を詠む新奇。インスタント古典という感じの狂歌。右は、「それはそう」と囃したくなる、ただただ楽しい祝いだ。

　　菊祝　百五十首祝歌中　君ぞ見む山路の菊を千代ながら
　　長月ごとに摘めるしるしは　＿＿＿？千五百番歌合　1202-3
My young Lord, the asters we see so near the mountain path here
mean life, a thousand years plucked each Long-month of the year.

土御門天皇（つちみかど 1196-1231 生没 1198-1210 在位）ならば、六か七歳。1202 九月から 1203 春が成立の歌集が、1193-4 頃から集め初めたようで、その以前の子供天皇かいずれの頃の十代の将軍の可能性もある。将軍ならば、1203 の内に退職、出家 1204、寺で無害に存続せんとすれば暗殺されて廿一歳儚くとも没。いずれも菊の下露も聞かぬ。専門家の意見も要るが、大人の皇族には無用の内容かと敬愚は読んだ。

　　九月九日祝　長生きの彭祖の呑みし菊水も
　　老せぬハはなの下にこそあれ　香をり K25-3　1806
（花＝鼻の下は言うまでもなく英訳無用が、ずばりと言えば）
Peng Zu was long-lived they say because he drank water of mum,
but really he did not age because the old man was gettin' some!

八百年のようです。処女と寝れば、七十五日の長生きできるという悪い迷信と関係ない菊の露が、好色の人は長生きする仮定は良いと思う。

千代迄も一家一門くるま座に
　くるりと回せ菊の盃　　相宥　題林
As a family as a school let us sit in a circle a millennium
as we circulate and drink a cup of this chrysanthemum.

百草の千秋薬と露までも
　めでとうつもる菊の盃　　真顔　題林
Even the dew of the herb of a thousand Autumns
is celebratory as we fill and refill our 'mum cups!

両首は狂歌として論理が良過ぎるという気もします。左は、長生きは個人ではなく、寿の式による家族と一門の存続にある。右は、無常の印としての露までも、長生きの薬とされた菊の露との矛盾を弄ぶ。下戸ながら、記号に強い真顔は、菊酒だけは十分に認めた。さすがに大狂歌師。因みに『古狂歌　ご笑納ください』の9.9歌は、菊酒を用意することすらしない怠け者の無為こそ長生きするとの主張になる。

豊年を祝うて咲くや秋の野の
　カメの尾花に鶴のハギが枝　御代住改東白面古字 1819
　（亀＝瓶も脛＝萩も無ければ英訳はまったく無用）

別号暁庵の名前が住所の引越しの知らせか。この『陸奥百歌撰』の歌は豊年の後祝かと思えば、吉の動物を加えたら、むしろ冬の蕎麦かなんかの豊作の祈願か。いずれにして、尾花に大雪が見立てなるを言葉にしないが面白いし、萩の枝に鶴の足を思いつく想像力を祝いたい。

寄松虫祝　千とせとぞ草むら毎に聞こゆなる
　こやまつ虫のこゑにはあるらむ　兼盛　990
　（小山⇒松虫も声＝肥えも無い英訳無用）

賀　昔より君がためなる宿なれば
我も千年をまつむしのこゑ　　続拾遺集　1279
（君が為の枯松千年あげる本歌も松⇒待＝松虫も英訳無用）

左「聞こゆる」の送り仮名に「肥ゆる」も聞こえるか。大辞典を見れば、小山は肥え塚とか芥塚にもなる。前と後句は結びうる。こゑは又「光栄」になると思うから歌を「祝」にした。右の「賀」の千年を上げた松と人を待つ松の二つ故事か伝説に、松虫の声―肥えまでも全く無理なく取り入れた傑作だ。赤良の狂歌と変わらない。現実の世では、あの虫を聞いたら、敬愚はファンにはならない。蟋蟀の音の万が一の価値もない。

※　winter 冬 winter　※

君が代にあふたのみこそ嬉しけれ
いほ漏る雨の時もたがわず　俊成女 1248

What a delight for me to happen to live in Thy Reign
leaking right into our hut, even Pluvia comes on time.

（時雨の十月一日に降る名の誠なる歌の伝統で二訳）

What a joy to know Thy Reign where life is such a party
to which my leaky roof proves even Pluvia is not tardy!

『宝治百首』の題（百題と称された方がいい）が「田家雨」ながら、寄時雨祝という感じです。俊成女が俊成の孫らしいが随分複雑な身分関係にも拘らず、子共の頃から文才があったら俊成と一緒に住む工夫が君が代の君の好意こそ大切だったかと云う気がします。とは言え、これは竣成の死後かと思う。老婆の隠居の感じながら、狂趣も濃い。恵みになる Reign=rain に Pluvia というラテン語の雨の女神も持ち込む事を、お詫び。

新嘗祭　尊きや天皇（すべらみこと）は神ながら
　　神を祭らす今日の新嘗祭　　　賀茂真淵　1697-1769 没

Exhalted, indeed! Our Suberamikoto, a god on Cloud Nine,
feting gods: so the Newlick Festival today is doubly divine!

旧暦の 11.23 の祭だった。五穀の収穫を祝い、新穀を天神地祇（てんじんちぎ）に進めるとかいてあるが、嘗めながら話すか話しながら嘗めるかよく知らない。『古狂歌　森羅万笑』を作ったら、これは「神々しい」の歌例にしたい。というと、当の祭りそのものよりも、神が神をという指摘は面白い。可笑しみの多い本の中に入たら、微笑ましくなります。おそらく狂趣は、本来ない。国学者は糞まじめと思えば。けれど、オンラインでまだ見つけていない真淵の全集を完読するまで、判らない。

　　　新嘗祭後の宴で孝謙天皇の勅に応じて詠まれた
寄新酒祝　万葉歌#4275　天地と久しきまでに万代に
仕へまつらむ黒酒白酒を　文室知努真人　752 年

With Black Sake and White, let us toast to serving Worth
for countless Reigns & five grains in Heaven as on Earth!

勝手に付けた題に自信ないが、新米の初酒で女王の治世と五穀豊穣を祈ったらしい。天平勝宝という四字の号に負けない英訳も尾鰭をつけてみた。日本へ戻ったら、木の根の灰も混じるクロキを頂きたい。

　　　薬食　霜月十六日公弁親王様えあがたの賤の男が
　　大根を奉るとて、　蕪汁のみそじ一もじ煮え太り
　　　すがたも賤し歌の大根　月洞軒 T40-1953
　　（祝いかどうかしらないがお目出度い）

食べ物は、日本人と共著したい別冊に入れたい。上は元禄時代の気の薬になる大根を奉るが、お目出度く感じた多くの歌例は薬喰となる。

k9-1 筆となり薬喰ともなる鹿は
人の命毛延るものなり　栗園 1790 以前
（薬食も筆の命毛も説明すれば英訳は伸びすぎ）

農を荒らす鹿うちとめて薬喰は
是よい事の二つ玉也　不仙　題林　後期江戸？
（鉄砲の響きはするが玉も不可英訳で意訳なる）
*Culling a deer that has ravished your crops makes it no sin,
but like killing two birds with one stone: meat-medicine!*

左は又「鹿祝」か「鹿讃」か「鹿供養」とも読みうるが長生きを助けるから一応ここに。右は「薬食讃・祝」であろう。猪のすき焼歌例は、寄豊祝中の貴賎問わず系譜に入れた。題林は後期江戸ながら、各々首の年付は知らない。多くが天明から文化までなるが初期狂歌もある。

蓬莱山も他所ならず我が腹の内
鶴と亀とを薬食して　遮莫　題林
*Mount Merhu is on no distant isle but inside my belly
where crane & turtle medicine bring to me longevity.*

吸う汁の妻子こどもに別火して
うしと思わぬ薬喰かな　潮松　題林
*My wife and all our kids by separate stoves sip our soup,
but I'm not lonely to be with a medicine-eaters group!*

乞食薬喰　万年もと思うこゝろは乞食でも
かわらで亀を薬ぐいする　旗丸 k29-2 1812？
（変わら＝河原の掛詞なければ面白くないが）
*Even beggars hope to live ten-thousand years at heart:
eating turtle by the river for medicine is a good start.*

鷹狩祝　千年の鶴のよわいをはし鷹に
つめてめでたし今日の御狩場　干則 E11-2 1820
（ハシダカの箸に抓める掛詞＋縁語は不可英訳が）
The crane's thousand years of life pinched out by the falcon
on Thy hunting ground today, this is lucky and welcome.

この後期江戸や上方の古狂歌には御代も君も出てこないが、めでたい感覚は共にある。最後の首に非難を感じる読者はおられそうが、その事はないと思う。ずっと前から、鶴がよく食われた日本の箸ですから。

巨燵　巨燵にてあたゝまるのも大君の
お膝元にてくらすめでたさ　玉鉾軒行就 E8-2

Warming ourselves in the kotatsu is but another boon
of living like children on the lap of our great Tycoon.

1812　君が代は巨燵に尻をおち着けて
動かぬ工夫するぞめでたき　多久満 E8-2

In Thy Reign, with the kotatsu now so well contrived
our buttocks can stay still – blessed it is to be alive!

江戸の中期より置炬燵が広まったが、後期は万人のものになったか。工夫といえば又「宿替えにすぽりと嵌る炬燵哉」を句作した蕪村の「独り行く徳利もがもな冬篭り」しか思い浮かばないが、まじめに訊く。新しい工夫といえば、何？「動かぬ」は例の系譜だと解るも、掘り炬燵の足踏み台か腰掛けの構造か、座布団か椅子の背か肘掛か…。

炬燵　太刀はさや手は懐に納まりて
炬燵に人の動き無い御代　石季 E11-2　1820

With long swords in sheaths and hands in pockets stored
our men in kotatsu stay put as will thy Reign, my Lord!

同　足は足袋つぶりは頭巾懐に
　　手も納まりし御代ぞめでたき　三笑 E11-2　1820

Our feet in socks, heads in caps, even our hands are stored
and all is happy in Thy Reign with all in its place, my Lord!

左は。炬燵におさまった系譜の内弁慶に動きない御代の鑑に豊かな暮らし。よく詰まれた。右は、例の武器が納まりにめでたきの変種。季語をなるべく重複にしないという蕉門句と正反対に、重ねてこそよい狂歌の世界。「全てがその（正しい）所にいる」の意訳を思いつきながらも、この首を治まる系譜の章か、ここに置くかと悩んだ。下記も。

　　　武士（もののう）のつるぎを箱に納よと
　　煤の束にて世を祈る哉　釈三卜　T9　1533

Putting our warrior broad-swords away in their boxes, we raise
our straw bundles on bamboo to dust and pray for the world!

納むは、治むならば、1533年ながら、戦国時代の冬ながらの精神的な小春だったか。百番の最後の対の左。右の山蒼斎の「目出度しな／＼とハよきを言うあしがら言葉たゞ入目なれ」も祝いのようだが、解釈は無理。その判文は「左千戈をやむるを武士とすと言える心暫く侍り仏法王法武運民俗さかりなるべき時いたゝる言葉にあらわれ侍り右足軽事のいりならん事除災与楽祝詞何事か是にしかんを両首和親の思ひをなさるべき事よろし「持」と定可申也」。諸君はお解かりになるかどうか知らないが、敬愚には、あの散文を見るだけで眩暈してしまう。ともかく、鎌倉時代にも徳川時代の泰平の前兆が煤払いに、この外人は見出す。

　　　煤払　豊なる代にすみながら煤掃の
　　今日は身一つ置所無し　也有 E8-3　1812 再載

*We live in an affluent age, but on dusting day inside
and out, I cannot find a single good place to hide!*

（校正中いきなり箒も哀れむ心になってしまい）

*While we live in good times, ye broom in the corner & I
on soot-dusting day cannot find a single place to hide!*

快著『鶉の衣』の名俳人の也有（1702-83）。きっと老紳士の身で埃を呑みたくもなかった。必死に避難所を求めた。ユーモアセンスも抜群で、祝の「豊かなる御代」を弄ぶ自嘲。

煤払　太刀はさや弓は勿論すゝはきに
あたまも袋へおさまりし御代　化鉄斎刀子 失出典

*Our long swords in scabbards & bows of course, on this Dusting Day,
joined by our heads also bagged in Thy Reign where all is put away!*

同　君が代や／＼とて煤掃に
たゝみ重ねて祝うめでたさ　不知 E11-2　1820
（君が代の擬声化も叩？⇒畳＝畳み重ねても英訳無用）

『古狂歌　ご笑納ください』には、猫も頭の上に袋という歌もあるが、俳諧にも狂歌にも煤払は人気の題であった。やはり、天下泰平になったら、煤払いは唯一残った誰でも参加できる大戦場であった。

吹子祭　腹鼓打って鍛冶屋は祝うらし
狸の皮のふいご祭に　柳葉　題林　中か後期江戸

*Blacksmiths must celebrate by drumming their tum-tums
in this festival for bellows made of tanuki scrotums.*

狸の睾丸の皮が金箔と槌？鎚？の間に置けば、金は、ものすごく薄く広く延ばす事と読んだが、鞴（ふいご）にもなると意外だった。同じ物が打たれてもいいし、腫れてもいい。ゴムと比べてみたくなる。

羽鞴祭　出入りは客にゆづりて鍛冶の庭
祭るふいごは息を休むる　可好　題林　同

*Going in & out is left to guests in the blacksmith's garden;
the bellows we celebrate rest their breath by his pardon.*

鍛冶屋の二首も歌腰が今一つながら、愉快そのもの。内容と云うかスタイルと云い、狂歌の幅もよく示す。狸の方には、朗らかな推理に描写で民俗学の大国日本を、そして右の鞴の心を詠む繊細な哀れと礼儀も栄える善国日本を、深く感じる。小学校の狂歌書、いや、教科書に入れて欲しい。男の子は前者、女の子は後者を喜ぶ。

年暮祝　行くと来る年と年との挨拶は
互いに豆を祝う節分　宵眠　1760頃　題林

*Our respective greetings for ye Going & Coming Years seem
the same as that bean exchange splitting winter and spring.*

同　君が代（や？）いともめでたし／＼と
繰り返したる年のおだ巻　はや丸　K25-3　1806

*How blessed the Reign of my Lord! How blessed.. – I smile:
the way years end up repeating makes them all seem senile.*

左は、散文的な文化人類学か民俗学的な観測でしかない。南欧州にも、年末に鬼か悪運を外か出て、幸運ないし良い事を内へ招く。年の内に去年今年は福と鬼と重ねるが、それは暮れまで。年越せば、昨年の悪口はなくなる。すべてが肯定。「昨年お世話に…今年も…」と。右は。老年の尻を蹴て、無遠慮に送る事は歌にも俳句にも許された。年が老の如くに囃すが、「君が代」こそ長くなり過ぎれば痴呆になりかねないという連想が可能ならば、少々やばい詠みになるという気がします。

　　　　暮の祝義　からき世やこちからやった塩鯛が
　　　廻って余所からくれの祝義に　宮田百川 K27-3 1783

*How dry the wit of a world where salted sea-bream we sent
travels around the gift circuit, coming back as our present!*

　　　餅搗くの節 母なる人のすくやくなるを悦びて、

Delighted to see mother so well on mochi-pounding day

　　かねて病治祝か？　　　たらち女の腰は二重に鏡餅
　　つく／\見ればよい年の暮　田中是旭 K27-3-43　1783

*Mirror mochi they reflect, the double hips of Mother dear:
look closely and you will see the end of a bountiful year.*

左の辛きを bitter とすれば強烈すぎるで先ず「苦甘」に英訳したが、ドライに直した。困った事ながら可笑しくて話の種にもなる。約二十年の在日の間、ほとんど毎年そういう話を新聞か雑誌に読んだり、あるいは会社で耳に入った。いこういう私的な祝は、左右も一読で狂歌というよりも雑俳風と感じるが、再読で、右の鏡餅と腰の二重の似る事の上に搗く＝つくづくの引き続く機知は狂歌独特の吉詠みになる。

　　　除夜　ゆたかさハ年の関まであけはなし
　　　戸ざゝぬ御代の春へ行きぬけ　近月庵 E8-4 1813
　　（徹夜の明け話＝開けっ放しの掛詞が惜しが英訳を）

*Affluence means staying awake from year to year while passing
through Thy Reign's open door not stopping 'til we greet Spring.*

「豊かさ」と「戸ざさぬ」祝の系譜の組み合わせは珍しい。立春は元日かその後になるか。いずれにしても、開けっ放しと天戸が明けないという事をよく考えれば、元日の日の出を最初の日の再現ないし復活と見なす通念と相容れない。それにも拘らず微笑んで読み通せる理は、その嬉しそうな祝賀調のおかげでしょう。狂号の近月庵もいいですね。

※　暮十二支部　※

行く年を祝う首も含むが、暮の十二支は殆どが面白くとも祝歌ではない。が、十二支の狂歌を共に出したいから、ここに一応年末のも置きます。ＯＲ年初のと、本書から抜けては別冊にしようか？絵いっぱいと、俳句とも加えて。。。。は、いかがでしょうか？？？

子

掛け乞いの猫なで声に噛み付きぬ
大晦日に迫る子の年　木端　K1 1750
（猫には誘う声あるが慣用なく不可英訳）

The dunners purr at year's end as they mew and bite down
but we hear that the Year of the Mouse is coming to town!

ふるとしは夜もねずみや待ちしたり
冷たき猫のはなの初春　是丸 1785　K27-5
（寝ず⇒鼠も鼻⇒花も無ければ英訳無用）

猫も魚ひくや鼠の年の暮
おわるゝほどに扨もせわしき　軽石泡城 Ex2
（古綴りで終わるる＝追わるるが不可英訳）

左は出鱈目、というと子年の前に猫、即ち虎がない。虎は後なる牛の後だ。とは言え、中の首の冷たい鼻はえらい。犬は猫と異なって舌から汗たらすから鼻は暑くても良い。それぞれの面白さあるが、家の猫も、その年独特の天気も見事に捉えた中の首は傑作。

丑

　　　　涎から痩せこけの尻までもうし
　　　　年あらためてトライの虎ぞ　　敬愚
　　　（牛＝憂し＝丑もトライに虎＝寅も無く英訳不可能）

　　　　丑年はもういい早く新年を
　　　　とらばやどうせ生まれぢは島　　敬愚
　　　（取ら＝虎も縞＝島も無ければ不可英訳）

どうしても我が状況を詠みたくなるが、上記を書いた時よりも体重は
上がりがっちりした。残念ながら生まれ育った小島の家賃は高過ぎる
から橋の向こう側のマイアミに泊まってしまったが。。。

　　　　　　　　　　寅

　　　　暮れて行くとら狼よりもる年に
　　　　来るぞ恐ろし掛取の鬼　　蟹丸 1783　K27-3
　　　（守る年？年越し蕎麦は大盛なる盛年？いずれ辞典にないが？）

　　　　千里いて千里戻らば今一度
　　　　もとへ戻れよこれやとらの年　　幸丸 K27-3　1783
It goes a thousand leagues so may it come back right now, here
its origin or home, as this is indeed the one called Tiger Year!
　　　（取りたくない取らの年を掛詞と受けて年寄らないように）
If you really can travel a thousand leagues, Tiger right now turn
back to thy lair for, like memories, I already have years to burn.

　　　　大節季鬼にな（ら？）てぞ掛け集め
　　　　ひとくらい良い年をとらばや　　高階亳丸 K27-3　1783
　　　（鬼の縁語で人喰い＝人位も寅＝取らばやも英訳無用）

双方の解読には、自信ない。左は、早く来い！か、反対に年はもう多
すぎて、いいやか。右の、人位の正月を喜んだ一茶句と似通う人並の

良年を望むことかと思うが節季鬼だと漫才しながら集める銭で、かれらに習ってか？誤植か書留違いもありそうし…。ご免！改造版まで直したい。

卯

年の卯も月の兎を見習うて
手伝うてくれの餅搗　風丸 K27-4　1784
（兎の説明は要るも呉れ＝暮れは不可英訳が）

*Old Year Hare, please take from the Moon Rabbit know-how
about pounding-out mirror-mochi, for I can use help now!*

春の日の永きは耳よ押し詰めて
短う暮ぬ兎のとしの尾ハ　平井降子 K27-4　1784

*The length of Spring days are ears, but pinched and pale
in this Year of the Hare, we call our winter days, its tail!*

（或いは、上記は誤訳だったら春の一日を詠む卯年か）

*Call these long spring days its ears, which leave little room
for what in a Hare Year becomes its tail, the dusk, to bloom.*

左は先ず、新年と勘違いしたが、満月の女か小正月に古い鏡餅を再び搗くよりも千切る。で、暮れにした。右の日の長きと短い暮は一年の一過を描く卯年か、春日のとその一日の暮れ方を描くか。後者ならば改造版の新年部に移す。日が高くなると沈む角度が直接で、暮れる過程は極めて短くなる。年の暮れの日は短いが、太陽が横に動くから、年暮れの日暮れはむしろ長い。とは言え、その読み方もあるかどうか。

年のうに喰わずぞ捨つな大福の
茶かすもこれから役にたつ春　虹丸 K27-3　1783
（卯にウニもか？茶粕も茶化すか立つ⇒竜も英訳できないが）

*The Year Hare won't touch them so toss not away Great Happiness
Tea leaves after you drink but think of their coming usefulness.*

耳がきつとたつや月日の早ければ
短う覚ゆ兎の年の尾　高洲下人 K27-4　1784
（立つ＝経つも来年の辰にやの矢も仄めかすも）

*Ears stand straight as the arrow of time, passing as fast
as the tail of ye Hare is short, this Year will not drag on.*

左はよく判らない。大福茶の粕で畳の初掃除の為に預けるか。いかにも辰の春になっても埃が立たないように箒の前に茶粕を掃けば良かろう。「福は内」なら、この茶を捨てては確かに忌むべき。因みに故父の在日の思い出ある。箒の前に茶粕を押したのを見て茶に失礼と早合点、怒った。右は蛇足無要が、一つ観測。この年暮の十二支の首の殆どには、「去年今年」の俳句と似通うところもある。正月中の十二支を詠む歌は、前向きでそれが少ない。欧州の一月の名には前と後、過去と未来を見る Janus 神に因むと云うが、日本では同じ事は年の尾に感じる。文法然り。

辰

天象の煤を払えば黒雲の
様な埃が早タツの暮　塩丸　K27-5　1785

*As we dust off the natural phenomenon called soot raising
black clouds of dust we speed our old Dragon on his way.*

一とせは早くたつの尾まき暦
まき戻せやよ除夜の黒雲　臼丸　同？

*Dragon, how quickly thy year (tail-first?) like a calendar roll
coils back up into the dark of New Year's Eve's black-hole.*
（月末は闇夜で雲は見えで脚韻の踏む黒穴にした↑が↓）

*Dragon, how quick thy year of tail-first calendars doth leave
by winding back up into black clouds on New Year's Eve.*

左は蛇足無用の古辰。右、英語の暦なら「巻き」は roll-up で、辰と蛇等との一体化は下手糞。また、原文の「やよ」は可愛い。New Year's Eve – au revoir（又会う）と書きたかったが、余白なかった。

辰年に巳年を　我もひぢを曲げて枕や居寝つんだ
其のうちにあり楽し巳の春　曲木堂興道 K27-5　1785
*In Japanese, this Year does not drag on but stands-up awake,
so I cannot wait to lie down and relax in Spring w/ the Snake.*
（推理せねばならない辰＝立つ＜対＞寝る楽しみ⇒巳！）
*Enough of Dragon=tatsu=standing), let me loll, or lay in bed,
I can't wait for Spring of the Snake to bless this sleepyhead!*

天明ながら上方狂歌。しかも、とんだ傑作ながら、曲木堂興道の首の歌意も可笑しみは見事に潜まれていて、一見で多くの人には通じないから題を加えた。残念ながら出典に暮の十二支か辰年が示されているかどうか覚えていない。辰年は一年休みなく立ちっぱなしと云う発想意外には歌を解読できなかったという訳です。諸君は賛成か。

午

暮れにける蹴るとし聞けば心得て
無事に通らん午年の尻　栗標 K7-3　1813
（〜にける＝に蹴るとし＝年を聞けねば英訳無用）
*I hear the year ending has a powerful kick, so jump fast
to let it pass by carefully, slap not Annus Equi's rump!*

楽老の里に近付く痩せ馬の
年の尻べたむちくれにけり　好原真図伎　万載狂歌集
（英訳では馬の年の尻が歌腰で分けたがともかくこれか）
*As this thin Horse his happy-retirement hometown nears,
I'd love to whip-off his butt some of those the extra years!*

弁慶の力もあらばくれて行く
うまの年の尾引いて戻さん　雲多楼鼻垂 E8-3　1812
*Had I but the strength of Benkei, then this leaving Year,
the Horse, I'd grab its tail to pull it back from the rear!*

午年が、やはりウマかった。左は蛇足無用。中は解読に自信ないで蛇足は無理。右は、女性が男だったら、手力で古代の死出の道前になる岩城の石戸を開けて、故人を呼び戻さむ哀傷歌に借あるかもしれない。

未

上を下へ返すばかりにせわしきは
未も末となる年のくれ　雄飛　K8-1　1814
（未と末の漢字あそびは英訳しても感じない）

申

あちら向けサルよ何せん冬一夜
明けなば宝うけとりの年　儀正 T30　1672
（去る⇒猿＝申も浮け取り⇒鶏も無く英訳無用）

猿ほどに短き年の尾ハまゝよ
山鳥の長き春の来るから　方洲 T47　1730
（山で猿と鳥の縁も鶏＝鳥も不可英訳が、年の為）
*As our Monkey is a macaque the tail of the Year is stubby
but, smile, for Pheasant Spring will be long and lovey-dovey!*

左、江戸初期の狂歌のあたかも、猿も去る年を我が物顔しなくなる飼い猿と話して哀れみ、年玉も来るからその淋しい顔しないでと言わぬばかり可愛い詠みだ。右、江戸中期の上方狂歌は、人が相手なる気の薬で良いし、春の日々の時間の実感も然りで俳風の香りも気に入るが、

初期の方の英訳できなかった意外性はない。中期の走帆詠み「一とせハ今日に尾もなき申の暮　おしやしばしハ日和見てゆけ」（T47　1730）は、趣向がほぼ同じが、敬愚に言わせたら渋すぎる。ただし「今日に尾もなき」と云う句は面白い。尾が短いニホンザルは日本人の猿の原型にもなるか。

老人の皺顔みれば申の年
くらす我が身ハ尻笑ひかも　蠐庵 T47　1730
（年の尻で尻笑ひと解るもぴんと来ない首の英訳なる）

*Just look at this old man's face and you will see the Monkey Year
leaving & you may also spy laugh-wrinkles on my blushing rear!*

我事は見えねど誰も言わさるの
年の尻とて笑うてぞ越す　思友 K13-5　1777　清濁
（いわざるの掛けなくは英訳無用が清濁不明の古綴りもいい）

ここに上方狂歌の良い面の一つが見えて。年さるも尻に髭、否や卑下。

年の名の猿と狂える掛け乞いの
心を繋げ銭さしの縄　木端 K1-32　1760
（ここは比喩はやや判り難い。猿は主みたい）

*With debt-collectors going bananas this Monkey Year, I'd say
the leashes on their pony hearts must be strung-coin, today!*

掛乞の往きこうをよめる、
書き出しに赤いのもあり申の年の
尻をからげて廻る掛乞　如行 K13-5　1777
（からげる衣の概念もヒヒ同然の日本猿の注も要るが）

*Red ink on the bill fits as this is, after all, the end of the Year
of the Monkey and dunners' robes are hiked up in high gear!*

歳甫　暫くの間もすわる隙ぞなき
尻焼け申の年の暮とて　成用　K13-5　1777

While accounts must be settled, who has time to take a seat?
Call it the Year's End of the butt-burned Monkey – I'm beat!

掛乞ないし借金を取りに来る話は祝いとは言い難い。けれども猿をもって、そのお尻を笑うと嘆きも半ば行年の祝いになる。右の師走の多忙を座れない尻焼け申にしたブラック・ユーモアっぽい比喩はたまらないぞ。

申の年の暮に春立ける日よめる、

去年今年おぼつかなくも呼子鳥
さるとや言わむとりぞとや言わむ　卒柳軒栗飯 K6-5 1811

（呼子鳥の意味も猿＝去るも酉＝鳥＝取りも本歌も英訳難伝）

Last year or this, even that is as hard to grasp as a Call-child-bird,
is this spring in the winter still Simian or is Avian the proper word?

古今集一番目になる在原元方の名歌に又も派生歌ですね。あの歌の鑑賞する者もあるが、子規のように手厳しく非難する者も多い。『古狂歌　ご笑納下さい』にある拙弁護は、つまらないと言っても多くの人を刺激した結果、本歌になるもじりと変種ないし子孫か子沢山うんだ実績か歌徳も考慮すべきではないか、を数多歌例で示す。しかし、あの呼子鳥の縁語「おぼつかなく」で名案のもじりになる。当の鳥も上記の別冊にあるが、今朝（2017.4.11 校正中）江戸時代以前の絵か画を確認したくなった。まさか首が猿なる鵺（ぬえ）かなんかと勘違った者はなかったかな、と。先ず、関係ないアニメ。日本＝アニメとGoogle は思っている。英語にも日本語にも検索の語に引用マークなど入れて絞らんとすれば、なんだか訳のわからない墨絵の呼子鳥が一枚だけ浮かんだ。やはり、おぼつかなかった。不完全な円を描いた尾と袋らしい体の上に頭すら無い。頭が無ければ口もないはず。どうやっ

て子を呼ぶか敬愚はさっぱり。駱駝に像、橇に乗って氷を滑る熊まで出てきたが。とは言え、がっかりしていない。二つの大発見あった。一つは、Wood Cock 又 Capercaillie (Tetrao urogallus) キバシオオライチョウだ。あの鳥はコラージュ鳥と称付きたい！それから、英国の美術館の春画展を上回る幅がある春画であった。「絵本拝開夜婦子取」という（ローマ字検索で当て字のために）春画集は糸口で Daily Shunga 毎日春画一枚で見える、よい意味でとんでもない多様性をご馳走しました。本来（何十年も）春画数奇かと思った敬愚も驚いた。さて、暮毎に年行くも然ることながら申年の暮の狂歌は、やはり、その首数は他の十二支よりうんと多くなる。新年の場合、酉年が多いと同様に。同音ないし掛詞の偶然は、あれだけ大事でしょうか。猿のお尻の赤さと、鶏の暁の声がプラスアルファでしょうか。ともかく、その二年は引き続いて、十二支の狂歌の栄える時である。

酉年

暮れて行く年のとりゐの二柱
神の春をやまつたつる門　負米　k7-4-48PIC　1814
（鳥居に鳥あるも、待つ＝松も立つるに鶴も英訳無用）

来年になる戌年に触れていないことは、戌はやはり居ぬから？或いは、柱に紙を貼る神の春でしょうか。お守りとか。

戌

いと早もイヌと云う年よくれ／＼に
お名残おしくおもぼゆる哉　昌恵 T30 1672
（犬＝居ぬも覚ゆるに吼えもない英訳無用が）

This Year of the Dog like its homophone soon 'absent' in time;
Old Tray will be missed – howling, let's remember and whine.

今日限りはや一散にいぬの年
なごり惜しくも思ほゆる哉　栗毬　K4-3　1783
Today, we see off the tail of the Year of that most faithful god,
regretting what cannot be kept, we howl, recalling our Dog!

犬の伽に守られて育った敬愚は、大人になったら犬の馬鹿元気と糞真面目ぶりよりも猫のドライ・ユーモアが好きに変えたが、犬も他所ながら鑑賞できる。

走るようにおもぼゆるなり今日も暮
あすとふり行く戌の年の尾　花眠　k17-2　1813
Running about barking is how I recall it on this last day;
tomorrow, leaving, the tail of my Dog Year will wag.

丸く寝しいぬのさまとぞ晦日の夜
一つになりし年の尾かしら　百年　K8-2　1818
Year of the Dog, it circles 'round to sleep, so on this night,
the last, we see head & tail together, a peaceful sight.

左、花眠の覚ぼゆるの中の吼えるを哀れの howling よりも喜びの barking にしたが、尾の振るハッピーエンドは素晴らしい。先ず my dog year's tail will wag away で脚韻を踏み終えたが、wag 一語止めの方には余韻を感じて、直した。戌＝犬の「居ぬ」は、「去る」同様に行く年と一致する同音で犬猿の仲といえば可笑しいが、そのために、やはり暮十二支歌の首数を争う。右、百年の首には猫と犬の一緒になる行為を描く為か暖かい。

亥

暮れ果てゝゐの底になる年波も
明日は花咲く春の若水　木端　K1-32　1760
（猪＝井も年波の概念も、しかも若水は英語でお手上げ）

イノシシの首一つでやや淋しいが、暮れながら祝いになる好例と思います。題がなければ、亥年の「い」に気づかない程しぶい首だ。明日は又在日の頃に乗ったものになる。お解り？井の頭という鉄道路線の電車に、ですね。

※　節分　※

　　　　天下皆 はるにわなりの下手の弓
　　　　いられぬ道をゝしへ給われ　貞徳 T22　1571-1654
　　　　（張るに輪形＝鳴り＝春には＝庭？は英訳無用が）
*All below heaven bends round as naught drawn in harmony can.
O Bad Bow, please, teach The Way that cannot be shot to man!*

　　　　当らねば外るともなきあづさ弓
　　　　空を目当てに放つもの故　良寛　1758-1831
*Do not aim and you can't miss with an Azusa bow. Why?
When we release the string there is no target but the sky.*

貞徳の前文が「「天下皆」云々の百韻末尾に」から伺えれば、年末における節分の歌であろう。弦を鳴らせば鬼を払うとか、色々の効果あるらしい。貞徳の歌抄では、次の首は「弓の句にひずみのあらば直せとは優しき人の心たてかな T22」形が日本弓の常より円なり。良寛の歌は一応英訳したが、空は Sky ながら Emptyness（何もない空っぽさ）の両意味ある日本語には叶わない。良寛の前に夢窓国師も「たてぬ的ひかぬ弓にて放つ矢の　当たらぬ鹿も外れさりけり」と詠んだが、いずれに比べても貞徳の大詠みの心地よさがない。この歌には貞徳の偉大さを感じる者は、この敬愚だけか？牛の涎のつららと同様に道教的な宇宙の童の祝か。芭蕉が愚に返るまでも自愛して生き永らえたら、きっと再び長頭丸（貞徳）の良さを悟ったかと思う。

　　　　年の数ハよむとも尽きじ節分の
　　　　豆な我が身をなを祝ひ歌　夏虫 T30　1672
　　　（物の豆と元気の意味も身を尚＝女をも英訳無用）

　　　　節分廿一日　まく豆を祝ひおさめて其後に
　　　　きこしめさるゝ夜のまめ哉　月洞軒 T40　元禄中
　　The beans thrown, then, let us not forget to finish this rite;
　　I'm partaking in some beans myself with the wife tonight!

左は。多数の人の大狂歌集に夏虫妻の狂歌四首あったが、これだけは大胆。老人は歳の数の豆を投げたり、食ったりするが、身のまめである事は女だから、或いは女の身を尚、祝うという謙遜。読みに自信ないが、捨てられなかった。右は、大個人集より。同じ鼻の下が長い男として判り易かった。豆は女陰。英語では豆は豆でしかないが、狂訳は祝儀式の rite を正しくの right と掛けている。前後による、日本の豆の別儀も伝えたかと思う。言うまでもなく、夏虫も月洞軒も間接的にも君や国を祝っていないが、その古より続けた祝いの習慣を引き受けるとそれを守る。

　　　　太刀は鞘に納まる御代は門〱に
　　　　赤鰯のみサスぞめでたき　不知 E11-2　1820
　　In Thy Reign, where our swords are in scabbards, by every gate
　　red sardines, alone, are stabbed: we're blessed to be fortunate.

ここで四季の甚だしく不足する一環を終わらせては、空しい。祝いと言えるかどうか知らないが、「やれやれ！」と拍手せざるをえない古年の野郎の尻を蹴っ飛ばしたり、節分の鬼をクサヤでやつけたりする類の狂歌も意外に多い。『古狂歌　ご笑納ください』には、お尻の方の狂歌は、確かに十四、五首ありぬべき。古狂歌のシーリーズに総合的な重複を二、三％以下に抑えたいから、ここには遠慮します。

VI
私賀、雑祝、雑賛
private celebrations & sundry blessings

16
新年寿・年齢賀・誕生賀
from 1 to 100, no, 150 years!

もろ人も今日赤子にや成りぬらん
むつきをしきの始と祝えば　雀石 T27　1666
（睦＝おムツの事＝月は不可英訳が説明でいけば）
All of us today become infants, as 'diapers' pun in Mutsuki,
the month we fete for bearing the seasons foreseen to be!

読んでもうんざりしない日本人論は、新奇ながら出鱈目になる程の誇張法に限る。Percival Lowell の 1888 の *The Soul of the Far East* は、まさしくそう云う本。雀石の初期狂歌を読めば、下記の文を思い出した。

可哀相な小ちゃい日本の赤ちゃん the poor little Japanese baby は、悲しくなるほど脱個性的なやり方で、この世へ登場なさる。不面目のことに誕生日という distinction 差異（個人としての特別な甲斐）すら与えずに、許されているのは、それほど特別でもない誕生年のみです。（中略）元旦は共同体の共通なる誕生日ないし彼が知る全世界の非私的記念日……。

個人でなく皆の誕生日なる元旦又新年を、四季部の前に既にふれた拙著 The Fifth Season で俳句を通して取り上げたが、拾った何千古句から英訳無しの上記の文にゆかりある数例のみ見よ。1697 年の『大三物』に出た「正月の心常ある赤子哉」は、上記の狂歌とも芯が同じ。或いは、先に出た狂歌は、句の本歌になる。芝光の「町人に誕生もあり玉の春」。玉は下女の名も指すつもりかどうか知らないが、明治の子規全集には「猫の顔も磨きあげたり玉の春」もある。きっと美味し物を貰って嬉しくなったから顔を舐めた（手の裏で磨いた）玉の猫は、子規の名句にならなかった理由は、猫の習性を判る人が少ないからであろう。感謝の念が一杯ある猫は、いきなり己が身を必死に洗う。そのため猫の世話をすれば、ああという間に美しくなる。本題へ戻るが、如雲の「よしや春齢とわれて恥初め」は、狂歌によく通じる自嘲。第三者から評価すれば「卑下初め」。別に誕生や齢そのものこそふれていないが、祝いの心が狂風に咲いている一茶句もある。「上々きち」も「中くらい」という名句の中にはないが、老一茶の「爺が世や枯木も雪の花の春（文政八）」は、いいではないか。半年いない、雪さんと離婚、やをと結婚。生前に見えなかったが、無事に存続した唯一の子もできた。敬愚も早く、いやと言わないやをさん（敬愚妻と人に紹介すれば面白いだし）を見つけなくちゃ。

齢外年寄る平等ないし皆さまの誕生日

女(め)子供に分けてやるべき世話も無し
皆一つゞつ拾ふ年をば　花江戸住 Ex 2 1793
Unlike goods we bring home for wives & kids, we needn't share
what everybody gets just one of – the gift we call years is fair.

狂訳は少々長すぎる。行間を一杯詰めて欧米流の二行詩を読む感じですね。とは言え、ローウェルの脱個人主義の共同主義の日本人像を見事に裏切る狂歌ですね。皆と一緒が同時に拾う主をして、我が年だ。つい先に敬愚妻の冗談をしたから、留保を入れないと一緒一人なるかと心配します。女性の読者の気持ちもわかります。前句は、父系社会

の一人善がり。古今問わず女こそよく働く。江戸中期の多くの男が武士であれ、町民であれ、毎日妻子のために狩りに出た訳ではない。世界多くの文明と変わらず、女の方が水を運んだり、子の面倒を見たり、それに計理の責任もあった。

産前・後

紗綾綸子それより只の木綿にて
とかく安いを祝う腹帯　如石　K7-3　1813
（値段のやすいと子を産む事も同じ単語でないと英訳工夫）
With less labor used to make them, the cost, too, is easy to bear;
so the cheap cotton belt beats the silk blouse for mothers-to-be.

これが妊婦用帯の贈り物（また紗綾綸子＝さやりんずも？）と沿ったか、詠む人は中々子を産めない「石女」で「如石」の新案か。どうか知らない。帯と着物を別々に考えるのが上方狂歌をして当然。門祖の貞柳が師、信海の「狂歌を詠むはただ箔の小袖に縄帯せるを風体」を一門の教訓にした約百年後になるが、その派生か変種か。

夏夜安産　さてなんの苦もなつの夜の安産を
祝うて蚊さえ軒で餅つく　一粒斎萬倍　k16-3　1812
（無（く）⇒夏、蚊柱と餅搗く意味も英訳無用）

一

ある人の子産ませたるにうぶ衣遣わすとて、
松の葉の針に縫い込む千年まで
育ちて伸ばせ鶴の羽衣　真顔　E10-1 1815
My friend had a child, and this accompanies my gift of crane down
w/ 1000 more years stitched in by pine needles: a baby-gown.

二

節分＋元日か　喰い初めをせぬ一つ子は節分に
母の乳房も二つ祝えよ　湖南乙立 K16-1 1810
A child of one, who cannot yet eat at winter's end, we still
fete for turning two – this Spring let's toast his mama's tits!

豆太鼓の絵で豆二つの乳首と張っている乳房の絵見立て！画讃というよりも逆に歌讃の画の傑作かと思います。

三

持ち遊び箱明けて我が子も三つの
朝目出度いと云うてゝ悦ぶ　米花亭鳥春 K27-3　1783
Portable play-box opening, year, month and day together three
as my child who said "What a merry morning!" with great glee!

子の年齢「も」三つとは「もう」を連想させるが、年月日の並ぶ朝のお三つだ。音字が数でなかったら子育ち日記に書き留める散文とまったく変わらない。ただ、「めでたい」と言う三歳の子は偉い。

三十一

みそじ余りひとつの春になりにけり
守らせ給えいつも八重垣　貞柳　T50　1729
A score, a decade and one now this Spring has come,
so protect me always Izumo Eight-fold Wall of song!

試筆　短冊に筆こゝろみてかくばかり
我も今年は三十ひと文字　月洞軒 T40　元禄
Right away I use a poem card for my first brush test
for this Year, I, too, am a thirty and one letter man.

立ち返り又も一文字ましにけり
じゃらくさけれど和歌の年波　玉受堂吐雲 K13-1 1753
（英語で年を波、しかも立ち返るのを和歌と結ばぬが）
With this rebound adding one more letter, I must rave –
pardon if this sounds cool but my year is a waka wave!

左、貞柳と中、月洞軒が狂歌の初期と中期の橋渡り狂歌師信海の高弟子。月洞軒が五、六年とし若かったから、貞柳の歌知っていた可能性ある。すると月洞軒と吐雲の「我も」と「又も」は三十一歳で和歌を詠む伝統に首を頷くかとおもう。貞柳の古綴りの清濁示さない「出雲＝何時も」の掛詞あれば、月洞軒の「かくばかり」に「書く」を掛ける。真面目の貞柳と軽みの月洞軒の性もそれぞれに伺う。右、吐雲は貞柳門を出でて尾鰭もふる三十一。残念ながが、四から三十の祝いが全く無かった。

四十

芳峰常成の四十祝（御娘の代詠）古今集#356

万代（よろづよ）をまつにぞ君を祝いつる
千年の陰にすまんと思えば　素性　下記英訳借有
In the pine 10,000 Reigns we'll toast & celebrate our Lord
while I shall live like a crane in Thy millennial green shade.
（原文の様に松も鶴も動詞化したが数字は入えかねた）
A pine for I pine to see you forever while living in your shade
I've but to crane my head to see my Lord and do as bade!

素性は、千年の印を万と結んだ理は十返りの松の花咲く発想だろうが、天明狂歌聖蜀山人の「千年の鶴のたまごを常盤なる松の十かへりかへすめでたさ」の鳥と木を組合す万年の共存の「十返り＋孵す」の工夫が上。

四十二

  厄を払ふしるしは俣にこゝろよく
   今朝たつ春とおゆる大まら 月洞軒 T40 元禄
Spring comes this morning unlucky for health at 42 years-old
how good to have a talisman, my large cock is standing bold.

日本のちんこ祭り、かなまら祭りを始めに厄払いの世界的な印が我が俣＝股にあるという歌の存在は、驚く事なかれ。と思えるが、やはり読めばびっくりする人が多いと思う（いつか出す『古狂歌　色を好むさし男』月洞軒の首には、一茶の句に比べて、排泄物が少ないが性器が多い。）

  船長なりける人の四十二を寿て、人舩はうわが上荷の忙しく
   しゞゅうにやくの有るぞ目出度き   菅江 K26-4 1794
 （博打用語のうわ＝上荷も四十二厄＝始終に役も英訳無用）

別章にある凶悪か厄の吉善化の歌の類です。大辞典によれば「うわ」とは博奕で負けていた所が好転して勝ち目になることだ。やはり 42 歳の先負が後ろ風に変わると完璧な掛詞だ。天明狂歌の大御所朱ら菅江作ながら、上方狂歌本の中で見つけた。船長の歌句と言えば、一茶句「船頭よ小便無用ぞ浪の月」を思い出すが、菅江の狂歌への姿勢を今、見ると面白い。その『狂歌大体 E15-2』で曰く「何題にても祝の心あるがよろし本歌をとるとも不吉の歌はとるべからず」。宿屋飯盛の全く開いた狂歌観よりも、真顔の落首にならない動力に似通う発想は、頂けないが、その人好しぶりは上の狂歌で伺える。そしてよく考えたら、俳諧に対する一つ広く観測できる態度は、菅江の断言にそう遠からず。どの画に関する歌か句は画賛というように、四季の現象は何であれ、その句は季語の賛となる。苦熱は、そうでなかろうが、誇張で遊ぶ機会を与えてくれると思えば、達観した者は、この苦の存在も祝う。

四十三

　　試筆　　大厄の年は一夜にすぎ戸あけて
　　めでたき春にあうぞ嬉しき　月洞軒 T40-2219
　　（過ぎ⇒杉戸も開⇒明けても無く英訳無用）

そうだろう。己がまら丸のお陰で厄年を無事に過ぎたと次の年が殊の他に目出度しや。多くの太平の祝いの戸ささず世の中へ戻りました。

五十

大水損で借銭の淵いつ梅法師の四十九歳なれば、

　　此くれは始終苦をすれやがて花の
　　春に合わんといそ五十かな　信海　T33　1688
　　（四十九＝始終苦もいそいそ⇒五十も無く英訳無用）

月洞軒と貞柳の狂歌師信海の即興の腕を伺える首だ。「いそいそ」は心の勇むがように嬉しくなるから元旦を祝うにお誂え向き。因みに大辞典の「いそいそ」の用例に出る桃花の誹諧ある「ほろ酔て気もいそいそや桃の酒（口真似草）」も狂句だ。いそ＋いそ＝ももという発想で。因みに和歌の五十は、決まって磯だった。俊成卿曰く「うらやましいそちの波にしをれてもかひある浦に巡り逢ひけむ」に定家の五十一「うみわたる浦こぐ舟のいたづらにいそちを過ぎて濡れし浪かな」。

五十四

　　めぐり来てさらり／＼と新玉の
　　数珠半分とおないとしかな　甚久法師 T44　1722
　　（数珠のきっぱりした擬音感を面白半分にも英訳無用）

Thumbing as far as one can go on my loop of beads, as new as the Year, I too knew . . . the count half-way was my age!

数珠の数は百八をご存知なさる日本人は何割でしょうか。カトリックの rosary は駄目が、数珠は祈りと限らないから prayer beads も無用。親指で動かせると玉の輪を組んでみた。誰かが年を知って、お年玉にその新数珠を贈ったかと想像するから「我も too 気づいた」と狂訳した。

六十

還暦　是からハ案内者も要らじ六十の
図いと廻るも同じ道筋　蟹丸　K28-2　1807
The route from 60 is a snap for you already know it;
who needs a guide this time around just go for it!

六十賀に称が還暦か耳順。五環で一廻りする事は、十二支と甲乙丙など（敬愚は中々覚えない）十干支の 12 と 10 の最小公倍数の 60 で完成すると言うが、それは兎も角、生きながら生まれ替わるか出直しが用意になる年。完成ながら六十は胎児期なる。愚に返る本番は、六十一で第六還をご自分のアニマルと共に歩み初める。

柿栗のふた本をたしみし人の耳順の賀に
心有ると心無きとに耳したがう
君が千年の軒の松風　桂雄　K8-1　1814
To toast the Ear-obey (60th yr) of one at home
below the persimmon and the chestnut tree,

Whether it be from the heart or from the head, your ears obey
the pine-wind bringing to your eaves a thousand years today!

後鳥羽院が宮廷かどこかで歌合か歌仙かなんか後で恐らくその日の勝者らが柿本の和歌の衆となり、負け犬らが栗本の狂歌の衆となった。それぞれの宴会を楽しんだが前者の詠むものが「有心」と、後者のが「無心」と呼ばれた。負けたら気が落ちるから軽いユーモアを詠むの

が気の薬となって、差別ではなく、うまく工夫された制度かと敬愚は思うが、柿本の鼻が高くなった歌人が「心あると心なきとが中に又いかに聞けとや庭の松風」と云う歌を、無心の方へ送る。渋いが、苛めですね。すると栗本の敗者の一人の宗行卿は後鳥羽院が後に楽しんだと云う返歌を詠み送った。「心なしと人はのたまへど耳し有れば聞きさぶらふぞ軒の松風」。それを上方の桂雄は約八百年後の耳順の賀歌に拾った訳です。

春立つや愚の上に又愚に返る　一茶

spring is here
an old fool turns into
a new one

六十一歳の一茶の名句の自嘲もいいが、さらに積極的に愚と言われる自由自在が一国の元気と云うか若返りのために奨励すべきと敬愚は思う。十代より、万人の一人の例外もおられるが、人は段々硬くなる。重なる年を背負うというより鎧の如く着るのだ、穿くのだ。口元が一の字だへの字だ。敬愚は同じ米人の妹が二人とも中年から心身硬くなるのを見て来た。一人は愚に返るまえに亡くなった。もう一人の六十歳の誕生日にこの道教的な発想を取り入れた脚韻詩などをもって賀しながら、その来年の六十一の話しまでもした。お説教ではなく、自分も六十一になったら書斎（つまり一部屋しかない小家住まい）を「初心洞」と名付けて、本来の信天翁ながら、そういう気分を養うように…。しかし、どのこと言っても、侮辱されたように立腹ばかりする妹。失敗に終わった。六十は耳順（素直に聞き入れる年となっていても、それが日本。米人の妹はいつから全事知る大人になってしまった。「ダカラよ、人は貴女を、わが母かとよく勘違いしたりする」と言いたくなったが、無論そんな事いわれば一生嫌われるから、その事ばかり彼女はまだ知らない。知らぬが仏かどうか知らないが。兄さんはお手上げ。

六十一

　　六十一の歳旦楽園へ行年を越んと晦日の夜道の川へ
　　こけ込みほう／＼の躰、　　　　甚久法師 T44 1722

（ほうほうは這這＝さんざんの目に遭いながら逃れる）
For my 61st New Year, we went to the river to cross over
from the last year last night and fell into it, hoh! hoh!

（六十は川へ流してその跡に又年一つ生れ子の春と）
At sixty all becomes water under the bridge of life – I'll let it pass
and, emerging in Spring a babe of one again, spank my own ass!

前文の具体的な情報のお陰で狂歌にも余韻ある証言になる。「ほう／＼の躰」の含蓄こそ知る必要あるが。「這這の体（てい）」は、「今も這い出さんばかりの様子…酷く恐縮し…慌てて逃げ出す」。川に転びおちて、或いは滑り入って無事に出て歌を詠んだ描写に誂え向きだし、「這這の幸せ」の浄瑠璃の慣用例「我が命さえ〜にて、この所まで逃げのび」もあり、生き永える縁語ともなる。しかも、漢字もない別語なるほうほうは擬態語で、大辞典曰く「勢いよく息を吹きかけたり、水蒸気の立ち上ったりする」。日本の正月は今の二月頃で寒かったはず。ただし、歌の方が単純すぎるから狂訳に己が尻を平手打つ赤子にして上げた。敬愚もやはり自分の愚に返る歌句も詠んだが、生まれ子同然の記憶力で、PC のどのファイルに入れたか覚えていない。見つけたら、改造版に加える。

　　　　予が本家なにがし六十一の賀
　　　　本家なる本掛（け）を祝うさゞれ歌
　　　千代に八千代と云うもくた也　淵龍 K5-2　1793
　　（愚に返るは国帰るで本家を？細石⇒ざれ歌も英訳無用）
Again I go from gu this year w/ that pebbles poem my toast:
A 1,000 reigns! 8,000 reigns! For being goofy it's the most!
（原文のままに「本家」も入れ英語の Reign を勘違う異訳）

For toasting Folly, my old home, nothing beats our pebbles poem.
"A thousand rains! Eight thousand rains!" Why not sunshine (groan)!
（英語では御代は又 Rule とも云うが、同語の別儀は「規則」で）
The pebble-growing Song is as silly as my brain at 61 is hollow;
a thousand rules, eight thousand rules are too many to follow!
（原文の本掛は干支の還暦かその占いが、何のか知らぬ）
At sixty-one my hare returns as I, too, live in a rabbit hutch
what sort of hare I am I do not know and do not much care.
愚に返し又振り出せば兎年ても死ぬまでも上り坂われハ
Back to foolishness is a new start so Year of the Hare or not,
old age is fine by me for 'til I die, uphill is how I plan to hop.
（上記はファイルに無くした六十一賀の歌句のテマ一つ）

予が本家とは、本来愚に at home の人か。言わねば判るが、（御）代が本歌も掛けるか。含蓄は完全一致しないから愚を様々の英訳（folly, silliness, nonsense...）にした。「くた」が方言で冗談という意味の「ぐた」でしょうか。知らずに、とりあえず掛詞が下手のかわの極まりの無責任「訳」に読者の唸る groan を買う覚悟だった。

六十一の本卦　　竹馬のかしらを抜いて鳩の杖
今日つき初むる本卦がえりじゃ　無為楽　K24-2　1777
十二支とその五つの復支もそっくりの本掛け英訳ならぬが
Off goes the head of my stilt pony, a dove will do for my cane;
from today, it's coo-coo-roo high time to hit the road again!

六十のその一つふしに千代こめて
餅をつくとも杖はつくまじ　素柳　k16-3　1812
I may be 60 w/ 1 for the road, but a thousand springs I'd gain!
Pound sweet-rice? That I will, but I do not plan to poke a cane.

三十五年を渡る微笑ましい対だ。左の後期上方の素柳の自賀小父さんの自慢ぶりは珍しい。突かぬ杖は、七十歳になるが、左の竹の縁語で、

右の旅に出る文脈で、許される。後者の頭抜かれても竹馬出ればいいですね。敬愚は豆になって「鳩を手に愚の駒帰り～」とか色々と詠みたくなりますが、本章すでに道草食べ過ぎて遠慮します。右の首は有心がいい。

六十二

六十二歳旦　明ぬれば年と歌とを問われけり
三十字一もじ／＼／＼　甚久法師 T44　Late17c

これは怠けの片手落ち。「みそじひと文字」の響きは良いが、それを繰り返すよりも、二首の狂歌を用意すべきだった。でしょう。

六十八

むそし八つの春を迎えて、　福寿草と共に勢いよい春や
六十はちで今朝ひらく運　恒丸　K27-3　1783

（八＝鉢も福寿草も無ければ英訳無用が、敬愚ならば）
福寿草と共に勢いよい運や六十はちを WC に置きし

恒丸を含む蟹丸らは、西南。素朴の詠みながら、新年の花と我が齢を強く結ぶ。右は在日の頃ゴリラの檻の前に立ちウン付くのを待った学生を。

※　七十　※

葉室殿御母公七十賀に、　七十に三十一もじ捧げつゝ
まづ百とせヲ祝う言の葉　鈍全　K22-1　#450　1760

*As I present you these thirty-one letters for your seventy,
let us, first, toast in words: One Hundred Years is plenty!*

その寿命よむとも尽きじ百までに
今年を入れて和歌の文字数　木端　K1-58　1760

*Though we may count your years, let your life be infinite
and, say, with this year included, 100 is but a waka away!*

七十才は、稀年・希年で古希賀なる。七画のために「希」になるが、七十は狂歌詠みには希ではない。残念ながら上記の賀を詠んだ上方中期の狂歌師木端と鈍全は二人とも六十年代にぽっくりと死んじゃった。百まで考慮する歌句の類といえば、一茶の師の一人なる大江丸（1721-1805）の「百までは三十九年はなの春」は、狂歌と比べてつまらない。英語と掛けては thank you だったら違うが、二十二年待てば「八そ三とし百とせまでにあと一句」とすべきだった。

つわものと人や見るらん十とせづゝ
七つ道具をおひのことぶき　如錐 K23-5 1778

（寿の画数を仄めかすも、負い＝老も不可英訳が）

*At seventy, we see in you a warrior: at your kotobuki core
behold buki and strokes enough for all seven arms of war!*

何某七十賀　　祝ひつる齢は限りなく今じゃ
いたゞき禿て赤くなる迄　柳生 K24-1「～題鶴」1770

（すでに見たとても渋い鶴の序動詞化は英訳無用が）

*Respecting my age, I fete it yet accept no limits to body or brain,
though that should leave me as bald and red-headed as the crane!*

『葉隠れ』を初めに宮本武蔵の自伝と伝記も数々の武道関連の本を翻訳、著した上に剣道もなさる七十才になった友人は、言うまでも無く寿の字に七武具という発想を殊に感謝しましたが、まだ若き妻と剣道相手になる小学生の息子もいるから「禿げて赤くなるまで」の方を見

たら、禿げていないが顔が多少赤らんだ。そして、それを読んで上げた小生の方も顔も赤らんだが、友人の誕生日の宴会で楽しみながら最も苦しい思いは、何回も心の中で不思議がったが、日本人が七十才になっても、こんなに旨い狂歌で古希賀を楽しめる者は、恐らく一人もおられまいという事だ。参照の歌ある。

参照　真っ赤いな頭は多く親爺分
人の中でも鶴の一声　義栗　K4-4 絵もある 1795

*Such red faces and pates abound among old alpha males;
the strident calls of cranes, too, beside their voices pale!*

祝いでない純粋なる描写でしかないが、友人の柳生の「禿て赤くなるまで」への嫌味は、こういうイメージを抱いたか。念のために、剣道しながら氏の声が鶴のそれと反対に極めて静かで言ってみれば腰がすえた声。

酉の年元日七十歳にて、

瓢箪も胡桃も要らで飛び回る
七十からと云うとりの年　甚久法師 T44　1722

（四十雀に因む七十がら＝からのゆっとりの掛詞は英訳無用）

酉年は珍しくないが七十雀は稀なる。連歌と笑話の世界でよく出くわすは、四十雀だ（生意気の若者が初老の旅人の馬の尻の上の笈に雀が入るのを見たら「四十からの笈（＝老）の中にぞ入りにける」と詠めば「若狭（わかさ）に帰える道が知りたい」と狂趣ある二人和歌が完成。上々吉々の歌ですね。）ともかく、前句を大雑把に仙術なくても飛ぶが意味と思ったが、青女王の前に酒の瓢箪を持ちながら、土に足が着いていない仙人の呆然と浮いている姿を絵に見たら、雀になる方がよほど好い。

万年の亀よ笑うな人間は
古来希とて泳ぎ着くをば　栗間戸 K11-3　1825

*Turtle of Ten Thousand Years, laugh not to see a human bare
swim up to you glad to reach what is from old deemed rare!*

園に杖つきせぬ春にあいうゑを
かきくけこきの年のお祝い　雨麦園李物 K11-3
（杖は七画も突⇒尽きもこき＝古希等五母音の掛けも）

*May your dusty cane find Spring forever in this garden, here
filled with Buenos Aires – that's my toast for this Rare-Year!*

十二支無縁で七十才なら誰にも使える祝へ戻る。「人生七十古来稀なり」は中国の詩人杜甫の詩にあるが、人として産まれるも盲亀が木端に出くわすような奇跡で目出度き存在だという仏語もある。いずれにして左は、可愛い歌体だ。右も同じ古希翁桃李園栗間戸を賀す『古希賀吟帖全 K11-3』に入るが、原歌の「かきくけこ」の母音尽くしを全母音含む南米の都市 Buenos Aires（直訳良空気）に狂訳してみたが、やはり駄目です。

昔より希なる君が寿を
何に譬えて何と祝わん　玄光園李仙　同 1825

*Alas, no simile comes to mind to fete the longevity of one
who from olde has always been a rare find under the sun!*

園に杖つく摩祭りの鍋よりも
いただく屠蘇や千代もかわらけ　栗根亭＿窓 同

（突く⇒筑摩も鍋＝妻も変わら⇒土器＝下毛なき少女も）

左は当然すぎるが、それでつまらないか素晴らしか判らない。念の為、「希」と「寿」のみならず「君」と「何」も七画。右の在江戸の門人

の首が掛詞いっぱいで解釈もかの祭の鍋の如く重なる。屠蘇を頂く枕のみか、それを老妻が聞けば腹が立ちそうが、土器の生娘に初心、器から気のままに生きたい（だけだったらいいが、処女と交合すれば七十五日の命を伸ばすという迷信もあったから寿の賀に鍋＝妻と比べた）、老の頭にも毛がない禿も想像すれば、無害かも。

長生きと聞く慈童より十割も
若い達者で千代もましませ　北脇朱山　同

For one at least 10x as young and healthy as 'Mum Boy
a thousand reigns should not be out of reach (enjoy!).

百迄も目出度がれとて七十を
祝うて三十一文字の歌　呂竹園李津　同

Aim for a hundred and to be "blessed" you have plenty
to celebrate adding these thirty one letters to seventy!

左のいう菊慈童は七百年も若かさのままを保つも、文字通り年寄らない訳でもない。七百年も年寄れば、やはり七十よりうんと年上になったのを逆にとらえたのが面白い。右は既に何回も見てきたが 70＋31 が一つ余計に見える。それが百番目の年が終わるまでの時間を考えているか英語にある One to grow on が幸運で一年のオマケが吉になる為かよく分からないが、1737 年の上方狂歌本に出た「貞讃尼古稀に」詠まれた易卯の賀歌「七十は古来まれなる長生きにていさん十をそへて百迄」T56-263 には、ちょど三十だが、その「い」は？遺産⇒三十年も保つか。

七十一

1722　紙ぶくろ七十一年離れぬハ
妙なるノリの強さなりけり　甚久法師 T44

（紙＝神か糊＝法も無ければ、英訳無用）

道元などが体を皮の袋と譬喩したし紙子とのりで同じ組み合わせも他にあるが、紙の袋とのりと人の身は万が一これは最初か。しかし、何故わざわざ七十一才に使うか。良い答えなければ、片手落ちだ。「七十一歳を長命と人の言いければ」という前文で始まる、百に生きたかった貞柳の詠み「希などは何いわしゃるぞ鶴は千代　亀は万年仏は無量寿」K12-5 もその点、同じ。不十分でこそ敬愚は「希」に「肴」の類似を見出して「云わしゃる」に「鰯」までも無駄考慮もしてしまった。七十一のまともの首あれば送って下さい！

八十

月宿へ歳暮祝てかく云いやりける、
あらめでたやそじをまつの木おとこハ
ふぐりの毛まで雪をいたゞく　月洞軒 T40 元禄中
（めでたや⇒八十も待つ⇒松の木⇒き男など英訳無用）

故郷の父この春八十歳に成りけるを賀して、　T55　1737
下よりも父の齢ひを寿けば若返りする一八の春　芥河貞佐

Reversing his age should gain some longevity for my Dad.
Let him rejuvinate, turning 18 in Spring wouldn't be bad!

左、月洞軒が友人の月宿のみならぬ、数人へ性器の品々を遠慮しない私的な祝を詠んだ。ばれ歌の感じではなく、ごく自然になる。英語では松ぼくりはふぐり、睾丸にはならないが、スペイン語訳だったら同じ cojones になる。英語では睾丸が蹴るにしか用がない鞠 ball になる。右なる上方狂歌の貞佐詠みの逆数字だけでは弱いが、齢と言えば逆に読めば「いわよ」となる。いつか回文でも詠みたくなります。

1812　みちとせになれよ／＼と仙人の
桃を植えたるハチ十の春　一富士二鷹 E8-3
（関心の八＝鉢の掛詞なければ英訳無用）

E10-1　1815　或る人の母の八十賀の飾り物に添えて、
姫松のいつも若きを老鶴の羨ましとは思ふらむ八十　真顔

八十寿（やそじゅ）は又、傘寿（さんじゅ）になるようですが、この二首は、八十の発音をユニークに弄ぶ。左は、喰えば三千年も命を伸ばす伝説の青王女の桃ながら、仙人で又「もも」なる百賀の仙寿（せんじゅ）を連想するが、桃をハチに植える発想が脱帽子。右も後期江戸狂歌。一見してつまらないと思ったが、姫松と言われて老婆を嬉しがらすし、「やそ」を文尾の「やのう」のように使う発想がとても良い心地。渋くて素晴らしい祝いだ。比べるように二十年前どこかから拾った八十賀の俳句を二句みよ。星布自賀「八十の坂越てもおなじ春の山」1732-1814 と彼女を祝う一蓉の「八十とセの春や瓣手に寿の一字」。

八十一賀

今年わがよわひの数を人問わば
老いてみにくくなると答へん　長嘯子

Asked my age this year, I reply "It is nine times nine"
. . . this ugly old tom is ready to die one final time!

秀吉夫人の甥で 1569 生まれの長嘯子は、未得が初個人大狂歌集『吾吟我集』を出した 1649 の六月十五日に、やはり同じ八十一歳にてなくなる。愛娘もずっと先に亡くなられて、痩せこけた体も具合が悪くて死にたいと言わずとも、死んだ方がめでたいというような事も書いたから、英訳無用なる掛詞の醜く⇒九九＝81 を猫の九生をもって勝手＝cat に掛けた狂訳したが、重ねては勝手に辞世っぽくにしてしまった。長嘯子は『狂歌大観』にある我がファボーなる歌合せ（四生）の著者かもしれないと云う。出典は、弟子が死後に作った「挙白集」。本人は

世に見捨てられた心地から詠み捨てたはず。狂歌こそ詠み捨て文学だから、「和歌集」の一首ながら、間違いなく狂歌だ。自嘲の祝いか自賀自卑にもなる。

八十七

二人の八十七歳の歌人が米寿の賀座で、

花祝　　二の段で割れば我らもやう／＼と
三十九じゃものまだ花じゃもの　契因 T59　1741

*Split top and bottom we'll soon ourselves be thirty nine
which means this year we're still in our flowering prime!*

八十七は米の前で花寿になったか。この年を Japanglish で祝ったら Thank you! Thank you!となるでしょう。又三十九は四十という若さと老の境目の直ぐ前でまさしく「まだ花じゃもの」になるかしら。

八十八

武士長寿　　考えぬれば頭は赤くなる年の
台頭の身も米のことぶき　畝丸 K29-1　1812

*Come to think of it, the fact his crown is red makes plain
our Rice Year Head we toast belongs to the right grain!*

E10-3 宗幸老人米の祝よみやう、

君が年のよねにあやかり申すべい
幾千代こめて限りあるまい　岡持 1820

（ヨネにベイにコメに英訳もあるマイ）

八十八賀歌にいい詠みが多い。やはり米があれば皆も乗る。左は、実りのいい米畑の米の頭が赤くなるのを優雅にも詠む。申年にもなった

かどうか知らぬが、元旦の日の出も赤頭の鶴との吉なる連想もある。右は、さすがに天明狂歌出身の名人らし「米」尽くし。本の中では、歌は「米」という形にも書かれた。若い女性のよねにもあやかりあれ。Eighty Eight = Ate 'e ate 「食べたは he（彼の略は'e）食べた」という語呂合わせは可能も米と遊ばなければ、英訳も食わないで止めた。

八十八のことぶきを

八十あまり八の年よりいつまでも
米の飯くふ事ぞめでたき　蜀山人

A Toast to longevity for one Eighty-eight

Blessed thou be to eat it forever once you're 88:
rice, of course, as the character 米 doth dictate!

目出度きに縁語の「炊き」は惜しいが、英訳の大問題は「いつまでも」は生きる間に米の飯を食う長老の権利と寿の無限の双方を翻訳出来ず。

艸丸の母の八十八を「寿て祈るふし節分なれば」

K26-4　さてもよい煎りまひや能い煎り豆も
片手に八十はちかりやせん　玉雲斎　1794

（八十八⇒はぢかり即ち手を広く開けること）

Toasting Kusamaru's mother's 88th on the Setsubun

Well-parched rice and well-parched beans, yes, both of them;
open your hands for a pile 八十八 on each – let's do it, then!

E15-5　歯はぬけて頭はげても息子株
八十八の親うぃもてれば?　佐野渡　江戸後期か明治

Lacking my teeth and bald yet they say I have aplomb
as the dutiful son with his eighty-eight year-old mum.

左の「八十はち」の綴りに気になって大辞典に「はじかる、はぢかる」と言う動詞を見つけて、これぞ！無論、指を過剰に広げると米や豆は漏るが、花が咲くかその咲く仕草を見せるという動詞で大変気持ちの良い伸ばす感じのある寿ぎもまる。右は、これは、今の老化先進国の日本の世の中ですね。米にいる敬愚にも、人事ではない。半ば辛き、半ばおめでたく読める。母は今八十八が後十日は八十九。息子息子株は、ばか元気で六十五歳も体が益々強くなり髪にほんの少しの霜が耳の辺り、歯もあるが、その誕生日前に少しお金を借らなければ、今 2017.3.24 の校正と来月か再来月の出版まで生きられない。株どころか、お金もさっぱり。借金は現在 ＄1,500．一週間後は家賃も＄750．情けない現実だ。2017.7.10 は、全飲食薬等は一週毎 ＄50．だけでも ＄2,500．也。

九十

百の口たらぬと人は笑うとも
あほらしいほど長く居給え　英風 K9-3　1819

Though people may say that big Hundred is far away,
thy life is indeed absurdly long – let 'em laugh I say!

（原歌の百の口の意味を考慮すれば、下記の狂訳か）

People, laughing, ask if that 88 year-old rice will suffice
to get you to 100 but, hey, 90 is damn old and nice!

九十九は百までも一年たらぬ（又「百」の字内の「一」も考慮する）から「次ぐ桃」となるが、「百の口たらぬ」と云う九十は何じゃ？六十は下寿、七十は稀、八十は中寿、八十八は米、百歳は上寿。九十は米に近すぎるか。未解読ながら、百まで生きる米の飯を買うお金の有無を詠んだかと仮説。

百

百歳の賀しける人の松と鶴との絵賛望みければ、

百になる人やもろ手に握るらん
松と鶴との二千年をも　白玉翁　T48　1731

At one hundred, this person has a grip on what is plainly
a thousand years in each hand behold the Pine & Crane!

河原氏老母百歳の賀　打ち寄する五十／＼浪のさゞれ石
よろづ代かけていわおとぞ成れ　淵龍　K5-2　1793

（「いそ」なる五十＝磯も巖＝祝うも英訳無用）

長生きが男らしくない願いとした武家が鑑なる日本。だったが、夫婦揃い長寿を願った上、白髪の百歳雛人形すらあった江戸時代に百歳を望んだ者は多かった。左右とも本書に何回も出た祝・賀の千年万代細石も見えるが、期待した年齢は、明らかにいそいその掛詞の百年であった。

1794　孫彦のつるも栄えて瓢箪の
百なりと云う年ぞめでたき　汐満昼　E4-3

My grandkids from the vine begot are now a hoard you see
I'm blessed on becoming 100 as only gourds so-named can be!

上記の祝いが珍しい。瓢箪は駒で瓜が蔓に子沢山の事を知っていたが、百成り＝実る＝瓢箪は初めて。百形瓢箪だったらもっと面白いかと思うが、狂訳すれば、情報は原歌をはるかに上回った。言葉の蔓も百なりか。

八十や九十や百の若い者
鶴は千年亀は万年　赤良か蜀山人　天明か

Eighty, ninety, a hundred — why then, you are still a young guy;
cranes are a thousand , turtles ten-times more before they die!

四方赤良、後に蜀山人を「相対主義先生」とでも呼びたくなるほど、その指摘するような歌が多かった。常なる寿ぐ祝いを非難するからではなく、自然たる身分ないし棲み分けを理想化した、あるいは素直に受けて生きたようです。とは言え、長く生きたいも自然だ。気分次第には、

祝歌　箒たて 草履へ灸をすゆるとも 千秋万歳 われは長尻　蜀山人
Though moxa burns my sandal soles and brooms stand high,
A thousand falls will pass away before I'll say good-bye!

これを「祝歌」とするのも旨い。あたかも己万歳歌。或いは、存続祝。外人ながら、敬愚はこれを読んだら即に直ぐ解った。民俗学の本で知り合った古き米国の東海岸の山人にも箒を逆さまに立てて、それで長尻の客をサッサとおさらばせんとした。また、古き日本で灸が悪いッ子を罰する手と前からわかったので、なんとなく、それも一緒と解った。

百一

何がしの母百一歳の賀に、
珍しや冬瓜の花のそれならで
人の齢も百一つとは　橘洲　E1-9　1783

-Celebrating the 101st birthday of an unamed friend's mother-

More rare indeed than a winter melon flower reaching fruition
I mean what are the chances of a human becoming 100 and 1?

冬瓜の花は咲いても百に一つの結実率だそうです。それが **100 to 1**。百まで生きる人は、当時万が一だったら、他の人は無駄花か。冗談。「百一」の二種類の違いを潜めた屁理屈で比べる可笑しみ。

百十四

百あまり十四歳でも達者なば
やがて王母と婚礼やせむ　竹甫　1770　K24-1

*For one still in good health at a hundred and fourteen
I'd think of getting married to the fabled Blue Queen!*

1770年の上方狂歌集 K24-1 には、「明和三年戌の春百十四翁金八老人の墾鑠たる（墾鑠という語は日本語のネットにない！）を見侍りて」十三首も詠まれた。可紅の「色もよし目もよし足も達者なば かの光次？の金八である」と春兎の「金はちの五枚しころに老武者は百十四歳としの大将」で伺う限り、この人は男で武家。正直言って、竹甫のもうそろそろ青王女との婚礼の首以外、面白い首一つもなかった。せめて古狸の金八くらいを期待したものの。賀でないが念の為、貞柳 T57 が百十六歳の「大儒一井桐介死去の時」に「桐介の寿命を誰も学びつゝ百十六で？しのゝとふまく？」と詠んだが「？」最後の七文字読めない。

百五十

x2 寿は千代に八千代にそりゃ偽りじゃ
有様無事で百五十年　鈍永　K13-3　1776

*A thousand reigns, eight thousand reigns – what a fatuous toast!
If nothing happens, one can last a hundred & fifty years at most.*

本書の最初にも、もう一つ忘れた所、そしてここ。合わせて三回も紹介した首です。若しも四方赤良か宿屋飯盛が詠んだ歌だったら、名歌になった事は間違いないが。本当は、苦瓜よく食えば小生も百三十くらいはできそうが、毒も含みすぎた水を飲み、空気を吸ってきたきたからそれ以上は無理。百五十位は人間に可能。ちょうどその位かという気もする。

千年

年のはじめによめる

千とせふる鶴の齢にあやからん
我も頭が赤うなるから　路芳 K11-2　1789 没

*I'd be favored by one who lives 1000 years, the crane,
for my head is also red – you see we are the same!*

詠む人は、その年齢の歌としなかったから、中に出た鶴の齢を頂戴したが、残念ながら、このように皮膚病か何かの不便を、こんなに肯定的に或いは楽観的に詠む度胸をみせた路芳は・・・五十四歳で没になった。

長寿の裏面二首

新葉集　甲斐なしな人に知られぬ塵のみの
山とし高く積もるよわひハ　詠み人知らず 1381 以前

What good is it piling up a mountain of years if such wealth
is but compounded rubbish known to no one but yourself!
（塵のみ＝身という世に認めない低身分の意味もある）
What good is a mountain of years when your life is so low
that said dust may reach the sky but none care to know?

お金が余計に尊敬されて、貧乏が見下されているマイアミに居ながら塵の身の一人としては、この辛さを知りながら心から生きるに甲斐無しと思う人は長生きはしないと思う。諦めたら、年は積もらない。このような嘆きを詠むにも生き甲斐あるという訳です。生き甲斐ないとぶつぶつ言う事にも生き甲斐あるみたい。とは言え、長生きの為の長生きも人の唯一の生き甲斐で行き続く人も少なくない。つまらないと敬愚は思うが。

つむ年は船も車も宿はなく
　肩背に老いが運ぶ足とり　　栗間戸　K11-3 1825
There's no boat, cart or inn for the years we pick up are but crap
we must lug on our backs, which is why old folk walk like that.

五十一歳に他界した若翁、曰く「行かふ年も又旅人也」とは言え、宿もないそれを一人で背負わなければならぬ老は達観し難い。この栗間戸の老年の具体化は自嘲か描写かよく知らないが、述懐歌としては軽みある。祝いでなくても、やはり悲喜劇だ。大声でうなるも酸素という気の薬も入る。寿ぎではないが、そいう嘆きを重なって気分がよくなり長生きは可のう。ひょっとしたら自賀自賛よりも自画自惨の方がめでたい。誠の話です。『古狂歌 貧乏の神とブルース』も、長生きすれば必ず出します。本書の好対にはなります（その前に好奇心おられば、貧乏神の狂歌の見本を十数首も「ご笑納ください」に入る）。蛇足：脚韻のためにも、英訳で「年」を crap（がらくた）、中世の首のいう塵の変種にした。文字通りにゴミにはならないが、精神上に嫌味を抱いたら物事を crap と呼ぶ。どういう訳かあの脚韻を踏めば、あの首の可笑しみが何倍もふえた。

慶賀　千年の蓄えもする老の身ハ
　子の子を思ひつるの孫まで　　貞富　T30　1672
（思ひつるの鶴が掛けなければ英訳までも甲斐ない）

慶賀は原文の題が、春で始まる四季巻ではなく雑入だった。考えさせてくれるが、批判ではなく「鶴」の活用化という可笑しみありながら前向きで可愛い詠みでしょう。万代千代は、皆の私的なお願いではないが、前代と後代に繋ぐ身であったら、そういう事になる。

17
案産、庵額、治病、ルポ、忌日
safe birth, new studios, getting well, praise

安産祝

妻なるものゝ子産みけるに、神ならぬ我が鉾先の露たりて
　　今日初産のおのころの島　　天鶴村　　E8-3　　1812
　　　（己子⇒おのころの島も無ければ英訳無用）

国生み神話にて神々がつくり出した最初の島は、古事記で淤能碁呂島（おのごろじま）と日本書紀で、磤馭慮島（おのころじま）で「こ」の字を濁すべきかどうか知らないで濁さずままに置いた。本章各題の歌例が少なく、ある表現か概念の系譜を辿るまで及ばないから、年順を忘れて所謂意識の流れに任せてご紹介します。後期江戸の天鶴村の歌は、国祝の言葉を借りて初子自慢の祝い自体が幼稚な詠みで章頭歌にした。『後拾遺和歌集』に他人の子を可笑しく祝うのもある。「少將敦敏子うませて侍りける七夜によめる」ユーモアセンスも抜群で長生きした清少納言のお父さん清原元輔（908-990）は「姫小松大原山の種なれば千年はこゝにまかせてをみむ」で種に縁語「蒔」を「任せて」みん心は、源氏っぽく早めから唾をつけんとした裏読は、敬愚の妄想か無責任か、それとも脱線か。ともかく、産祝の歌よりも、俳句の見覚えが多い。「岩にはとくなれさゞれ石太郎」とは一茶。菊女に一茶曰く「此さゞれ石…百日…経て…かた石と成る迄必ず背に負ふ事なかれ」また「風呂に入れ勿れ」。にも拘らず「老妻」は警告を聞き入れず九十六日目に子を「殺した」と云うような、惨め又矛盾（背負うか風呂かどれが原因）する一茶の激怒文をここにこれ以上は触れない。祝いの裏には呪いを思わせる怖い事もある。長生き＋お金と結ぶ名

「金」三郎も、乳に母乳が貧弱か全く無かった偽者の乳母の詐欺のために早死。結局、第三番目の妻やをに一茶が亡くなってから生まれた「やた」という彼が名をつけなかった子だけは、言魂の援助もなく、唯一生存した一茶の子となった。

　　　　九月十三夜又姪を設けけるとて、　　月洞軒　T40　元禄中
　　大伯父はわきてぞ祝う十三夜またもい月をまうけたりとて
　　　（当月は女と同定し豆の月も姪＝名の掛詞も英訳無用）

　　　　　題不知　松ふぐりとちぎる男のこもちとて
　　愚息と祝う年ぞ目出たし　　月洞軒　T40　同
　　　（子持ち⇒餅で具足＝愚息も無ければ英訳無用）

左は二種類の十三夜の掛けて、解り安い首。右は半ば未解だが「愚息」の掛詞は愉快ながら「愚息」を「おろかな息子」ないし豚児という身内謙遜か「愚かな自分」の息子か、よく判らない。**My guess:**五葉松のふぐりは男の子の五歳の祝いの具足餅の上に置いた。当てずっぽうだけど。

　　　　因みに孫娘の誕生日の祝いの賀、
　　　　生まれ子も名に叶え早とく／＼と
　　乳をのむ智恵の出来た嬉しさ　蟷菴　T47　1730
　　　（乳で同音連想も名を智恵（トモエか）等が英訳無用）
Just born, my grandchild lives up to her name, I see now,
she already sucks milk from breasts – Sophia knows how.

　　　　男子七人もちし人に、　子宝というは誠に貴様ぞや
　　どれも揃うた七ちんぽにて　　紅圓　K13-2　1756
　　　（子宝 という語もちんぽ⇒珍宝揃も無く英訳無用が）
My friend, they are real, your so-called "child treasures"
what a lucky rarity, all in a line . . . . seven peckers!

二首とも可愛い！左の乳もおめでたいが、やはり後者の紅圓の中期上方狂歌がチンポまで思いつく七つ宝の掛詞の新規には負ける。因みに、右の英訳の可愛いさは、米国東山脈鄙ぶりの「ちんぽこ」の一語で〆た。

　　　　　四十年の暮に孫をもうけて、
　　　　老そめし年の暮とてあらせわし
　　　早やぢいと呼ぶ孫が生まれて　蟹丸　K28-2　1807

As my 40th year ends, the so-called crossroads of life pick up pace
I've a grandchild by whom I'll soon be called grampa to my face.

蟹丸の首が師走のせわしさを「速＝早」にもってゆく遊びが微妙すぎるが、お目出度い事に老化を感じてしまう態度がいい。敬愚は言葉遊びで詠んでみたが「ゆく年の尻にぢいとぞ呼ぶいかに丸の孫ヶ手とゞきかねたる」の意味が解りたくない。痔もない爺ですもの。

　　　髪置賛・髪置き　正直のわらんべ成ればこうべにも
　　　かみの宿りの目出度かりけり　　栗毬　K4-3　1783
　　　（神＝髪のたった一本の掛詞でしかないが英訳無用を）

With little kids, I would fete on their honest heads that hair
that lets the homophonic gods find space to live up there!

　　　　三ッに成れる緑子の髪置を祝ふとて詠める、
　　　1794　みどり子ハまだ智恵つかぬ正直の
　　　こうべにカミを置き初めにけり　　潰明法師　E4-3
　　　（付かぬ動詞で嘘も連想できなく、なおさら英訳無用）

With our little three-year-old honest for yet knowing nil
let's give gods, homophones of hair, room to grow still!

当式が元日だったら、咲駒の1756年の首「うない子は元来こゝろ正直の頭に祝い初むる髪置」K13-2 を、もう少し高く評価できるが、冬にな

るし「神＝髪」の掛詞も無くて、本歌として散文に置く。上記の祝いのいずれも、馬鹿正直が自称なる敬愚は気に入った。

　　　　　同　　老先を猶たけ長のかみ置に
　　白髪までもと祝うおや／＼　天地根　k7-4　1814

Mama and Papa wish it to grow long where it was bare
and keep growing until it turns white: their children's hair!

　　　乞食髪置　　かけ椀の外に髪置く今日よりは
　　子の頭にも皿をもたせつ　諸手耳持 E8-2　1812

<A Beggar's Boy's Hair Growth Ceremony>

Besides the bowl under which the hair, uncut, is left to grow,
from today, he has a plate to raise above his head bent low.

上方の良き狂歌師天地根は、かの巌の苔までももじる。父親と母親を指す「おやおや」は、嬉しい驚きを仄めかす感嘆でしょうが、英訳しかねた。右は、椀と皿の事実だけで祝いの語もない。髪置と反対は、

　　　子供の祝いから、いきなり大人の落髪祝

　　1799 か 1800　菅江の落髪せしに、

　　　羨まし君ハかしらの雪解して
　　　心の花の時を得ぬらん　橘洲 E8-3

< When Akera Kanko had his tonsure >

I envy you, now, the snow having melted from your head,
w/ time-off work to tend the blossoms of the heart, instead!

1812 年の本だが、詠まれた年以内に橘洲の友の狂歌師の朱楽菅江は六十歳で若死してしまった。1672 年に上方狂歌の大師になった貞柳の父の貞因の落髪祝も似通う。「十月に落髪して、呼べ剃りしかみなづきんや十徳は身共が冬のきそはじめ哉 T30」には髪⇒神無月⇒頭巾は良い

掛詞が、やはり只の退職か隠居ではなく、事情あっての出家。「剃る迄は鰭の有りける俗躰の頭もゝ早や蛸の入道」は尾鰭を振るのが忍ぶべき隠居ぶりの寂しさが、菅江と異なっては死ななかった。同じ 1672 の本に「落髪せざるいにしえ時ならず思ひ出ることもあれば」という下記の歌を詠むまでも長生きしました。事実、1700 までも生きたと思えば…。

懐旧の参照　長らえば又新発意や忍ばれん
　白髪あたまぞ今は恋しき　貞因　T30　1672

Live long enough and new feelings arise that may be bared:
I now look back fondly on my own head of white hair!

※　庵の柱書きに窓額　※

蝸牛庵の額に　しつらいを蝸牛の角のつかまつり
　何といほりのものつきやのふ　信海　T34　1688 没
（何と言お⇒庵も物数寄屋＝突きやのも英訳無用）

歌人も俳家も新庵の額のための言葉が依頼されたが、それも一種の賀になる。上記の「しつらい」は設備。額が吊るつもりだったら「仕り」に「つり」も掛けている。「何と庵」はなんと愉快！もう少し早めに、初期狂歌の編集長の行風は「何と岩倉」という似通った掛けは、ずっと後に開国直後の Iwakura Mission の落首に又現れるが、信海の「何と庵」は空前絶後の掛詞であろう。

草の庵という額に、尋ね来る人めの枯るゝ事はあれど
　折／＼しげる草のいおりハ　信海　T33　1688 以前
（人め＝芽も来ずを枯れるもよく来るを繁＝茂るも）

洞の字の額に、侘びぬれば或いは野にふし山伏の
　もったる庵ハほらの貝かも　信海　T34　同

マイアミの初心洞を

山も雪達磨も知らぬ海岸に
育ちしを法螺貝おりに吹く　敬愚

左の祝いながら草のまくらに枯れるも忘れない言の葉は宜しい。芭蕉の「寂しがれせ」の句より関節でいい。中は、若き月洞軒の開庵か。右は只今の即興。ほら貝は conch のこと。時折に吹けば、時折又食う。日本の山伏のが、殆どが whelk でしょうが、吹く音は似通う。断って置きますが、庵の額と言えば、なだいなだの『江戸狂歌』の中に四方赤良ともう一人の天明狂歌の大御所の面白いやり取りあります。よく書かれているから、下手に書き直すか転載するよりも遠慮しました。

新筆祝・筆遣賀歌

あつらへの兎の毛なる筆とれば
上るも早し手習の山　庵住 一万 1783

This brush made of rabbit hair is for you – take it in hand
to scale Mt Practice as fast as if you held a magic wand!

賀と祈と好運を誘き出す呪の様相が全てある天明狂歌。諺の「兎の坂登り」を、皆さんご存知でしょう？兎年ながら山を越えた老敬愚などによき筆の毛といえば、前足の長い動物でなければならないが、ハイエナの筆は存在するかどうか定かではない。こうした、様々の祝いか賀か贈物に伴う社交歌は日本人と共著したい古狂歌の別冊にするから、要略にも不十分なるごく少ない見本は、以上です。

※　疱瘡見舞・治病・後祝など　※
house calls & celebrating recovery

予はくす師なれば、太平の御代の春とて弓は猶
　　　さじも袋に今朝はおさまる　　望丸　K27-5　1785
（春も今朝も元旦とは英訳逃したが）*Were I a herb doctor,*
In Thy peaceful Reign with the advent of Spring's New Moon,
I would not only bag my bow, but my medicinal spoon.

上記望丸の「泰平＋治」系譜の寄薬師の御代の迎春の祝、思えば、戸ざさぬも安全よりも、この病気もない主張はとんでもない。本章の私的な治病祝と異なる、本書の中心になる「治」系譜に属する章頭の飾り物だ。英訳に出る一日の月は見えないから、それも匙同様に袋に納まっているかと思う。治りや全快や完復の病の後祝いの前に、お見舞いの見本二首。

　　　七月七日疱瘡見舞に笹に短冊をつけておくるとて、
　　　疱瘡見舞　希に見る数もちょぼ／＼女夫星
　　　盥の水に美しいこと　　貞右　K27-1　1792

May they be few and far between and like the Star-mates
in the water of the cedar tub, tonight you still look great!

（希も女＋夫も七画で吉。反映する星も痘痕もちょぼ／＼）
Sparse and few to see like the faithful Star Mates in heaven
in the water of the tub, you too look great on Seven Seven!

　　　疱瘡見舞に絵本を送るとて、
　　　疱瘡見舞　　疱瘡のあとかたもなき絵空事の
　　　ほんに見まいも軽うしておく　　故丸　K29-3　1794

（絵空言という語も痘痕を見まい＝見舞も英訳無用が）
May the pockmarks vanishing prove naught but a mirage,
so when I call again we'll see only your sweet visage.

左は樽の水鏡が親切かと思えば、跡ある可能性も残しながら夫婦の細長い契りのよく頑張る心で病気を乗り越えるだろうという行間の伝えにもなるか。右も見舞だと、後祝には成るか成らないかが分かりにくいが、左、同様に吉を齎せるような前祝という志願と思えば本章に相応しい。分類はともかく故丸の関西弁の後句の掛詞も音感も見事。七夕の話はないが、星合も空言になるから、贈った絵本は七夕のそれでしょうか。

家綱公御疱瘡あそばし御酒湯の御祝儀に狂歌御所望…

天下太平なりし愈（いよいよ）御疱瘡
万代かけてさかゆめでたき　卜養　T32　1669
（栄ゆ⇒酒湯も当病は夢の如の一過で夢⇒めでたき）

In our peaceful land, all is well including my lord's pox at last
so let's toast abundance for years to come w/ thy sake bath!
（下記にいよいよも万代かけても入れる余白なかったが）
The land at peace, thy sake bath – thinking outside of the box
let's celebrate this Reign's future in the plentitude of thy pox!

疱瘡の完治を祝う酒湯。後に笹湯が一般的になったが、「いよいよ」という語で「ささ」をも連想する。別章にみる卜養の癲癇症の吉化の歌と似通うところもある。病気を治めながら、言葉で病気の名残ないし意味も直る狂歌という気の薬も、おまけに贈る、本来、藩の医者ながら将軍にも招かれている事は、卜養の評判を物語る。

芦の湯に入て痔なおりける後祝に来て
よめるける、　芦の葉の笛ふき鳴らし酒を盛り
祝う主の湯ハきいたるぞ　月洞軒　T40　元禄
（草の笛は聞＝効いたも湯＝云うも不可英訳）

痔治りの後祝を堂々と詠む者はどれだけおられよか。痔由痔在で痔画痔讃、いや痔散おめでたく出来た月洞軒のお痔さん以外には。だが、

痔は避けるべき題だからこそ狂歌に詠まれた事も珍しくない。**1803** 以前の桃凌の「はしり痔の血に鳴く鳥の声するをきくやおいどの穴をあたりに k14-2」が一番面白い。「札所子規」と題した歌と尻暗い観音の二首に次いだ概念尻取り歌。痔を直すような志願には、どういう絵馬になるかと思わせる。しかし、汚い志向は痔には限らない。**1813** 以前の桃三の「啼（く？）音血を吐く時鳥出来物かうづきの雨のはれ間／＼に k17-2」のいかした五月詠みも、**1812** 以前の浪花の雪頂斎桃笛の「出来ものゝむすこようみの親々へはれやれ無二のこう／＼にする（出来者＝物も産み＝膿も親親＝ホヤホヤも晴＝腫も膏⇒煌々＝孝行）k16-3」親孝行讃（？）も祝うとは言い難いが、桃山から元禄まで流行った俳諧の連句同様に中学生の男の子の大喜ぶ不潔を祭る生意気（？）も、歌に珍しいから祝うべき存在だと思う。それに比べて月洞軒の「後祝」となる感謝の狂歌（という気もしますが）には、晴穢を超えた大人の達観を感じるが。

世倅六歳の四月疱瘡軽く仕候悦に、

疱瘡治病　人参も和薬も要らずしあがりて
六つ無病になるぞ嬉しき　橘丸 T46　1729

*Neither Korean ginseng nor Japanese herbs were called for,
he just got well & we're happy he's six & not sick any more.*

お酒の話で数え歌は齢の六つと無関係が、ご参照に「五ついつものごとくに六つ無病息災に七つ何事無い」という抜粋。下記は再掲載ある歌。

大病本復して月代せし人に、

寄月代後祝　唐人に似たる間があっち者
さかやき剃って神国の人　一好 T52　1734

*You turned Chinese with wild hair & words that made no sense –
now, clean-shaven, behold a man of Godsland back from hence!*

死後の世界と外国を一体化なる「あっち」ですね。病中の長髪に、高熱でかの唐人の寝言を思えば、物理上の類似に頷けるが、さ国のさ別の心理も伺えないでもない。その我と彼の対極てきな比較は、開国後にも長い尾を引き続けられ、1980 年頃のオストラリア在住の或る日本人の教授は、外国へ行く邦人の心地を宇宙飛行士のそれと見立てたが、同じ頃の敬愚の『反＝日本人論』を知りたければ古本屋へどうぞ。

　　　病の全快を自寿きて、　去年よりもやっと達者になりひらや
　　　　こうしょく喰うてハ浮石たつ春　　保丸　K27-4　1784
　　　（成⇒業平が縁の好色⇒食も浮石で疝気かも英訳無用）

何の大病の「浮石沈木」道理に逆らっても快復できたか。冬に悪化する疝気の虫の退治か。下腹部や睾丸が腫れる病気の総称だが、かの漫画の狸の得病かと思うほど睾丸の大きく重苦しくなるから、それが浮石ほど軽く感じれば、気分までも晴れた全快復の春となる。しかし、業平の好色が食の枕以上の意味があったら、腎虚になる。理は、だるくて立てない体は浮石に、中々下げない男根は沈木になったら、諺の語句は不道理の現象ではなく、完治になる。

　　　（人の）全快祝　一夜さに起ったふしの大やまひ
　　　　御ねつも夢と覚めて目出度　泡丸　K29-1　1812
　　　（夢と富士＝伏しも山⇒病も根⇒熱も英訳無用）

古綴り法は有り難き。濁点の有無に従う現在の読み書きと「伏し＝富士」は両立できない。視覚的な両義性に因る掛詞は聴覚的な選択に強いられては無くなる。一夜にできる世話も熱とこの山の根と夢などの縁語や連想が見事に結ばれる「ふし＝じ」が要となる。因みに同じ上方の由鯉の 1798 以前の描写「雪消えし昨日の不二も一夜さに夢見たような今朝の白妙　K5-3」が本歌になる可能性もある。雪はいつでも降れる富士は文字通り面白いが、富士の古狂歌句集も準備中で、以上です。

※　像や俳優のルポも祝の内　※

　　　像祝　　鼻の長さ十丈または二十丈
　　ざう祝うなら今ぢや見ぬ先　貞柳？狂歌辞典？1728 頃

That I toast the elephant before we see him should be no surprise,
for he, too, can't see w/ that nose 10 feet ahead blocking his eyes!

（時間あらば nose=knows にしたいが、英語で像に nose がない）
We toast this creature we've never met and would get drunk
if the elephant's nose in japanese were only a trunk!

上の英訳は、長鼻のため像も先に見えないから我らも像をまだ見ないで祝う事も驚くべきではないが、「今じゃ見ぬ先」は渋い。下は脚韻を好む日本人と変な外人の為のオマケ。像が二頭だったはずが片方早く死んだか、別冊に入れた「駱駝女夫」の様な流行語に成らなかった。

　　　松竹祝　　この末も祝いて飾る竹と松
　　老いては役の杖よ柱よ　何麿　k 13-5　1777

Up 'til the end, they're something I'd fete, ye bamboo & pine
useful to all who've aged, canes and pillars are to us divine.

歌舞妓役者祝　「女の真似して狂言舞しける源左衛門という者を見てよめる」「古今夷曲集」で前詞はとなる。多分、行風の要約
敬愚合訳：*Narihira as Oldtime-man could pass for a woman in writing,*
but who could do it in the contemporary fashion like our kabuki star!

　　又と世にあるものでない過去未来げんざへもんが
　　舞のなりふり　半井卜養　T32　1669 卜養狂歌拾遺

There never was and never a Genzaemon's likes we'll see;
his mannerisms trés bon make the present a new reality!

半井卜養の長い前詞「女かと見れば男成りけり業平のおもかげは昔男なれば今は見ず当世流行し源左衛門おもしろの海道くだりや何と語ると尽きせじと思えば／＼絵にかきて歌よみ侍れとのたまひければ」と行風の前詞を、小生が合わせたという訳。『古狂歌ご笑納ください』では、これを「ルポ」ないし時勢歌の章に入れたが、言ってみれば源左衛門祝である、ふたなり祝であろうかどうか知らない。卜養のいう「舞」は、後なる坪内逍遥の「俳優」の「俳」の含蓄に含む。名前の語呂合わせ親は、元信の歌「不可得と合点をすれば過去未来現世にきらり有明の月＝古今狂歌仙Ｔ参又Ｔ30」）でしょう。

   日本橋祝　うつくしき若衆歌舞妓をんながた
   是は世界の真ん中ぞかし　　浅井了意　1680 頃
   The beautiful wakashu-kabuki male-as-female leads
   make this the true center of the whole world indeed!

狂歌大観の参 44 巻にある地誌所載狂歌抄は 1672-87 の間に出来た数十地方ごとの個本が、これは東海道名所記の旅出首に置かれた。『古狂歌　ご笑納ください』で卜養の首同様にルポ中か旅中になるが、日本橋は日本のお臍で中、一里塚の距離を計算する今ならば零点というが「真ん中ぞかし」は、ただの情報ではなく祝いと見なした方こそ妥当と思いませんか。とりあえず、男と女の間になる中性の比喩を日本のお臍に加えた。プラトンの真ん丸両性人ではなく有り余る凸と不足する凹は日本の原点かと思えば、浅井了意は浅いではなく深いだ。脱帽子。因みに、1679 以前になる道哲の評歌「女かと紛ふ歌舞伎の若衆もけわいけしょうの物と言わまじ T37」は、化粧（けわい）による人工的なものだから、化生（けしょう）つまり化け物（怪物）と呼ぶべきではないよ、という反発になる歌かと読むべきでしょうか。トランスやふたなり等の性的な曖昧さないし両義性を気持ち悪いと思う者の為の解釈になる歌でしょうが、第四句を化粧と化生の中に間を置くのが珍しい（など、蛇足を重ねながら、自分の読みにも自信はない）。

市川びいき江戸の花海老　みな様がお取り立てとて新しき
　　　荒事はじめ大太刀の魚　本名ないが太田南畝＝赤良 1782
　　　（太刀魚の英名は刀と関係ないで英訳の魚が異なるが）
This newness in the kabuki fight-scenes you all cheer?
Well, the first of it came with swordfish: it was here!

狂歌などに囚われて市川団十郎四生が歌舞伎を五歳の子に譲った時に四方赤良などが出した祝＋宣伝＋励みのための小芝居っぽい本。他に、かつほのさし身詠む「こわ色の高ねも負けぬ魚なればかつほ／＼と誰も見囃す」も、すずきのひろ口詠む「大太刀をさしもきみよきふるまひは お家のあらひすずきとぞみる」も確かに赤良らしい。チビッ子も面白がりそうな魚たちのちゃんばらドラマ！男の子らしい振る舞いを祝い、子を褒める。このの中で育った海老蔵の舞台名を引き受けた団十郎６は、残念ながら二十一歳で亡くなった。ともかく、昔の和歌で君と御代に絞った「祝い」の心は、いつか歌舞伎あるいは俳優の方へ、少なくても部分的に移ったようです。敬愚は歌舞伎ファンではない。はっきり言って、オペラどうように肌には合わない。動画とラジオできても人がまだまだいずれも楽しむ事は不思議がるばかりです。芝居はチビッ子向き、チビッ子と一緒に楽しむお母さん向き。本の読めない人向き。そしてやる人のために（矛盾に見えるが、やるのが面白いと思う）。

　　　ご参照　歌妓豊若眉を落として後久しぶりにて
　　　会いければ、　　今も猶かわらでいろにほへとも
　　　眉毛は何時かちりぬるおわか　岡持　E10-3　1820
　　　（ABC程きれいも物散る得意下女おわかと当のお若も）

君が代の君代わりにとは言え、雄長老が関白の洗わない顔を詠んだ同然、この様なちょっとした joking（林と苛めと馬鹿にするが悪すぎる）もあった。ＯＫだった理由も同じ、お互いは友人だった、同士の joking around の朗らかな詠みを許すお馴染みならではの心地よさ。川柳と俳

諧によく出てくる下女の散りぬるおわかは可哀想が、豊若を心配しなくとも。しかし、この朗らかなユーモアよりも下記の様な賛美が多かった。

　　　　寄海老祝　　勇ましき皃はお江戸の飾り海老
　　　おんめの正月と団十郎に　桜川慈悲成 1833 没

（2009 年 *Mad In Translation* の意訳は年取る勇気も舞台に見んと）

Two faces of Edo bring joy to my eyes, dauntless, they laugh at Age.
What's one year to a Grand Shrimp? I'm catching Danjuro on stage!

（2017 新訳↓食詰の上の海老はフロリダ州同様挟みないでC）

Of dauntless faces, in Edo two are the rage: Big Ise Crawfish,
king of our lucky NY food hills & Danjuro our feast on stage.

　摺り物英訳の玉の本に見つけた狂歌で下記は著者の
　Noah Braunen 訳：In Edo are two /fearless faces to see: /
　the New Year's lobster, / a feast to the eyes, / and Danjûrô）

題が敬愚。五行に分けてもＮＢ訳は長すぎる拙訳より適切だが、意味を加えた狂訳にも甲斐あるかどうか読者次第でしょう。左の拙訳は、正月に団十郎を見る機会あるかと前提。古風の語 dauntless は、勇ましい（貧乏から盗まない）追いはぎを物語る英国のバラッド♪Brennan on the Moor♪から借りた語です。因みに赤良も蜀山人になって 1823 に他界した前に「市川が又市村の再興はいち／＼時にあたる狂言」が前言葉で「正月の二つあるとし市川をかさねてみます大入の春」と詠んだ。寄歌舞伎俳優祝には、御代と君という語もないが変。いや、変というよりも、どうしてでしょうか。同じの慈悲成に又、この賛美？もあるが、

　　　　只一夜あけのからすと市川の
　　　このかほ／＼はいさぎよひもの　桜川慈悲成
　　（カラスの caw caw は英語の face 顔にならないが）

*A face to rave about as Ichikawa faces what is grave
and brave as a crow calls out all alone at daybreak!*

Daniel McKee 著の美術館摺り物の大集で見つけたが、団十郎 VII の「暫く」に因むようです。カラスと中のいい敬愚の最好の団十郎祝いか新年賀ながら、歌はよく判らない。あるいは、もう忘れたが、ぼんやりと覚えるか。正義のために一人で戦うでしょうか。しかし、かほかほは喧嘩を買う意味もあるかどうか…、やはり当ててみた英訳でしかない。

※ DEATH DAY 忌日 ※
狂歌師回忌と賛辞と祝

俳句歳時記には各季の各月の適当の西行忌、芭蕉忌を始めに忌になる日を設けている。狂歌には四季はそれほど珍しくもないが、忌になる故人が自然現象を詠んだ名辞世を残さなかったら、四季内の忌よりも、追善の延長として何年も後まで年忌を重ねるのが常である。すくなくとも大師の場合はそうである。やれ三年だ七年だ十年だ二十年だ五十年だ七十五年だ百年だ、という具合に。とは言っても、その門が死後にも百年も元気に続けたのが貞柳に限る。

貞柳

難波津の花と呼ばれし指折や
九々八十の一期詠死　百子　T52-1
（指は英米で逆だし詠みし＝死も英訳無用）
*Flower of the surf of Naniwa who lived to be eighty one
composing poems without rest until he was good and done.*

月洞軒は門も弟子も無用が代わりに貞柳（由縁斎貞柳翁）は、享保十九年八月十五日に卒辞世するまでに狂歌史最大の門を創った。江戸後

期の真顔は百年後に同じ位、あるいはもう少し広く活躍したが、横と云う地理のみではなく、縦という時間も考慮すれば、貞柳の門人が真顔のそれより多かった。死んでからも敬愛され続ければ、貞柳こそ無敵なる。発刊された悼や追善や年忌つまり死後の褒め歌 eulogies が日本一のみならず、世界一かもしれない。何千もあるかと思います。

曳一号放曠と云えりしも、
鯉や鯛に乗る仙術も限りあり
昔の琴高今の放曠　早崎含章 T52 1734
（つまり、漢詩に比べて狂歌は自由自在ぞ）

*Even wizardry such as riding a snapper or carp cannot do
it all – but Kinko was of old and he's more free, this is new.*

「随縁放曠（ずいえんほうこう）」とは、心の赴くままに振舞う。物事に拘らない。頭文字「このかむい」。画で貞柳はアイヌの長老みたいが、訳の解らない歌の神今食（かむいまけ・かんいまけ）になるかも。森利久は曰く「すみのぼる陀毗の油煙の雲に乗て直に仏のてい柳ぞかし T52」。

三年忌　新しい尾ひれの付た言の葉は
死後迄はねる鯛屋貞柳　柳因 T55 狂歌戒の鯛 1737

*His words live on & laughter they bring say he's not dead;
like sashimi, moving still, 'Snapper' Teiryu is forever read.*

（snapper は貞柳の号の一つ鯛ながら「オチ」の意味）

*Words he dressed in fin & tail even dead stay dapper;
flap alive as we partake – Teiryu is still the Snapper.*

柳因は貞柳の息子。この賛辞では、狂歌の大師貞柳の氏名がまさしく双方となる。蛇足：二番目の狂訳の「永久に読まれた read」は、鯛の赤さ red と掛けている。もともと、故貞柳がその父の貞因が八十歳で

1700 年に亡くなった時、貞柳の弟の貞我に送った狂歌は「足下とわれ真子か白子かわかねども続く鯛屋の鰭な落しそ」。卑下の部分がやや読み難いが、その伝統を引き継ぐ意志がこの外人にも伝わってきます。だから貞柳の息子は柳因の賛辞は、家族同士の伝統を踏みながら、まさしくお目出度くなる、その約束を果たした父の人生を祝う。

   知る知らぬ人を狂歌に笑わせし
  その返報に泣てたまわれ 貞峨　置みやけ 1734

His kyouka made folk he did and did not know laugh, so
how can we repay his service but by crying for him now!

無論、貞柳だけが詠まれた訳ではない。生きている間にも読まれている人もおられる。天明狂歌の四方赤良を祝う狂歌がネットで見られる。又、古の方を詠むこともある。

     天神＝道真

 筑前宰府天神八百年忌に詣で、老松の露は琥珀の玉と成りて
  塵にまじわる神ごゝろかな　　甚久法師　T44　1722

The old pine's dew has become gems or sticky souls of amber
with a divine spirit that doesn't mind mixing it up with trash
(for the poet a good sign of our guardian commander)

琥珀の中にも虫などの塵あるが、同じかみ（神＝紙）だから交じる或いは混じる古系譜は英訳し難いが、それよりも天神と琥珀を結ぶのが難しい。一応英訳したが、未解読です。甚久法師の「同所にて」次に詠んだ首は「参る人の腰の財布の金ほしや自由自在に安楽寺せむ」となるが文学の守護神道真にお金持ちになるように祈る人々こそ「塵」ではありませんか。天神には咎ないと思うから「かな」を皮肉の「？」と詠みたくなるが、年忌を一種の祝と思うから甚久法師の心こそ知りたくなる。参る人の金欲しさだけではなく、道真の死んでも仇討ちの

ような恨み深さと伝わった所を「低俗」と感じてから塵に交わる神と見なしたか。祝の本の終わりに近づけば、不愉快の話はよくないから、天神を祝う傑作を見よ。『古狂歌 ご笑納ください』の百章頭歌の一つになる。古文の「〜らめ」は「〜だろうか」以外、読みやすいと思う。

砂糖よりあまみつ神のいますこそ
山蜂多くありまなるらめ　白布行風
（天満つ＝甘蜜も在り⇒有馬も英訳無用）

Sweet as honey, our God must present be & here is why:
in the hills of Arima do hosts of hornets not fill the sky?

歌人など文芸に携わる人の間には、名称も数々ある道真の存在は大きかった．文学を愛した道真が追放されて以来、その敵に短命など不運が多かったから、蜜のみならず罰あたる懲らしめる天満天神の生き霊を山蜂に託く大神社奉納歌であろう。何百人の何千首を三大狂歌集によく纏めて、上記の出典になる1672年の『地誌所載狂歌抄』という観光案内の有馬編も編集した、誰よりも狂歌をジャンルにした白布行風ならではの素朴ながら相応しい歌かと思う。天才しか詠めない難しい平行なる連続的な掛詞と不可思議な文法は無理だった凡才ながら、適切な撰集と編集で、誰でも狂歌に参加できる事を証明した行風こそ祝いたい。

※　貞柳以外の忌年か忌日の狂歌を数十首、求む。読者諸君は、古狂歌の本などに人の忌歌の好例をみつけたら、歌とその解釈か感想ないし鑑賞を敬愚に教えて下さい。改造版に加えたいし、毎日の古狂歌をネットでやる助けにもなります。

VII
最好の三つなる章
my favorite three chapters

要するに、イ）目出度さや嬉しさや喜びなる物は尽くし、ロ）凶悪の吉善化と、ハ）悪口という日本で過低評価されている類を集めた三章。イ）とは、そのままで祝いになる。ロ）は、言葉による気の薬の治療で祝うべき言象。ハ）は、厭がる人も多いが、肉体的な暴力を避けて、怒りや恨みや緊張の毒を解す技ですから、肯定したい。読者諸君も、本書の好むと好まざる章を、教えて下さい。換言すれば、本書に甲斐あると思えば、どこでしょうか。著者ひとりでは決めないと思います。

18
めでたさ尽くし
happy, blessed & carefree

本章でみる四方赤良の 1783（天明三年）『めでた百首夷歌』とその前後なる「脱祝」の祝歌とは、題も歌中の用語も今までに見てきた御代と君が代を祝う系譜ないし成語句（動かぬ、泰平、山となる、苔の蒸す巌のみならぬ君も代）も余り出てこない。赤良の百には、その語に拘るが、目出度いでなくとも、同じ心で嬉しさか楽しみを祝う事もある。又、私的な目出度さ祝いもあるが、主に皆共有する時と場、即ち社会か社会の中での何かを祝うタイプだ。「御代」を含む祝いの成語句もしばしばでてくるが、和歌の古き歌例を除けば、君とその代を思うよりも「この世」「今頃」という今此処がいいという感じ・気分・雰囲気中心に詠まれている。赤良一人の特許専売の文学ではないが、

彼こそこの類の歌を百歌の尽くしで極め、めでたさ祝歌の鑑を世に提供してくれた。これは、清少納言の物は尽くしと同じです。歌例の中には、別章＝系譜にも入れた方が良いと思う首も入る。又、逆に本章にない目出度さを詠んだ歌をここに入れたかった。いつか、ハイパーリンクで一首を複数の系譜に入れた本を作りたい。さて、古和歌を幾つか見てから、年順を考慮しながら主に赤良の歌を縦糸に他の歌例を織り込みながら進みたい。

正治初度百首　　ちはやぶる神にも問わむ君が代を
嬉しといかにみたらしの水　宜秋門院丹後（女）**1200**
（下手に甲乙の読みを択ばないと英訳無用の傑作が）
*I doubt even the mighty gods of old thought of the same
but how delightful to have running water in thy reign!*

名本歌は、御代が豊の系譜の中で既に取り上げたが、派生歌が殆ど「聞かず・ぬ」か「知らず・ぬ」で、「問わむ」は新奇。その物の有無を問わぬで夢にも見なかった。当時は、水道建築の新整備を誰よりも喜ぶ者は女性です。この人にはその任務はなかろうが、水を運ぶのが日本を含めて多くの国の女性がしなければならない。偶然で関係ないかもしれないが、頭文字も気付きましたか＝「近き海」。

1248年　旅行　とことはに旅び行く賤が心にも
道ある御代は嬉しかるらし　俊成卿女　**1171-1251**
*How happy I am in Thy Reign where even low and meek
folk like me have a road always there for all who seek!*
（本人が幸運に恵まれただけか御代が貴賤問わず）
*How delightful Thy Reign where there is this Way
even ignoble lowly hearts can always journey.*
（伊勢等の参りの為の旅自体か和歌の道か）
*A way always open even to those of mean birth
to travel at will in Thy Reign brings joy to earth.*

俊成と後鳥羽ほか故人も含めて約四十人で約四千首の『宝治百首』1248 年が出典。常は「とことわ」又「とことば」に成るから、ママに残した。「賤が心」は「自分の心」も含む卑下かと思う。御代の君の同定などの詳細を専門家に任せる。俊成女は俊成の孫か他から養子されたかよく判らないが、俊成は 1204 年に九十歳で逝った後も幸運の人生を送ったようです。それが特異ではないが、俊成女ほどそれを意識し、感謝を美しく詠んだ人は他に無いと思う。彼女の研究せずに無責任の主張でしょうが、その和歌を拝見する度に感じる。没年は 1251 か 1254 か。因みに俊成が判人になった歌合せで、誰かが「植へをきし賤が心は桃の花 弥生のけふぞ見るべかりける」を詠んだ。

寄鼻笛祝（原題「祝言」）
メデタヤと皆よいように吹きそやす
世の鼻笛も心慰み　風船　T26　1663
（ふきもそやすも英語の当仕草にならないが）
When we're blessed, feeling all is fine, done sans art
even humming becomes consolation for the heart!
目出度やそっくりの英訳はなくて、もう一通り
When you sound happy, like all is fine, we hear it:
this ordinary humming is good for a man's spirit.

俊成女の解釈には、中世無知の敬愚の思い込みの汚染（？）も避けなかったかという心配あります。徳川時代はいかにも不思議に感じても、ある程度の泰平が確保されたためか判りやすい。風船の花笛の英訳はばっちりかと自負できる。その「目出たや」は本章の中心になる「めでたさ」の初歌例にちょどいい。御代に鼻笛を高く鳴らすも殺されずに描かれぬ無礼も生ける目出度さよ。風船の『鼻笛集』の 98 首の 96 番目の歌を翻訳しながら色々と考えた。東南アジアには鼻の穴で笛を吹く演奏もあるが、この鼻笛は humming。鼻とどう云う関係か。猫の喉のごろごろに近いものかと思った。それでハーミングをしながら鼻の穴を掴んで見た。なるほど！音が完全に無くなった。聞こえないでは

なく、造れなくなった。鼻笛という語ある日本人は、いかがでしょうか。六十才超えて、その事を発見せざるをえない者は、敬愚以外には果しておられようか。風船の狂歌をどう思いますか。四方赤良や立花明美に負けない歌か。

堀川百首題狂歌合　祝　先もって御機嫌のよき君が代を
畏れながらも祝ふめでたさ　布留田造＝正式 T28　1671
*First, we must celebrate with proper trepidation how
blessed we are with my Lord's good-natured Rule now!*
祝う目出度さをばっちり又、国全体を加えた意訳は
*First of all, we are blessed to celebrate with trepidation
the good temper of our Lord, his Reign and all the nation!*

1671年の正式著「堀川百首題狂歌合」の尾にある「祝」の対の左なる（右は「治まる」章入りの「金銀・・・」）。天明時代の万載狂歌集の再載は「めでたき」になるが、いずれにして後句を丹念に読めば、江戸時代の日本ないし日本語における君と民の関係を考えさせる祝歌ではなかろうか。明治の新神道が創られた以前にも君子、はたまた支配者を神の如く「恐れ入れ」た。鎖国や開国まもなく、帝か大名の前に招待されたら日本人が口から車輪のチューブの空気が漏るような空気を吸いこむ音が四方より聞いて、欧人が驚いた。1970年代の初めの日本にも聞いたが、社交と関係なく電車の中に、緊張の塊の老サラリーマンの口から何度もあの音を聞いた。そう言えば時代劇にも聞いたという気がします。イエス会のフロイスの覚書の我が英訳の解説にもあの hissing に触れたら、大学院生の書いた書評に間違いとして非難された。二十一世紀になったら、若い博士は古本を十分に読まないかと思った。

挿絵　寄熨斗祝　よき事のあらん限りを束ね熨斗
何につけても目出度かりけり　條果亭　K7-3　1813
*So long as good things exist, we shall bundle laver;
whatever gift it adorns is a blessing and a favor.*

めでたい物の尽くしには、めでたさを〆ながら、めでたさを印すノシは。それ自体めでたき物の中に入るべきかどうか知らないが、やはり。

　　※　　　　　　門松に子日の小松この頃は　　　　　　※
　　　　　　引き続いてのおめでたい事　　赤良　　1783
　　　　　（引くの引き続く慣用も無ければ英訳は異訳なるが）
　　Our gate-pine, then, on Mouse day, princess pine is good luck:
　　pulling up one thing after another we all become full of pluck.

お待ち遠様でした。本章の背骨になる『めでた百首夷歌』の初歌例。これもこれもと云うその目出度さは、四季祝の章で見た 1740 年の平野圧似笠詠の傑作「元旦は皆腹立たぬ心から餅のふくれも目出たかりけり T57」の心の目出度さに通う。上記は言葉遊びでしかない一方、次のめでたい歌例は、四方赤良ならではの、春迎に期待しない微妙な概念。

　　　　　　　　鶯の初音の今日の小謡は
　　　　　　ひとく疎くにめでたかりけり　　赤良　　同
　　　　　（古今歌の人来警告の擬声語に等し短さは英訳無用）
　　The bush-warbler's first call, far from its frightened ditty
　　"People are coming!" sounds joyful, lucky & even pretty.
　　（↑あたかも鶯が目出度い気分になるか、↓赤良の方）
　　In the first call of the bush-warbler today the ditty I hear
　　Is a far cry from "People! Danger!" and brings me cheer!
　　（一見で疎くは「人来」の捉え方かと思った敬愚詠↓）
　　　　鶯の初音に人来疎くにも聞かずめでたきなる人見知り
　　Hearing the first call of a bush warbler warning about me:
　　blessed be to meet a shy babe in the New Year's infancy!

古今集より「人来」という警告を、目出度き事の中に入れる発想が素晴らしいが、一茶と異なって赤良の書いた全集まだじっくりと読んでいないから、行間を読むのが難しい。文法音痴の敬愚は、文というよりも心を第六感で吸い込む。これは先日、訊かれた忖度か。ともかく、

赤良の心はどうであれ、敬愚は心から鶯の初音の不安を愛でる。又、年が若くこそ人見知り。

七種の若菜にめでためでたやと
手を打ちつれて爪をこそとれ　赤良　同

Chopping up those seven herbs merrily, merrily, we hail our food, so why not also use that beat to trim our nails!

歳徳神の方を向いて囃子詞を唱えながら七草を七度叩き俎板に刻む音は、本来唐の怖い怪鳥が来ないようにと、ノンセンス歌に成ったが、訳のわからない馬鹿騒ぎが楽しき、余った薺の水か湯に指を浸し、垢落し、爪を切り捨てて、邪気を払う病気にならないような両マジナイを合わせたら、という赤良の気持ちよく判ります。二つ別な七日で片方が小正月(15日)になる。「子の日に爪切らず」と土佐日記にもあるを、七種爪こそだと、複雑過ぎる。因みに乱調で下手な捌きを囃すか自嘲に詠む歌と句も多くて、うっかとして爪を俎板の上に残す怖い連想も避けない。

飛梅のとんだめでたい事尽し
こちかぜ富貴自在天神　赤良　同
（とんだ慣用もこち＝東風も吹＝富貴も英訳無用）

Oh, Free Sky-god, let your East Wind blow riches to one listing things incredibly blessed like thy own flying plum!

赤良の百首集は純粋の「とんだ目出度い事尽し」ながら、文人の神の自由自在天心（道真）に富貴の祈願にもなる点はこの首の後句に限る。

早蕨のにぎりこぶしも当てられず
めでたく笑ふ山の顔には　赤良　同

Clench-fisted bracken must not be pummeling them yet: the smiles of joy on mountain faces are big as they get!

初期江戸より、蕨の拳と喧嘩が俳諧と狂歌によく登場する。「古狂歌ご笑納ください」に十数歌例もあります。その見立てを、赤良は…。

花を愛でしこと葉もよゝの櫻木に
命ながきぞめでたかりける　赤良　1783

*Loving blossoms, I'd celebrate generations of cherry trees
in poetry – you bet, a long life would be a blessing to me!*

（言の葉は英語にならないから poetry にしたが「も」は↓）

*Longevity, indeed, for me and my blossom-loving words that we,
though mere leaves, may celebrate generations of cherry trees!*

（葉もを卑下と訳した因みに you bet と indeed は「ぞ」）

*The words that loved our blossoms are also later blessed
by the long-lived cherry trees who celebrate them best.*

（↑を見せ消ちにした。桜木でなく歌が長生ですね）

*Our 'leaves' of love for the cherry blossoms also delight
generations of trees who have wished them a long life.*

（或いは上も下記も皆誤訳か。赤良本人の長生きのみか）

*Words adoring the blossoms have been blessed with long lives
by generations of cherry trees who, like wives, love them back.*

（葉を省いたが桜は詠む人の妻と見立て、愛されると長生）

*Word-leaves that treasure the bloom are themselves blessed
with extra-long lives because the cherry trees love them best.*

（或いは、桜木「に」つるされた短冊に書かれた言葉か）

*Blossom-loving words hung from generations of cherry trees
would like to be celebrated for their longevity, too.*

（結局、最初の二英訳以外には全部が誤訳かも）

意外に難しい歌になってしまった。長生きは誰のため。桜木は女で、花を詠む為に長生きしたくなった赤良か。改造版できるまでに、余計の英訳を削り落とすか見せ消ちにしたいが、校正中の只今 2017.4.16 力不足。今日、冷蔵庫も故障。車もなく、スパーが遠い。殆ど毎日、母に「本をもうそろそろ締めくくらないか」と迫る。ほって置くか。

雁鴨はわれを見捨てて去りにけり
豆腐に羽根のなきぞうれしき　良寛歌集 1758-1831
The ducks and geese, abandoning me, just fly away;
I am so happy that my tofu lacking wings must stay!

「嬉しき」最好例。拙著何冊にも何回も様々の英訳で載せる。只今、my を初めて加えた。読者次第に消してもいいよ。良寛の記憶には、赤良の「めでた」百の他に、倚柳の 1762 年に出た上方狂歌「冥途から来いと言わねどカリの世をおっ立て汁のみは消えて行く K15-2」も有ったかもしれない（蛇足：押立尻＝おったて「し（り）＝＞汁」。「今にも立ちそうに尻を浮かす」で、帰厂の姿にぴったりの語句ですね。）

万代の池の亀の尾めでたけれ
長々しくも下がる藤波　赤良 1783
（蓑亀とその尾も藤の波も英訳無用が）
In the Pond of Ages feting ole Turtle's tail, not willows
but, likewise hanging long with life, wisteria billows!

五年間も藤に覆った天井の網もない裏玄関の側のグラス戸部屋に住んだが、海底に居る感じだった。因みに 1540 年成立の守武千句の一歌分を抜粋すれば「松に咲く藤クジラとやよりぬらん 浪にイルカは休むころか」にも狂趣あり。散れば花屑で水が腐るから、万代の池の掃除方も知りたいが。板の上が良い。掃き留めが（狸の公衆便所の塚と異なって）大変芳しい。藤の花塵なす山に腰かけて当分香る僕の狂歌も。

時ならぬ雪をめでたき折ふしに
何かは如を垣の卯の花　赤良　同
Naught so lucky as out-of-season snow but what does this wall
of blooming u-no-hana recall (a certain mountain or moonlight)?
（花卯が↑節＝富士がの如く、逆に富士が花に↓又花を折る）
Not just cooling out-of-season snow but a happy break,
so, what's like Fuji? A limb of the flowering oooh I take!

曖昧文法。英訳のどれが正しいか判らないが、面白く読める方は「折」が雪の富士まだ見る夏に花折る時。英語名 Deutzia はめでたくもないから moon の oo の音をもって英語にせんとした。これは草木でもなく常に暑苦しい藪を思わせる bush でありながら、氷室あらば、周りを卯の花にしたい。暑い日は、納涼の効果が抜群で。この花が現に、白波に似る。北フロリダで卯の花の長い垣がまるで砂浜の大波の感じで瞼にサーファーも浮かんだ。花が重くなると崩れ方も波とそっくり。低い壁の外側で風もそちから来ると石の上に砕くようの枝振りまでもそうです。石垣の側だったら歌舞伎の意味での白波になってそれを越すが、それも。

苗代の種は一粒万倍とめでたくさんに生業の道　赤良　同
Rice as seedlings planted in paddies multiply a thousand-fold;
more happiness is found in the Way of Grain than digging gold!
（めでたく⇒沢山の転式掛詞の代わりに金と慣用語で意訳）

米の場合、約千粒が一般的のようです。五千は珍しい。科学農業には文字通り一万粒はありそうが、極めて多い、しかもお目出度い数字の万を文字通りに考えるのも敬愚の天邪鬼の面としてお許し下さい。真面目に一言を加えば、「なりわい」は本当に素晴らしい単語です。

更衣　今日は又めでたしなみの衣更え
　　　あれのこれのとゐり祝ひせん　赤良　1783
（めでたし⇒たしなみも選り＝襟も英語無用が）
We who are blessed on Clothes Change Day rejoice
as we try on this and that, let us celebrate choice!

裏を表に変える一人貧乏やお互いの衣を換える貧乏夫婦でなければ、人の多くには択ぶのが楽しい。或いは選り択ぶ＝誤植の可能性は？と思いながら、不思議にも納得のゆく英訳はできたのもめでたし！

　　　　時鳥まちまふけたるみぎりより
　　　ひだりの耳で聞くぞめでたき　赤良　同
　　　（身切り＝右かも左前の吉も血も子規の縁語）
Hushed, we wait for his first call, recalling ambushes at night;
how blessed to be shot right through the ears by a "cuckoo!"

待ち設けの意味を引かずに、待ち伏せと英訳したが、OK？「みぎり＝身切り」だが、血を吐く鳥とも云う。時鳥も口の中は赤いから、結核の松山居士も子規という名を取った。耳も左前が吉だったら、右から左の通過ではなく、右の耳が向いた方よりも左で聞いた方が目出度い。飛びながら鳴く鳥で結局、双方から聞くを左右に通すと、音字も長くなった英訳は、左右という方向を通す事に要略した。何故かと言えば、五月雨が晴れる直ぐ前に鳴きがちで頭痛を治すと云われた声は、脳みそを通させたがる。『古狂歌ご笑納ください』は、詳しい。

　　　　五月雨のふる屋の軒の屋根板も
　　　あつき恵みにもれぬめでたさ　赤良 1783
　　　（降る＝古も厚きが感度にも寸法にも英訳無用）
In monsoon rains, the planks on our roofs while liberal
as thy favour, luckily, do not also trickle down on us.

あの「も」のお陰で、君子か御世がその恵みを世の全てに配るように仄めかすが、二十世紀の経済学用語の金持ちから貧乏へ雨漏りの如くぽたぽた下へ伝わる trickle-down theory を狂訳に掛けた。同じ金持ちは我ら貧乏の空気と水と日光などまで奪いながら、よく言うよ。いや、赤良はお説教しないが、敬愚は漏らなくてもいい程の平等が望ましい。

　　　　ほたる火も弓もふくろにおさまりて
　　　文をみきりの御代ぞめでたき　赤良　同
　　　（治＝納まる系譜わかるが、身斬り＝見切り）
Our firefly light and bows safely put in bags, if all only knew
just how blessed this Reign where we can read things through!

1734年の俳諧読本にも「蛍火打」という煙草用の小型火打の省略は大辞典にないが、「蛍火」の二義は煙草の吸い殻はアル。江戸時代の防火衣火事装束の続きか改良か知らないが、平賀源内は石綿で火浣布と名づけた耐火性の織物を1764年に創ったとあるが、当局は火事用防に関心あったから1783の時点煙草の殻を入れる小袋もありそう。蛍は読書の縁語になるが、文を見切るとは。見届ける、即ち戦場へ行かず手紙か本を最後まで読む余裕ないし暇に恵まれて幸せと解読させて頂きました。

賑わえる民の竈の蚊遣火は
めでたき事のためしかやの木　赤良　1783
（めでたき⇒焚きも、蚊帳＝榧＝かも英訳無用）

万葉の岡見の歌を仄めかしながら「蚊帳」という縁語と同音のカヤという木は、その語源説にも出てくる蚊遣りのみではなく、「カヤの枕は煙のなき蚊遣り」にもなるから確かにおめでたし。『日本国語大辞典』の字が小さくて、眼鏡は古くて、老目も疲れているから、三つもある異なったカヤの木の蚊遣りになるのと、枕になるのと同じカヤかどうかの確認を改造版までお預けします。専門家求む『めでた百首夷歌』の好例だ。

はちす葉はどうやら佛くさかれど
花の君子と聞けばめでたき　赤良　1783
Lotus pads stink of buddhas, that is to say our newly dead,
but called "the gentle lord of flowers" they seem blessed instead.

これは、解りやすい。名歌になってもいい。蓮の記号的な同定次第に、雰囲気は全く変わる。むろん、常に双方とも心の中で交じり合うが、それぞれの糸を明白に引くと、その味が深くなる。

鹿を追ひともしからざる世渡りに
山を見ずともめでたがりうど　赤良　同
（目出度がり⇒狩人も鹿を追う山を見ずも）
Not scolded for chasing after deer as a livelyhood,
hunters are happy to miss that forest for our food.

葉を見て森をこそ見過ごすか見損なうのが英語の諺。上記の英訳の **hunters are** を **a hunter is** に直してもいいが、**forest** を原文の **mountain** に替えたら、英語しか読まない者は諺の言及を見失いかねますまい。

金銀は泉のごとく湧き出でて
めでたく人に呉れて遣り水　赤良　1783
Gold and silver welling up like a spring really oughter
flow to us but we are blessed to have running water!
（↑庭に限ると知らず、金と銀箔を初開水道にかと）
Gold and silver that is welling up like water in a spring,
blessedly flows out to us like irrigation or something!

これは、先に述べた恩着せる金持ちが好む **trickle down** 一垂れごとぽたぽたと漏るケチの恵みより気持ちいい比喩だと思います。金の適切な使用を下肥ないし糞を撒き散らす比喩よりも上品だし。夏で題が「泉」だったが、内容からして寄泉祝で「豊かな御代」の系譜。

立秋　黄金の桐のひと葉もめでたく
積れば千々の秋や立つらん　赤良　1783
Just one leaf of the golden paulownia is such a joy to see,
piled high, they welcome Fall with said rich maudlinity.
（上は一葉の俳句を読み過ぎた敬愚の反発、下は **OK**）
One falling leaf of the golden paulownia makes us happy
as they'll mount up to be the myriad riches of Autumn!

いや、情緒嫌いではない。カントリーミュージックを聞きながら情緒も好むようになった。因みに **G.K.Chesterton** の玉の随筆集 *Heretics* の章

Smart Novelists and the Smart Set の中に「情緒になるという惨めな恐怖」のために格好いいで思われたい連中の頭が悪くなってきた一方、最も頑丈で朗らかなユーモアは、むしろ Dickens みたいな情緒主義者こそ著したいう主張。換言すれば、情緒臭い本を書く勇気が無ければ、薫る傑作を書く勇気もない、と。つまるところ、腹一杯の笑いは、心も触らなければならないという指摘になる。Chesterton を読む前に敬愚も日本の文学について思った＝蕉門の情緒への恐怖は、笑門の元気に出る邪魔になったから、「聖」芭蕉の影響もプラスかマイナスかとは言い難い。さて桐の一葉が積もれば秋や立つに立田山と立田姫の錦やその鹿の淋しい声に繋ぐ。百人一首のもじりに赤良もその情緒を極め、馬鹿にした。Ｑ：桐の葉を炊くか。すると、赤良はその煙に秋を立たせた。

秋草　女郎花馬から落ちた僧正に
お怪我のないぞめでたかりける　赤良 1783
The damsel flowers still dance happily because the priest
who fell off his horse on them was not hurt in the least.

陳腐と聞こえてくるほど名本歌を弄ぶ赤良。その口語を英訳し損なった代わりに、怪我しなかった「故にめでたく（風に）踊る」と少しは遣り過ぎたが、『めでた百首夷歌』好調そのものの歌例。

お七夕めでたなばたと祝ふらん
あまのかわらぬお出合の空　赤良　同
（御＝男？め＝女⇒めでた⇒たなばたも河＝変わら）
Who could be more happy or blessed than these lovers afar
enjoying their pie-in-the-sky date, our male & female stars?

概念がこれより面白い赤良の七夕歌は数多あるが、掛詞はたまらない傑作。どうせ英語では真似できないから、「出合」は date か tryst か rendezvous ながら、少々肉饅頭っぽい空絵事の pie in the sky にした。

　　　　かくばかりめでたく見ゆる世の中を
　　　　うらやましくや覗く月影　赤良 **1783**
Now it is the Moon, rather, who looks down with envy
on a world as happy and blessed as ours seems to be!

本書の前置で詳しく取り上げた名歌の再登場。むろん、新訳。思えば、『めでた百首夷歌』の中に「世の中」は少ない。月に対する物は「代」ではなく、「世」だから。

　　　　夜半に居寝　朝起きしつつ朝顔の
　　　　花を見るこそめでたかりけれ　赤良　**1783**
What's really blessed but dozing off late at night to catch
them half-awake at dawn as the morning glories bloom!

　　　　数年後　早起の種ともなれば朝顔の
　　　　花見るばかりめで度はなし　蜀山人　家集？
If they become the seeds for you and I to wake up early
there is no blessing greater than morning glory viewing.

朝早くわが物顔のはなを折りたくなるような狂歌も多いが、夜の居眠りと合わせたら小悪い行動の果報になる。早起きの種と詠むが、赤良は老蜀山になったらきっと小用のための早起き。目出滝小便か。

　　　　寄菊祝　限り知らず乱れはせじときくの酒
　　　　一杯呑んでよいきみが代は　俊丸 K9-2　**1796**　**1801**
So long as our wildness goes not beyond the pale, it is fine,
under our Lord's good Rule to drink until drunk, 'mum wine.

この上方の狂歌には、「めでた」と云う語こそないが、酔い＝良い君が代には、その雰囲気はあるかと思う。改革中で禁欲っぽい時代で菊という程ほどの道を永く歩みたい君子の酒は例外と云う訳。

　　　　　紅葉　林間にもみぢの錦おり敷て
　　　　めでたく酒をあたたむる哉　赤良　　1783
　　　（にも⇒紅葉も目出度く＝焚く代わりに紅葉＝薬食↓）
　　　On the forest floor spread a brocade of colored fall leaves,
　　　　let's merrily heat our wine, burning those we do not eat!

秋とその紅葉は憂しどころか、戸外で大食いに大酔に大声でわいわいできる時期を目出度く詠んだ狂歌も少なくないが、赤良の「林間」＋「錦」で室内っぽい宴会の雰囲気をかもす所が新奇。キャンピングみたいな体験より都内を理想化したようです。目出度と炊くを結ぶ同音がなければ、薬食いの肉の婉曲になる紅葉が曖昧 some、つまり食わない紅葉の方を幾らかもって酒を温める用に炊く。機知を埋め合わす狂訳です。

　　　　　九月尽　今日までに我あき果てし貧乏の
　　　　神無し月を待つぞめでたき　赤良　　1783
　　　（春＝張る袋と反対に秋＝空きも貧乏の神⇒神無月も）
　　　As Fall ends, my bounty spent, happy-go-lucky I wait around
　　　　for Gods-gone month the one time even Poverty leaves town!
　　　（↓秋＝飽き：名初期狂歌には道賃も無く貧乏神だけ残る訳）
　　　As the Autumn ends, sated by our harvest feasts, merrily I wait
　　　　for Gods-gone month, when Poverty alone will be my mate!

要するに、秋の同音語を空きか飽き次第に歌意は微妙に変わる。専門家に知りたいことは、そのいずれか、双方とも正しいかどうか。後者は面白いとおもうが、多くの倍、狂歌にも正解は一つなる。古狂歌本シリーズに『古狂歌 貧乏神とブルース』の別冊に貧乏神の首が沢山あるが冬を待たず、秋の末の歌が少ない。※未解読の春か秋首もあった「かうがい（更改？）をとりて雁々みつ口？のあとのが先へすゝむめでたさ」先と後の代わるのが社会的にも比喩が良いで、改造版に絶対入れたい）

　　　　　初冬　びんほふの神無月こそめでたけれ
　　　　　嵐木がらしふく／＼として　赤良　1783
　　　　（貧乏神の有無も動詞の吹く⇒福ぶくしも英訳無用）
　　　For the poor, Gods-gone-month is a blessed time to be around:
　　　storms galore leave windfalls of firewood upon the ground.

原歌の貧乏いるも神はないわざたらしくない言葉遊びは英訳できない辛さよ！とは言え、卜養の弁財癲癇患者の沫を吹く＝福に吉化される初期狂歌の傑作を思わせる所もある。歓迎しない現象を、副々しいものに化かすは世直りの一種。

　　　　　埋火の灰の中から掻き起こし
　　　　　失せたる物の出るぞめでたき　赤良　1783
　　　Happiness is stirring awake your brazzier's buried embers
　　　to find something lost you retrospectively remember.

デンマークの数学者愚句名人ピートハインの grook に「目出度さはどこを掘っても忘れ物見つけるまでも積もった机」みたいのもある。赤良の狂歌の論理筋はそれ程もないが、場所になる埋火の不期待度は高い。

　　　　　大歳やことしハ分けて去年よりも
　　　　　めでたき年の暮のおしまひ　赤良　同
　　　　（日本の暦の複雑なところで英訳無用）

分けては、強調しかも文字通りに大晦日を含む師走が倍になって足をのばすから、その閏月のなかった去年に比べてゆっとりを感じることか。「おしまひ」は、商家などで、年の収支決算を済ませて正月の支度をする、お化粧の女性語、夕方から夜にかけたの挨拶だが、締めっきりの大詰めの感覚せず、掛取りまでも「仕舞」も、意外に心地よいかと？『めでた百首夷歌』の専門家と相談したい好例にもなる。それで四季のめでたき尽くしは尽くしけり。天象へと続く。

※　天象に現象　※

　　　暁　よき事を思ひ出せばあかつきに
　　　　寐られぬ老もめでたかりけり　　赤良 1783

Good things happen to those who can't sleep like the rest:
they can see the sunrises, so even old folk are blessed!

思い出せば？まだ若い赤良は、祖父の言う事を。それとも『鶉の衣』に？その通りが、根っから陽気、楽観主義の敬愚も古狂歌を棄てず執筆を笑い以外に補償無し何年も続く間に医者も見えない、外食も食えない。先日、夢見ても安心しかねて、朝早く情けない物思＝ブルースに襲われて、ここから見えず暁を「死にたい／＼」と自分にうなり聞かせながら、起きた思い出ある。早起きの果報は、活気満々の BBC ラジオの深夜放送に限る。午前 1-5 時で少々早すぎるから、睡眠不足になりがちも、感謝。

　　　忍ぶれと色にいづるを見のがして
　　　　物や思ふと問わぬめでたさ　　赤良 1783

Happiness is not being asked about the affair
that stole your heart but never went anywhere.

　　色に出ても交合あったと限らないと云う異訳

You're blessed if she overlooks affairs you'd hide
not grilling you about why you cry or maybe lied.

　　恐らく故妾の事を問わぬ赤良の本妻でこれだ

直ぐ英訳が思いつき、題詞を書き移るのを忘れてしまった。こうして失敗してものせめてのお目出度さは、可笑味満々と思いませんか。言うまでもなく、自意識より早く物思うかと問う歌は百人一首にある。

松　寄鍋真木祝　　鍋の尻かけども尽きぬすみの江の
松の落葉はめでたき木なり　元木網　E1-9　1783＋小学館

（住之江は墨という鍋尻の縁語とめでたき⇒薪は英訳無用が）

*Oppressed by stew-pot butts, fallen needles of Suminoe pine
never run out and bless us with kindling, yours and mine!*

（焚き火なら落ち枝と毬にもなるが葉束の針数の吉訳に）

*Fallen needles of Suminoe pine run not out but stay below
stew-pot butts and are lucky kindling as we all know!*

赤良の同輩の元木網の「めでたきぎ」の内容と転掛詞スタイルも赤良っぽい。鍋尻にある墨のほかにも住之江の「え」は「良」と掛けるかどうか知りません。鍋は妻で目出度さは夫婦の二針とか、吉の七針か。

苔　公事訴証たえたる御代のめでたさや
減らずの石の苔のむすまで　赤良　1783

*With public suits a bygone thing may Thy Reign be blessed
until moss covers up ye stones not decreasing like the rest!*

成長する石が「減らずの石」だったら、劫 calpa という大陸の時間単位と結ぶ祝いの系譜ではなく、かの君が代の名歌に出てくる大和なる細石のつまるところの巌かと思うが、腹減らず石は世界中に出くわす。だったら、腹に一物或いは虫のせいで「立つ」日本では公事訴証しそうな者に、この角もない丸い重たい石を呑み込ませたら腹が立たなくなったら良い。いや、敬愚は別役実（『道具尽くし』）の真似を止めた方がいい。

竹の子のまた竹の子の竹の子の
子の子の末も繁るめでたき　赤良　1783

*How blessed are generations of bamboo begetting bamboo
bambino who shoot up to beget more bamboo shoots yet!*

（英語には筍はあるを「子」にならないで異狂的派生歌を三本）

*Blessed this bounty of bamboo shoots, that shooting up, produced
more shoots makin' shoots until one day on my tatami, I'm goosed!*

（英語では子の代わりに早成長の若い植物の総称 shoot と称す）

*Bamboo shoots, like blessed gangs will take over when ignored
so dig and eat them up before they shoot right thru your floor!*

一番メの動詞鷲鳥は尻いきなり刺す後は筍が銃を打つ同音を

*Bamboo aim for the sky but they cannot shoot out our Sun,
as they became toys after blessed Japan 'gave up the gun!'*

原文は「しげる」は、漢字ではなく変体仮名「志」になる。わざわざ指摘する理由は、その字には視覚的の擬態、わくわくする気力を感じるから残したかったが PC の中から現れない、Wiki を見ても活字ならぬ絵でしかない。新絵文字次々出る世の中を、悔しいぞ。我が筍の狂訳の逆訳を遠慮するが。三語の蛇足：beget は子孫沢山造る旧聖書の用語、goose は、急に肛門に刺し、gang の前に blessed は逆の意味になる。めでたく無くても宜しければ、脚韻ふまぬ現在の大人風俗好みの米人向きに、

*Bamboo shoots, shoots, shoots! Even the pines will run out
of needles the way they are shooting up in the woods.*

これは、日本と無縁ならば、それもめでたいことでしょう。麻薬中毒者が林に注射打ちぶり shoots up の速さに松葉＝針も尽きそう、即ち恐ろしい縁語尽くしになる。真面目に赤良の「この子」の首を考慮すれば、下記の上方狂歌の竹の子祝の尽くしを、赤良が参考にしたかと思う。あれだけあれば、上記しか残らないだろう（2017.7.11 の校正では、全く通じない文章です。専門家に頼むところではない、ね。まあ、いい。）下記は、1740 に出た月並会の狂歌の本の中より。

　　　　竹祝　藪の内へ入りべからずと立つ札は
　　　千代もと祈る筍のため　契因　T59-476
　　　（千代と竹の節も筍の子もない英訳無用）

　　　　同　　悦びを掘り出しにけり筍の
　　　此めでたけの子をもうけたり　可由 T59
　　　（めでたけ⇒竹の子も縁語なる動詞もうけも）

左、和歌を古歌学者の契沖に狂歌を兄貞柳に学んだ法橋契因の歌は魅力的な詠みとは言えないが、契因が和歌の師契沖が宮廷内の師に学んだ有心を身につけた証にもなるし、題の放句ならぬ放歌（歌合せなら一番左と言うが歌会の用語あればネットで釣れ損なった）として抜群の効果を示した。右、可由の「めでたけの子」の鄙ぶりながら前衛的にもなる「喜びを堀り出し」は、まさしくそれ。傑作だ。筍と背比べのムードになるが、その前の二酉の「代ゝこめてぬっと出でたる筍は千代ふる松と肩を並む 478」と直後の白水の「久かたの国の大和たけの子のかわらず今に神の代よりも 480」はやはり、平凡。

　　　　同　　門々に幾千代こめしのぼり竿
　　　竹の子どもを祝ふことの葉　冬之 T59-483　1740
At ev'ry gate we see bamboo poles flying carp for Boys Day;
so let our words celebrate their kids, or "shoots," as we say!

　　　　同　　幟竿になるてふ物よ筍の
　　　代ゝにめでたき節を込めつゝ　友房 T59
　　　（竿なりたくない筍の嘆きながら吉の節♪を英訳無用）

親竹の犠牲を思わせる冬之の鯉幟の歌では、「〜竹の」が人の子の枕になるとも、同時に筍を祝う感じで心を暖める傑作かと思う。右は、一見では通じなかったが、後句は人の子を祝いながら、前句の苦もあ

ると判ったら、これも褒めたい歌と同時に判った。箸にも心を配る事は有心か無心か、読者次第が、竹林に住んだ敬愚は前者と思う。

   鶴　千年のつるの玉子を常盤の
  松の十かへり孵すめでたさ　赤良 1783

What could be luckier than the egg of a millennial crane
hatching on a "pine of ten-returns" on the Rock of Ages!

巖上の松上の鶴は八百年前の和歌にもあるが、卵のかえすをかえりに加えるプラスアルファ詠みは、狂歌の天才ならでは。孵すが親鳥の下に incubate するか卵から hatch するか。そこまで用語に詳しくないが。

   河　千年にたつた一度の黄河より
  めでたくふだんすみ田川かな　赤良　同

（めでたく普段住み＝隅＝澄みの掛詞不可英訳が）

Even more auspicious than the Yellow River running clear
once a millennium, Sumida River is always so, and here!

現代の汚染あれば、東西を問わずスミと言えば墨となるが、赤良のを読めば、敬愚は「すみ田川そこまで見える心かなかとなく虫までもめでたい」。はい、ヒグラシも明るく聞こえたに違いない。中国の源泉をウェブ検索すれば、黄河は千年に一度澄むと聖人が出現するとあった。だと、普段に聖も多い御代かという凄い祝い歌になるが、赤良の世の澄んだ川の少ない現在を思えば、敬愚は悲しくなる。

   橋　すご六のさいの目出たき振出しの
  やりは一本にほんばしかな　赤良　1783

（双六を入る余白無かったし日本橋の二本は英訳無用）

Rolling dice, snake-eyes, at once one twice, is good I hear
for the lucky place to start is Nihonbashi with one spear.

橋　　自由さは橋の数さへおほ坂の
栄えを愛と渡る初東風　水谷氏李郷　T56　1737
（多⇒大坂も堺を仄めかす自由と栄え＝境市も英訳無用）

Ye first East Wind brings prosperity to Osaka, so large in name,
where we are free as Sakai, as our many bridges make plain.

左の日本橋は日本の零点で、振り出しとする所が双六の盤になる見立ては良いが、一本槍の梅に詳しい敬愚も、ここのそれがさっぱり。蛇目も二本箸を手にとって食うもいいが、さっぱり。赤良の歌は通向きのようで、興味は江戸魔以外には今一つ。右の約五十年前の上方狂歌の無名人水谷氏（戦国時代に名氏だったが検索ゼロ件）ながら、橋の数に寄る動きの選択と地域の自由な精神を結ぶ前句の力だけで歌碑に載せるべきと思う。よそ者ながら悔しいが、やはり、米人として自由を祝う歌に目がない。因みに、後期上方にも、自由の目出度さを祝う歌もある。

寄紙祝　　君が代のあつき恵みとしら紙の
一字もことば書かぬ自由さ　雄蜂　K8-2　1818

Of the weighty blessings conferred by my Lord, Thy debtor
is most pleased not to have to put a single word on paper!
（書かぬ自由さとは近世欧州に教会出席せぬ自由とか）
For the blessings received from my Lord, thy poor debtor
is free to fill a blank page yet I cannot write a single letter!
（紙が安くなる有難い事よ、残念ながら思い付きは…）
All the weighty blessings of Thy Reign? – well, this debtor
draws a blank but loves the freedom not to write a letter.
（言って見れば御恵みを特定しかねるが、書かぬ自由か）
Respecting the blessings of Thy Reign, I wonder as a debtor
about carte blanche and our freedom not to write a letter!
（貸主が金額など記入す白紙手形禁止法の処罰もない？）

開国後の翻訳語以前では、**free** がもっぱら悪い事だったし **freedom** という状態の日本語はなかったという通念か定説にも関わらず、自由、自由自在、自由さなどが狂歌にはそんなに珍しくなかったし、主には悪いどころか元禄以前にも「作意の自由」や「自由自在天神」ぶりなどの自慢あった（信海の自慢が非難されたら、もう一首で彼は天神に習い、髭（卑下）もするけど、という主旨の返歌で一件落着の微笑ましいやりとりを古狂歌の社交歌の別冊は詳しい。 しかし、原文のが解け難い。歌意は感謝か皮肉の憤慨か、それすら判らない。将軍も無数の子女に宴会などで倹約しない豊かな世で紙を小さな字でびっしり詰める必要もないか、百年前からあった百紙手形の禁止がなくなったか、逆に取り締まりがよくなったか、ただ余裕あり過ぎて書けない卑下か、等々。この後期江戸の専門家のご相談を頼みます。さて、『めでた百首夷歌』へ戻ります。

先ぶれの至らぬ里は無かりけり
めでたき御代の問屋宿次　赤良 **1783**

No town on the map but we can arrange things in advance;
Thy blessed Reign's travel agents leave naught to chance.

仕事、宗教、観光あるいは俳諧か狂歌のような文学のための旅行大国の日本。観光案内に限り、百年前にも何万首もあります。もしも当時のイラスが江戸後期ほど豪華だったら、皆にも知られているに違いない。『古狂歌ご笑納ください』に二編の有馬小集の見本も十首ほどご紹介。

別　あふものハ別るゝものと聞く時は
別るゝものハあふぞめでたき　四方赤良　**1783**

（英語にはかの諺ほどの名言はないから、少々クドイが）

When you hear "people who meet people must part," repeat
this happy thought: "we must always part before we meet!"

　　　　無常　世の中の諸行無常をやめにして
　　　　是生滅法界のめでたさ　　四方赤良　同
　　（適切のヒンヂ語を探せば良いがどうせ脚韻もあり）
Quit worrying about the transcience of all life on earth –
as Buddhist Law happily states, death is entailed by birth.

左は屁理屈ながら完璧にナル。会えねば別るまいし、確かに逆も真也。右は微妙すぎるという気もするが、考えさせる。諸行無常はどういう訳か情緒になりがち。是生滅の滅も悲しいが誕生と一体と思えば目出度い。

　　　　述懐　いかにせん心の駒の進みつゝ
　　　　めでたい事に終われぬる身を　赤良 1783
What can we do when our pony-minds (id) just trot on
while our bodies, thank goodness, would come to a stop!

欲張りを罪と思えば、この世に飽くもしない心を救うは勝手に死ぬ体の方だ。肉が悪玉ではなく善玉だったか。Heart 心の駒を mind にした理は英語で body の反対になる。まだ若い赤良の『めでた百首夷歌』には「達観」という語も浮かぶ首も少なくない。

　　　　夢　泡飯を喰ふてはこしておめでたく
　　　　栄華の夢を見る五百年　赤良　1783
　　（前句と後句のめでたくは儀が微妙に異なるが）
Eating millet and defecating we are blessed to the last;
fools dream of prosperity and five hundred years pass.

故事か。夢見ながら五十年過ぎる唐の小説『枕中記』にある邯鄲（という地名）の枕ないし夢のようです。主人公は王位。栄華のうちに五十年を過ごせば、宴会で千年の齢を保つ仙薬も呑む「かんたん」と言

えども、複雑になって後は忘れたが、芭蕉が家康も求めた源義経と藤原秀衡（その関係も面倒くさい御免）の黄金の夢を見た平泉を「奥の細道」中に訪ねた時、その滅亡から五百年目そろそろだと述べた。義経の城だった高館を訪れて、かの「つわものどもの夢の跡の草」を見ながら句を綴った。同じ東北で、本書で見た女王を祝いながら、金の発見を喜んだ家持の金と同じかどうか知らない。ともかく栄華の夢を見た代々の方を我が英訳で「fool 馬鹿」とまで呼びたくなかったが、blessed なる第二か三儀は（神は馬鹿の面倒を見るから fool の形容にもなる連想も狂訳の潜めた狙いです。赤良にとって他に「五百年」の説明はないかと五百年忌を調べたら、奥山度繁の養女か娘に為家の未亡人の阿仏尼一人が 1283 年没でちょどいい。「こきまぜに草の花咲く秋の野の露にしたがふ月の色々」という歌の主は忌に価するが、赤良の狂歌と無縁。

祝　おめでたく又おめでたくおめでたく
返すゞゝもめでたかり鳧　赤良　1783
Blessed! Again, Blessed! Blessed indeed!
Over and over, yes, Blessed I would be!

赤良の「めでた」集の最後歌。屁も笑ひなるへの字一筋の加保茶元成の「へへへ」名歌とそれほど変わらない。取るに足らない詠みながら、元成は屁ひれた者を苛めた人から屁歌を頼まれて、その性悪に皮肉込めた気持ち悪い笑いになる「へへへ」だから傑作。四方赤良の歌にも、きっと救いべき所もあるが、まだ見つけていない。それより好きは、これ：

祝　酒宴をしづのおだまき繰り言も
御代はめでたや／ゝ／ゝ　橘洲　E1-8　1783
（下記などの御代の英訳 Thy Reign を our time にもなるが）
Even while drinking, when words like bobbins go round & round,
'How blessed Thy Reign!' 'How blessed Thy Reign!' is how we sound!

賎の苧環の繰り返しは、伊勢物語の歌は「むかしを今に なすよしもがな」と終わるし、源義経（1159-89）の名哀傷も然る。という訳で、四方赤良の友人と最初は兄役で好人物の武士橘洲の歌は大胆。鸚鵡返しで安全だったを、祝いに取り入れる使い方には狂趣はある。一見すれば「御代めでたい」口草を馬鹿にしている酔っ払いかと思えば、逆に酔ったらこそ本音出る。真面目の祝いかもしれない。只今赤いワイン二杯を呑んだ我輩も判別しがたいが、橘洲の名を掛けて「寄酒宴祝」としながら人の良い橘洲に第三杯を乾杯します。

相変わらずめでたきつけと暮毎に
小便換がくれる豆がら　羽田山丸 K27-5　1785
（めえたき⇒気付も来れる＝呉れるも微々たる掛詞が）

*Something always cheerful to the ear is that call ev'ry evening
when the urine barter-man comes bringing soy-bean casings!*

天明狂歌出版の大年ながら、これは上方の誹風っぽい狂歌。豆殻だと今は豚を育つ餌になるが、これは何のためか？

世中のなにはともあれ曳く網の
目出度きことに漏れぬ鱗　穂から K25-3 1806
（何は＝難波とも網の目⇒めでたきも英訳無用）

*In this our world, the good or bad depends on our wishes,
raising a net I'm lucky for all I catch – not so those fishes.*

（御恵みは屋根を漏る通念を逆様にしかも相対主義か）

*In this world all blessings are relative, when the fish stay
in my net I smile, but cry when like tears they get away.*

理屈では、魚が少々小さ過ぎて網の目を無事に逃げるほど辛いことはないが、小魚は旨いし子の鳥も哺乳類の子は可愛いが、感情が深い親つまり大人の動物の方より、子を食う方が親切と敬愚は思う。四音字

だと鱗は「うろくず」になる。そういう雑魚に小魚が多い。とは言って、人にとって目出度い。二番目の狂訳は、網の目を活かす。

花祝　　君が代に咲て散らざる大海の
限りなみの花ぞめでたき　足あき　K25-3　1806

（限りな（き）⇒浪の花は又 never fall/blessed of all と）

These white blossoms in Thy Reign that bloom yet scatter not,
born of waves in the ocean main are most blessed of the lot!

春に限る廿日、それとも七日しかない陸の花の命に比べて、常に変化しながらも海の花こそ常世の花になる。上記を読めば初めて思ったこと。猫の恋は陸の花で人間の恋は海の花だとさらに続きたくなるが、まさか、上記は、歌舞伎の白波の数奇の詠みとも解釈できるか、と訊きたい。

かの放生際の祝い？　　君が代は万代を経る亀の外に
民も手足を伸ばすめでたさ　芳賀矢一？詞藻類纂に 1907

Besides the turtle, symbol of Thy Rule of ten-thousand reigns,
how blessed are we extending our limbs and not in vain!

（↑鎖国時代を後にして東亜とハワイ等へ移民殖民の自由）

The tortoise surviving ten-thousand Reigns upon Reigns was still
boxed up until you freed us to walk and reach where'er we will!

（↑陸亀同様に箱入娘ならぬ鎖国の箱入民は解放されて世へ）

Under Thy Rule, not just ye Turtle of myriad reigns and eggs
but we the folk, too, are blessed to stretch our arms & legs!

（海亀の泣きながら産む卵の数も凄いから脚韻に利用）

殺生戒ある仏教走の良心の咎めるを神道にも取り入れられた放生会ないし放生日に寄せた祝いかという気がしますが、よく判らない。芳賀矢一の歌かと思いますが、それも確実ではない。『詞藻類纂』という

本をいつかPDFで少しは閲覧。PC+ブラウザーとサイトの許した「エスキモー式サングラス」つまり細い横の窓（これは雪の反射する縦波光線を防止する原始的な工夫）のお陰で縦組みの本を読むのが至難の業となる。敬愚は愛国語主義者の力になって、いや、ともかく共に、この不公平ないし日本語に対する差別をなるべく早く無くしたい。要するに苦しい状態で読まなければならないと、詠人の名を同定するなどが疎かになりがち。「↑」ボタンだの「↓」ボタンだの老目の獄門だし、同じ行を繰り返すか一行先へ飛ばしかねない。しかもC+Vは不可能でそれを酷いIMEのソフトを通して書き止めんとするだけで手一杯。私的涙頂戴と活動への紹介を、お許しください。諸君、下記を皆さんも一見同定できる？

※　　楽しみはまれに魚煮て児等皆が旨し／\と言いて食ふ時　　※
　　　楽しみはそゞろ読ゆく書の中に我とひとしき人をみし時
　　　楽しみは銭なくなりてわびをるに人の来りて銭くれし時
　　　楽しみは世に解がたくする書の心をひとりさとり得し時
　　　楽しみは木芽煮して大きなる饅頭を一つほゝばりしとき

　　　楽しみは戎夷よろこぶ世の中に皇国わすれぬ人を見る時

My pleasure? Meeting one who, in these times when we find people delighted by aliens, keeps our Imperial land in mind!

幕末歌人、橘曙覧（1812-1868）「独楽吟」52首の多くが私的で、御代を祝う従来の祝歌と異なる。清少納言の物は尽くしの私的趣味をよく伝う項目と似る。赤良の「めでた」歌の例と同様に、芯には御代もある。橘曙覧は、赤良のめでた歌を読んだかどうか知らぬ。宋の邵雍の詩集から影響を受けたと読むが、それも判断しかねる。ただ、上記最後の歌は、君が代を祝う赤良と心が一つになる何かあると思って英訳しました。

※　　常世の目出度き　　※

「国体百歌」がオマケの附録なった明治四十五年の芳賀矢一の三百頁も続く『日本人』論をやっと読んだ。「やっと」と言えば、1984年に出た『反＝日本人論』『日本人論探検』など一連の拙著に、残念ながら言及はない。今、やっと読めば、朝鮮人向きの新日本教のお説教らしい。しかし、朝鮮人に日本の世界に類の無い神柄と人柄と国柄を紹介せんと、「世界は万国という。しかし国らしい国は少ない」。しかも、他国の皆の歴史に折目あって古に繋がれない故に、甲斐ある国、世界を指導すべき国は日本だけだ。その前提には無理ある。それならば、我々は何万年も変わらないナマコを拝むべき。しかも、日本の君も歴史は、描かれたよりもう少し複雑だ。とは言え、千年前の和歌は確かに同代の英語よりも読みやすい。或いは英語は当時なかったと言う方が尤も。二千年遡れば、ずっと変わらなかった、常世の第一記号かつ肖像と言えば、「不尽」又は「不二」つまり富士 Mount Fuji になります。

      国体百歌より？　富士の嶺に登りて見れば天地は
    まだいくほども分かれざりけり　下河辺長流　元禄

*Scaling the peak of Mount Fuji, we take a look and see
Heaven & Earth yet to even start parting company.*

天地がまだ開けていないと言えば、神代もまだ卵の中みたい。本名は小崎具平なる詠人は、万葉集も研究した大和の国学者というが、この歌を拝見すれば、登った日記も見たくなる。

      国体百歌より？　天の原てる日に近き富士の嶺に
    今も神代の雪は残れり　橘枝直　天明五年 94 歳没で

*On top of Mt Fuji near the Sun illuminating Heaven's plain,
snow from the Age of our Gods even now doth remain.*

賀茂真淵に教を受けしなる伊勢の橘枝直は崇高な霊山を描くか、常世の山を描くか。断って置くが、狂歌師の信海とその弟子の月洞軒はこの雪を塩尻の若衆や時知らず老か痴呆にも喩えるが、不尽歌の尽くしは「古狂歌気の薬」の別冊になります。常世ながら、色々の富士もある。

富士の嶺は山の君にて高御座（たかみくら）
空にかけたる雪の衣笠（きぬがさ）　契沖

**As Fuji's peak alone for the Lord of Mountains is a Throne
this snow set in the sky is his canopy (not ice-cream cone).**

衣笠は天蓋。柿本人麻呂の万葉歌「久かたの天ゆく月を網にさし我が大君は衣笠にせり」が本歌ならずとも参考になったかもしれない。断って置くべき事もあります。三、四十年前に出た拙著『反＝日本人論』に似も富士は世界一と云うがキリマンジャロの方がうんと高くて美しい。富士は左右の相違が少ない完璧すぎるためかキリマンジャロの釣り合わない美の方が上と。どの事もそうだが、それも角度（写真家）によりますが、我が大雑把な印象は正しかったと思う。けれど、当時は富士を詠む歌句と云えば俳句四、五句と国の鼻柱を笑った川柳だけを、ただ今何百首の和歌と狂歌も拝見した上で、文化財としての富士は、ひょっとしたら世界一番高い山だ。又、地理学的な相対主義の視座もある。大きなアフリカ大陸と小さい日本の本土という山が載ける台の寸法を物比べの前提に取り込めば、富士はでかい。しかも信海だけでも五十首ある、この山は狂歌の十八番じゃ。不二にも不尽にもなるから、記号学者の夢精にもなる山だ。自分にとって、メーヒコのポポカテピカルほど怖くない。いつか登ったら、狂歌集も出したい。

19
凶悪の吉化
making bad good (*kyouka* does it best)

三郎吉といえる小児、元日に転びて眉間に疵附ければ
親たち気懸けられければ、　武士の心で春をむかう疵
天晴れ目出たふ三郎吉相　春林屈梅鴬　K13-2　1756

（春を向う⇒向疵も名の中の吉も活かさねば英訳無用）

1623年頃に出た狂歌の玉蔵なる安楽策伝の『醒睡笑』の尾たる小章「祝ひすました」には、チビッ子三郎吉の怪我の吉化と似る前例ある。京都六条の連歌家文閑の父の惣吉が火事にあえば、「もんかんハ（桃山時代の名狂歌師）雄長老を訪ねて歌を請えば「御親父の貧乏の神をやき払ひ惣吉事にや成らんとすらん」と詠んだ。やはり「惣吉家焼けてより後、一段仕合せ直り富貴なりし」。同じ名に「吉」あるも、百数十年後の上方狂歌の方が面白い。無骨な一茶ですら「小便もうかとはならず今朝の春」と句作した元旦こそデリケットな時で、小児の親は一傷懸命だった。子の名にわざわざ「吉」の字を択んだ親にとって、不吉なる兆しを吉化する狂歌はどれだけ大きな気の薬になるか。この慈悲を屁理屈と誰が言えようか。後句の語感もあっぱれですね。これを何度読み繰り返したはずの親の目は、感謝に潤んだに違いない。出典なる鈍永撰『興太郎』に「興歌」という称とその歌を勧める。歌詠みの理想が即興歌で、その略を狂歌の当て字に使うが、即時的とは限らない。会か題の無心詠みではなく、状況に応える気配りだ。同本に下記の凶を吉化する二首もある。

或人元日石に蹴躓き転びしを、

きみが命よに八千代にさゞれ石に
蹴りつまづいて苔の蒸すまで　紅圓　K13-2　1756

*May your life last a thousand plus eight thousand reigns until
the stone you stubbed your toe on is mossy and big as a hill!*
（細石を躓く事もないし、細石は子の比喩ならば新試訳）
*May your life, like the proverbial pebble, know 8,000 reigns
until you're big enough to trip on and boast a mossy mane!*

紅圓の詠みも、先の三郎吉と同じく転んだ人を元気にする気の薬のはずだが、誤植か、小生の写しの間違いか文法が変か。結局、君が当の細石同様に人の躓くほど大きくなって己が苦自慢の身に成る迄と意訳した。

　　　松に紙鳶のかゝり有りけるに、
　　いか計かゝるめでたき事は無し
　　カミのやどれる宿の松が枝　　魯峯子　同 1756
（凧＝蛸の縁語の烏賊＝紙鳶も紙＝神も英訳無用が）

*The New Year kite stuck in a tree – what better luck can there be?
That pine stays ever green & the paper, as kami, will guard thee!*

この「ばかり」は「ほど」になるが、子供にとって、心が乗せた凧が木に難破してしまうほど悲しい事はない。有頂天が即座に地獄になる。しかし、万が一親の方が一年の運勢か家族の命運がかかっている事を微塵にも感じてしまったら、狂歌師のサービスを頼むべき。そうだ。狂歌師おとこかおんなは、昼間の獏だ。ただし悪夢のような起こり事を食い失くすよりも、吉夢に化す。凶を吉に転じさせる技は又、音楽の即興と同じだ。演奏で最高の体験は、腑に落ちない音符を引いたり、吹いたりするのが始まり。その後の音次は肝心。うまく工夫すれば、本来期待した演奏の曲より面白くなる。音符通り無事に続く慣れた仕草にえる快感もあるが、「悪い」はずの音を後から「良い」ものに変わると、それと比べにならない有頂天（ハーイ）になる。換言すれば、慣れた分野の音楽だと変な道草くえば、十中八、九場合やがて無事に本筋へ戻った喜びはセックスに負けない。ともかく、宣長曰くマガゴ

ト（凶悪）のおかげでヨゴト（吉善）も共存しうる。さて、一般人のちょっとした凶と吉の逸話から、国の主という天大の件へバトン・タッチ。

※　和歌時代の小と大凶悪の吉善化　※

久安百首 1150　君か代は光つきせぬ日の本に
朝たつ塵の数もゑ知らず　花園左大臣家小大進

*As the Sun's Home boasting endless light, even the grains
of dust rising this morning are beyond count in Thy Reign!*

上記の「えしらず」が明治再版の『夫木抄』、日文研は「しられず」になるが、双方とも同じ原典だ。一見して和歌の古典的な賀と俳句にある観測を合わせた鳥も民家の煙も立つ『万葉集』の名国見歌を思わすが、国見のお高い視座ではない。朝早く戸か窓を斜めに差し入る日光の中で浮かぶ塵ないし埃か、朝起き間もなく寝具を打ったり立ち上がったそれか、知らないが、どういう訳か確かに汚いよりも気持ちよく見た覚えがある。それを祝う歌はずっと後なる千代女が玄関の福藁の埃を祝う元旦の句以外に読んだ覚えが無い。『金葉集』に歌を残す三宮大進の娘小大進の歌は、もともと塵か埃を詠む作意よりも、空気が清らかでない事に気付いて「ぎゃっ」と反応した花園大臣の機嫌を直す為に詠まれたかと想像した上で、勝手に本章の吉化の例に入れました。正直言って、敬愚は「玄関の空に舞ひたる塵の数多をご覧し叱られ給えば」という前詞も加えたが、読者のお読みになる判断を左右したくなかったから、取消した。本当は、小大進の朝立つ塵が『夫木抄』にて祝ではなく、雑中「塵」の歌の数の中の一首に過ぎなかった。因みに、少々後になる 1243 年の『新撰和歌六帖』に「たのもしな一つの塵の中にだに四方の仏のこもらぬも無し」と云う光俊（1260 年よりに将軍宗尊親王の歌の師）の首が釈教の観点だったら、1312 年成立の『玉葉集』の DB に詠人の名こそ出ない「たのもしな光を塵に交えへつつ跡をたるてふ国津もろ神」は「神祇」となる。因みに、後期江戸狂

歌の東仙堂花守詠み「福藁の塵に交わる神慮？はゝきも遊ぶ御代の元日　E5-3」もある。その前文に更なる情報あるが、いずれにして箒までも遊べる御代の豊かさを祝う系譜になる。

玉箒星をみるにも君が代は
塵をさまりていや栄えなん　權僧正公朝　1264

In my Lord's Reign even this great comet, a jeweled broom
will sweep away trouble and bring prosperity not doom!

先の女中（下女ではなく宮廷に住む女性）の詠んだ塵と同様に1310年ころの『夫木』という二万首の類別和歌集に見つけたが、敬愚はこの歌に惚れて『古狂歌　ご笑納ください』の最初の書名が「古狂歌　玉箒星を見るにも」であった。彗星を見せる表紙までも作ったぞ。再考の上、当歌を知らない人は惹かれなかったから、変えざるをえなかったが、權僧正公朝の歌は和歌百首の中に入れてもいい傑作と思う。日本人に無視されている理由を知りたい。本来「愁へを掃う玉箒」は、酒の別称になる。箒と賀の縁も重なる。万葉歌#4493、中西注岩波文庫で読んだ家持の「初春の初子の今日の玉箒手に執るからにゆらく玉の緒」という玉の歌もある。子の日の后妃の蚕関係の儀式だから、蚕の繭玉も魂の縁語だし、家持が家持（女と酒に強い方）だから、既に玉箒は酒の別称であろう。しかも『堀河百首』にある藤原仲実の「〜たをりもち玉の緒長く栄ゆべらなり」と終わる玉箒の歌が「手折り餅」玉なるが、対となる酒も仄めかす。玉箒は「いやさかわえる（彌栄）」願祝歌に相応しい象徴となる。そこまで解ったら、その流れを汲んだ上記の『權僧正公朝家集 1264』の玉箒星歌を齧る用意ができる。宴会用酒の器に「星」ってあったら、その辺も先ず解読せんとしたが、糸口開けなかった。結局、箒星そのものを調べたら、1263年に、先ず独国などで見られて、1264年の欧州にも中東にも、中国にも、韓国にもGreat Comet 大箒星が見られた。朝日がかなり高く登ったまで可視で、尾が百度まで伸ばしたりしたと。

ご参照　　げに酒は愁をはらふははきとて
煙草ともはく青反吐もはく　宿屋飯盛　天明中か
*Wine is a broom to sweep us out – we puke away our cares,
and by smoking tobacco, we vomit our blues into the air!*

権僧正公朝の歌の意味が解っても、どうして有名になっていないという謎が残る。同「彗星」を国難の予兆と見做した日蓮は、蒙古の 1264 年の国書を言及「その光が国中を包んだ。これはこの世始まって以来の大凶兆である。」（上原貞治現代訳？）。天災人災国災尽したる日蓮の 1268 年の「安国論御勘由来」は何よりも当大篲星の故。そして日蓮の大騒ぎについて皆も御存知が、正反対に落ち着いた権僧正公朝とその歌は歴史から消えてしまった。恐らく 1274 と 1281 年の蒙古侵略のお陰で予言者日蓮の星あるいは株が上がったからであった。しかし、権僧正公朝の歌も大当たり。蒙古の侵略者は、塵の如く綺麗に風に掃き治まれた。『古狂歌　ご笑納ください』に、この大事な歌を徹底的に取り上げる。

※　狂歌時代の小と大凶悪の吉善化　※

すなをなる御代のしるしに砂降て
槍のふらぬが又も仕合　鸚鵡籠中記 1705 頃
（砂を＝素直の掛詞も槍降る慣用もないが敢えて↓）
*My Lord's Reign when our obediance is symbolized by sand
falling, as we rejoice for spears no longer do so in this land!*

富士さんがげっぷしただけではない。砂嵐で江戸にも砂が内臓から取り外すと思われた蒟蒻の値上がりを笑う川柳に出た。今笑うが、当時の人々にとって大変だった。その長い噴火をこんなに目出度く詠んだ現象は、はるばる上方の尾張藩の文左衛門の名落首集『鸚鵡籠中記』に見つけた。凶を吉化する章に入るには少々言い過ぎであろう。宣長を始めに保守派が褒め詞と見做す「素直」という語は、落首を詠む反骨屋にとって必ずしもそうではなかった。とは言え、困った現象にも

笑いの種を見出すこと自体は、歌徳の中に入れたい。念のため、一緒に同本に出た首「これよりハすなをに成れとふる砂に　我等ごときは泥坊になる」も考えさせた。泥坊掴めた泥棒に「素直になれ」って名お説教あるか。上方で「泥棒」が「間抜け」にもなるし、1980 年代の間抜けた盗人を馬鹿にした日本のテレビ番組も、そう言えば関西っぽい漫才スタイルだった。約半分が下着フェチで、日本はおめでたい国だなあ、との印象だった。同時に犯罪を格好よく見せた米国よりも、馬鹿にした方がよほど賢いと思った。ただし、両国は企業レベルの犯罪と犯罪者に甘過ぎてこまる。

君か代の千代に八千代の数とりに
駿河のふじの砂は尽きせじ　良安 T46　1729

To count the thousands and tens of thousands of Thy Reigns
use the volcanic sands of Suruga Fuji for they'll never run out.

出た本『華紅葉』の神祇中の最初の賀歌になった上の首を見て、二十数年前の噴出で砂に責められた日本では、砂がすっかりと復権できたと思った。それに、駿河に「擦る」を重ねて読めば、富士は劫の石の磨り減る発想と寄せた。主に外からではなく、うちからなるが。因みに、写真で見た駿河の砂はm灰色の砂利で一応英訳を火山的砂にした。さて、凶悪の吉化の明白の歌例へ戻る。

元禄十六 11 月の江戸大地震の数多落首より一首
同十七 1704 年 1 月江戸にて）松平美濃守中小性
狂歌よみ、高聞に達し御褒美等被下と、

寄地震祝　　吉方よりさるとし男地震来て
万々歳と祝ふ世なおし　鸚鵡籠中記 T 参 47

（申年男でいい？君も「申」年生まれか？）

Monkey-man came from a lucky direction our world to quake
and celebrates 10,000 times 10,000 years of renewal to make

地震が起これば建設業は儲けるし、高い建物も低い建物は立てなくなると、天下は平らだ。冬に日光、夏に涼しい風も貴賤わ問わずに配られる。どんどか世直し気分で大金持ちの禁欲を凝らした地震の原因の具現の大鯰の画の中に天災を恵みと見て、破壊の地獄へ飛んでくる大工達もよく描かれている。しかし、文左衛門が鸚鵡籠中記に入れた松平美濃守中小性の上様から褒美を受けた一首が鯰絵ほど面白くない。ただ素直に吉化を申す歌だ。吉方（えかた）より来た上、地震は、君子が怖がる一揆ではなく、万歳の認定された（？）世直しと同定する。天象の異変も君子の責任と思われた世には、建物よりも身分が大地震に脅かされるから、地震を祝べきものと歌証し「高聞に達」すれば、君子は当然有頂天。念のために、中世以降は猿神は、結構人気だった。日吉神として太陽神の使者とされる化身のみならず神道と仏教、或いは日本とインドと中国を結ぶ伝説の主人公に近い使者になる。WIKIの猿神の説明は大変愉快。「神道理論書『耀天記』によれば、漢字の発明者とされる古代中国の伝説上の人物・蒼頡が神の出現前に、釈迦が日本の日吉に神として現れ、サルの形を借りて吉凶を示すと知り、「申（さる）に示す」と意味で漢字の「神」を発明した」等を知ったはずの天皇は猿男の世直し説を受ける心が用意していたという訳か。

寄暑祝　やことなき御方へ暑の御機嫌を伺いしに
暑さに寄せて祝いの歌よめと仰？有りければ、

時つ風枝をならさぬ御代なれや
君の恵みのあついたゞ中　鈍永 K15-3　1773

（暑・熱=厚いの掛詞が無ければ英訳は難しいが）

<Compelled to compose a toast for my Lord about this heat>
In thy Reign when seasonal winds refrain from disturbing trees
how can we not feel around us the warmth of your largese!

前詞の行間を読むのが下手が、我が想像するところでは、鈍永本人ではなく友人か先生の鈍全法師が宮廷へ通ったから、とりわけ暑い涼し

い風も全くない夏か秋に、鈍永に寄暑祝を頼んだ。暑中お見舞のために涼しい書斎の庭を出て「御方」のもとへ行かなければならなかったら、可哀想。裃やら袴やら暑苦しい。言うまでもなく、苦熱は常の題。その厭な事を感謝すべき事に転じるのが凶悪を吉善とそう変わらない歌徳でしょう。時つ風はその季節に適当と思われるから、それが枝を鳴らさない事はあまり良くないが、台風の事だったら毎年ながら無くてもいいし、後句で風の通わないが問題から有難い君のあつい恵みへ無事に転じる。

※　損が得なる名歌　※

秘蔵の松が枯れて、秀吉が不吉の前兆かと気に病んでいた折に居合わせた御伽衆の曾呂利新左衛門一人がニヤニヤとした顔をしていた。太閤は「余の悲嘆をあざ笑うとは、無礼者めが」と怒鳴ったら、新左衛門、懐紙を出して、歌を書いて差し出せば、主君の機嫌、たちどころに直った。

御秘蔵の御庭の松は枯にけり
千代のよはひを君にゆづりて

**Thy beloved pine in Thy garden has withered and died
to give my Lord, her master, said thousand years of life.**

前文は、本来前後に分けてある大郷信斎の『道聴塗説』より花酒爺が美しく書き直した変種。数多変種の詳細は異なるが、皆に前句を詠み出せば周りの人々が「やばい」と思って汗をかくほど長い間を置いてから、やっと御目出度い後句を詠む。秀吉が寵愛し松を稚児っぽく「秘蔵」と言うのも雰囲気を醸すと思う。別変種に「庭」と言わず「常盤の松」、或いは『狂歌大観　参』にある「「千年ふる御庭の松は枯にけり」と上句申し出せしかは一座の人々是は苦々しき句作りとはっと思ひしに下の句を吟し出しぬ、「己がよわひを君にゆづり

て」。」等々。花酒爺曰く「おべっか使いと狂歌とを結びつけた場合、太閤の茶坊主である曾呂利新左衛門の逸話ほど適例は他にないでしょう」。同感。吉化のサービスないし気の薬はたしかに上を向いて詠めば、おべっか使いにもなり得る。或いは、おべっか使いよりも命乞いそのものにもなる。※例１＝雄略天皇が美女の裸の相撲を若い大工の目の前に開き、自分のノミの使いに狂いがないと不謙遜に言った少年がやはり気が取られてヘマすれば死刑を命令した後、他の大工が唄った 31 音字より少々長い歌のお陰で刑の取り消しになったが、古今集の序曰く「もののの心を和らぐ」内容と云えば、もしも当の大工いなかったら墨縄が彼を淋しがる、ああ可哀相な墨縄だった！※例２＝同じ天皇が大きなケヤキの下で宴会を催した時、采女が不注意に葉の入った盃を捧げたら、それを見て、刀を抜き彼女の喉に付けたら、殺される前に申すべきことがあると言えば、狂歌より八倍も長い歌に、朝も夕日に輝く竹の根もしかりはる宮の上に天へ届く全領の国々も枝を覆う巨大のケヤキの葉は、海の中で神の掻き交ぜて残った脂からこの国をお造りになった時の精で、おめでたさいっ盃だから、御安心くださいと詠めば、赦されたが、その歌の視座が絶えなく移りながらの短いアニメの流れにも、雄略天皇の力を縦横に賛美した諂いは諂い。人の命よりも道具を哀れむ情けない残忍の天皇だったら、それしか手がなかった。拙著 Mad In Translation では「歌徳」の一番古い例が、とても mad＝他人の痛み全く感じ得ない sociopath という精神異常者＝に殺されないように詠まれた矛盾とまで云えないが、とんだ出発をもう少し詳しく述べた。換言すれば、狂歌を本来、狂気に繋いだかと思えば、複雑な気持ちになります（ただし詠む方が正常）。因みに、旧聖書の神様は雄略天皇とそう変わらない。オナニでお馴染みの Onan は、自淫ではなく故兄の未亡人と子が欲しがらず、中出しを断り、ゆく寸前に抜いて「土に零した」ら、忽ち神に殺された、という。死刑の方法こそ説明しないから、雷だと思われがちが、罪人よりも神の方がよほど気持ち悪い。さて、ご参考に雄略天皇の後、秀吉の前の君の松の歌を見よ。

　　　　参照　　千年まで我を見よとや君が代の
　　　　　　庇に近く松立てるらん　原頼政　1104-1180
　　　　"Look at me for a thousand years and you'll feel fine!"
　　　　Standing by the eaves in my Lord's Reign, a pine.

宿屋飯盛の 1809 年の狂歌読書に見つけた頼政の可愛い歌は、次の凶悪を吉善に見直す歌例の前に訳なく置きます。ご紹介せねばならない本歌は、小式部の歌らしい。「らしい」と云うと下記の歌の出典は、ほとんどが『和歌威徳物語』など初期江戸の双紙になるが、一、二件のヒットから推すれば孝標女（1008-1059）の『小式部内侍物語』が出典。が、確認こそ出来なかったら、敬愚の大好きなる小式部の歌は曾呂利新左衛門の歌の本歌になるか、又もでちあげか知らない。

　　　　一條天皇は秘蔵の姫小松が病んで気分が落ちたから
　　　　式部を呼び歌を頼めば何とかなるとお考えになったが
　　　　　留守で、娘の小式部の内子が志願。その歌は、

　　　　　ことわりや枯れてはいかに姫小松
　　　　千代をば君に譲ると思えば　小式部内侍　999-1025
　　　　I can't go along with this, Princess Pine, if you wither away
　　　　how can you give a thousand reigns to your Lord, anyway?

と詠んだところ、松ふるえて、すぐ元気だした。或いは「たちまち松は松は緑になり元の元気になったという伝えガ残っています」とネット。ご褒美に小式部に着物を沢山やった。歌が帝に頼まれたを、どう見ても松に直訴した詠みになったがミソで、それを明白にするように英訳した。命を喜んで譲る秀吉と、小式部の心は月と鼈の違いだ。怖い君を喜ばすよりも「命」を大事にする心の物語りだ。ただし、ネットで誰も語らない問題ある。「理や」と云えば、既に詠まれた歌へ返歌した意味でしょう。探したが、ネットで枯れた松は中々出て来なかった。日文で見つけたは、貫之の「永沢の池の底なる亀までも己が齢

を君にとぞ思ふ」と能宣の「かの見ゆる鶴（たつ）の群鳥君にこそ己が齢を負かすべらなれ」だけで「枯れ松」こそ無かった！譲れ齢があっても松が無かったという訳だ。ちょっと待って。歌例は一つあった。こうなる：「ひめこまつーｘｘｘｘへきーゆくすゑのーちよをはきみにーゆつれとそおもふ」。1456年成立の『沙玉集＿貞成親王』となる。詠む人も「未入力」になるが、これで小式部の歌はともかく、秀吉に詠まれた歌は盗作同然を証明する。1649年出版の個人詠『吾吟我集』の突然変異が又、ご参笑に、

　　　　寄鶴祝　千年のよわひを保つ身所を
　　　　君にゆつるの料理ならまし　未得 T24
　　　（清濁示さぬ古綴りのお陰で譲るに鶴いるが英語では...）

My body host to a thousand years, ceded by one at your beck:
Can my Lord guess the menu without having to crane his neck?

長寿を得るに鶴食を忌むべきか、食うべきかといえば、ここは後者になる。鶴は、江戸時代に「三鳥二魚」と呼ばれる五大珍味の一つだったようです。原歌のゆ「つる」が、何かを見るために首を辛くまでも長く伸ばすという意味の動詞 crane は、掛詞の類似訳と称しましょうか。ところで、1902年の名も失くした本には、同じ枯れ松の歌の変種ではなく、もう一本の小系譜の違う改吉の松も出てきます。

　　昔あるやんごとなき君の、他家より養い君を迎え給ひぬ。
　　此時松の島台の足折れければ、一座の人々、不祥の兆なりとて
　　眉を顰めて忌みけるを、風来山人おのれ之れを祝い直さんとて

　　　　アシという事は残らず取り捨てゝ
　　　　よき事ばかり残る若松　1779以前
　　　（足＝悪しも逆の対になるよしもなく英訳無用）

風来山人は、平賀源内という理に強い鬼才の号。1779 没。お金だけ大事に思う人は、アシ欠けた吉化に思い付けなったであろうが、望ましき物が損すれば同じ物が望ましくないと悟って、損が得に改まる神業に誰でも舌を巻くに違いない。この転換を読むと、良し悪し事を無意識にも考え直す。どの悪い事あっても、やはり、長めに見ては己が為になると信じなければならない姿勢は、機嫌よく生きる秘密だ。泣き寝入せず、不運の裏に潜む幸運を見つけるか論理付て創るように、心身も働かせて自分が納得できるまで続くしかない。狂歌の研究を始めたのも運が悪いと思われるとんでもない苦労の繰り返しのお陰だが、なんでもかんでもそうだ。科学の実験も音楽の即興も失敗毎に進む。とは言うが、平賀源内の惨めな終わりを読むと泣きたくなります。物事を理屈で突き止めんとすると、そういう不幸にも導く。吉化の更に大胆なる歌の好例を見よ。

※　弁才てんかんも福か、初期狂歌の傑作　※

弁才天へもうでする道にて、
癲癇やみ泡を吹きけるを見てよみける、

寄癲癇祝　　詣する道にて泡をふくの神
これぞまことのべんざいてんかん　　卜養 T32　1607-78

♪ The Power of Kyōka, or how a Grand Mal becomes a Petit Bon! ♪

*On the road to the shrine of the Goddess of Wealth, a sign of plenty:
foam that overflows her mouth － a charm we have . . . in epilepsy!*

癲癇病を晒う「危ない」歌と早合点「差別！」と訴える方おられば、じっくりと読み直して下さい。弁財天といえば、かの池にある小島の社にます福と文の守護神。大阪生まれの半井卜養は、上戸が下戸を苛める数え歌の全十目に対し見事の下戸弁護を買った在江戸の優しい医者。上記の歌を詠む前に、患者の面倒もみたはずだ。痩男を嗤う万葉風の悪ふざけとほど遠い心です。その不吉を吉にする機知をもって患

う者のイメージ・アップに努めた歌だ。とは言え、百年後に小便組（怖い男が後ろ盾に、最初から退所金を貰うようにわざと寝小してしまう美人妾）の川柳の類に「小便は古いと妾あわを吹き」などをみれば、やはり癲癇症は依然として嫌がられた。又、FB友人が気づいたように金持ちに成りたい為に弁才天詣を行う人の欲望を殆ど病気と見なす人命を大事にする医者の観点から詠むと思えば、これは風刺になる。病症は比喩に過ぎない。

On a pilgrimage to the Goddess of Wealth, men foam over insane,
as if they had that malady some call 'holy' which puns Her Name!

内容が乏しく言葉遊びばかり小難しいという卜養への悪評ないし読まず嫌いが今まで続くが、何時から始まったかよく知らないが、上の歌が疎かにされた。年が経つ。明治三十三年の武島羽衣著『霓裳歌話』博文館（1900頃）の「蜀山の狂才」の章には、これはあった＝

ある都市の正月元日、蜀山（天明狂歌の聖なる四方赤良の後号は蜀山人）、人の家に招かれて、酒宴の席に皆と沢山飲んで、わいわいしたところ、ある男が泥酔になって外へ出て門松に身を打ち当てて、ばったと倒れければ、発作を起こして口より泡を吹きて。。。はかなく息絶えにけり、家主がいかにも忌々しい年の始よりかく不吉なる事あるは、かならず身の上家の上に良からぬ事あるべき印ならむとていと痛く打屈してありければ蜀山ただちに筆授りて紙に、

　　　　門松に倒れて泡をふくの神
　　　　これぞめでたき弁財天かん

　と書きつけて主人に見せければ主いと喜ばしけに、気色直
　して果てはいと大なるとよみになりて終りたりとぞ。

人が亡くなっても吉とする方が、病を吉とする歌徳を勝るが、卜養の歌を知らずに、蜀山人が偶々、即ち偶然に同じ珍掛詞が出来たかどう

か。疑問だ。本当の事件ならば、蜀山人が卜養の歌を知っていたはずが、歌話の著者は、本歌を知らなかったか、卜養の歌を知っても蜀山人の口に入れたか、名人蜀山の口に入れた落語家の創り話を無邪気に拾って我々に伝えただけか。いずれにして、現在になって病症を詠むだけで「差別!」と訴えられるかと怖くなる心細き時代で、出版社には、いずれの歌を載せる勇気があるかどうか疑問です。いずれにしても、我が気に入た医者の狂歌詠み卜養にとって不公平だから、双方とも紹介しました。

※　小地震損害、鮨に砂や鼠の小便の吉化　※

新小屋の地震にて歪みければ、

地震にてちっとねたるも道利（ママ）かな
名を新こやと言うにつけても　信海　T33　1688

（寝たる含蓄も新小屋＝新香やも付け漬けても英訳無用）

自分の新小屋ならば、この道理なる類の言葉遊びは慰みになるが、他人のものだったら、もう少しれっきとした吉化で無ければならなかった。慰みは吉とならなくとも、悪い事から気持ちだけの補いになる。後句の「ねたる」という縁語だけで意味を捉えなかった。やっと「つけて」に着いたら、合点。初期と中期狂歌を結ぶ狂歌師の即興の好例にもなる。

やごとなき御方鮎の鮓まいりけるに
石噛みあて給ひ御機嫌あしかりければ、

君がよわひ鮓にありたる此砂の
巌と成て押と見るまで　百子　T52　1734

（砂が齢の大数の縁語又巌と成る押と鮨も英訳無用）
I wish my Lord may live to see this sand in his sushi
grow into stones sufficient to press tons of fish!

十八世紀前半のもっとも面白い狂歌師の一人、百子の『狂歌系の錦』の最終歌。石や砂を嚙むのが気持ち悪いが目上に捧げた物なら、なお更に恐ろしくて狂歌は命拾いの具となる。

難波曽祢崎新地日野屋清蔵方にて酒たうべける時
天井より鼠の小便しけるを紙もて拭けるに
一首と望まれて、　大黒のつかう鼠の小便は
すると其まゝ早ふくのかみ　遊泉　k7-1　1765
（拭くの紙＝福の神の掛詞なければ英訳無用が止めた）

寄酒祝　　喜びの余りてこぼす酒ほこや
青畳にも出来た嶋〴〵　鹿丸　K29-1　1812
（酒矛と云う語は日本国語大辞典にもないが）
This sake out of excess joy spilt from my phallic flask
on the new pale-green tatami, islands appear at last!

こぼし小便にこぼし精。前者が本物で後者は見立てが、いずれも困る。狂歌のおかげで、お目出度く両件落着。左は鼠だが、天井から小便だと、在英国の南方熊楠の逸話を思い出す。名数学者の日本人客と酒飲み踊る内に、小便たご蹴りこぼした。小夜で床の板の隙間を通し、一階に住む英国の夫婦が寝ながら天井から垂れる変な液体が顔にぽたぽたと当たるのを想像したりして翌日、階段でその奥さんに出会い顔が上がらなかったと。あんまり臭くない大酒飲みの小便よりも鼠の小は臭いが、左の狂歌は只々楽しい。右の「酒矛」を調べたら、現在中国でビール樽の valve だそうです。Phallic flask＝陽物的酒入の英訳はクドイが、かの神話無しに玉矛の如くを陽物と思う者はそう多くないかと思って、書いた。

※　　あたかも不吉の芝居　　※

新家の祝いを頼めば、仙崖義梵坊は、詠い出した
Asked for a new house benediction, monk Sengai said,

ぐるり（ぐるーり？）と家を取り巻く貧乏神
The Gods of Poverty have this house circled like a wall
と聞いて顔色悪くなった家の主は、説明を頼めば、
(at which the horrified owner demanded explanation)
七福神は外へ出られず　　仙崖　1750-1837
so the seven Gods of Prosperity cannot leave at all!

独り連歌或いは、連句式の祝歌。本来か前提が悪い状況を良く詠うよりも、良状況をアタカモ悪く詠んで見せれば、後句ないし付け句でおめでたい祝いに転じて落ち着く。この歌は二十数年前から知っていたが、ついこの間、悟った。前句と後句の間の話を取り抜けて、両句を合わせてみると、多くの狂歌に同じ筋が見出せる。可笑しみを醸す戦略の一つで、べつに珍しくない。ただ、前句をわざわざ考慮させないで、後句へ直ぐよみ続ける。同じ後期江戸狂歌の聖蜀山人には、仙崖の貧乏と福神の新家歌を思わせる一首の画賛ある。

後ろ向きの大黒を書きて
For Daikoku depicted from behind,

世の中に後ろを見せて我が宿に
向かいて笑める大黒の顔　蜀山人

To the whole world, he shows his derrière – to my place
Daikoku deity of gain and grain proffers his smiling face!

絵のの方で前もって疑いを用意するし、その袋が後ろかと思えば、仙崖の一人連歌より複雑な内容になるかもしれないが、よく判らない。

20
悪口
maledicta

「ひねくれ一茶」の悪口傑作

書物も残らず棒にふる郷の
人の紙魚／\憎き面哉　一茶　文化十年

本章は、又英語で要約すれば *Really Mad, or The Poet's Revenge* になる。状況次第に **mad** という語は「狂」ではなく「怒」ともなるし、**poem** で仇を討つ欧州の詩人の伝統を触れるが、怒る詩と言えば三種類ある。呪い、悪口と風刺（囃し、苛めなど）。前者は確かに祝いの対になるらしいが、墓の穴二つになるような歌あるとしても読みたくない。その発想と無心になりがち後者の諧謔の類を章の終わりに手短く触れたいが、中なる者つまり本当に怒ったから自分の心を慰める為に憤慨を三十一音字に化した純粋（？）の悪口をご紹介したい。詠む人の慰みになるから、又、とりわけ日本の場合、珍しいから悪口ながら他の狂歌と同様に気の薬になる。さて、ことの始まり。東京にある日本国語研究所の中にあった『一茶全集』の十数冊の偶々手に取て開いて見た最初の頁に一茶の句の中にあった、形が少々異なった狂歌が目を引いた。英語のシミ silverfish にも「魚」が入るためか、初めて見た漢語ながら直ぐ解った。英訳は先ず

How they do bug me!

All books must go: that is their wish –
in my hometown, capital to silverfish!

上記、我が古里は紙魚の都とは丁寧の意訳になるが、全集を買って余白に英訳を一杯入れたら酷いのもできた。*F__k my town of illiterate assholes – what behavior! / To them, a book means but one thing: toilet-paper.* 要するに町人皆が盲文で書物を肛門の御用の塵紙としか見えない。本当は、英訳は、双方とも「一茶全集」にある微細字の注を読まず、視力も悪い暴走読みの上にできた無責任極まる読者の誤りになる。尻を拭いたり、お風呂を焚いたり、無残にも姿を消された英国の笑歌集 *bawdy ballads* の思い出と一茶の怒りが、心に一体化してしまった故であろう。事実、人に預けた一茶のお父さんの遺産に関する書類がやられた「害失」だったらしい。

> *My father's deeds mean squat to my countrymen – in anguish,*
> *I look at their faces and all I see are . . . silverfish!*

しかし、そこまで説明する、つまり書物を遺書という書類に絞ると面白くない（一茶も後に「我みだのゆづりの状をくひ裂て世を故郷の人は鬼ぞも」と弥陀＜対＞鬼で別な狂歌を詠んだが、凡作でしかない）。終に、一茶の紙魚の助動詞化を英語の動詞化で妥協的な意訳もした。

> *Papa's papers, saved for me, the fruit of his hard labor –*
> *Gone! My hometown's motto? "Silverfish thy neighbor!"*

片家をでも引き受けんと、数十年の江戸住まいを後にして、里帰りした間もなくに詠んだ怒りの歌だ。*Silverfish thy neighbor!* 聖書っぽい調子を疑う読者のために、言っておくが、一茶の鄙ぶりらしい掛詞は、古典和歌にも遡る。1312年の『玉葉集』にも、斎宮女の「嘆きつつ雨も泪もふるさとの葎の門のいてかたきかな」とか高倉の「ゆきて見む今は春雨ふるさとに花の紐とくころもきにけり」という「ふる＋さと」の掛詞は、そうである。「しみじみ」の当て字掛けはもう少し格別だった。*Tom Swifty* という助動詞が内容と掛けた言葉遊びが英語によく出くわすが、日本語では珍しい手だ。思い出す最も近い例は、檀王法林

寺本の俳諧連歌にある「さらなる魚そあまり小さき何事もいハし／＼とおもへとも」という名詞の動詞化（清濁点を綴りで未定になる古綴法のおかげで鰯＝言わじ）。とは言っても、こんなに私的怒りと云い、憎みと云う歌は少ないし、痩せ蛙と手をする蝿の友なる一茶からは、期待しなかった。更に驚くべきことは、田辺聖子の分厚い『ひねくれ一茶』にも、吉田美和子の『一茶無頼』という本にも見当たらなかった。日本のもの書きは多忙で、小生みたいに一茶の日記などを通読する暇をあえて作るまい。下記も一茶全集が手元にあるから見つけた。

もの言わぬおさな口を赤渋の
水責とは鬼も知らじな　一茶　文政六年

Water torture used on wordless babes? Why, even in Hell,
no demon would think to do what Akashibu does so well!

妻が重病で乳が出ず、幼い息子の金三郎のために赤渋村の方で乳母を求めたが、娘の乳が「樽のノミ口ぬきたるやうに、滝をなしておつる」という家族ぐるみに偽りを食うてしまった。骨しかない息子を取り戻したらもう遅い。間もなく死んだ。鬼らの家で、乳も父も（？）無く一人で泣いた哀れなわが子を、一茶が、「寄蟇虫の哀傷歌」とでも題しうる狂歌も詠んだ。「ちち恋し／＼とやみの虫のなき明かし泣きくらしけん」。草稿では「ものいへぬ童の口を赤渋の水はめる。。。」ところを「水ぜめ」という獄門用語に直すことで、本格的な狂歌と見做す。因みに乳の出が少ない狂歌は古くからある。『後拾遺集』に出た天文学者の大江匡衡（おおえのまさひら）と「百人一首」の名妻の赤染衛門の家に、乳母が面接に尋ねたら、彼は妻に送った評歌は、

はかなくも思ひけるかなチも無くて
博士の家のめのとせんとは　大江匡衡

A wet nurse with no more brains or milk than a tit-mouse,
is it wise for wizened dugs to shame a scholar's house?

「めのと」は、乳母。博士の「乳＝知」の不足が家柄に相応しくないという酷評は見事の狂歌になる。「ち」の同音語なくて困った頃、北フロリダの妹の家の我が窓際餌場に tit-mouse 乳房鼠）という灰色の小鳥とんで来た。小脳者は英語で bird-brain と呼ばれている。ご本人大江匡衡は雇ったものの、妻の赤染衛門（956-1041）に、乳の出の悪い乳母の解雇を訴えた訳ですね。その返歌は、

さもあらばあれ大和心し賢くは
細乳（ほそぢ）につけてあらすばかりぞ

*She is what she is and wisdom born of our Big Peace way
would not nitpick over small tits/wits – let her stay, I say.*

「あらす」とはあらせる＝いさせるの意。同じ知と乳の言葉遊びながら、たとえ乳も知もあまり出なくても大和心あればこの位の微々たる事は大目に見て上げる方が賢いよ。とは、敬愚独特の読みになる。他の解説は大和心を知識や教養やしっかりした頼りになる人で、解釈によるが、それも賢さも乳母を形容する。大和「魂」でなく「心」になる初出典でネットにも流行る和歌で、通説をご自分で確認すればいい。ここに拙仮説ないし前提のみ要略します。先ず、現在人と異なって大和の漢字は無意味ではない。和を保つ精神だと思う。当時も、乳の大きさも出も立派な、漢字など大陸文化の知識も強いが物を白黒に決めたがる激論を好む朝鮮系の移民の乳母を雇う可能性という背後にあった「対」の存在（あるいは意識）の可能性の有無を考えたい。大和の我々は優しいよ、ちょっとしたことで人を首にする性ではない、という自覚を詠む歌かと思う。言い換えれば、細ぢの人に大和の優しい性格で良い、しかも我々は大和の人で荒っぽい行為を避ける方が賢いと思う。古狂歌の社交歌と相聞の別冊で、長々しく取り上げたいから、その前に研究家からの入力を求む。

※　狂歌師を怒らした女帝　※

世に、見逃されてきた一茶のしみじみと憎き罵倒歌と正反対に、世に広く出た（再掲載と言及が多い）という意味で全く異なる名罵倒歌を次に見よ。「落首」と思われる内容だが、最初の狂歌師と呼ばれたり暁月坊が名乗りの歌集にあれば、ただ「狂歌」とし紹介される下記をご自分でタイプをつけて下さい。

　　定家の舎弟に暁月坊とて侍ける狂歌百首よみける中に時の
　　　女院に屋敷のはうじをこされて地をとられけるとき

　　　　女院の御まへの広くなる事は
　　　　暁月坊がしぢの入る故　暁月坊　T参16　1328没

（御前は庭＝女陰も私地＝指似＝男根も英訳無用か）

The Queen stole Her front garden lay from the wrong monk-bard;
Kyôgetsu left her Highness too wide to take another yard!

「ほうじ」は漢字が MS-Word に出てこないが「領地などの境を示すために立てた物」でいい。例の暗喩が判り易くなる『新撰狂歌集』の前詞は「ある時女院の御所御庭狭きとて此人の地を取りて御前のまえを広げ給えば」T18、T27 である。名歌で、反歌ないし派生歌もある。例えば、『狂歌大観　参 18』の『寒川入道筆記』（1613）の「かみさまの御前で公事がすむならばマラのようなる批判なるべし」。指似がマラになるが当の印の古今東西を問わぬ脅かしの印で。ただし、『沙石集』五・末 の「御前の前いかにも致せ制すまじこなたのしじもしどけなければ」をどう見れば良いか。年付は 1279。1265 生まれの月暁は十四歳。何十年ぶりの引き続く隣からの庭奪う侵略か。これも、やはり研究者諸君のご協力を頼むしかない。しかし、名歌自体はうまい。「私地」が同音のために択ばれた子供の小物なる卑下語をもって、脅かし陽物の存在を仄めかし悪い相手を広がせたと罵倒する歌は、可笑しくて「嫌ですね」と言われても名歌に成らざるをえなかった事はおかしくない。英訳を、男根を家の周りの土地の意味も重なる古語 yard にしたが、そう言えば面白い話がある。二十年前、セーレム魔女裁判

の洋書の和訳原稿にも、当 yard が問題になった。裁判官の一人 Cotton Mathers が心の優しいお医者で自家に宿らせた根元の近くに穴が明けてしまった yard 持ちの男を治療した話が、和訳で芝の穴で困った庭師の話に化けてしまった。無論、敬愚は出版前に、翻訳を治し、いや、を直しました。

或る者の歌をよみて点をもひけるに、
その歌や悪しかりけん、批判は無くて奥に、

テンまでは思ひもよらず溝鼬
和歌の道には目陰をぞさす　暁月 1666 の T27 に
（点=てんは鼬族が目に手陰をしてみるも英訳無用）

「溝鼬」が点と掛けながら、鼬の中でも甲斐のない変種のようですが、相手がこれを侮辱と受けて寺の田も取り上げて終に、暁月坊は寺を去らなければならなかった！その詳細を鈴木の『狂歌鑑賞辞典』は約七百字で詳し。狂歌の伝説的な初狂歌師というよりも前兆は、こういう人ですね。赤染衛門から大和心に従う賢さを身につけずのが残念が、次の名狂歌師、桃山時代の雄長老の「苔」を詠みながら君の顔を笑う歌は「滑稽の蒸すまで」の章にあるが、悪口を構わず心は、同じです。

※　ちょっとした憤慨の悪口も花　※

さる人閨の戸さしこめて寝たりしに、隣にけわしく砧打ければ、響に驚き眼を覚しぬ。殊の外恨みて擣衣と言ふ題にて、

T参絵4　肝心の寝入り時分にまた衣
うつけ者とや人に言われん　貞徳 1571-1653

（衣うつ⇒うつけの腰越し転掛は英訳無用が）

*Keep fulling cloth like that right at the time we go to bed
and folk will speak of you as not being right in the head!*

貞徳か。この人は、好き。敬愚同様に長頭丸だから。断って置くが脳鉢の形だ。丸は号に過ぎない。多くの日本人は長頭ではなく、丸頭だ。本筋へ戻るが、上方で「間抜け」を「うつけ」と云うが、このよう一重のオチで勝負するのが、狂歌の生齧りは「単純」と見下すが、狂歌を読めば読むほど、無駄も無理も無い、良出来と判る。夜中に砧打つ人は可哀想が、自分の百場合も人の邪魔になる。皆の為になる歌だ。

　　　碁　印地するわらべの智恵とごかく也
　　　石の上にて勝負を言ふ　貞徳　T27　1666
　　（インジと云う村対村の礫合戦は不可英訳が）
A perfect match for the wisdom of kids in a stone fight:
this talk about victory or defeat for a game is not right!

紳士同士の碁は心も休む。敬愚は九十二才のお爺さんから、その碁を学んだから、汚き隅の石の殺し合いで「勝負」するような試合を、碁と思わない。貞徳もそういう人だったと思う。彼と一番でも打ち合わせたかった！彼を師とした最初の多詠者の大狂歌集を三冊も編集した行風も、貞徳と紳士らしい碁の打ち合わせ出来たか。貞徳には、狂歌の傑作は殆どないが、肯定的で気持ちの良い狂歌の源になるという気がします。

　　堺にありし時極楽寺…の門前に町人とも塵を捨てければ
　　寺の出家出て散々に叱り悪口し侍りければ詠みて遣わしける、
　　極楽のうちに塵を捨てばこそ（字足らずが注もない）
　　外は何かは苦しかるべき　卜養　T31　1669
Dumping trash inside of Paradise might merit your glare:
Outside? Who gives a damn about what happens there!

卜養の狂歌は悪口をしないような間接的な批判になるが、やはり。ひょっとして頼んだ人は、それを落首の如く貼った。まったくマイナー

の出来事ながら、微笑ましく思うのが敬愚だけ？塵が「ちり」だと音字不足で「あくた」かなにかとも読みうるかどうか（Help!）

　　　　　鷹筑波集の奥に、
　　　　犬よりも物知らぬ身の集むれば
　　　　居鷹筑波と人ぞ云うべき　貞徳 T27
　　（犬筑波集と犬の含蓄も居鷹は傲慢の事も）

　　　題不知　連歌師はをんな子なりと覚えたり
　　　さしあひもあり妊み句もあり　貞徳 T27　1666
　　（連歌の用語と動詞の含蓄もなく英訳無用）

貞徳の百歌集にではなく、死後に出た行風編『古今夷曲集』に出た二首。英訳をしかねる歌詠み内向きの批判。落首を避けて、悪いこと詠まない行風は、歌詠みないし業のＱＣのための批判、酷評を例外に許す。行風本人は、そこまで詠めなかったが、編集の仕事に関する嘆きを分かち合った＝「此集編んこと兼て重頼に聞へけるに狂歌よみてこすべきとありしかをそなわりければ、かく申しつかわし侍りし」。つまり、投稿者の津波に追われた編集者の心を「名にし負わばいざこれ問わん都衆わが選ぶ狂歌ありやなしやと T27-686」が現実だった。

　　　　狂歌を唯我独尊という人の方へ、
　　　狂歌をば詠み顔たつる御客には
　　　気のどく尊者よけてゐてこそ　信海 T33　1688没
　　（気の毒⇒独尊の掛詞なければ、英訳無用で遠慮）

是を読めば、狂歌が凡人にも自慢するまでジャンルとしてよく出来ていたかと先ず思うが、世中唯我独尊と云う釈迦の自慢ぶりを非難する歌は、『古狂歌　ご笑納ください』に何首も、ご参照に。

落首について　桑折の金文が俳諧歌と落書歌の
けぢめを問いこしけるに答えたる歌、

口に吐く蚕の糸に比べ見よ
尻より出るさゝがにの糸　真顔 E10-1　1815

*How do haikai and squibs differ? Compare silk pulled
from the mouth of a bug to that from a spider's butt!*

改革後に当局の寛容度が縮めた天明七年後に、落首のみならず、それらしい狂歌も危なくなった中で、真顔は良しかれ悪しかれ無害の狂歌の道を丹念に広げたが、上様に差し上げる新年ないし迎春にの画中心の刷り物に力を入れながら、狂歌と云う語も控えて、自分の教えている歌を、上品の『古今集』の機知に富んだ章の題「俳諧歌」をその新称とした。真顔の珍しい悪口は、やはり、己が「俳諧歌」を弁護する歌になる。とは言え、英訳しかねた「口に吐く」を自嘲にも捉える。

※　恋の悪口　※

寄狐恋　君来むと云ひし夜ごとに過ぬるは
　頼まぬ狐身をや化かせる　　未得　1649
　（来んで擬声語コンコンの連想も英訳無用）

　こん／＼と言いし詞の跡無きハ
　さて／＼我をふる狐かも　貞氏 T30　1672
　（こん＝来んも我「を」振る＝古も英訳無用）

悪口が少ない大和歌の例外は、恋歌。ぎゃっと言わせてしまうものは、『万葉集』で小便の「しこ」と発音する語（醜）の何回も出る不義を嘆く長歌（歌♯3270）を見れば充分だが、微笑ましくも読む恋の恨み歌が有り難い。狂歌に出てくる恋の恨み歌は『古狂歌 物に寄する恋』に沢山あるから、ここでは以上の寄狐恋の二首で済ませる。無論、約束して人が来ない事を嘆く歌は恋に限らない。

※来ない人の悪口※

冨永弥太夫切々よべども来らざりければ、

宿もとみながく楽しみおぢやるやら
こちへ来る事やだ／＼と云ふ　　月洞軒　元禄中

（富永⇒長く楽しみも弥太＝嫌だもなく英訳無用）

度々噺に来んとていつはられ（偽られ？）ける人の許より
手紙おくられければ、かく云やりける、

くる／＼とめぐるものから水車
まことにくると云うてくるかは　月洞軒 T40　元禄

（来る＝繰るも見ず＝水もかは＝縁語川もなく英訳無用）

英語でいえば name-calling という人を囃したり馬鹿にする類と似るが、狂歌だと、そこまで工夫して詠んだ人の悲しみも感じるためか、無害な嫌味と感じます。月洞軒の朗らかの性格を考慮すれば、相手に見せて共に呑みながら笑った日も来るかと思うが、これはの歌の多くが、一茶の紙魚じみとした怒りの詠み同然、日記などに書き留めて済む。和歌集を狙う和歌と異なる狂歌は本来、詠み捨てとしばしば定義されたが、二つではなく三つの区分にすべき。詠み捨てに書き捨てを加えると。その場合、いつか（死後にも）世と分かち合えたい願望も潜まれたことも多いと思う。書きとめたら、壁に貼ったり本人へ送たりしなくても、一人で読みなおしくすくす笑ったり、妻おられば、妻に読ませたりする人もいたと思う。所謂カタルシスのためになる。詠みほぐしというべきか。ところで、貞徳の寝入り時の砧を詠んだ首が『狂歌大観』の貞徳百や狂歌集の抄版には見当たらなかった。『蜀山家集』の金子実栄の狂歌小史によると「貞徳狂歌集」にあるが。やはり、このような歌は多くの撰集編集者に淘汰されてしまうから、集めたければ、日記や全集を読む人に頼むしかない。

※　小章　愛国主義と悪口の歌例と考慮　※
patriotism and bad-mouthing foreigners

末の世の末の末まで我が國は
よろづの國に優れたる國　宏覚禅師　1225-77
（万の歌に劣っている原文を大人でも読みうる英訳に）

Until the end of the end of the world when all is said & done,
of countries beyond number, ours will stay the superior one!

（優れたる理由か）命をばかろきになして武士の
道より重き道あらめやは　源致雄　鎌倉時代

He takes even his own life lightly, our career fighting guy
yet what Way is so weighty as the Way of the Samurai!

左は。本来天台教で留学を望み、中国へ渡る直前、臨済宗に改宗し、後に宗派関の暴力に、生前に起こった元寇襲来（多国を征服する帝国の残虐）も知って気が荒くなって、禅師ながら自画自慢ないし優越の幼稚っぽい主張を詠んだが、その首こそ「愛国百歌」に出た。1940 年に国風歌舞の曲と振りを付けられ、悠久の舞にもなった。右は、左の直後に掲載。戦国時代にぴったりが、命が軽くも主には大事だから、勇気を試す好機会の河豚料理が禁食になった江戸時代の狂歌の笑点の一つになった。右を拝見すると反感はしない。勇気こそ無ければ、平和も守れない。

あふぎ来てもろこし人も住みつくや
げに日の本の光なるらん　三条西 実隆 1455-1537

Chinese gazing up in reverence came here to live as one,
and indeed are now light in the Land of the Rising Sun!

作者の心か大君と国家概念か　天地に覆ふばかりの翼もが
うき世の人をはぐくみなまし　加藤美樹/宇万伎　1721〜1777
（育むの広い含味を英語の動詞一つに成らぬ。教育、養い等）

Oh, for a pair of downy wings spanning heaven and earth
to better take care of all in this sad world of our birth!

双方は「国体百歌」より。左は藤原実隆（1203-1270）ではなく、同じ氏名もある鎌倉時代の公卿三条西実隆。外国人を受けいる寛容も見せるが、「仰ぎ来て」という所に対しては、気持ちは複雑。国を愛しても相手の崇拝を喜ぶ自慢が鼻につくが、その天顔を仰ぐとは上を向いて光を受けるから、本人も光になると好対照で歌を生かす。右は、さらに驚いた内容。発生歌の多い後撰集の無名詠の傑作「大空におほふばかりの袖もがな春咲く花を風に任せじ」は、知っても育む翼を巣鶴のものが見立てかどうか、又、加藤美樹という国学者の歌人か歌人の国学者の心を伺う情報はまだ目元にない。真淵の弟子にもなったが秋成までも縁あり、後者はその歌集も出したから愛国主義に溺れず、結局、澄んだ目で世界を見た。美樹の歌集はネットで見つけず、何の観点から詠んだか判らない。国学者として大和を世界と分かち合えたいか、武家で世の人の為に侍いたいか、自分も巨大な鶴みたいな仁王になって人を助けるために飛び回りたいか。夢がなんだったか。こう書かざるを得ないも馬鹿馬鹿しい。このような歌は話題になったはずの内容だ。恐らく、理由は「国体百歌」が入った 1912（明治四十五）の芳賀矢一著『日本人』は、「国体」などの戦前の危ない思想が終戦より禁止されたからであろうか。しかし「愛国百人一首」を Wiki などで読めるを、重なりが多い本集の「国体百歌」は Wiki などに見えないが変だ（HathiTrust というサイトで America にだけ読めると留保、慶応大学の図書館にあるのを拝見した。Googlebooks のが字が化けた下手な scan+ocr で駄目。）。たしかに、『日本人』は御用の日本人論であって、日本の植民地の正当化と朝鮮人などを「日本教」と言ってもいい信者になるようの読本あるいは聖書だ。日本は世界一古きは良き天皇が父

の下の幸せの家族だ、中国と欧米はなり上がりに過ぎないとか、説教する本だからこそ、『日本人』には、「愛国百人一首」にない、上の二首のような外国人の詠みも中に入る。やはり『日本人』とその百首を隠すべきではない。公開すべきだ。左派であれ右派であれ、日本人は、日本人を子供扱いにしては、よくない。

　　　　　しき島のやまと心を人問わば
　　　　　　朝日に匂ふ山ざくら花　宣長

*If asked where lies the soul of this Isle of Big Peace,
Mountain cherry blossoms glowing in the rising sun.*

　　　　　しき島のやまと心のなんとかの
　　　　　　うろんな事を又さくら花　秋成

*All this crap about the soul of the Isle of Big Peace
blooming again, good grief! Let those cherries be!*

左、宣長の名歌。名歌自体はそれでいい。先輩賀茂眞淵の「うらうらとのどけき春の心より匂ひ出でたる山ざくら花」を国民の魂の祝に焼き直しても害ないと思うが、宣長の散文には大和言葉を唯一の清き、人間に相応しい言葉として祭り上げながら、外国語を獣の言葉として見下したり、差別で云い切れない、情けない内容も忘れてはならない。客観的な国際人の上田秋成の腹立たしさも判る。「うろんな事」は、今曰く「うさん臭い」。「又は」とは日蓮以来か。敬愚は史学者でよく判らない。

　　　　　ひが事を言ふてなりとも弟子ほしや
　　　　　古事記伝兵衛と人は言ふとも　秋成 **1734-1809**
　　　　（古事記＝乞食もでんべいのニュアンス英訳無用）

宣長は自分のことを大和魂の天兵と考えたかどうか知らないがあの「衛」を「兵」に加えると、浅ましい身分の男の名前になるから、

『古事記』も「乞食」と掛ける。秋成は宣長のうさん臭い皇国絶対論を無知の弟子向きの偽善と見做したように見えるが、『江戸狂歌』で、なだ・いなだ氏曰く「こう言われたら宣長もかなりなショックを受けたであろう。しかし、幸いなことに、この歌の作られたのは、彼の死後数年だった。だが、考えてみると競争相手が死んだ後も、少しも容積しないのだから、秋成もかなりしつこい人物である。」なだ・いなだは精神医で我輩の出番ではないが、気持ちが複雑だ。人が亡くなっても、その筆が残した毒には変わりが無いと思えば、正義のために戦い続ける事は、決してシツコイと思いません。宣長の書いた文章がどんなに酷い差別だったかと知る現代人は少ないから、拙著『英語はこんなに日本語』の擬音の章に、その『漢字三音考』の長い引用もした。半分に省略すれば、こうなる＝

　　サテ皇国ノ音ハ。正音全備シテ欠ケタル者ナシ。漢国ノ音ハ…多ケレドモ…雑ニシテ全備セズ…皆是レ不正の音ニシテ人ノ正音ニ非ズ、鳥獣万物ノ声ニ類セルコト…馬ハニイ牛ハモオナドト…竹ノ声ハヒィフビイブウ。金ノ声ハチンチャンチョングワンボン…外国人ノ音ニヨク似タル…。外国ノ音ハ正シカラザル明徴也。

こういう国学がますます正統化されそう風勢を、外国人とその言語を同じ人間として客観的に見た秋成は、許せなかったのが当然。やはり狂気に及ぶ自画自賛や他者蔑視に母国が毒されるのを見ていられなかった。断っておくが、紀友則の古今集歌「久方の光のどけき春の日に静心なく花の散るらむ」は秀歌ながら、花に対しては失礼と思う木の花に目がない敬愚も、宣長の朝日に咲く大和の魂の桜花の和歌に対しては文句はありません。一茶の愛嬌で咲く桜の句も好きが、宣長の静ににおふ桜にはとがない。内から微妙に光るような元気な精神を詠む宣長も、露が玉などを欺くと弄んだ何百年も続いた一連の和歌と狂歌と俳諧を考慮した上に「風こえて散るぞ涼しき蓮葉に何かは露を玉とのみ見む」も、よい意味で素直に詠んだ宣長も素晴らしい（比較参照

に、天明狂歌の大御所の中で武士の鑑ながら、紳士そのもので皆に好かれた、俳諧通の唐衣橘洲（1802没）は生前に出さなかったかと思うが、露の名歌をもって連歌師達を囃した＝「かゝる露玉と欺く君子あれば又質に置く連歌師もあり　E8-3　1812」）。けれども、宣長の消極なる内尊外卑の毒々しい面は、やはり憎くむべきだ。さて、「愛国」和歌と狂歌をもう少し見よ。敬愚も納得のゆく歌例もあります。

愛国百人一首　昭和17　ふみ分けよ日本にはあらぬ唐鳥の
跡を見るのみ人の道かは　荷田春満　元文元年1669-1736没

（踏み＝文の掛詞的縁語なければ狂趣は不足が本来狂歌でない）

Blaze your own trail! Why follow in the Land of the Sun just old Chinese bird-tracks – is that way a human one?

反愛国参照　和学者は四角な文字も要らざれば
かなつんぼうと身はなりにけり　八衢　新撰百
（仮名⇒金聾の掛詞がなければ単なる断言で英訳無用）

『愛国百人一首』に出た左は、この外人も100％同感です。鳥の足跡、どんな足跡を追うのみは、みじめ過ぎる。自分の道も開けなければならないは、個人についても国についても言える。雑学動物として敬愚だったら、蘭学も忘れず「ふみわけよ唐の鳥かの蟹の跡のみか大和もミチなることば」と詠んだが。右の八衢の首は、宿屋飯盛の1809狂歌読書『新撰狂歌百人一首』の他に古典文庫1972秋成狂歌集／丸山季夫編．集別名：万葉体狂歌集(安永4年板)海道狂哥合(文化8年板)　と秋成狂歌集 古典文庫 299 の「万葉体狂歌集」にもあるから、上田秋成の別号か。因みに仮名を掛けた「かな」聾ですが、英語では金ではなく、石 stone deaf になるが、漢字を止めたら現代の韓国のように漢字盲になるはずを、仮名聾と云うは少々解り難い。とは言え、漢字解からなく成ったら、聞き取らない事もたしかにある。例えば、「やまと」の「山」は残すが、その「大和」は漢字と共に消える。

から／＼と口はきけども愚者／＼と
くされた儒者は唐人の屎（くそ）　貞丈 1717-84

"Confucius says" "Confucius says" you're so confused is more like it,
for our rotten Confucians are naught but the Chinaman's shit.

K23-6　唐人に会う長崎へ行くこの身
あつち者やらこっち者やら　紫笛 1778

Seeing Chinese when I visit Nagasaki, I feel queer
as I wonder who is the alien or the native here!

結局、左の「腐れた」英訳を、先ず constipated Confucians にした。堅苦しい者は「便秘なる」比喩がましだから。しかし一行の音節があり過ぎて、原文通りの rotten に直した。数十年前に、考える代わりにポスト構造主義の難解の直訳をオウム返りするニューアカの文章を見たら、門外漢の自称ラジカル空想家の敬愚も、貞丈と似通った憤慨を覚えた。バルトは可笑しいが、フーコーザーデリダなんだ僕のリダでないフォローはせまい、ものを学ぶ猪が飛び込む牡丹なべてを鵜呑みにしては困る諸君（十字ほどは、デカンショ節より、盗作）。小生は理学（生物学、動物行動学や心理学や文化人類学）の方から先ず考えたいから、理科なまかじり哲学者の主張は、博士でなければ書けない精密なる論理筋で尤そうに見えるが、世と繋がる知識はなければ甲斐もない（厳しく言えば、猫に無知なるデリダが猫との触れ合いから作る意識論は読まなくてもいい）。そういう意見の強い敬愚で、伊勢貞丈も宣長も赤の他人と感じないが、中国の文を総合的にあんなに悪口するのがやはりまずい。一方、多くの外国人に慣れていない右の長崎を訪ねた紫笛が正直に伝えた当惑は仕方がない。

兎の耳に蜻蛉の止まりたる絵に即興せよとありければ、
　（やんま＝蜻蛉、と＝兎の耳）蝶は菜種耳にとまって面白き
からの歌よりやんまと言葉　鈍全翁　K13-3-55　絵 K22-1 1760

左は。自画賛に方言と大和言葉を祝う。菜種（菜の花）に胡蝶の漢詩あるかどうか知らないが、柔らかい太った兎の片耳に蜻蛉で「やんまと」言葉を「唐より」母国とその文化を祝うのがノンセンスながら無害でしょう。無邪気ですね。一方、本居宣長の 1786 年の『玉鉾百首文』の歌♯三十五は、いかがでしょうか。

　　　　下濁るからふみ川は常滑（とこなめ）の
　　　かしこき川ぞ足ふむなゆめ　本居宣長 1730-1801

*Rhymed/treaded Chinese rivers seem to ever smoothly flow,
so "smart" indeed, yet they're muddy below: think not to step in!*

その散文にある狂った罵りや侮辱こそないも、日尊唐卑は多くの首を汚す。この首をわざわざ択んだ理由は、「から踏み」と「足ふむな」とは、敬愚のよき伽にもなる脚韻に誘われないように警告する言葉になるかどうかを研究者に訊きたかったからである。だったら、余計な心配ですね。脚韻を踏む実験をする日本人もおられるが、嵌るまで上手になる人にはまだ会っていない（ベストは、たぶん一休の漢詩か）。しかし、下記は唐人に対しては、どうしても失礼な態度ですね。

　　狂歌関東百題集　台どころ唐人たちも朝夕に
　　我がひのもとを疎かにすな　談洲楼焉馬 E8-4　1813

（火＝日の本の掛詞なければ歌の品性は落ちるが一応）

*Chinese people in our kitchens, you, too, at sunrise and -set
towards our fires=Sun-source be not careless and show respect.*

　　　銅　異国には掘ってもあらじ日の神の
　　出でます色に似たる紅がね　茂喬　k17-2　1813

*Something that could hardly be mined in a foreign land
the color of the rising sun god: our crimson ore is grand.*

これは間接的には悪口になる。宣長の情けない毒々しさもない単なる無邪気な無知に過ぎない。いずれにしても、一茶の紙魚じみ憎い書物を棒にふる里への私的な激怒に比べては、愛国主義の裏になる他国を見下す歌も生ぬるい。貞徳の夜中の砧を打つ批判はおど現実てきにも訴えない。外国人を見下す者は、それが自然ないし当然の気持ちと思い込んでいるが、心からというよりも頭から詠まれているかと思います（という主張の根拠は拙著『反＝日本人論』また『英語はこんなに日本語』をご参考に）。さて、本章の最初にご紹介する約束したつまらない悪口、つまり苛めと囃子の歌例だ。上記の紅金と尻取りではないが、連想しちゃう↓

※　万葉諧謔ないし苛め歌　※

何所にそ真朱掘る岳 薦畳（後の枕か・未解）
平群の阿曾が鼻の上を穿れ　万葉集歌#3843

You want to mine vermilion from a vein really big?
Go to the Flat-top Hills, find Sir Aso's nose and dig!

Looking for vermilion? Dig the inexhaustible vein
to be found in the nose of Aso of Heguri plain.

Short of cinnabar? I've the answer for thy woes:
Go find old Aso of Heguri and dig up his red nose.

日本人は皆、英語を読みたいと勘違いしないも、上記のように万葉歌の三通りの英訳を和書に入れた敬愚を馬鹿と思う前に、訳を説明します。この英訳しながら、脚韻を踏む喜びは悪口が多すぎる欧州諸国の詩と結ぶ可能性を悟った。宣長の踏む恐怖症とわらった漢詩にたいする警告には、心理の欠片は在るかもしれない。日本は、悪口は少ない。**Bad words** も少ない。まさか、敬愚の愛する脚韻が問題か。日本語にないからこそ、悪口は少ないか。細かい話だが、保留二つ。先ず、宿屋

飯盛の新撰狂歌百人一首（1809）にはこの歌も、これからご紹介する万葉歌も狂歌の祖先と認めた。敬愚の狂歌観は宿屋飯盛の狂歌観とそっくりです。馬鹿な外人の発想と思えば、確かにそうだ。宿屋飯盛の本を読んだ以前に同じ結論に遂げた。飯盛の選んだ歌例は、すべて我も自分で選んだ歌と同じです。Mad In Translation で、部分的に同じになる蜀山歌集と伴った 1923 年の狂歌小史を言及したが、その後に読んだ江戸狂歌本全集に飯盛の本を読めば、これぞと思った。我が狂歌観と飯盛のそれが全く同じだ。万葉集から択んだ歌例も同じ。狂歌の「名」と「称」にこだわらない。内容と歌体で決める。もう一点は中西の読み下しに従うが、万葉仮名の「ほる」も「ほれ」も「穿」。えぐると言えば、歌は様になる。掘るだと単なる動作。抉るは、やばい。その漢字で感じもでる。

嗤二咲痩人一歌二首　石麿にわれ物申す夏痩に
良しといふ物そ鰻取り食せ　大伴家持　万葉

I tell you, Bones, for summer-wasting, try some eel
go catch and taste one, then, see how you feel!

Hey, Bones, I'll tell you the secret if you would stay fat
in the summer – you must catch and eat an eel for that.

< 1 ↑　　Kidding a Thin Man, Two Poems　　↓ 2 >
痩す痩すも生けらばあらむをはたやはた
鰻を取ると川に流るな　　同　万葉 #3853-4

But e'er so thin a man may get, one's life is dear
Sniggle carefully, lest the river flush you out to sea!

Though thin is not happy but sad, life is still life, I think:
so let the fat sniggle, they float – if you dive you'll sink!

長年、痩せの疒（やまいだれ）を帽子に被ったような、英語で言えば豆棒だったから、痩せ男の苛めを読むと腹が立つ。そのためか *Mad In*

Translation で上記の五、六通りの英訳もある。このワン・ツーパンチのユーモアは少ない。ところで、英語で鰻釣りに限る動詞 sniggle は、いいでしょう。又、上記最後の狂訳は英成句 fat and happy に因む。七、八十年前の動画漫才の二人 Laurel & Hardy を見て解る。お多福どうように太れば陽気で痩せたら陰気なる方が、ごく最近までは東西問わぬ常識だった。これらを詠んだ家持は、きっと消化吸収能力の恵み知らぬ痩せこけの餓鬼地獄を知らなかった元気である幸運だった。「献立にカマスのむしり物と書いて出しけるに」不親切に「痩せこけてかますの様なつら付きの料理人めが鬚（ひげ）むしり物 T40」と詠んだ月洞軒についても同じはずだ。太れる人が自分の好運を知らぬ。飲食と運動次第に、自由自在に身体を変えさせる造化能力に恵まれている。だから、デブ苛め歌あってもいいと思う。が、仕方がなく痩せて困る者の多くは、胃腸が悪くて身を造る自由もないし、いくら誤魔化しても栄養不調で元気も出ない。だから、石麿を囃す二首も、寺々の女餓鬼と交配して痩せこけた子でも設けたらという痩せた男に勧める万葉歌 #3840 も許せないが、その直後の嗤歌（小児等 草者勿苅 八穂蓼乎 穂積乃阿曾 脇草乎可礼）は許す。

わらわども草はな刈りそ八穂蓼を
穂積の朝臣が脇草を刈れ　詠人しらず

<The Alar Alarum (a poem of priorities>

*Hey, kiddos, skip the grass! It's not half so thick
as the leek in old lord Aso's armpit – Cut it!*
（茂ればノンセンス詩＋絵の Lear の顎鬚を）
*Now you may talk about your horn of plenty;
compared to Sir Aso's armpit, it is empty!*

脇下毛ならば、自分で調整できるから笑いの対象にしても害無。これをパラパラ絵本にしたくなる。刈るところで野鼠と鶉の逃げることも見える。コマが残れば、その中で情交中のアベックもクロスアップしたい。ガリバー旅行記の巨人の島のように…。万葉歌＃3846 も然り。

A snort at the priests' expense and their choice retort
戯嗤僧謌　法師等の髻の剃り杭 馬繋ぐ
痛く勿(な)引きそ 法師は泣かむ　無名

*Thy stubble that could for hitching posts vie –
don't tug so hard, ponies, the bonzes will cry!*

法師報謌　檀越(おち)也しかも勿言ひそ里長(おさ)が
課役(えつき)徴(はた)らば汝(いまし)も泣かむ　同

*Go ahead and laugh you asses – when the reeve
raises taxes by and by it will be your turn to cry!*

歌の読み方は一つ以上ある。里長は丁(よぼろ)を出す家になるとか云うが、その定義詳細を省く。行間は。毎日も髪や髻も綺麗に剃るに道具と暇が大事。その贅沢はお金がかかる。だから、君らの税金も高くなるぞ、という仕返し。悪口に、こうして答えもあると良いだが、それだけで苛めは漫才に変わる。前に述べたように、以上の万葉歌は宿屋飯盛の 1809 狂歌読書に出たが、そのためか下記のような派生歌も後に出た。2017.7.12 下記左は、目次の「狂歌のお返し」？不公平を訴える

※　夏やせの薬とぞなる鰻屋に
腹の大きな客の絶えざる　門並　E12-4　1830

*Where they sell eels as medicine for summer wasting,
we see a never-ending flow of corpulent clients.*

一度さへやせたる殿を山蜘が
絲引きかけて天へまひあがる　良寛　1758-1831

*Just once I'd love to see a thin gent kicking his feet pulled up
into the sky by a thread from the butt of a mountain spider!*

二首とも、脚韻ふまずとも読める。左は川柳の如く。店か屋台かを知るために検索すれば「文政（1818-30）期になると店構えの鰻屋が多くなり、屋台の鰻屋も繁盛しました」と Kabukiza。英訳で「売る所」と誤魔化した。右は、良寛は本人も胃腸が悪い痩せこけで、許せる。しかも万葉のと異なってチビッ子の絵本に入れてもいい発想かと思う。そう言えば、若い頃から痩せた子の敬愚は、空に浮かんだり飛んだりする夢を見た。水には、脂肪より重い骨のために沈みがちになるが。悪口は万葉で終わらなかった。太平記に多い。殆どが負け側を馬鹿にする、最も酷い類である。宿屋飯盛は太平記から数十首も、その狂歌読書に入れたが、本章は、これで十分。本書で悪口や愛国主義などのデリケットないし際疾い対象を勝手に解釈したりすると、手厳しい批判（叱られる事）は、心配ですが、最後に竹斎の描写で敬愚の逃げてゆく姿を伝えます。

　　　　　　目の玉の抜けあがるほど叱られて
　　　　　この梅（むめ）法師すこ／＼とゆく　竹斎物語
　　　（活発な文で読む敬愚は有頂天になるも英訳無用）

あっぱれ日本、悪口ならぬ愛国、邦人祝
※ national celebration that is *not* maledicta ※

愛国百人一首 昭和 17 より　かきくらすあめりか人に天つ日の輝く邦の手ぶり見せばや　藤田東湖　安政二 1855 年没水戸学派

（雨をアメリカと、国の手振りを縁語の降りと掛ける英訳無用）

戦中年付の「愛国百人」に再載された、この幕末の首を詠む人の優越感と裏を返せば劣等感も感じるが、米人として「掻き暗す」は困った陰気な枕になる。当の語句の意味を調べた前に連想が先ず芭蕉の村時雨を犬の駆けばり(尿)。東湖の先生に、白人の脛が痩せては犬みたいやら日本が世界の頭でじっとして居て、西欧は動く手足、米人はその尻

になると云う、開国十年前に亡くなった平田篤胤。しかし、鎖国の眠りから、いきなり起こされた東湖の気持ちも判る。又、日本を下手に起こされたら、大変な事になるぞ、と云うロシアの Golownin 船長の警告も覚えておる。愛国で形容しきれない過去も未来も色々と考えさせる出会いの狂歌です。

鏡　国と云ふくにのかゞみとなるばかり
磨けますらを大和だましひ　御製 明治 37
（鑑＝鏡も磨けます⇒丈夫も魂に縁語の玉も英訳無用）

正述心緒　四方の海みなはらからと思ふ世に
など波風は立ち騒ぐらむ　御製　同明治 37 日路戦争中
North, South, East, West, from one Sea womb all born are blessed,
so, why in the world do wind and waves clamoring rise, not rest?

太刀　国の仇はらわん為と鍛ひてし
太刀の光は世に輝きぬ　御製　戦後の明治 40 年か
The battle-swords mastered to repel the foes of our nation,
their light now shines o'er the world from that application!

時折、明治天皇は見事の狂歌も詠んだ。左の後句の動詞が名詞に転じる掛詞は、大好き。狂歌に多いことですが、紙上でなければ前後もうまく合わせるには、かの二度読みも不可欠であろう。鎖国時代と異なって諸外国と競り合う時代で武士を祭る軍国主義も仕方がない。中は、名歌。1904 年にロシアと国交断絶した御前会議の後なる開戦決定を悲しんだが有名の理由は、人間のみならぬ生物皆も同郷として進化した海も研究し、米国と容易く開戦を懸念した大正天皇も 1941.9.6 の御前会議に読んだからである。天皇一人では決めない、悲しい諦めの歌でしょう。右は。本書でご覧になった君の光また日の本として国の光が刀になるも、鍛ひと輝きに鏡を磨く美徳も感じるし、事実、あの戦争で勝っても丁寧だった日本軍は、世界中の人も褒めて、Wells の『ユートピ

ア』で世界のエリート役員に、無私の「サムライ」を勧めた。明治天皇の御製の通り、日本人が世界の鑑になった。そして、美しい海を臨んでも母を思い出す一茶だったか蕪村だったか覚えていないが明治天皇も「仇まもる船をいかにと想ふかな青海原を見るにつけても」と戦略の細かい所まで気を配り、役に立ちたい心は、仁王に二字が浮かぶ。「図らずも夜を更かしけり国のため命を捨てし人を数えて」と云う物思ひも、恋病を思わせる。戦争の犠牲者のみならず「騒がしき風につけても外国に出でて世渡る民をこそ思もへ」。大変の時期に、御気持ちも有難い物であった。

> われをわれとしろしめすかや天皇（すべらぎ）の
> 玉の御声のかかる嬉しさ　高山正之＝彦九郎
> *Choosing me, to speak to me – what joy! How I rejoice*
> *to have the honor of hearing His precious Voice!*

この歌の破格の光栄を調べたら、米国南部の七面鳥の鬚とそっくりの文治（天皇族の得意）の前兆なる緑毛亀の毛房を写真で見つけた。当時北フロリダという南部に住んだ。日本と縁があるな、という気もした。歌は後世に「国体百歌」か「愛国百歌」に出る光栄を受けながら、彦九郎は1793年に自裁せざるをえなかった。明治維新の新神道のおかげで、「大人」として祭り上げられなければ、「屑」と呼ばれた峰の松の歌と変わらずしまいだった。いや、それよりも歌の「われをわれとしろしめす」ところは、万葉集の最低の一首、即ち安見子という美女を「得た」若者の喜ぶ歌を思わせる。その歌をもって悪い歌の甲斐論は『古狂歌　ご笑納ください』にあります。好奇心おられば、ご覧になって下さい。

> くにと云う女を詠める、
>
> みめかたち祝ふところの有らざれば
> 国一ばんの女房に社（こそ）安親 T37　1679
> （英語の country も nation も駄目で英訳無用）

ラテン語の patria も女性語尾になるが、それにしても父の意味で駄目。それは、どうでもいい。この大狂歌集の初期狂歌は「国」を弄ぶ。女性の容貌を正直に詠むことは親切ではないと怒る女性の読者もおられようが、せめて名の魅力を詠むも悪くない、でしょう？愛国主義の愛妻主義に化かせてもいいではないか。ふざけますが、本書の愛国主義の歌の他者として唐が多いし韓（朝鮮）人も少々ながら登場しながら、南蛮人は意外にもすくない。とりわけ、蘭学の本を読んだり日本の将来を夢に見た愛国主義と無縁でもない者は、歌を詠まなかったか。そういう狂歌はオランか。きっとあるかと思うが、改造版を出す前に見つけたい。

※　小章　大和言葉に寄する祝　※
celebrating the yamato language

正治後度百首　ももくさの千草に余る
言の葉も君が磨けば末ぞ栄えん　雅経 1200 年

If my Lord also buffs the leaves of our tongue, outnumbering the tens of thousands of plants, we shall end up prospering!

1310 夫木抄　秋津島ひとの心を種として
外には聞かぬやまと言の葉　為家　1198-1275

This August Isle, where Yamato words not heard elsewhere sprout from seeds in the human heart and are called leaves.

左が、言葉の栄える国の古代の発想を、君の編集者としての才能（？）と合わせて、国の栄える資料としての大和言葉に焼きなおす。1221 年の飛鳥井集、後鳥羽院第二度百首の巻上にも再掲載。右は、大和の peace を where words not heard elsewhere come in peas にせんと考慮したが、止めた。「ここだけ」と云う意識は、江戸時代に極める。

延文百首　隔ててし雲の上まで言の葉を
聞こえあくるぞ尚も賢さ　空静 1357

*Out of sight and high above the Clouds, our words
rise not just 'for the birds' but wisely to be heard!*

目安箱は徳川吉宗が 1721 年に設置したのが有名が、戦国大名も目安箱を設置したという。この中世歌は、そういう目安箱と言の葉を共に祝う内容でしょうか。狂歌らしく掛けた for the birds とは「とんだ発想」。雲の上の上様（将軍であれ、天皇であれ、貴族のだれであれ）と文通の可能性を確保すること自体、祝いたい。

敷島や大和言葉の数よりも
栄えむ代々ぞ限りしられぬ　実夏 1357

*This Stonefort Isle, may we prosper always reign after reign,
beyond the number of Bigpeace words with no limit to ken.*

全く期待しなかった比喩だ。大和言葉の数の多さを砂や波の数に替わるのも大和言葉の祝になるが、「それよりも」と続くと…。

百首歌よませ給うて前大納言為定もとへ遣わされける中に

新葉集 1381　あわれはや浪治まりて和歌の浦に
見かける玉を拾ふ世も哉　後村上天皇 1328-1368

*How I wish I really could rule the Sea, so on Waka Bay
I might keep the surf-pearls as we do old poems today!*

前大納言為定は解らないが、自分で拾いたかったら、定家（1162-1241）の百には、確かに遅かった。万葉集にある波の玉を拾えない嘆きをうまく変容（？）したが、歌の宝は幾らでもある。天皇が若くてまだ悟らぬ。因みに為家が編集の 1265 の「続古今集」には藤原良経の「しきしまや大和言葉の海にして拾ひし玉は磨かれにけり」もあった。歌の

背後知らないが、又、藤原、いや二条為世撰「続千載集」1318-20 頃成立にも「和歌の浦にみがける玉をひろひ置きて古いまの数をみるかな」とある。繰り返すが、何百万か千万首もある和歌に古今もない。力あれば、誰でも何時でも選集できるはず。

   同 1381 愚かなる言葉の花も昔より
  吹き伝へたる風に任せむ 後村上か宗良か

*Foolish word-flowers of our ancient lingua-leaves, I'd say
leave them to ye winds to blow like wave-spume our way!*

この朗らかな態度は、若き後村上よりも視座の拾い宗良親王かと思うが、日文研には情報ない。この歌の甲斐を判る先生もないようです。宣長の『漢字三音考』では、日本人論同様に外国の物（主に唐の言語と唐人の心）を日本の対極と見なして、我を彼の逆と同定する。敬愚は、それを邪道と思う。本章の歌は大和言葉を祝うも他者を馬鹿にしない。むしろ、「愚かなる言葉」も静かに認める繊細な反省も伺う価値あるが、検索すれば、この首は全仮名の日文研以外には存在しない。はっきり言って、沙汰すべき先生たちには手落ちあると思う。

   同 敷島の大和言葉の花なくば
  老いの心を何に染めまし 宗良親王か（老の）

*Were it not for the bloom on the leaf-tongue of our Isle
what eros would remain to make this old man smile?*

弘和元年十二月三日 1381.12.19 出典。日文研は詠人の名を示さないから推するしかない。佐々木教授のおかげで下記だけ突き止めてくれた。

   同 素直なる昔にかへれ種となる
  人の心のやまと言の葉 後村上天皇 1381 1328-1368

*Let's return to a frank Past, straight from our Yamato words
called leaves that sprout from human hearts, their seeds.*

永享百首 1434　動き無き試しに今ぞ敷島や
大和ことばのすなほ成るらむ　日文研＝未入力

*To show just how steadfast this Stonefort Isle is, I'd say
our Bigpeace Mountain tongue is more frank every day.*

後に宣長の口癖になった「すなを」は、どこの由来かと中世の専門家に伺ったら、「素直」は、古今集の序にも「神世にはうたのもじもさだまらずすなほにして」とあることなどから、神代の素直さを理想とする復古的な思想が鎌倉末頃から顕著になったことにより、和歌にもよく詠まれるようになります。「（中略）確かに古代を理想とする国学思想の先駆けとも言えるでしょう。」と大変丁寧に説明してくれましたが、古今序の「素戔嗚尊」は、中世に通じたかどうか敬愚には疑問が残る。古代だと「歌の文字も定まらず素直にして、言の心わき難かりけらし」。要するに、ルールもなく、個人次第、音字数も言葉も律もばらばらで、万人には解り辛かった。換言すれば「素直」が自由自在か各人勝手になった。英語の frank も本来はそうだったが。後村上天皇の「人の心が種」という句は「古今序」と意味が変らないが、素直が逆に理想になる。おそらく歌が長さも語彙も題もよく出来た上に、各個心々に任せて、即ち素直に詠めばいい時代になった。漢文に対する嫌味も強かったかもしれない。暇に恵まれていた一休らが天才禅師ならば、漢詩の韻までも自由自在に楽しんだが、皆もそういけまい。勅勘も働かせて自然（じねん）に詠むジョンルーは、和歌と誰でも読める面白い話集になる。国も栄える想像力は、母国語の大和言葉から挑発されながら、慰められて泰平安心を感じたか。古代との結びは？複雑な漢文や論文で頭が一杯になったら、想像力が遊ぶ空間もない。脳みそが濁れば過去未来の遠く見る心の視力もない。清水の如く透明でなければならない。中世の「素直」には、そういう古今序になかった、すっきりとした初心の意味ではなかろうか。無知者の仮定、失礼。誰かが「すなお」の系譜を丹念に作ったら再版に言及したい！

神祇　みかけ人万つの神のやわらくる
光ぞやがてやまと言の葉　正徹　1459年

*The softened light of myriad gods in human guise
when all was said and done became this Yamato tongue!*

（同じことを別な言葉で解説的に書き直すと、これ）

*The brilliant light of the gods in human guise softened
in time to became our Grand-harmony word-leaves.*

既に「光」の小章で説明した「和らぐる」は、眩しい釈迦か神が人に受けやすい怖くないない姿になる。人の顔にもなる。「見かけ人」は和歌には、これ以外に見つけなかった。「御影人」が「ミカト」というから天皇でないようです。思えば、この「和光同塵」は何十年前からの映画で悪い ET は人間に変身、あるいは人の身を借る事に近いが、宗教だから人のためだと言う。ともかく、この和歌は所謂言霊の進化論のようなものでしょう。日本の神学者の解説を読んで改造版の蛇足にしたい。

祝　敷島や此ことの葉の末の世を
かけしはじめぞ天の浮き橋　正徹　同

*This Island is an installation with these word-leaf rhymes
punning to create anew our bridge to heaven at End-times.*

（敷島は多義で和歌も二人神の色事も、かけし意味ならば）

*Our Isles waka set – as the world nears its end, be ready to start
on Heaven's Floating Bridge with divine leaf-words from the heart.*

平安の思出のためか、南北時代より仏教のいう末世を詠みながら、天台宗の正徹は、「反本地垂迹説」即ち日本の神が仏や菩薩となる従来の小国的対応と反対に、外来の仏や神が大和、つまり大日本の神々に内在することになる。だと仏教の末世は神道と再始するが、それが人の心が種となる大和言の葉末より始める感じですが、神と人を繋ぐ橋は掛詞でしょうか、当時は天浮橋と称された橋が建設されたばかりか。

いつか注釈ある正徹の歌集を読みたい。第一の狂訳の installation は美術家の造化の感じで、一応借りましたが、その語と現在の美術の作品も無味乾燥で厭です。第二の狂訳は ready, set, go=start の触れ出し用語も取り入れた。

    神祇　言の葉の積もるにつけて日本の
     神をもらさず手向けつるかな　　正徹　　1459

As our words like leaves mount high in the home of the Sun
we'll have something to offer all the gods neglecting none!

    神祇　　法ぞこれ此日本の神の国に
     仏も出でば歌を説きてん　　正徹　　1459

Say, Buddhist Law? In this, our Land of the Sun-origin deities,
even Buddhas dead or alive who come use waka to teach.

左の葉の積もるは、語彙というよりも、山との道になる和歌の数々であろう。歎きか望みはどうであれ適当な神もおられば、手向ける和歌もある。大和歌集の首だけでは漏らす事もあるかと思えば、正徹は敬愚なら「狂歌」と称する多様の三十一音字詩を和歌と受けた同然なる。右の読み下しに自信ないが、正徹だったらあらゆる経も和歌に直したかったか。

    神祇　思ふこと誰か残らむ日本の
     神を尽くして手向する世に　　正徹　　1459

Who can leave behind any discontent in this world and day
with more Sun-home gods than we can exhaust if we pray!

   参照　神祇　我ならぬ神こそ無けれ神や又
    人の心を神と知るらん　　正徹　　同　（心の英訳は二語）

There is no god that is not me and the gods they too can tell
our human hearts and minds are their fellow gods as well!

多くの歌例さえ用意していたらよろつ神を祭り上げる万神祝の章という別な系譜をも開けたくなるが、本書にとってはもう遅い。とは言え、手向けるは和歌で、経を唱えるも言葉ではあるし、正徹の歌集を読むとたとえ神は内になるとは言え、言葉こそ神と人を結ぶ糊になるという印象を受けます。又、どうせ神にふれたかった。水一滴に無数の生きる神を感じるのみならず、朝日に美しく歪まれて壁に映る枯れ葉の影の変形しながらも生きてはいない可能性の神も一つ一つ崇拝しないばかりと鑑賞又感謝も止まない毎日です。数十年前の経済ブーム中の目出度くなった日本のインテリが日本の神が無数になる事を、成金っぽい高慢と合わせて述べた日本人論を、嫌いだったが、心の底では敬愚も無数神々教です。正徹の姿勢は好きで左の歌を教科書にも入れたい。右の歌は本部の言葉の祝と間接的にしか結べない。道元に通う神は内になるも、よそにもなるとらえかたは気に入る。正徹の歌を読みながら、人の心は和歌の種で、その心を神と一体しながら、人間同様に神を「神間」とでも考えてもいい、自分にとって新考までも訪ねられた。

今もさぞ神世のままに諸人の
物いふ言葉みな歌にして　正徹 1459

This is still the world of the Gods right now, so everyone turn all your words with something to say into poems!

参照　古へも今も変わらぬ世の中に
心の種を残す言の葉　幽斎（細川藤孝）1600

In this our world, now as of old unchanged from the start the leaves of our words are what leave seeds in the heart.

左、正徹の何もかもを和歌にする呼びかけは蛇足無用。右の首は。既に「〜苔のむす豆」で終わる幽斎のミニマルもじりの祝歌を見ましたが、今度は笑いではなく、命拾いの徳歌です。古文通ならば、お馴染

みの和歌でしょうが、そうでない人の為に蛇足は不可欠。要するに、一万五千人の西軍に囲まれて、五百兵と共に田辺城に籠城した頃、「古今伝授」を受けた幽斎は、その断絶を恐れて高弟智仁親王にその書を贈ると伝え、親王は天皇に願い、天皇が開城を勧める使者を派遣したら、もう死ぬ覚悟の幽斎が本と上記の歌を送った後に天皇は彼を「神道・歌道の国師」として自由にすべきと云う勅使を送ったら西軍の諸将は包囲を解いた。話はもう少し複雑になるが「代々の天皇に伝えられるようになりました」とネットで読んだ。かいの黒駒ではないが、危機一髪の命拾いで甲斐ある話だ。

心池祝　心池よく見れば言葉の種が
島に植え羊歯その葉のうらに　敬愚
（心池のと葉の説明も植えし⇒羊歯も裏＝浦も）

古も今も変わらぬ羊歯目や花より種だ心と言葉　同
If "words are leaves," leaving seeds that sprout in the mind
we who write are humble ferns and not the flowering kind.

敬愚の英訳ある方の首は拙著 Mad In Translation に出たが、読者は少なくて、それに触れる感想文はまだない。駄作か傑作どころか、意味が通じたか通じなかったかという根本てきな事すらまだ判らない。葉に種あるのが羊歯目の特徴だ。羊歯目は花という高級性器ある進んだお飾りの目立つ植物より古いタイプの中でも、渋くて原始的と云う。だから、大和言「葉」には心に種を心から心へと伝えると言えば、羊歯の葉になる。だったら、ずいぶん古い言語だ。恐竜にまで遡りそう。

御題 寄道祝　世を治め民を和らぐ國の風
吹き伝えたる道の賢さ　靈元天皇　**1689**
（風の含蓄もよたくふみ＝余沢文の頭文字も英訳無用）
Our country's Wind can rule the whole world and gentle men;
the Way down which it blows is so wise, I can but say "amen!"

同祝　あふげなほ我が國中にありとある
　　　道のはじめの大和言の葉　靈元天皇　1689

We revere it yet our old Yamato tongue is not just one
but the start of every which Way of art in our nation.
（様々の道もいずれも言葉に由来か、言葉の道が初か）
but the first of all our Ways in the Land of ye Rising Sun.

霊元天皇（1654-1732）は天皇をして長生が、上記は三十五歳。道は、和歌の道となるが、大和言葉に対する「余沢文」の頭文字は敬愚の考え過ぎか。辞典にもないが、「余沢」は「先人が残した恩恵」で「祖先の〜に浴する」とか「広大な恩沢」又「余徳」となる。右の首の「なお」の意味、よく解からないが、一応そのままに英訳せんとした。但し、言わんとする「はじめ」は、the start of にすべきか the first of にすべきか、英語にも強い霊元天皇の心をよく判る人に訊きたい。

寄文字祝　皆人の為と教える文字さえも
　　　偽りの無き御代ぞめでたき　織方 E11-1 1819

When even the letters we teach as good for all aren't flawed
that is, not fake, but real, Thy Reign is a blessing we applaud.

寺子屋と私塾が益々増加してきたことが事実が、「文字さえ偽りなき」とは何でしょうか。読みやすい平仮名と片仮名の代わりに様々の漢字か漢字っぽい難しい変態「仮名」の乱用を印刷するのを禁止、今のような簡略に読める字が義務付けられたか、それとも古綴りを聞こえるようになったか。清濁を明白にするようにとか。或いは、平田篤胤の門人等がかの神代文字の存在を阿比留（あひる）文字（ハングルっぽいが、音素が側々で組むより重なるデザインが良い）で、考・例証する『神字日文伝』（かんなひふみのつたえ）も出したのが、ちょうどその年なるか。「日文」は「一、二、三」と掛けているかどうか判らないが、面白そう。このように当てずっぽうを並ぶばかりは申し訳な

いが、マイアミに居て調べるお金＝時間も今のところありません。もう少し次元の高い歌ある。

唐人は此日本につもるをや
離れ小島の雪と見るらん　正徹 1459

Chinese see what we've built up in our Japan as nothing but some snow piled up on a remote and tiny island.

東よりつくし過ぐるも日本は
離れ小島ぞもろこしの国　同

They even pass by coming from the East, so what Chinese see as Hi-no-moto is a remote and tiny isle next to their country.

その和歌を見た限り、正徹こそ新神道の祖ではないかと感じております。同時に、外国を見下す愛国主義者の嫌味は感じない。上記の二首を読めば、日本対中国の現実的な配置と相対的な大きさなどを、上田秋成と同様に客観的、つまり澄んだ眼で見えた。中国人は日本を日の本と思われた時代あったかもしれないが、東よりとはインドネシア帰りの中国の貿易も出来たら、日本は極東と見なくなったはずだ。本居宣長も無論知っていたが、それが神話と相容れないから認めなかったかと思う。一方、上の歌を読めば、科学とキリスト教を両立できた正徹は Chesterton と St. Exupery などと同様に、信者ながらも客観なる事実も浮けいる寛容なる柔軟性を示した。ただし、正徹の散文や漢文などは、まだ何も読んでいない。ごく最近、その和歌を発見する幸運あったら、仮定と推理で歌意を吸い取る（？）しか手がなかった。因みに、上記の二首の「離れ小島の」語句は、万葉歌#1202（後半：玉の浦離れ小島の夢にし見ゆる）から借りあるかも。和歌山を詠んだ歌だったと思えば、唐人の観点はあるも、和歌の道から遠く離れない正徹である。
※　狂歌は、十年も読んでいるから少しは自信あるを、見覚え多少ある万葉・古今・新古今（解釈などない文庫だが）以外の平仮名のみなる日文研 DB の和歌集、とりわけ多くの中世の和歌を初めて読む次第に

ここに置き、英訳も加えた事を我ながら愚かな試しかと思う。ただ、平安と徳川の間にギャップを残したくなかった。ご了解下さい。

※　寿ぐ賀歌を笑う和歌か　※

病して心細しとて、大輔に遣はしける
後撰集 956　万代と契りし事のいたづらに
人笑へにも成りぬべきかな　藤原敦敏　918 生 -

People will probably laugh outloud at how in my hubrix,
I vowed to serve/love a million years and tempted fate.

返し　懸けて言へばゆゆしき物を万代と
契りし事や叶わざるべき　大輔（他の情報求む）

Were you serious, it would be a grave matter but, wait,
who could fulfill a vow to serve/love a million years!

新大系本は「代」ではなく、万「世」にするが、これは恋歌の表現をもじりながら、「よろつ」まで出てくると妹でない君との誓いにふれるユーモアある少々早めの辞世かと敬愚は思う。と言うと病した藤原敦敏は947年没、たかだかの廿九歳です。契りは、恋人と？天皇と？他の上司と？神と？逆に家来と？その他と？英訳のため、契りの対象を知らなくともいいが、love 思う・恋うか、serve 仕・侍るか奉ずるかの微妙な関係を知りたい。或いは、全く異なった読み方もあるか。もう一試し。

<From a gravely sick man losing hope to Daisuke at the Shrine>

Our vows made for ten-thousand reigns, should they break,
dear gods, don't we risk becoming a laughing stock, a fake?

<Daisuke replying for the gods at a difficult time>

Were it serious, any vow not becoming true, would be
a grave matter, indeed – but ten thousand reigns, good grief!

若き頃、フレイザーの金枝篇全冊を始めに、あらゆる文化人類学書物を読み、神と人の様々のとんだ関係も見尽くしたから、どの和歌を拝見しても直ぐに仮定的な解読は浮かぶが、時折に役立つこの大雑把な知識と出鱈目の想像力は十分ではない。前詞か判詞か詠人の人生に詳しい人の解釈もない千年以上も渡ってきた三十一字の情報の意味を正確に突き止めんとする敬愚は、闇夜鉄砲撃ちに過ぎない。出来れば本書を含む『古狂歌気の薬あくまでも不完全大集』の全首も、日本の第一線の和歌＋歴史の研究家に読ませて頂き、より正確か精密あるいは誤訳と誤解ある場合その正解を知りたい。このままに本を出す事は、いけない。『誤訳天国』の著者として誰よりも知っているが、今のところは、人を雇うお金もない。これを出すだけで精一杯。

※　狂歌に辿る敷島の道か　※

寄道祝　尋ねみよ神をしるべに敷島の
　　　古き道ある奥の光を　　　正徹 1381-1459

With the Gods as your guides, go seek Illumination,
take old roads into the Interior of our island nation.
（↑敷＝国家、道は奥へ　↓敷＝古貴、道は奥中）
Ask the gods for guidance and seek Light deep down
this old trail within the heart of our ancient island.
（具体的な旅の勧めと思いながら比喩のみの訳）
Seek it out! With gods for thy guides, the light, I say,
deep within our Merrie Island's ancient Waka Way.

敷島の道と言えば、和歌。和歌の道と言えば、いや、言わない。うたの道もない。ことのはの道なら、成立が 1527 頃の肖柏の「春夢草＿」に三首ある。その一つ「上もなき実りもよそにたづぬなよ深く入りにし言の葉の道」は、正徹に頷くようです。敷島はそのままの Shikishima に英訳されがち。音感は別に美しくないから、本来意味あったはずだ

が、大辞典の一番目の語源説は石城だ。最後の英訳の「merrie 朗らかな」は、イザナギとイザナミの赤白の神が創った島は「色島」になる意訳。五月の色柱を踊り回った古き英国の形容。あの凸凹人間神よりもウズメの面白いストリップが天照御神を呼び出した雰囲気に因むが、多くの和歌を読めば、敷島が出ると「よよ」がよく伴う。敷島は、その下地よくできていて古代より根付けた、軽薄と反対に重ねてこそ貴重なる歌の道。1243年の「新撰和歌六帖」にある光俊詠む「さばかりのあさまつりごと茂けれど代々に捨てぬは敷島の道」は、代表かと思う。朝政とは天皇か朝廷の政務になるが、「朝」の任務は和歌に比べて「浅」い、という対照か。古典を守り、重ねて詠むことが「敷き」島国になったかと思う。が、敬愚の性は性で Merrie Olde England か道教の初心へ帰れの精神に従う英訳も控えかねた。「古道」も珍しいためか、正徹の歌の最初の英訳をしながら、芭蕉のより高く抽象的ながら地道なる古き道の旅も覚えた。醜い神までわざわざ求めた「奥の細道」の発意だったかと仮定しながら、伝統詩あるフィンランド詩人で正徹の和歌のフイ訳者にもなる友は、歌の古き道は100%比喩だろうと、我が夢想を覚ました。正徹には和歌を磨くための旅に関する文章を読むまでは、以上です。しかし、正徹歌の中の「敷島の道」を詠む DB の全歌を調べた中に、驚いたことに「狂歌」としか言えようがない一首を拾った。詠む人をご自分で先ず言い当ててみると面白い。

天地もあわれ知るとは古のたが偽りぞ敷島の道
*Who, long ago, made up the idea that heaven and earth
give a damn about us and our Shikishima way of waka!*
（スラング語は日本人の読者には苦手で脚韻訳トライ）
*The false idea that Heaven & Earth have hearts and may
be moved – what ancient made it part of our Waka Way?*
（これでわかり易いし感動させるは言及も仄めかす）
*Our Shikishima Way of Waka! – Who, long ago made up
the idea that Heaven and Earth have hearts to hear us?*
（英和の深層文法の相違を考慮すれば、逆順の試訳）

古の人が天地に対して和歌の効能を信じたかどうか、という問題を『古狂歌 ご笑納ください』に取り上げた。万葉集の雲に情（こころ）有る、というよりも「有ったら」、詠む人の願い通りに反応「すべしゃ」に過ぎないと仮説したが、又なんとなく撫子の花に心を託す歌も印象深いが、高々数百年前の歌人を「古の」者と認めたら、上記の和歌を詠む人と同じ敷島の道の宗匠の道真の梅の歌徳と古今序の貫之の詩経風の主張を指すかと思います。その「百人一首」の選択と堅苦しい性格からして、反省と自嘲の狂歌を藤原定家だと驚きは倍になった。とは言え、定家には学者曰く「ものごとの実相をとらえようとする姿勢を歌人に要請した」面もある。だったら客観的な自覚は驚かれない。すると、まだ残る最大の驚きは、これは名歌に成らなかった事です。

　　社中輪番の会を催せし始め寄道祝という事を各よみけるに、

諸ともに千代もと祝ふ田舎（いんなか？）の
なまりも同じ言の葉の道　繁雅　K14-1-20　1800
*Let's also toast the longevity of rural dialects unheard
in waka, yet together on the same Way of the Word!*

田舎で一音字不足で奥のいんなる奥さんの女言葉かと、いや、真面目に言えば、大辞典で「いんなか」は、①新潟方言に「家の中」で、②茨城方言で「親類」しかないが、後者の文例（いんなかでは高い値段でも売られない）では、「田舎」の意味にも取られそう。繁雅の狂歌の狂訳中、和歌には「聞こえない」という詳細を加えた小生の英訳は、原文の全く肯定てきな姿勢を少々汚してしまったが、**unheard** は **word** との脚韻の為、本来無害。初期の大狂歌集にも、上方中期の多くの本にも、詠む人独特の方言か訛り、又は鄙ぶりを肯定する前か後書も珍しくない。これは、江戸の天明狂歌の遊楽街の言葉と、歌舞伎の台詞という格好いい志向とは異なる現代の文化多様性そのものを認める心かと感じます。

鄙狂歌讃　　泣くハ鬼　笑ふハ人、わが国の
言の葉草ぞめでたがりける　筒矢羽立 K25-3-107　1806

*Demons read and cry, humans read and laugh: Blessed art
the words of our Country, herbs nutricious for the heart!*

自嘲祝　明らけきヒのモトなるをうか／＼と
住むは燈台下暗しかも　桂右　　K8-1　　1814

*Even in the Land of the Rising Sun, if you do not live right,
it'll be as they say, dark below ye lighthouse, not bright!*

（諺の知らない人はいないと思うが国に寄せてはいい）

*Even in this Home of the Sun if we take it for granted, life
beneath our lighthouse may, indeed, be dark not bright!*

左の「笑ふハ人」は一字不足。で、笑ふは「喜ぶ」の当字か。或いは「楽ぶ」（たのしぶ）の当て字か誤植か。右は描写か教訓かよく判らないが、問題は今も変わらないでしょう。PC のハードであろう、ソフトであろう、ネットのウェブサイトであろう日本語のニーズを疎かにしがちのを見る度に日本語の愛でる者の毎日も暗しと思う。しかし、本人がうかうかするからではなく、文化庁と大学など国語を守るべく当局の手落ちかと思います。電脳科学について無知ですが、あれこれ直すべきという繊細な凡人が気づいた諸問題を分かち合えるのも力になることであらば、これから是非とも日本語の為に、お力になりたい。

※　省かれた無責任の翻訳＝解読＝の歌例　※

第一章に、下記を万葉の潜まれたユーモアの歌例にすると思ったが、結局、十人十色の万葉の古歌の解読に自信が無くて、省きました。

天皇御遊雷岳之時柿本朝臣人麻呂作歌一首　万葉歌 235
When the Empress deigned to visit Ikazuchi Hill

大君（おほきみ）は神にしませば天雲の
雷（いかづち）の上に庵せるかも　柿本人麻呂

*Our Sovereign as a goddess would thou like a cottage here
amidst the clouds of Heaven resting on Thunder men fear?*
（雷岳はかみなりの具現か物質化が定説が、落雷ならば）
*My monarch, as a goddess, would thou dare raise a retreat
on a lightning bolt, among the rain clouds would be neat!*
（いかづちに鎚あれば、トール神の雷打出す道具に）
*My Empress as a god would thou will Thy cottage here
amidst the clouds of Heaven on Thunder-making Hill?*

持統天皇（645-703）は戦と薬師寺の建設などを含んだ治世を遂行しながら柿本人麻呂を雇った歌を聴く耳が優れた女帝以外には覚えていないが、この人麻呂歌は「愛国百人一首」の第一番目になる。それを読んだ戦前の日本人の心しりたい。敬愚には判り難いところが二つある。一つは「神にしませば」という語句に「さて、我が女王、本当の神だったら、雷と仲良く遊ばせても宜しい、そうですね」というユーモアも原文にある、あるいは「神になる大君」と言っても変わらない敬称のみか。可笑しみの有無が歌学には、二の次なるものでめたにしか解釈に取り上げていないから、この問いは敬愚の独り相撲に終わったが、もう一つ難点は、雷の同定だ。地名で丘が雷の具現とは十分ではない。日本語の雷（いかづち）は、羽ばたきで神鳴りの音を、視線で落雷を発つ、米原住民の Sioux の Thunderbird と英訳される Wakinyan（大鳥、音、電光）と似ている。弓と矢と同じように異なる英語の thunder & lightning ではなく、あの二つに発する物で三つとも一つになる。英訳せんとしたら、まず thunder 鳴神、それから lightning 落雷にしたが、考慮すれば、トール神の大きいな鎚とスー族の上述べた事を合わせて、丘の名を雷を発す本にした。とんでもない研究ぶりをご笑納ください。

i may be the author, but i am no authority... 後書

米国の科学者で名随筆家の自伝の和版の後書を翻訳者と編集長に頼まれた。当の著者の全集も読んだ、誰に敷かぬ母国のネイチャー・エッセイの通だったし、自分の推薦で和訳された本。喜んで引き受けた。しかし、今のところでは本書の本格的な後書を書く資格はない。自分より物の判る人に後書を頼む。狂歌の祝賀の系譜には強いが、一緒に取り上げた、まだ馴染まない和歌の数も多すぎるし、おまけに歴史音痴です。※拙著の中で本書しかお読みになっていない読者には、こんなに訳のわからない外国人は、よくも百倍も読解力と知識ある日本人に狂歌のみならず、和歌までも紹介できると思い込んでいる！しばしば我も同感だから頷ける、尤もな疑問です。答えは、自分の無知と不能を誰よりも認めながら、人に負けない甲斐を見出す分別というセンスに恵まれている。拙著『誤訳天国』の書評には、小生は誤訳を嗅ぎ出す猟犬と称したが、それを読んだ時は驚いた。誤訳を追求せんとした意識が皆無で、奴が我が目に飛び込んで来たのが実感だった。しかも、駄目という誤訳の即時的な認識の裏返しには、佳作と傑作も同様に目に飛び込む。それも無視できず、わらべ同様に良い物を見つけたら一人占め出来ず、一早く分かち合えたくなるのが性です。※『誤訳天国』には、坪内のシェイクスピアー訳はその後の和訳に比べて月と鼈ほどかけ離れている事も見せた。センスある人ならば誰もその事を直ぐ判るはずだ。坪内に誤訳あっても「正確」でくどい和訳より原文の心に近い。ユーモアある文章かポエムの翻訳の場合、絶敏の機知の有無だけは問題です。坪内の後の訳を、皆も消滅してもいい。シェイクスピアー訳を見比べながら学んだ事は、自分より日本語能力ある多くの日本人が機知の良し悪しを直ぐ判る直感は、坪内に及ばないだけではなく、下手な日本語の私ほども身に付けていないようです。※翻訳と関係ない、センスに関わるもう一つ例を、句界より。「朝顔に釣瓶とられて貰ひ水」。一茶も子規も虚子も蕉門か仏教の教義に感染されて、千代女の例の朝顔句を非難した事実に教訓あれ。一茶：「我

と云持ものあり…念入すぎる」、子規：「俗気多くして俳句といふべからず」、虚子：「気取った…釣瓶が使われないから、水を貰いにきました、─というのは正気の沙汰とも思えない…極端な風流がり…」等云々の発言を読めば、多くの凡人同様に小生も腹が立つ。写真も取れない時代に、色彩の優れた朝顔又その巻きひげの生命力を、後数日でもそのままに見たい気持ちを気取ったと微塵にも思ってはいない。千代女こそ心が自然体。気取っていると思う人々は、自分の気取っている基準ないし鼻のお高い独断のために面白い作句と鑑賞を遮る。チビッ子の如く朗らかな句作や歌詠みを期待できる初心者は、恐れ入りのあんまりにこころから縮む。才能あった一茶ですら、千代を非難した蕉門の教義に拘り過ぎた頃、いい句が少なかった。しかも、歌句（俳句だけではない）の教育のためになる句と歌集も、過剰に渋い客観的な写生しか認めない撰者のために、多くの人が読んだらきっと面白がる作品は、前もって淘汰されてしまう。古典文学出版に関わる皆も、お趣味が高過ぎるかどうか知らないが、一風変わった和歌と狂歌は、今までに十分紹介されなかった理由が、それかと思ってはならない。非難のつもりで言うではない。自分にとって有り難い話だ。物知らぬ読解力も今一つか二つ以上の敬愚には、古狂歌の本を自ら著し、出版するもいいと自分に言い聞かせると思えば感謝すべき事だ。（留保：自分より読解力ある、狂歌を紹介している歌人教育家の吉岡生夫もおられるが、ご本の『狂歌逍遥』シリーズまだ十分広く注目うけていない。万が一この「古狂歌 気の薬」シリーズに、一冊のベストセラーでも出たら、氏の本も、もう少し広く取り上げられたら良かろう。）※さて、読者諸君、拙著の狂歌の選択と解釈と英訳などを好むも嫌うも、ご感想をなるべく具体的に、色鮮やかに書きとめるんだ。ご遠慮なく why why gaia gaia して下さい。どこかで投稿したり、書評を書いたりするとネット検索で見つける。或いは FB か Twitter か E-mail で直接なご連絡も、よろしくお願いします。ただし、貧乏でお手伝いする者も雇わないし、衣食住や仕事道具（PC+書物など）の不安が当分続きそう。その中で response-ability つまり責任を取って返事を約束する能力は当分ない。ベストを尽くすから、遅れたら、ご了解して下さい。

「古狂歌 気の薬 あくまでも不完全大集」

『古狂歌 ご笑納ください』。只今、少々不完成の初版が発売中。副題は「万葉集まで首狩に行ってきました」。二千首（＋約千英訳）以上の歌例は、四季と恋の大歌部を始めに、旅、神祇、釈教など古狂歌本の多様な内容の総合紹介。この短形詩の笑にこそ日本、本来なる元気を見出す。百章に分けてあるが、改造版は多分さらに分ける章数は倍になる。早くもベストセラーになりうる十万語以下の短縮版ないし蒸留撰も出したい。（吉岡生夫さんから頂いた俵万智の『オレがマリオ』を開けてみれば、わが子を描く狂歌に通じる微笑ましい内容の歌「「ただいま」を言え言え言えと言われば「ただいません」と返すおさなご」「「ケンカしちゃダメ」と言いつつおさな子は蝶の交尾をほぐしておりぬ」「振り向かぬ子を見送れり振り向いたときに振る手を用意しながら」を読むと、頼みたくなる。趣味は合いそうが、…。）

『古狂歌 物に寄する恋』は只今、不完成の甚だしい初版が発売中。副題は「托けてみれば思ひも軽くなる」。古代和歌の恋中心の「火」と「水」の比喩の大系譜も遡る数千首の大半が「寄海恋」とか「寄蟻恋」の如く何かの物に寄せた題は、原本のままが、小半が著者の勝手に「寄」題にしました。狂歌は本来、題に強いが、ここには千題以上もある。恋歌の比喩尽くしの楽しさを現代人に紹介するよう集めて、解釈するが、若い読者に面白い歌が一番多い「古狂歌気の薬」の本か。

本書、『古狂歌 滑稽の蒸すまで』は、是。副題の「鮑の貝も戸ざさぬ国を祝ふ」和歌と狂歌を問わず千五百首は、塵積山成、細石岩成、不動、治＝納、泰平、豊、貴賎不問、光、澄など。御代のの祝賀歌と寿歌の諸々系譜を章に分けて、万葉集から幕末まで探検する。天明狂歌の赤良の肯定的な志向が出発点だったが、祝賀歌を弄んだ笑いを古今四方から発見し、日本人のふるきよき元気なユーモアセンスと三十一音字のポエムの歌徳を、再確認できたところも祝う本になった。

※ 以下は、今は未完成で、2018以降に出版 ※

『古狂歌 神と仏を弄ぶ』副題「神祇と釈教こそ屁理屈の穴場」。日本に置ける宗教の討論が激しくも欧州よりも寛容の雰囲気で、詠む意見が多様で面白いが、宗教は危ない（？）テマで、四、五人組で共著したい。神祇と釈教の見本は、『古狂歌 ご笑納ください』に百首程ある。

『古狂歌 御製代々の軽み』。副題「よみ捨てられなかった笑ひの宝」。皇族以外の身分だと詠み捨てられた面白い古歌の御首狩の成果を全国民と打ち明けたい。万が一御製歌に橙を詠む狂歌も見つけたら最高！

『古狂歌 貧乏神とブルース』。仮定副題「笑えば治る世の悩み」。憂きか欝というBluesを、擬人扱いして囃す屁理屈も、カントリーミュージックよろしくの誇張も自分の苦労を面白がる貧楽と老楽の薬だ。

『古狂歌 猫は恋に限らない』。副題は「にゃんでバチ当たる吾が輩」。古句も共に入れるが、我が資料を足しうる共著者を見つければ直ぐやりたい。因みに、洋書の拙著に The Cat Who Thought Too Much もある。

『古狂歌 人と人の興あれば』。副題は「栗の本こそ柿も梨にメがない」か。贈答歌に相聞の社交歌。散文も多い前詞が苦手、日本人の共著者を見つけなければ無理が、狂歌の得意になる分野で、不可欠な別冊だ。

『古狂歌 色好むさし男』。副題「乱髪の方より面白う黒田月洞軒」。吉原より身近なる私性生活の歌。川柳以前の三十一字のエロ。笑話が知られても、笑歌は、今までに見逃されてしまった。共著者求む。

『古狂歌 珍題集』。副題は「鼻毛や御へそなどに目がない」か。「ぎゃっ」と言わせる歌の類。狂句も加えるかどうか未定。その和英訳もしたことある荒俣宏さんでもお暇あったら共著したくなる別冊です。

『名兵論　兼愛下篇』。彼の問題は「四者、無苦を聞かざるはなし」。
兵義は暴虐ならないすすめの禁止と天多な現君の自発中か、二
十年興「非攻項目」の闘いの殖民運動「兼愛方策」に囚る。多彩兵義は

『名兵論　未来世にあっても』。問題『諸の暴非を四者と読むなかち』。
推翻より理論が登ぃ。諸種亜が都省がタンーレな運動には、アル
ーリが出社人のこの総結はなった。兵義は、二ヶ国に来墓中。

『名兵論　国墓の劃断』。問題『三十一字には綾に徒する事がある』。剣
が物に闇らないいちゆる劃墓を我幕中心に職其したい、並いは絞ると種
使力を様様する編集本にしたい。

『名兵論　ものの総存こと』。問題は『細直い述え天寧を語む』か「天
人に竈墓あれば并大様と謂ば」か、知郷の続養もある。天太空者枦
超か中国巡に強い人律の兵墓者見つけけれは、現場中心のイルの専は可能。

『名兵論　適の鏅の簡か』。問題『やまと言葉に該まれた運意』。後
朔以下絞付捕小中の理論もある。廩眉碓保生達尋々木にとぼれば
と増稲、この当福の育の函の考察も、確実に見いか遍いかが激省古
る。

『名兵論　者ぅが的を焚化す』。問題『兼子可能に案しいのス櫓を抉をそれ
き」、廩参櫓の刷副とが重要なる、むとり重大な鉍者が物たけど、
其らが長緩代けて刊有者の和護がないから、省いしんもの兼案来る。

『名兵論　彼に用えるた様人』。問題「天エ・妖象・塑題・ヌメタス
等」、鵬人数名が多かった。日本へ走って人の本首がないが彼らない
か、彼と細かい態義の説とか、書など今の様和名の中つて番きたい。

417

『只管ひたすら名を謳った俳人の名』『背離暑に出せなかった俳家の絵筆』「一茶の番物を俳にとらえた」のひとつの「蜻蛉とんぼ憎い」「蝸牛とかいう虫の滑稽だけ
ではない。多くの俳人の知能の水源となる番を謳んだものだ。

『只管ひたすら　自由自在のひのえよう』。「励懺にでもある番者とでも言えよう」。言波とは夏はま悲懺、巨輝千の「春日番」、巨田茉霜の『緑本番』
を香川董箱の『隙園一校』、もり日大相にみない蒐集を余念にしたらある。

『只管ひたすら　到底ハチきれない蒐題番』。剛題『帯抱・鰯・水溢・帯・瓢子・猪々』。未にしある落下から蒐題番を出すずきから知らないがる。

まだない切手・非番半、筆、欄筆草、Paraverse Press よりもっと大きいな出版社の連直欲漸に、出ろ唄番と剛一冊の片吝と番名とわ変わります。

※ Robin D Gill　ロビン・ギル　Robin Gill　1951 ※

●花日ロビン・ギル　(1979-1998) 者七冊の狙著者（工作社、ちくま文庫、日米社、TBS ブリタ等 1984-1992）の番評拝樹。『民＝日本人論』と『日
本人論探偵』の非番揮で狂奔さ、「論んでいて気持ちが真いのは、日人の機する二つの文化讖を類聞して〈．．．〉．どい堪杵
が直あいに置いつけ合っていた時間にもみえないこと〉も
核便になっている」。「民」について、校国正側＝「番者」の
アメリカ－ソロースンーの日本文来美篇をすばらしく〈．．．〉、バタリィの
は比なにンコーポ大番』。〈例の番名の初跛になる分）『別の番の解
きとなる番番－のよちさとりてしたすとす番者の章誌力だな
れ質疑は下える。」「依にとれば『民』の普腋の非相層を番いてん
たからこちらの本を重祈すずけだ：国際開係に上面の権事となる
った極短比較文化＋言語讖の運搬》を、海寿した、日本人論）の
目対討象と文化讖等の観点から、人間の間にある共通の心を例
挙せんとした。

●Robin D Gill 著 13 冊の禁書 (2003-) の paraverse press : の翻訳叢書：
Haiku World の禁書の続 William J. Higginson は Modern Haiku の 5 頁 Rise,
ye Sea Slugs! 翻訳より =「かつて日本語から英訳された俳句が、これほど
にしっかりと原著を提示したことは一度もなかったと言われるほどに、禁書
世界と広がっていくのである。…もし、アメリカアライアンス、
ソロンコとアウグスティノス[随著未刊和の英翻俳句叢書]を讀んだ
ことがあるなら、キリもお讀みなさい。あなたの禁書の遊離な読ろうな
ますであろう。そして、その方々の禁書を讀まれることなたいなら
う、もうけに受にキリルをお讀みなさい。彼の方がずっと面白いから
s more fun)。兼禰繡に Liza Dalby を呼ぶ「これはいいもしく面帯で博
学ながら、あらゆる点において筆にみんと栞し、讀まれた本は何寸ありてで
しょう、日本禁書の捷えも、今まで見たことがないはいろいらで和歌で
れている」。Cherry Blossom Epiphany 他の彼が禁書について著著を
禁書 Lewis Cook はブログで書いた言葉 (彼が香廣機編) ＝「新しく倒ら
う」がエキストラドンの禁譜の第一ルールだったが、キリは擁りより多
を単独に英翻で俳句を建てしている。」示れば、A 体の貴族の著書がある
Sara という詩人と共著のブログ禁書を讀めば、彼が方々から盟籠の手紙
を書いたら、その注意重にいる all your ideas, the whole dynamic of paraversing is
so fluid - like a Vivaldi Sonata - or an invention perhaps of some Venetian
gondolieri = Paraversing とは、彼が造語で、一句に対する各種の翻訳を
多用体として禁せることだ。そしてパベルな Fly-kuと翻句ア？を Simply
Haikuの編集者 Robert Wilson は全く Gill ...writes in an extemporaneous style
akin to that of Jack Kerouac, thinks like Herman Hesse, Kobayashi Issa, and
Lewis Carroll, all rolled into one。英語と和英翻禁書は
www.paraverse.org/reviews.htm で讀めた。都汲、機構二人の非著著で
プロイの買書が Routledge から出た。その禁書の中に 10 年掛に出
したドイツ著が重な機会 Topsy-Turvy 1585 について「本文の consummately
playful. この上もなく遊びがあって英語と禁英？」という讃句よりがけ
有り難い。

※ 互目伝 ※

Robin D Gill 1951。Miami Beach で生まれ、Key Biscayne で育つ。Washington DC ジョージタウン大学 SFS の国際政治学士号は 1976。ハワイ大学院で「日本人論」の一連の本を書く（たぶん他の研究者が読まない図書館に潜む代物ばかり）。そしてその後、1979 日本へ。1984 より阿呆蛇樹書の出版物の編集者になった。1998 米滞国。2003 より葉暮樹書の出版が始まった。その語彙は上回るが、自ら Paraverse press を創って英語と日本語を繋ぐ日本の詩と戯を印刷出版する事業を続明します。今ここで説明する暇がない。約十五年前から細かく上回ることを縫い繍し、頁『なる』なく閉じる。南国語出版が今でも龍頭蛇尾ではない。彼等は高等僧侶となるが、その『なる』の中を、多くの仁儀『なる』出版社を頼って広く国際版に向かった。

※生年と業業・其他。ただがれない海に過ぎない。私もよく買う、著者そんなに Flying Tofu の存在は小生の目か。robin d gill ズ、絵屋ぞれに

したい。そして二十年前から徐徐に貯金がなかったつもりで、数万人か参加できる動画再生を起こしたい。無数のコーヒーに浸すに短るアニメズの作をリアルトーンドで、彼等の福音から歌を聴して
いる。その福音力な動画かなれば、人は選出する。幕鮎な偽量が中を
ない世界を旅行するわけが、古典の公司も偽って中に多く偽ぼを繰ぶく
い。ジャーとゼダれを待つれば、ちょっと暑すぎる。う、と撮を横くい
紙十八人ーンで。動画にする人間のままる面白く作品の間を、くろう
マッキ坐州像。PC はプロに任せると1ーピを集薬、万人の参加する場
が用意なしていない。こうれは。二十半州の臺い立計街岗居
原形、もしも呈たコーピースパイドのあまおきないい動画（一番小さい
は GIF が、GIF に限らない）名短賞ぞえば hyper-short animation bank をイ
って運ぶて、日本の将来も人間の将来も作りよい。うらたよい、同
ここでは、書葉についても言う。コーピーなだけない文化であるが買い、
水量もあるが、どうしなく待ちも初めての行なない文化でが増いますが、
言わかんち々々事を欲られる人は…

文楽と本書の報告

四十年前に、写本から書き写して謄写本に作り変わりに書いていた人を知った。一、二冊の本から筆写して謄写本を作るだけでも何十冊か謄写本が集まるが、当時の謄写本で書いていた本棚には、並近な本物の謄写本に応筆して出来上げた。その謄写本までを借りて、謄近な本物の謄次に応筆して出来上げた。そのうな原著を書いた謄写稿本は、謂り多くの本と謄写稿を謄した謄本は、その捺印をも捺し時間を費やした度に、謂んな後に手書きて本謄を下書き手細切すらしたものから大変な役目にあった。綺麗に本謄をタイプ打したすると、大変な素晴らしい印刷稿等の本謄がよりかけ上ってしまう。米国の一流でも、内容をきちんと読んで造り上げた本謄は、サイレーしかない、とは、我が印象だったが、これ等の出版物の本への真捺を評価できる（つまり、本物の謄文の捺る）標杆は、キルニー入しかない。今まで本謄を出した謄本の中にし、本書を置けて読謄されたものがある、とは言え、それぞれの謄捺と読謄を延べた謄が多いだを確実に知る。しかし、それに確かた本謄課は喬謄、なかのだり本謄に英訳した課か十使が十。今便は、一番つまり謄あ繰結もない。行すない。前題が。90%以上の『岩波大辞』以外には使えない。香料の繰りの聞いは、手元にある『岩波大辞』に以外には使えない。香料見本を知者する番号を付けたから、図番謄ではリ丁度謄本が前世上り本の series をこ自分が買って下さい。希謂に間題がある方は、E-mail T下ないば、繰えます。出其も謂いたから多謂をサイトにある。本謄を冒み読み続けに、地に謂り多諧を呵む人は「行がない。本謄を冒み読みさて耳文鑑としゆうと、番外中心に間謄した、もが具体的は、著者がかなー文鑑なら、だが、本謄をちら耳文の謂に謂謂とにならない。どうとして、番物の中の具体を謡を伏さい。壊れば、謂者の耳に積らしか、ない。本謄の中で思い謂を耳つけたら、ここが出典よ書いている。

† 『岩波大辞』1982-84。中冊から中訓纓江戸 1740 便までで京纓十六度謄本を俊祭と機斜なと情謄が落ち無い便の紹介（拙著 *Mad in Translation* の 648-

9 具合を本当にリストだが、É series を一冊ずつ取り上げる下限がある年間未の本をピックアップし、体裁の参考にすると良い（1730-40の何冊か、上方浮世絵本である。丸十番目の三番誉はまだ少ない。

K『近世上方浮世絵叢書』は、1984より一冊ずつ出ている。そのうち 29冊目が、中期江戸 1750 頃〜後期江戸手までの絵入十六冊絵本。浜くソバい。しかし逐語漂がある寝字である。選ばれた番別が情別な浮世絵を盛り込ませるためだ！とは思えずスる PC に良い中間順能圏がない。あを木にあるる浮世絵本をこの目分で継続しなければならない。専門家向きで、関わる細かい情報かは無本からある始まで、けれど、大概と同じではちう楽書。俗本は、番基本+出版状況+上方浮世絵の注釈に（上箇 Mad 出版後に語れんだが、これも当図国代のポイメトとする本名）。K series の#+#で番名はわかるが、宣下の市順と無関係だ。

E『江戸後期本選集』が十五冊で、中期江戸＝1770 頃〜後～後期までの浮続十六冊絵本、上から二に正反対に大半で読まされが多い出版物無用の寒葉らしい印刷だ。その中でも古屋紋縁の 1809 市の新編排撰浜収録一員は E7-5 の発見後に挙入だ、宣蘭、天観と頼き接がが自発そさつくり。

F 木村『天木和本種輪』は 1310 頃、二十五貫の類別、掌に入る。Fの今冊子をすべてうたた、漢字字を漏読ドにあるから、下限のDB の 100%本収名に選ばれる前に、勧論特者をもうなら本にに嘱った。有関作未本んは、もうろさえなん未書に関する本を出版するができかもしれない。

日立和和歌 DB は、何十万具を検索できる。いはいウィリ合なく、撮てとても選がある。新たそこでなら本収表たと、選ぶもうのを余科が多に、文化谷も、機術も、漢字本に濃いゞガイダなも、ろーシを置ってったい、日末はお決しして、も多が違い。

yamatouta.sennin は、人物毎の勅撰週集、未定だ（また）、また一人ごと数の人ごを具名を適切に紹介、過眼、後世継もその情緒を運える。

422

勝りがたい美しい。日文研 DB の名著は具体的に付なるが、ひらがなの多が無種というからは、本サイトは、訳出精度してくれるか高だ。

翻山郷堪　オンライン、他の翻書にない蔵書も多い、非になるその訳題小考を Mad in Translation で翻覚したが、万葉集に潜ろ浜どの歌けに腿に上限する E7-5 が出典か。又、名乃の各題の歌者を一稀する。

背題続林清　編者は草類門の頁に様掻模植、大宗にみ出版できる四半書より常時取っばい蔵書蓄だ。名典文庫 565 は四庫者になる四庫できる。Google Books で素継しかないが、6 巻まである（選と綿？）ようだ。

背題蔵選　新図者未書　3 冊ほど L、T,K,E 三大 series で、一冊ずつ。総ぎ暑それその系続樺+新規、後に三巻体差の兄弟か、初巻と新題との関係と由緒と題者の課護と研究資料なども汚まけ。website を涙にす。

背題鑛真辞典　柄本誌三　本書と楼其の別冊もを銀と名前に著葉ある題の業績、少しずつ講ぎそくの知識を身につける。予備校が液帯の講座に対えるが、大学としての背題は、視葉が民間氏の方を堆薦。

バッデイーもむりし背一貫を譲る　北藤棟共の 1998。「江戸の」と棺まるが、上方背題のもある。十籟涸りのもかがく構ばれてし、ア口綿書者の無經も無通もないが大事で誰ある。値段も者くてよい！

背題名人一親宿書の目を譲る　山本建子 2009。「あさり」を綿題で並葉する葉で手だし、その外内巻と屋葉のづけ示、犬活の緻鋸が紹介だ。

江戸背題、なだいいなだ 1986。都も識みずすい乙明題書の私なかの綿乙、将澤の薛言のガえだ体細刻的な様神と継る表題の勇気と凌えが。

Eo オンライン、ぞ名図書館にある明治かち従新江戸の背題本ちい。

423